労災保険請求の
手続と理論

その審理の基本構造と
実務上の重要論点

井上 繁規

第一法規

は　し　が　き

1　本書は、労災保険給付請求について、現に裁判において係争となり激しく争われている争点についての問題や、労災審理においてたびたび争いとなって解決が困難となっている争点についての問題などをめぐり、実際に労災審理に従事したことがないと知り得ない種々の問題点についての解説を行うものである。

　労災保険給付請求についての、手続構造の理解と実体理論の把握を解説し、実務に従事される弁護士、裁判官及び研究者らに、問題が発生したときの備えの要求に応えうる解説書とするものである。

2　最近は、長時間労働を原因として精神障害や脳・心臓疾患を発症したり、過労死・過労自殺などの業務災害が発生したことなどに基づく労災保険給付請求が、年々著しく増加し、その請求原因や審理内容は複雑困難となっている状況にある。

3　このような労災事案が発生した場合に、労災保険給付請求を適切に行い、審理を円滑に進めるためには、まず第1に、労働基準監督署長への労災保険給付請求・労働局審査官への審査請求・労働保険審査会への再審査請求・裁判所への取消訴訟提起などの、審理の基本構造及び審理の過程などの手続構造を十分に理解しておくことが是非とも肝要である。

4　そして、第2に、その審理においては、しばしば実体法上の重要な問題が争点となることがあり、裁判例上も解釈が分かれている論点も数多くあり、迅速かつ適正な救済を得るためには、これらについての実体理論を正確に把握しておくことが肝要である。

(1)

5　本書は、労災保険給付請求の審理の実務を、実際に現場で長年にわたり担当した経験とそこで得た知識に基づいて、上記に述べたような、労災保険給付請求の基本構造と実体理論についての分析と解説を行い、労災保険給付請求事件を担当される実務家や研究者が座右の書として日々参照できるようにした基本書である。

6　本書の刊行に当たっては、第一法規の宮川裕香さん、達川俊平さんには、数々の有益な助言と的確なご指摘を頂戴し、緻密で正確な編集作業を担当していただいた。心から感謝申し上げる。

　　　2024年11月

井　上　　繁　規

凡　　例

1．裁判例の書誌事項の表示について

　裁判例には、原則として判例情報データベース「D1-Law.com 判例体系」
（https://d1l-dh.d1-law.com/）の検索項目となる判例IDを〔　　〕で記載し
た。

　例：最大判平成20・9・10民集62巻8号2029頁〔28141939〕

2．法令、判決文、著作物の引用について

　原則として原文どおりとしたが、読みやすくするため、旧漢字は新漢字に、
漢数字は算用数字に改め、促音を用い、句読点を補ったところなどがある。
文献、論文や学説の紹介については、論旨を損なわない限度において、文意
を損ねないように配慮し、若干の要約などを行ったところがある。

法令略語

労災保険法	労働者災害補償保険法
労働保険徴収法	労働保険の保険料の徴収等に関する法律
労働基準法	労基法
労働者災害補償保険法	労災保険法
労働者災害補償保険法施行規則	労災保険法施行規則
労働保険審査官及び労働保険審査会法	官会法
行政事件訴訟法	行訴法
自動車損害賠償保障法	自賠法

判例集・判例評釈書誌略語

民集	最高裁判所民事判例集
労働判例	労働判例
労経速	労働経済判例速報
集民	最高裁判所裁判集民事
労働民集	労働関係民事事件裁判集
労働民例集	労働関係民事裁判例集
判時	判例時報
判タ	判例タイムズ
金融法務	金融法務事情
金融商事	金融・商事判例
労働判例ジャーナル	労働判例ジャーナル
曹時	法曹時報
法時	法律時報

文献略語・参考文献

①秋永・示談の手引	秋永憲一・労災事故と示談の手引〔改訂新版〕（労働調査会、平成30年）
②荒木・労働法	荒木尚志・労働法〔第5版〕（有斐閣、令和4年）
③荒木ほか編・注釈労基法	荒木尚志ほか編・注釈労働基準法・労働契約法—第1巻総論・労働基準法（1）（有斐閣、令和5年）
④井上・時間外労働時間	井上繁規・時間外労働時間の理論と訴訟実務〔第2版〕—判例・労災決定・学説にみる類型別判断基準と立証方法（第一法規、令和6年）
⑤岩出・実務大系	岩出誠・労働法実務大系〔第2版〕（民事法研究会、令和元年）

(4)

⑥大阪過労死問題連絡会編	大阪過労死問題連絡会編・過労死・過労自殺の救済Ｑ＆Ａ－労災認定と企業賠償への取組み－〔第３版〕（民事法研究会、令和４年）
⑦厚労省労基法上	厚生労働省労働基準局編・令和３年版労働基準法上巻（労働法コンメンタールNo.3）（労務行政、令和４年）
⑧厚労省労災保険法	厚生労働省労働基準局労災管理課編・労働者災害補償保険法（労働法コンメンタールNo.5）〔八訂新版〕（労務行政、令和４年）
⑨佐々木ほか編・類型別	佐々木宗啓＝清水響ほか編著・類型別労働関係訴訟の実務〔改訂版〕Ⅰ（青林書院、令和３年）
⑩白石編・訴訟の実務	白石哲編著・労働関係訴訟の実務〔第２版〕（商事法務、平成30年）
⑪菅野＝山川・労働法	菅野和夫＝山川隆一・労働法〔第13版〕（弘文堂、令和６年）
⑫注解労基法Ⅰ	青木宗也＝片岡曻編・注解法律学全集44／労働基準法Ⅰ（青林書院、平成６年）
⑬注釈労基法下補遺	東京大学労働法研究会編・注釈労働基準法下巻・補遺（有斐閣、平成15年）
⑭土田・労働契約法	土田道夫・労働契約法〔第２版〕（有斐閣、平成28年）
⑮西谷・労働法	西谷敏・労働法〔第３版〕（日本評論社、令和２年）
⑯野川・労働法	野川忍・労働法（日本評論社、平成30年）
⑰古川・手引	古川拓・労災事件救済の手引〔第２版〕（青林書院、平成30年）
⑱水町・労働法	水町勇一郎・詳解労働法〔第３版〕（東京大学出版会、令和５年）
⑲理論と実際	労務行政研究所編・労災保険　業務災害及び通

(5)

	勤災害認定の理論と実際（上巻）〔改訂 4 版〕（労務行政、平成26年）
⑳労働関係訴訟Ⅰ	山川隆一＝渡辺弘編著・最新裁判実務大系－第 7 巻労働関係訴訟Ⅰ（青林書院、平成30年）
㉑論点体系 2	菅野和夫＝安西愈＝野川忍編・論点体系判例労働法 2 －賃金・労働時間・休暇（第一法規、平成26年）
㉒渡辺・労働法講義上	渡辺章・労働法講義上　総論・雇用関係法Ⅰ（信山社、平成21年）
㉓渡辺・リーガル	渡辺弘・リーガル・プログレッシブ・シリーズ（ 9 ）労働関係訴訟Ⅱ〔改訂版〕（青林書院、令和 3 年）

大　目　次

序　論 ………………………………………………………………………… 1

第1編　労災保険請求の基本構造 ……………………………………… 7

第1　労災保険制度 ……………………………………………… 8
第2　保険給付の内容 ……………………………………………13
第3　給付基礎日額 ………………………………………………23
第4　通勤災害 ……………………………………………………31
第5　心理的負荷の評価の基準となる労働者 …………………79
第6　第三者行為災害・事業主責任災害と労災保険
　　　給付との支給調整 ………………………………………… 114
第7　不服申立制度 …………………………………………… 137
第8　審理事件数の統計 ……………………………………… 149
第9　特定事業主の労災支給処分に対する原告適格… 153
第10　保険料認定決定処分の取消訴訟と違法性の承
　　　継 ………………………………………………………… 188
第11　再審査請求事件の裁決書 ……………………………… 237

第2編　労災保険請求の実体理論 …………………………………… 251

第1　労災請求と時効 ………………………………………… 252
第2　示談・訴訟上の和解と労災請求権 ………………… 259
第3　取締役の労働者性 ……………………………………… 270
第4　労働時間該当性 ………………………………………… 295

(7)

大目次

第5　労災認定基準における時間外労働時間数の意
　　　義と重要性 ……………………………………………… 304
第6　固定残業代の有効性と公序良俗違反性…………… 312
第7　業務終了後の懇親会での飲酒後の死亡と労災
　　　保険給付請求権 ………………………………………… 355
第8　管理監督者……………………………………………… 378
第9　割増賃金（割増率、賃金単価）…………………… 383

事項索引 ……………………………………………………… 389
判例索引 ……………………………………………………… 393
行政通達索引 ………………………………………………… 401

細　目　次

はしがき

凡　　例

序　論 ……………………………………………………… 1

 1　本書の目的 ……………………………………………… 2

 2　本書の構成 ……………………………………………… 4

第1編　労災保険請求の基本構造 ……………………… 7

第1　労災保険制度 ……………………………………… 8

 1　労災保険の目的及び所管官庁 ………………………… 8

 2　保険関係の成立 ………………………………………… 8

 3　労災保険法と労基法 …………………………………… 9

 4　故意又は重過失によって発生した労災事故 ………… 9

 5　業務災害と通勤災害 ……………………………………10

  (1)　業務災害 ……………………………………………10

  (2)　通勤災害 ……………………………………………10

 6　特別加入制度 ……………………………………………11

  (1)　特別加入制度の創設 ………………………………11

  (2)　特別加入の対象者 …………………………………11

  (3)　特別加入の手続 ……………………………………12

  (4)　特別加入者の給付基礎日額 ………………………12

第2　保険給付の内容 ……………………………………13

 1　療養補償給付（労災保険法13条）……………………13

(9)

細目次

    (1) 療養補償給付の範囲 ……………………………………………13

    (2) 請求方法 ……………………………………………………………13

  2 休業補償給付（労災保険法14条）……………………………………14

    (1) 休業補償給付の範囲 ……………………………………………14

    (2) 請求方法（労災保険法施行規則13条 1 項）……………………14

  3 障害補償給付（労災保険法15条）……………………………………14

    (1) 障害補償給付の範囲 ……………………………………………14

    (2) 請求方法（労災保険法施行規則14条の 2 第 1 項）……………15

  4 遺族補償給付（労災保険法16条。12号請求）………………………15

    (1) 遺族補償年金（労災保険法16条）……………………………15

    (2) 遺族補償一時金（労災保険法16条の 6 ）………………………16

  5 葬祭料（労災保険法17条）……………………………………………16

    (1) 受給権者 ……………………………………………………………16

    (2) 葬祭料の額（労災保険法17条）………………………………17

    (3) 請求方法（労災保険法施行規則17条の 2 第 1 項）……………17

  6 傷病補償給付 ……………………………………………………………17

    (1) 支給要件（労災保険法12条の 8 第 3 項）……………………17

    (2) 傷病補償年金の支給額（労災保険法18条、別表第 1 ）………17

    (3) 支給方法 ……………………………………………………………18

    (4) 解雇制限に係る打切補償の擬制（労災保険法19条）…………18

  7 介護補償給付 ……………………………………………………………18

    (1) 支給要件（労災保険法12条の 8 第 4 項）……………………18

    (2) 介護補償給付の支給額（労災保険法19条の 2 ）………………18

    (3) 請求方法（労災保険法施行規則18条の 3 の 5 第 2 項）………20

  8 二次健康診断等給付 ……………………………………………………20

    (1) 支給要件（労災保険法26条 1 項、同法施行規則18条の16第

      1 項）……………………………………………………………20

    (2) 給付内容 ……………………………………………………………20

    (3) 請求方法（労災保険法施行規則18条の19）……………………21

  9 社会復帰促進等事業（労災保険法29条）……………………………21

細目次　第1編　第4 通勤災害

　　(1)　社会復帰等促進事業（労災保険法29条1項1号、同法施行
　　　　規則24条〜31条）　……………………………………………………21

　　(2)　被災労働者等援護事業（労災保険法29条1項2号、同法施
　　　　行規則32条〜36条）　…………………………………………………21

　　(3)　安全衛生確保等事業（労災保険法29条1項3号、同法施行
　　　　規則38条〜40条）　……………………………………………………22

第3　　給付基礎日額　……………………………………………………23

　1　給付基礎日額の意義　………………………………………………………23

　2　平均賃金に相当する額　……………………………………………………23

　　(1)　算定事由発生日　………………………………………………………23

　　(2)　確定診断日以前の離職と平均賃金の算定　………………………24

　　(3)　賃金締切日　……………………………………………………………25

　　(4)　賃金の総額　……………………………………………………………26

　　(5)　控除される賃金　………………………………………………………26

　3　給付基礎日額の最低保障　…………………………………………………27

　　(1)　賃金の全部又は一部が日給制・時間給制、出来高払制その
　　　　他の請負制によって定められた場合　……………………………28

　　(2)　賃金の一部が月給制・週休制その他一定の期間によって定
　　　　められた場合　…………………………………………………………28

　4　休業給付基礎日額の年齢階層別限度額　…………………………………29

　　(1)　限度額の設定の趣旨　…………………………………………………29

　　(2)　限度額の内容　…………………………………………………………29

　　(3)　限度額の告示　…………………………………………………………29

第4　　通勤災害　…………………………………………………………31

　1　はじめに　……………………………………………………………………31

　2　通勤災害に関する法令　……………………………………………………32

　　Ａ　労災保険法　……………………………………………………………32

　　Ｂ　労災保険法施行規則　…………………………………………………33

(11)

細目次

3　業務災害と通勤災害の相違 ……………………………………36
(1)　業務災害（労災保険法7条1項1号、労基法75条以下）……36
(2)　通勤災害（労災保険法7条1項3号）…………………………36
(3)　通勤災害ではなく、業務災害となる例 ………………………37
4　通勤災害の要件（その1・通勤遂行性）……………………37
A【要件1】　通勤によること（労災保険法7条1項3号）………37
B【要件2】　就業に関して行われる移動であること（労災保
　　　　　　険法7条2項）…………………………………………44
C【要件3】　次のいずれかの要件を満たす移動行為であるこ
　　　　　　と（労災保険法7条2項1号〜3号）………………45
D【要件4】　社会通念上「合理的な経路及び方法」により行
　　　　　　われる移動行為であること（労災保険法7条2項）……48
E【要件5】　合理的な経路からの逸脱又は中断のないこと
　　　　　　（労災保険法7条3項本文）…………………………50
5　通勤災害の要件（その2・通勤起因性）……………………56
(1)　通勤起因性（労災保険法7条1項3号）………………………56
(2)　相当因果関係（通勤起因性）が肯定される例 ………………56
(3)　相当因果関係（通勤起因性）が否定される例 ………………56
(4)　故意又は重大な過失が原因で発生した災害（労災保険法12
　　条の2の2）………………………………………………………57
6　具体的適用例 …………………………………………………60
(1)　業務災害か通勤災害か …………………………………………60
(2)　「通勤による」……………………………………………………62
(3)　就業に関して ……………………………………………………63
(4)　住居・就業の場所 ………………………………………………66
(5)　合理的な経路 ……………………………………………………68
(6)　合理的な方法 ……………………………………………………70
(7)　逸脱又は中断 ……………………………………………………71
(8)　日常生活上必要な行為・ささいな行為 ………………………72
(9)　通勤起因性 ………………………………………………………75

第5 心理的負荷の評価の基準となる労働者 ·············79

1 精神障害の労災認定基準 ······································79
(1) 判断指針 ···80
(2) 専門検討会報告書 ··81
(3) 精神障害の労災認定基準 ·································83
2 評価基準となる労働者についての問題の所在 ·············84
3 心理的負荷の強度の評価基準となる労働者に関する諸見解 ·····86
(1) 一般人基準説（平均的労働者基準説・同種労働者基準説）···86
(2) 同種平均的労働者基準説 ·································91
(3) 通常範疇性格考慮説 ···································· 100
(4) 本人基準説 ··· 103
(5) 障害対応特別配慮基準説（私見）······················· 109

第6 第三者行為災害・事業主責任災害と労災保険給付との支給調整 ································· 114

1 第三者行為災害についての支給調整 ····················· 114
(1) 第三者行為災害と支給調整 ····························· 114
(2) 第三者行為災害の認定要件と具体的判断要素 ············· 115
(3) 第三者行為災害についての支給調整内容 ················· 117
(4) 控除における同一の事由の範囲内の損害項目 ············· 117
(5) 控除における同一の事由の範囲外となる損害項目 ·········· 118
(6) 調整を行う期間 ··· 118
(7) 労災保険給付と損害賠償請求額とをめぐる判例 ············· 119
2 事業主責任災害と政府側の支給調整 ····················· 125
(1) 事業主責任災害と支給調整の趣旨 ····················· 125
(2) 昭56・10・30基発696号 ······························· 125
(3) 事業主責任災害についての政府側の支給調整 ············· 126
(4) 政府側の支給調整 ······································ 127
(5) 政府側の支給調整が行われる損害項目 ··················· 128

細目次

　　　(6)　政府側の支給調整を行う期間 ……………………………………… 129
　　3　事業主責任災害と事業主側の支給調整 …………………………… 129
　　　(1)　事業主責任災害についての事業主側の支給調整 …………… 129
　　　(2)　事業主側の支給調整の対象となる損害賠償 ………………… 132
　　　(3)　事業主側の支給調整（履行猶予）…………………………………… 132
　　　(4)　事業主側の支給調整（免責）………………………………………… 134

第7　不服申立制度 ……………………………………………………… 137

　　1　労基署長が行う原処分 ………………………………………………… 137
　　　(1)　請求手続 ……………………………………………………………… 137
　　　(2)　原処分前の調査 ……………………………………………………… 137
　　　(3)　原処分の内容 ………………………………………………………… 138
　　　(4)　原処分の通知 ………………………………………………………… 139
　　2　労働者災害補償保険審査官への不服申立て …………………… 139
　　　(1)　審査官への審査請求 ………………………………………………… 139
　　　(2)　審査請求の期間 ……………………………………………………… 140
　　　(3)　審査請求の内容 ……………………………………………………… 141
　　　(4)　審理期日における質問権の行使 ………………………………… 141
　　　(5)　審査官の決定 ………………………………………………………… 142
　　3　労働保険審査会への不服申立て …………………………………… 143
　　　(1)　労働保険審査会への再審査請求 ………………………………… 143
　　　(2)　再審査請求の期間 …………………………………………………… 144
　　　(3)　決定を経ない再審査請求の申立て ……………………………… 144
　　　(4)　審理期日における質問権の行使 ………………………………… 145
　　　(5)　審査会の裁決 ………………………………………………………… 145
　　4　地方裁判所への訴え提起 …………………………………………… 146
　　　(1)　地方裁判所への取消訴訟の提起 ………………………………… 146
　　　(2)　取消訴訟を提起できる場合と出訴期間 ………………………… 147
　　　(3)　管　轄 ………………………………………………………………… 147
　　　(4)　取消訴訟における主張立証責任と判決 ………………………… 148

(14)

第8 審理事件数の統計 ························ 149

1 労働基準監督署長の原処分における労災保険給付請求の認容率 ························ 149

2 労働保険審査官の審査請求決定における原処分の取消率 ······ 150

3 労働保険審査会の再審査請求裁決における審査官棄却決定の取消率 ························ 150

4 地方裁判所の取消訴訟の判決（全国）における原処分の取消率 ························ 151

第9 特定事業主の労災支給処分に対する原告適格 ··· 153

1 問題の所在 ························ 153

(1) メリット制 ························ 153

(2) メリット制による特定事業主の不利益の程度 ················ 153

(3) 問題点 ························ 153

2 不服申立てに関する規定 ························ 154

(1) 原処分に対する審査請求 ························ 154

(2) 審査官の決定に対する再審査請求 ························ 154

(3) 審査会の裁決に対する取消訴訟 ························ 155

3 行訴法9条1項の「法律上の利益を有する者」の解釈（原告適格。法律上保護された利益説） ························ 156

4 労災支給処分に対する原告適格を否定する裁判例 ·············· 161

(1) 否定説に立つ裁判例等 ························ 161

(2) 否定説の根拠 ························ 162

(3) 否定説に立つ裁判例の概要 ························ 163

5 労災支給処分に対する原告適格を肯定する裁判例 ·············· 166

(1) 肯定説に立つ裁判例 ························ 166

(2) 肯定説の根拠 ························ 166

(3) 肯定説に立つ裁判例の概要 ························ 166

6 不服申立適格を肯定する上記5の3判決の問題点について ··· 169

細目次

(1) 引用2判決について ……………………………… 169

(2) 直接具体的な不利益 ……………………………… 171

(3) 行訴法9条2項 …………………………………… 171

(4) 訴えの利益 ………………………………………… 171

7 特定事業主の労災支給処分に対する原告適格の検討 ………… 173

(1) 争　点 ……………………………………………… 173

(2) メリット制による特定事業主の不利益 ……………… 173

(3) 特定事業主の労災支給処分に対する原告適格 ……… 174

(4) 労災保険法の趣旨・目的 ………………………… 178

(5) 労働保険徴収法の趣旨・目的 …………………… 178

(6) 行訴法9条2項 …………………………………… 179

(7) 特定事業主の労働保険料認定決定に対する救済方法 ……… 180

(8) 結　論 ……………………………………………… 181

【補遺】　原告適格を否定した最高裁判決について ……………… 183

(1) 訴訟の経過 ………………………………………… 183

(2) 最高裁判決 ………………………………………… 184

第10　保険料認定決定処分の取消訴訟と違法性の承継 …………………………………………………… 188

1 違法性の承継の定義と問題状況 ………………………… 188

(1) 違法性の承継の定義 ……………………………… 188

(2) 違法性の承継の問題状況 ………………………… 189

2 違法性の承継を否定する伝統的な行政法の学説等 ………… 192

(1) 伝統的な行政法の学説 …………………………… 192

(2) 従来の最高裁判例 ………………………………… 197

3 公定力を法効果に限定する現在の行政法の学説 ………… 197

4 違法性の承継を肯定するための前提要件 ……………… 199

5 違法性の承継の肯定裁判例 ……………………………… 201

6 違法性の承継の否定裁判例 ……………………………… 207

7 違法性の承継に関する学説 ……………………………… 209

8 　検　討 ………………………………………………… 223

（1）　判例の状況 ……………………………………………… 223

（2）　学説の状況 ……………………………………………… 224

（3）　違法性の承継の要件論（私見）……………………… 224

9 　労災支給処分と保険料認定処分 …………………………… 227

（1）　特定事業主の労災支給処分に対する不服申立適格（原告適格）……………………………………………………… 227

（2）　保険料認定処分取消訴訟における労災支給処分の違法性の主張 ……………………………………………………… 228

（3）　保険料認定処分の取消判決の拘束力 ………………… 229

（4）　保険料認定処分の取消判決に基づく労災支給処分の職権取消 ……………………………………………………… 230

10 　メリット制による労働保険料の具体的な計算の参考例 ……… 233

11 　参考文献 ……………………………………………………… 235

第11　再審査請求事件の裁決書 …………………………… 237

1 　裁決書の作成 ………………………………………………… 237

2 　裁決書の構成 ………………………………………………… 237

3 　精神障害の裁決書例 ………………………………………… 238

4 　脳・心臓疾患の裁決書例 …………………………………… 244

第2編　労災保険請求の実体理論 ……………………… 251

第1　労災請求と時効 ……………………………………… 252

1 　民法の損害賠償請求権の時効 ……………………………… 252

2 　労災保険給付請求権の時効 ………………………………… 254

3 　給付の種類に応じた時効 …………………………………… 255

（1）　療養補償給付等の時効（2年）……………………… 255

（2）　休業補償給付等の時効（2年）……………………… 255

（17）

細目次

　　　(3)　葬祭料等の時効（2年）………………………………………… 256

　　　(4)　介護補償給付等の時効（2年）………………………………… 256

　　　(5)　二次健康診断等給付の時効（2年）…………………………… 256

　　　(6)　障害補償給付の時効（5年）…………………………………… 257

　　　(7)　遺族補償給付の時効（5年）…………………………………… 257

　　4　時効による請求権の消滅……………………………………………… 257

第2　示談・訴訟上の和解と労災請求権…………………… 259

　　1　示談・訴訟上の和解の注意点（示談・和解後の労災請求の許
　　　否）……………………………………………………………………… 259

　　　(1)　示談・訴訟上の和解における清算条項………………………… 259

　　　(2)　示談・訴訟上の和解後の労災保険給付請求…………………… 259

　　　(3)　平30・3・27基発0327第3号………………………………… 260

　　　(4)　放棄ないし免除の対象の民事損害賠償請求権と保険給付と
　　　　の対応関係………………………………………………………… 262

　　2　示談と労災保険給付をめぐる判例…………………………………… 263

　　3　労災給付請求権を留保する場合の示談・訴訟上の和解の条項
　　　例（除外条項例）……………………………………………………… 267

第3　取締役の労働者性……………………………………………… 270

　　1　労働者性……………………………………………………………… 270

　　　(1)　労災保険法上の労働者の概念…………………………………… 270

　　　(2)　労働者性の認定の困難…………………………………………… 270

　　2　判断基準……………………………………………………………… 271

　　　(1)　労働基準法研究会報告…………………………………………… 271

　　　(2)　労働者性検討専門部会報告……………………………………… 275

　　3　労働者性に関する最高裁判例………………………………………… 283

　　4　取締役の労働者性…………………………………………………… 287

　　　(1)　使用人兼務取締役の地位………………………………………… 287

　　　(2)　使用人兼務取締役の権限………………………………………… 288

細目次　第2編　第5 労災認定基準における時間外労働時間数の意義と重要性

　　(3)　使用人兼務取締役の労働者性の判断基準 ……………………… 288

　5　代表取締役の労働者性 ………………………………………………… 293

　　(1)　代表取締役の労働者性の判断基準 ………………………………… 293

　　(2)　裁判例 ………………………………………………………………… 293

第4　労働時間該当性 …………………………………………… 295

　1　最高裁判例による労基法上の労働時間の定義 ……………………… 295

　　(1)　労基法上の労働時間 ………………………………………………… 295

　　(2)　4つの最高裁判例 …………………………………………………… 295

　2　最高裁判例のまとめ …………………………………………………… 300

　　(1)　労基法上の労働時間の定義 ………………………………………… 300

　　(2)　業務の準備行為等の労働時間該当性の判断要素 ………………… 301

　　(3)　不活動仮眠時間の労働時間該当性の判断要素 …………………… 301

　　(4)　所定外業務従事時間の労働時間該当性の判断要素 ……………… 302

　　(5)　純粋指揮命令下説の根拠 …………………………………………… 302

第5　労災認定基準における時間外労働時間数の意義と重要性 …………………………………………………… 304

　1　労災認定基準 …………………………………………………………… 304

　2　労災認定基準における時間外労働時間数の意義 …………………… 305

　　(1)　精神障害の認定基準における時間外労働時間の取扱い …… 305

　　(2)　脳血管疾患及び虚血性心疾患等の認定基準における時間外
　　　　労働時間の取扱い ………………………………………………… 307

　3　労災認定基準上の労働時間（業務起因性の判断基準）……… 309

　4　労災保険請求における時間外労働時間数の立証 …………………… 310

　5　時間外労働時間数の立証資料 ……………………………………… 310

　　(1)　精神障害の労災認定実務要領 ……………………………………… 310

　　(2)　実労働時間の立証方法 ……………………………………………… 311

(19)

細目次

第6 固定残業代の有効性と公序良俗違反性 ……………… 312

1 固定残業代の意義と問題点 …………………………………… 312

2 固定残業代の定めの可否 ……………………………………… 313

3 固定残業代の有効性（明確区分性の要件）………………… 316

 (1) 基本給等組込みの固定残業代 …………………………… 316

 (2) 基本給等組込みの固定残業代の有効要件 …………… 316

 (3) 固定残業代と割増賃金規定 ……………………………… 316

 (4) 労基法37条所定の最低額の支払の計算可能性 ………… 317

 (5) 清算合意について ………………………………………… 321

 (6) 支給対象の時間外労働時間数の明示について ……… 321

4 固定残業代の有効性に関する最高裁判例 ………………… 322

5 固定残業代の公序良俗違反性（時間外労働の上限規制）…… 330

 (1) 時間外労働の上限規制に関する告示 ………………… 330

 (2) 時間外労働の上限規制に関する労基法改正（働き方改革関連法）…………………………………………………………… 331

 (3) 支給対象時間外労働時間数と公序良俗違反性 ……… 332

6 固定残業代の公序良俗違反性に関する裁判例 ………… 335

 (1) 有効とした裁判例 ………………………………………… 335

 (2) 無効とした裁判例 ………………………………………… 343

第7 業務終了後の懇親会での飲酒後の死亡と労災保険給付請求権 …………………………………………… 355

1 問題の所在 ……………………………………………………… 355

 (1) 飲酒後の死亡事故 ………………………………………… 355

 (2) 労災保険給付請求の争点 ……………………………… 355

2 判断基準 ………………………………………………………… 355

 (1) 法的判断の枠組み ………………………………………… 355

 (2) 業務遂行性の判断基準 ………………………………… 356

 (3) 業務起因性の判断基準 ………………………………… 356

(20)

細目次　第2編　第9　割増賃金（割増率、賃金単価）

　　　　(4)　主張立証責任 ……………………………………………………… 357
　　　3　具体的判断要素 …………………………………………………… 357
　　　　(1)　業務遂行性の判断要素 ………………………………………… 357
　　　　(2)　業務起因性の判断要素 ………………………………………… 358
　　　4　肯定裁判例等 ……………………………………………………… 359
　　　5　否定裁判例等 ……………………………………………………… 364

第8　管理監督者 …………………………………………………………… 378

　　　1　定義と判断要素 …………………………………………………… 378
　　　2　行政解釈の定義 …………………………………………………… 379
　　　3　裁判例による定義 ………………………………………………… 381
　　　4　適用除外の趣旨 …………………………………………………… 382

第9　割増賃金（割増率、賃金単価） …………………………… 383

　　　1　割増賃金の意義 …………………………………………………… 383
　　　　(1)　法定労働時間 …………………………………………………… 383
　　　　(2)　所定労働時間 …………………………………………………… 383
　　　　(3)　時間外労働 ……………………………………………………… 383
　　　　(4)　割増賃金の支払義務 …………………………………………… 384
　　　2　割増賃金率 ………………………………………………………… 384
　　　　(1)　法定時間外労働・法定休日労働・深夜労働の割増賃金 …… 384
　　　　(2)　割増賃金率 ……………………………………………………… 384
　　　3　割増賃金の算定基礎 ……………………………………………… 387

事項索引 …………………………………………………………………… 389
判例索引 …………………………………………………………………… 393
行政通達索引 ……………………………………………………………… 401

(21)

序　論

序　論

1　本書の目的

(1)　労災保険法に基づく災害補償制度は、業務上及び通勤災害による傷病
や死亡について、使用者の過失の有無を問わず、労働者を雇用する使用
者から保険料を徴収して、定型的な労災保険給付を行うものとされてい
る。

　　そして、長時間労働・パワハラ・過労死などが原因で、精神疾患や
脳・心臓疾患の事案が発生する労働災害の件数が最近は急増の傾向にあ
り、被災労働者は、労災保険給付請求をすることが多くなっている。

(2)　被災労働者が、労災保険法に基づいて、労災保険給付請求をしようと
する場合には、労災保険制度がどのような基本構造となっているのかを
知って、その制度を利用する際の、審理の基本構造及び審理の過程など
の手続上の課題を十分に把握しておく必要がある。

(3)　また、最近では、多くの法令の新設や改正に加え、重要な裁判例が言
い渡されており、具体的な事案に取り組まれる実務家にとって、わきま
えておくべき知識や問題点などの実体法上の課題も理解しておく必要が
ある。

(4)　本書は、このような手続上及び実体法上の諸問題を解説することによ
り、労災保険給付請求の審理において、正当な認定と救済が行われるよ
うにするために、必要とされる最低限度の知識を提供しようとするもの
である。

(5)　まず、第1に、手続上の問題としては、労災保険制度がどのような思
想と構造に基づいているのか、保険給付の内容にはどのようなものがあ
るのか、業務災害と通勤災害との違いは何であるのか、労災保険給付請
求を認容するための判断基準にはどのようなものがあるのか、メリット
制の適用を受ける特定事業主は労災保険給付支給決定に対して不服申立

2

序　論

適格があるのか、などといった諸点を理解しておかなければならない。

　特に、労災保険給付請求をする被災労働者には、心理的負荷による精神障害事案の認定基準や脳・心臓疾患事案の認定基準などに基づき、発症した疾病が業務遂行中に発生したのかという業務遂行性と、その疾病が業務によって発生したのかという業務起因性の双方についての主張立証の責任がある。

　また、労災保険給付請求においては、迅速かつ正当な認定や救済が求められるべきところ、制度の内容や手続の問題を理解した上で、適切な審理に向けた準備を周到に計画する必要がある。

(6)　次いで、第2に、労災保険給付請求の審理の場においては、その請求権が認められるための実体的な法律問題が争われることが多い。被災労働者の労働者性、時効、示談、固定残業代など、多くの法律問題が紛争の対象として取り上げられ、争点となって審理が行われて、事実認定と法律判断に基づく審判が下されている。

　このような審理の場で争われることの多い実体法的な法律問題につき、判例や学説などの傾向や方向性の調査と分析による知識と理解に基づいた方針を立てて、審理に臨むことが必要である。

　実体法規の正確な理解に基づいた審理方針が、労災保険給付制度において、適切かつ妥当な事実認定や救済の成否を左右することにもなる。

(7)　そこで、本書は、第1編で、労災保険給付請求の審理における手続的な問題を通観し、第2編で、審理において争点となる種々の場面における実体法的な法律問題につき、重要な判決や学説の調査及び分析の解説を行う。

　このように、労災保険給付請求の手続的な基本構造と実体法的な法律問題につき、法令・判例・学説などの調査と分析を通じて、審理の場面における問題点を取り上げ、その解決の指針を提示しようとするものである。

序　論

2　本書の構成

(1)　本書は、第１編の「労災請求の基本構造」の第１と第２において、労
　災保険制度と種々の労災保険給付の内容を明らかにし、第３において、
　労災保険給付額の認定の基準となる給付基礎日額を解説し、第４におい
　て、通勤災害の内容や成立要件を明らかにし、第５において、心理的負
　荷の評価の基準となる労働者は、如何なる人を対象とすべきかを解説
　し、第６において、第三者行為災害・事業主責任災害と労災保険給付と
　の支給調整はどのように行われるかを明らかにし、第７において、審理
　手続における不服申立制度を解説し、第８において、審理事件数の統計
　を示し、第９において、メリット制の適用を受ける特定事業主の労災保
　険給付支給決定に対する不服申立ての適否の解説をし、第10において、
　特定事業主が提起する労働保険料認定決定処分の取消訴訟と違法性の承
　継の問題を解説し、第11において、労働保険審査会における一般的な裁
　決書例を提示する。

(2)　次いで、第２編の「労災保険請求の実体理論」の第１において、各種
　の労災保険給付の種類に応じた労災保険給付請求権の消滅時効の期間を
　解説し、第２において、示談や訴訟上の和解と労災請求権の帰すうを明
　らかにし、第３において、取締役が労災保険給付請求を行う原告適格が
　認められる労働者性の要件を分析し、第４において、最高裁の判例にお
　いて労働時間該当性がどのような判断要素に基づいて決定されているか
　を分析し、第５において、労災認定基準における時間外労働時間数の意
　義と重要性を解説し、第６において、各種の固定残業代の有効性と公序
　良俗違反性に関する判例の解説を行い、第７において、業務終了後の懇
　親会での飲酒後の死亡と労災保険給付請求権の帰すうについての判断基
　準や具体的判断要素の解明を行い、第８において、割増賃金請求の対象
　者とは認められない管理監督者の判断要素該当性を分析し、第９におい
　て、時間外労働時間に対して支払われるべき割増賃金の意義と賃金率な
　どの解説を行う。

4

序　論

(3)　以上のような、調査・分析・解説を通じて、労災保険給付請求の実務
において利用すべき知識や経験を明らかにして、解決の指針を提供しよ
うとするものである。
　　本書は、労災保険給付請求において、正当かつ妥当な事実認定及び救
済が得られるための、請求実務上の重要な事項の説明を行うものであ
る。
　　本書の内容については、労災保険給付請求の審理と理論をめぐる基本
書として、広く法律実務に携わっておられる実務家や研究者の方々の手
引書となり、理論と実務の架け橋として、貢献できることを期待してい
る。

第1編　労災保険請求の基本構造

第1　労災保険制度

1　労災保険の目的及び所管官庁

　労働者災害補償保険（以下「労災保険」という。）は、業務上の事由、事業主が同一人でない2以上の事業に使用される労働者（以下「複数事業労働者」という。）の2以上の事業の業務を要因とする事由又は通勤による、労働者の負傷、疾病、障害、死亡等（以下「傷病等」という。）に対して迅速かつ公正な保護をするため、必要な保険給付を行い、あわせて、業務上の事由、複数事業労働者の2以上の事業の業務を要因とする事由又は通勤により、負傷し又は疾病にかかった労働者の社会復帰の促進、当該労働者及びその遺族の援護、労働者の安全及び衛生の確保等を図り、もって労働者の福祉の増進に寄与することを目的とする（労災保険法1条）。

　要するに、労災保険制度は、労働者の業務災害及び通勤災害によって発生した傷病等に対して保険給付を行い労働者の福祉の増進を図ることを目的とするものである。

　そして、労災保険は、政府が、これを管掌するものとされているところ（同法2条）、労災保険等関係事務のうち、保険給付に関する事務は、都道府県労働局長の指揮監督を受けて、事業場の所在地を管轄する労働基準監督署長（以下「労基署長」という。）が行うものとされている（労災保険法施行規則1条3項）。

2　保険関係の成立

　労災保険法においては、労働者を使用する事業を適用事業とする（労災保険法3条）。そして、この適用事業の事業主については、その事業が開始された日に、その事業につき労災保険に係る労働保険の保険関係が成立する（労働保険徴収法3条）。

　すなわち、労働者を使用する事業主は、労災保険に加入する義務があるところ、仮に事業主が加入手続をとっていなくても、事業主に使用される

労働者は、当然に労災保険の適用を受けるという強制加入制度が採られているので、業務災害や通勤災害によって傷病等が発生した場合には、労災保険の支給を請求することができることになる。

3　労災保険法と労基法

昭和22年に労災保険法が成立・施行される以前は、労働災害に対する補償としては、労基法第8章の「災害補償」規定が適用されていたが、補償を行う責任主体が「使用者」であるため、使用者の資力が不十分である場合には十分な補償が行われないことや、補償の範囲が狭いこと、補償額が十分でないことなどの問題があった。

そのため、昭和22年に労災保険法が成立・施行されて政府が管掌する労災保険制度が創設され、昭和48年には業務災害に加えて通勤災害も補償の対象とされるに至った（労基法第8章、労災保険法7条1項）。また、労災保険法においては、労基法の補償制度のみならず、給付基礎日額の最低保障制度（労災保険法8条2項）、重篤な障害補償給付や遺族補償給付についての年金制度（同法15条、16条）、傷病補償年金（同法12条の8第3項）による打切補償（労基法81条）の補完、特別加入制度の創設（労災保険法第4章の2）など、労基法に定められたものよりも、手厚くより広い範囲の補償が行われるようになっている。

このように、労災保険法は労基法の特別法としての位置付けにある。

4　故意又は重過失によって発生した労災事故

労災保険は、労災事故が被災労働者の過失によって発生した場合でも支給され、過失相殺や素因減額がされることもない。

ただし、以下の場合には、不支給とされたり、支給が制限されたりすることがある。

ア　労働者が、故意に負傷、疾病、障害若しくは死亡又はその直接の原因となった事故を生じさせたときは、保険給付は行われない（労災保険法12条の2の2第1項）。

イ　労働者が故意の犯罪行為若しくは重大な過失により、又は正当な理由

第1編　第1　労災保険制度

がなくて療養に関する指示に従わないことにより、負傷、疾病、障害若しくは死亡若しくはこれらの原因となった事故を生じさせ、又は負傷、疾病若しくは障害の程度を増進させ、若しくはその回復を妨げたときは、保険給付の全部又は一部が行われないことがある（同法12条の2の2第2項）。

5　業務災害と通勤災害

(1)　業務災害

業務災害の保険給付は、業務上の事由により労働者に発生した傷病等に対して支給されるものである（労災保険法1条、7条1項1号）。業務が原因となって発生した業務災害であるから、使用者の指揮命令下に置かれて業務を行っている際に業務災害が発生したこと（業務遂行性）、及び、業務と傷病等との間に相当因果関係があること（業務起因性）が、保険給付を支給する要件となる。

また、2以上の事業の業務を要因として傷病等の業務災害（複数業務要因災害）が発生した場合にも、労災保険給付が行われる（同法1条、7条1項2号）。

(2)　通勤災害

通勤災害の保険給付は、通勤により労働者に発生した傷病等に対して支給されるものである（労災保険法1条、7条1項3号）。

通勤とは、労働者が、就業に関し、住居と就業場所との間の往復や就業の場所から他の就業場所への移動などを、合理的な経路及び方法により行うことであり、業務の性質を有するものを除くものである（同法7条2項）。通勤が使用者の指揮命令下に置かれて行われているために業務の性質を有する場合には業務災害となる。

なお、通勤に際して、合理的な経路を逸脱し又は移動を中断した場合に、当該逸脱又は中断の間及びその後の移動については、保険給付の対象となる通勤とはならない。ただし、当該逸脱又は中断が、日常生活上必要な行為であって厚生労働省令で定めるものをやむを得ない事由により行う

10

ための最小限度のものである場合は、当該逸脱又は中断の間を除き、保険給付の対象となる（同法7条3項）。

6　特別加入制度

(1)　特別加入制度の創設

労災保険は、労働者の労働災害に対する保護を目的とするため、労働者以外の中小事業主・自営業者・家族従事者等に生じた業務災害については、基本的に労災保険の適用はないことになるが、業務の実態や災害発生状況などに照らし、労働者と同様に労災保険により保護を与える必要があると認められるものについては、労災保険への特別加入を認めることとする特別加入制度が昭和40年に創設された（労災保険法第4章の2）。

(2)　特別加入の対象者

労災保険に特別加入することができる者の範囲は、次のとおりである。

①　労働保険事務組合に労働保険事務の処理を委託する中小事業主及びその者が行う事業に従事する労働者以外の者（労災保険法33条1号・2号、同法施行規則46条の16）

②　一人親方などの一定の自営業者及びその者が行う事業に従事する労働者以外の者（労災保険法33条3号・4号、同法施行規則46条の17）

③　特定作業従事者（労災保険法33条5号、同法施行規則46条の18。特定農作業従事者、指定農業機械作業従事者、職場適応訓練従事者、事業主団体等委託訓練従事者、危険有害な作業に従事する家内労働法2条2項の家内労働者又は同条4項の補助者、労働組合等常勤役員、介護作業従事者及び家事支援従事者）

④　開発途上地域に対し技術協力の実施の事業を行う団体から開発途上地域において行われる事業に従事するため派遣される者（労災保険法33条6号）

⑤　日本国内で行われる事業から海外において行われる事業に従事するため派遣される者（同条7号）

11

第1編　第1　労災保険制度

(3)　特別加入の手続

　　特別加入を利用しようとする者は、その従事する事業について成立する保険関係に基づき労災保険による業務災害及び通勤災害に関する保険給付を受けることができる者とすることの特別加入申請書を、従事する業務内容に応じて設けられている窓口（例えば、中小事業主であれば労働保険事務組合）を通じ、所轄労基署長を経由して所轄都道府県労働局長に提出して行わなければならない（労災保険法34条〜36条、同法施行規則46条の19）。

(4)　特別加入者の給付基礎日額

　　特別加入者は、業務災害や通勤災害に遭遇して、傷病等を被った場合には、療養補償・休業補償・障害補償・遺族補償など、通常の労働者と同様の給付を受給することができる。

　　そして、その補償の給付基礎日額は、中小事業主等（労災保険法33条1号・2号）については、賃金が存在しないので、労災保険法8条1項（平均賃金に相当する額）によっては算定できないため、特別加入の申請を行う際に、実態から解離しない所得水準に見合った3500円から2万5000円まで16段階の額のいずれかを自ら希望して申請し、都道府県労働局長が、当該事業に使用される労働者の賃金の額その他の事情を考慮して、これを承認することにより、その額が給付基礎日額となる（労災保険法34条1項3号、同法施行規則46条の20第1項。昭56・3・31基発191号）。

　　また、一人親方等及び特定作業従事者（労災保険法33条3号〜5号）についても、賃金が存在しないので、中小事業主等と同様に、都道府県労働局長が、当該事業と同種若しくは類似の事業又は当該作業と同種若しくは類似の作業を行う事業に使用される労働者の賃金の額その他の事情を考慮して、定める額とされる（同法35条1項6号）。

　　さらに、海外派遣者（同法33条6号・7号）の給付基礎日額についても、都道府県労働局長が、当該事業に使用される労働者の賃金の額その他の事情を考慮して、これを承認することにより、その額が給付基礎日額となる（同法36条1項2号による34条1項3号の準用）。

第2　保険給付の内容

1　療養補償給付（労災保険法13条）

(1)　療養補償給付の範囲

　　業務災害及び通勤災害による傷病により療養する場合の治療費及び関連費用の全額が支給される。

① 　診察（治療費）

② 　薬剤又は治療材料の支給（薬代）

③ 　処置、手術その他の治療（手術費用）

④ 　居宅における療養上の管理及びその療養に伴う世話その他の看護（自宅療養の場合の看護費など）

⑤ 　病院又は診療所への入院及びその療養に伴う世話その他の看護（入院中の看護費など）

⑥ 　移送（入通院のための交通費）

(2)　請求方法

ア　療養補償給付たる療養の給付の請求（労災保険法施行規則12条1項）

　　労災指定医療機関で治療等を受けた場合には、同医療機関を経由して労基署長に療養補償給付の請求書を提出すれば、同医療機関が労災保険から直接治療費等を受け取る（現物給付。5号請求）。

イ　療養補償給付たる療養の費用の請求（労災保険法施行規則12条の2第1項）

　　労災指定医療機関以外で治療等を受けた場合には、一旦被災労働者が治療費全額を支払い、その領収書などを添付して、労基署長に、療養補償給付たる療養の費用の請求書を提出すれば、被災労働者の指定する預金口座に治療費等の送金がされる（7号請求）。

第1編　第2　保険給付の内容

2　休業補償給付（労災保険法14条）

(1)　休業補償給付の範囲

　　　労働者が業務上の負傷又は疾病による療養のため労働することができないために賃金を受けない日の4日目から支給される。

　　　給付基礎日額の60％に、社会復帰促進等事業に基づく休業特別支給金として給付基礎日額の20％を加え、合計給付基礎日額の80％が支給される。

(2)　請求方法（労災保険法施行規則13条1項）

　　　所定の請求用紙に必要事項を記載した請求書を、労基署長に提出して請求する（8号請求）。

3　障害補償給付（労災保険法15条）

(1)　障害補償給付の範囲

　　①　障害補償（年金）

　　　　業務災害及び通勤災害による傷病が治癒（症状固定）した後に障害等級第1級から第7級までに該当する障害が残った場合

　　　　第1級・・・給付基礎日額の313日分

　　　　第2級・・・給付基礎日額の277日分

　　　　第3級・・・給付基礎日額の245日分

　　　　第4級・・・給付基礎日額の213日分

　　　　第5級・・・給付基礎日額の184日分

　　　　第6級・・・給付基礎日額の156日分

　　　　第7級・・・給付基礎日額の131日分

　　②　障害補償（一時金）

　　　　業務災害及び通勤災害による傷病が治癒（症状固定）した後に障害等級第8級から第14級までに該当する障害が残った場合

　　　　第8級・・・給付基礎日額の503日分

　　　　第9級・・・給付基礎日額の391日分

　　　　第10級・・・給付基礎日額の302日分

第11級・・・給付基礎日額の223日分

第12級・・・給付基礎日額の156日分

第13級・・・給付基礎日額の101日分

第14級・・・給付基礎日額の56日分

(2) 請求方法（労災保険法施行規則14条の2第1項）

所定の請求用紙に必要事項を記載した請求書を、労基署長に提出して請求する（10号請求）。

4　遺族補償給付（労災保険法16条。12号請求）

(1) 遺族補償年金（労災保険法16条）

① 受給資格者（労災保険法16条の2）

労働者の配偶者、子、父母、孫、祖父母及び兄弟姉妹であって、労働者の死亡の当時その収入によって生計を維持していたもの。ただし、妻（婚姻の届出をしていないが、事実上婚姻関係と同様の事情にあった者を含む。以下同じ。）以外の者にあっては、労働者の死亡の当時次の各号に掲げる要件に該当した場合に限る。

一　夫（婚姻の届出をしていないが、事実上婚姻関係と同様の事情にあった者を含む。以下同じ。）、父母又は祖父母については、60歳以上であること。

二　子又は孫については、18歳に達する日以後の最初の3月31日までの間にあること。

三　兄弟姉妹については、18歳に達する日以後の最初の3月31日までの間にあること又は60歳以上であること。

四　前3号の要件に該当しない夫、子、父母、孫、祖父母又は兄弟姉妹については、厚生労働省令で定める障害の状態にあること。

② 遺族補償年金の額（労災保険法16条の3、別表第1）

遺族数1人：給付基礎日額の153日分。ただし、55歳以上の妻又は厚生労働省令で定める障害の状態にある妻にあっては、給付基礎日額の175日分

第1編　第2　保険給付の内容

　　　　遺族数2人：給付基礎日額の201日分
　　　　遺族数3人：給付基礎日額の223日分
　　　　遺族数4人以上：給付基礎日額の245日分
　　③　請求方法（労災保険法施行規則15条の2第1項）
　　　　所定の請求用紙に必要事項を記載した請求書を、労基署長に提出して
　　　請求する。

(2)　遺族補償一時金（労災保険法16条の6）
　①　受給権者（労災保険法16条の7）
　　　　労働者の死亡の当時遺族補償年金を受けることができる遺族（生計維
　　　持関係のある遺族）がないとき。
　　一　配偶者
　　二　労働者の死亡の当時その収入によって生計を維持していた子、父
　　　母、孫及び祖父母
　　三　前号に該当しない子、父母、孫及び祖父母並びに兄弟姉妹
　②　遺族補償一時金の額（労災保険法16条の8、別表第2）
　　　　16条の6第1項第1号の場合　給付基礎日額の1000日分
　　　　16条の6第1項第2号の場合　給付基礎日額の1000日分から16条の6
　　　　　　　　　　　　　　　　　　　　第1項第2号に規定する遺族補償年金の
　　　　　　　　　　　　　　　　　　　　額の合計額を控除した額
　③　請求方法（労災保険法施行規則16条）
　　　　所定の請求用紙に必要事項を記載した請求書を、労基署長に提出して
　　　請求する。

5　葬祭料（労災保険法17条）

(1)　受給権者
　　　葬儀を執り行う遺族である。ただし、遺族が葬儀を執り行わないことが
　　明らかで、事業主や友人が葬儀を執り行った場合には、同人が受給権者と
　　なる。

(2)　葬祭料の額（労災保険法17条）

　　葬祭料は、通常葬祭に要する費用を考慮して厚生労働大臣が定める金額とする（16号請求）。

　　具体的には、被災労働者の給付基礎日額の60日分の額と、31万5000円に給付基礎日額の30日分を加えた額の、いずれか高額な方の額となる（労災保険法施行規則17条）。

(3)　請求方法（労災保険法施行規則17条の2第1項）

　　所定の請求用紙に必要事項を記載した請求書を、労基署長に提出して請求する。

6　傷病補償給付

(1)　支給要件（労災保険法12条の8第3項）

　　傷病補償年金は、業務上負傷し、又は疾病にかかった労働者が、当該負傷又は疾病に係る療養の開始後1年6箇月を経過した日において次の各号のいずれにも該当するとき、又は同日後次の各号のいずれにも該当することとなったときに、その状態が継続している間、当該労働者に対して支給される（労災保険法施行規則18条1項、別表第2）。

①　当該負傷又は疾病が治っていないこと（症状固定にないこと）

②　当該負傷又は疾病による障害の程度が厚生労働省令で定める傷病等級に該当すること（傷病の障害の程度が傷病等級の第1級～第3級に該当すること）

(2)　傷病補償年金の支給額（労災保険法18条、別表第1）

一　傷病等級第1級に該当する障害の状態にある者：給付基礎日額の313日分

二　傷病等級第2級に該当する障害の状態にある者：給付基礎日額の277日分

三　傷病等級第3級に該当する障害の状態にある者：給付基礎日額の245日分

第 1 編　第 2　保険給付の内容

(3)　支給方法

　　被災労働者の請求によってではなく、支給要件に該当する場合に、労基署長の職権により、支給される（労災保険法施行規則18条の 2 第 1 項）。

(4)　解雇制限に係る打切補償の擬制（労災保険法19条）

　　業務上負傷し、又は疾病にかかった労働者が、当該負傷又は疾病に係る療養の開始後 3 年を経過した日において傷病補償年金を受けている場合又は同日後において傷病補償年金を受けることとなった場合には、労基法19条 1 項の規定の適用については、当該使用者は、それぞれ、当該 3 年を経過した日又は傷病補償年金を受けることとなった日において、同法81条の規定により打切補償（給付基礎日額1200日分）を支払ったものとみなされる。

7　介護補償給付

(1)　支給要件（労災保険法12条の 8 第 4 項）

①　障害補償年金又は傷病補償年金を受ける権利を有する労働者（障害補償年金又は傷病補償年金を受けていること）

②　その受ける権利を有する障害補償年金又は傷病補償年金の支給事由となる障害であって厚生労働省令で定める程度のもの（受給している年金で認定基準された障害等級が第 1 級又は第 2 級であること）

③　常時又は随時介護を要する状態にあり、かつ、常時又は随時介護を受けているとき（現に介護を受けていること）

④　ただし、障害者支援施設、障害者支援施設（生活介護を行うものに限る。）に準ずる施設として厚生労働大臣が定めるもの、病院又は診療所に入院している間は、支給されない。

(2)　介護補償給付の支給額（労災保険法19条の 2 ）

　　介護補償給付は、月を単位として支給するものとし、その月額は、常時又は随時介護を受ける場合に通常要する費用を考慮して厚生労働大臣が定める額とする。

①　常時介護を受ける場合（労災保険法施行規則18条の 3 の 4 第 1 項、別

18

表第 3)

(a) 障害等級が第 1 級

(b) その月において介護に要する費用を支出して介護を受けた日がある
場合（次号に規定する場合を除く。）……その月において介護に要す
る費用として支出された費用の額（その額が17万7950円を超えるとき
は、17万7950円とする。）

(c) その月において介護に要する費用を支出して介護を受けた日がある
場合であって介護に要する費用として支出された費用の額が 8 万1290
円に満たないとき又はその月において介護に要する費用を支出して介
護を受けた日がない場合であって、親族又はこれに準ずる者による介
護を受けた日があるとき……8 万1290円（支給すべき事由が生じた月
において介護に要する費用として支出された額が 8 万1290円に満たな
い場合にあっては、当該介護に要する費用として支出された額とす
る。）

② 随時介護を受ける場合（労災保険法施行規則18条の 3 の 4 第 2 項、別
表第 3)

(a) 障害等級が第 2 級

(b) その月において介護に要する費用を支出して介護を受けた日がある
場合（次号に規定する場合を除く。）……その月において介護に要す
る費用として支出された費用の額（その額が 8 万8980円を超えるとき
は、8 万8980円とする。）

(c) その月において介護に要する費用を支出して介護を受けた日がある
場合であって介護に要する費用として支出された費用の額が 4 万0600
円に満たないとき又はその月において介護に要する費用を支出して
介護を受けた日がない場合であって、親族又はこれに準ずる者による介
護を受けた日があるとき……4 万0600円（支給すべき事由が生じた月
において介護に要する費用として支出された額が 4 万0600円に満たな
い場合にあっては、当該介護に要する費用として支出された額とす
る。）

第1編　第2　保険給付の内容

(3)　請求方法（労災保険法施行規則18条の3の5第2項）

　　所定の請求用紙に必要事項を記載した請求書を、労基署長に提出して請求する。

8　二次健康診断等給付

(1)　支給要件（労災保険法26条1項、同法施行規則18条の16第1項）

　　労働者が定期健康診断等を行い、次の検査数値の全てで「異常の所見」が医師によって認められた場合に、二次健康診断及び特定保険指導を無料で受けることができる。

①　血圧の測定

②　低比重リポ蛋白コレステロール（LDLコレステロール）、高比重リポ蛋白コレステロール（HDLコレステロール）又は血清トリグリセライドの量の検査

③　血糖検査

④　腹囲の検査又はBMI（次の算式により算出した値をいう。）の測定

$$BMI＝体重(kg)／身長(m)^2$$

(2)　給付内容

ア　二次健康診断

　　以下の項目の検査を1年度につき1回に限り無料で受けることができる。

(a)　空腹時の低比重リポ蛋白コレステロール（LDLコレステロール）、高比重リポ蛋白コレステロール（HDLコレステロール）及び血清トリグリセライドの量の検査

(b)　空腹時の血中グルコースの量の検査

(c)　ヘモグロビンA1c検査（一次健康診断（労災保険法26条1項に規定する一次健康診断をいう。以下同じ。）において当該検査を行った場合を除く。）

(d)　負荷心電図検査又は胸部超音波検査

(e)　頸部超音波検査

9　社会復帰促進等事業（労災保険法 29 条）

（f） 微量アルブミン尿検査（一次健康診断における尿中の蛋白の有無の
検査において疑陽性（±）又は弱陽性（＋）の所見があると診断され
た場合に限る。）

イ　特定保険指導

以下の項目の指導を、二次健康診断ごとに 1 回に限り無料で受けるこ
とができる。

（a） 栄養指導

（b） 運動指導

（c） 生活指導

(3)　請求方法（労災保険法施行規則18条の19）

所定の請求用紙に必要事項を記載した請求書を、一次健康診断を受けた
日から 3 箇月以内に、当該二次健康診断等給付を受けようとする病院又は
診療所（以下「健診給付病院等」という。）を経由して、所轄都道府県労
働局長に提出して請求する。

9　社会復帰促進等事業（労災保険法29条）

被災労働者の円滑な社会復帰促進、被災労働者の遺族の援護、労働者の
安全衛生確保の目的で、社会復帰促進等事業制度が設けられており、社会
復帰等促進事業、被災労働者等援護事業、安全衛生確保等事業を行うこと
とされている。

(1)　社会復帰等促進事業（労災保険法29条 1 項 1 号、同法施行規則24条～31
条）

義肢等補装具費の支給、外科後処置、労災はり・きゅう施術特別援護措
置、アフターケア、アフターケア通院費の支給、振動障害者社会復帰援護
金の支給及び頭頸部外傷症候群等に対する職能回復援護を行う。

(2)　被災労働者等援護事業（労災保険法29条 1 項 2 号、同法施行規則32条～
36条）

ア　労災就学援護費、労災就労保育援護費、休業補償特別援護金及び長期

第1編　第2　保険給付の内容

家族介護者援護金の支給を行う。

イ　就学等援護費の支給要件

障害等級第1級〜第3級の障害補償年金受給者、遺族補償年金受給者、傷病補償年金受給者（在学者等である子と生計を同じくしている者であり、かつ傷病の程度が重篤な者）につき、

(a)　被災労働者本人、遺族補償年金の受給権者又はその子が、学校や専修学校に在学していたり、公共職業能力開発施設において一定の職業訓練を受けていて、学資等の支給を必要とする状態にあること、又は、

(b)　被災労働者本人、遺族補償年金の受給権者又はその家族で、就労のために、生計を同じくしている要保育児を保育所や幼稚園にあずけており、保育に要する費用の援助の必要があること

ウ　就学等援護費の支給額

(a)　保育園児・幼稚園児　　　・・・月額9000円/人

(b)　小学生　　　　　　　　　・・・月額1万5000円/人

(c)　中学生（通信制）　　　　・・・月額1万8000円/人

(d)　中学生（通信制を除く）　・・・月額2万1000円/人

(e)　高校生（通信制）　　　　・・・月額1万7000円/人

(f)　高校生（通信制を除く）　・・・月額2万円/人

(g)　大学生（通信制）　　　　・・・月額3万円/人

(h)　大学生（通信制を除く）　・・・月額3万9000円/人

(3)　安全衛生確保等事業（労災保険法29条1項3号、同法施行規則38条〜40条）

働き方改革推進支援助成金及び受動喫煙防止対策助成金を、中小企業事業主や事業主団体等に対して支給する。

第3　給付基礎日額

1　給付基礎日額の意義

　労災保険の現金給付額を算定する基礎となるものを給付基礎日額という。給付基礎日額は、原則として、被災労働者が災害発生前に得ていた労基法12条所定の平均賃金に相当する額であるが、平均賃金によることが相当でない場合には、厚生労働省令で定めるところにより、政府が算定する額とされる（労災保険法8条1項・2項）。昭和40年の法改正（昭和40年6月11日法律第130号）により、現金支給額を算定する基準として給付基礎日額という概念が創設され、給付基礎日額をもって、現金給付額の算定の基礎とすることとしたものである。

2　平均賃金に相当する額

(1)　算定事由発生日

　給付基礎日額は、原則として労基法12条の平均賃金に相当する額であり、平均賃金に相当する額とは、業務上の負傷若しくは死亡の原因である事故が発生した日又は医師の診断によって疾病の発生が確定した日（以下「算定事由発生日」という。）以前の3箇月間に労働者に対し支払われた賃金の総額を、その期間の総日数で除した金額をいう（労災保険法8条2項、労基法12条1項、同法施行規則48条）。

　なお、雇入れ後3箇月に満たない労働者については、算定事由発生日以前の3箇月の期間によって平均賃金を算定することができないので、雇入れ後の期間とその期間中の賃金の総額に基づいて平均賃金を算定する（労基法12条6項）。

　また、複数事業労働者に対して保険給付を行う場合における給付基礎日額は、当該複数事業労働者を使用する事業ごとに算定した給付基礎日額に相当する額を合算した額を基礎として算定する額である（労災保険法8条3項）。

第1編　第3　給付基礎日額

　　ところで、「算定事由発生日以前3箇月間」の解釈については、算定事由発生日を含むか否かという見解の対立があるが、算定事由発生日には労務の提供が完全にされず賃金も全額が支払われないことがあり、同日を含ませると平均賃金が低額となり、労働者に不利になることに鑑みれば、算定事由発生日の前日から起算して、それより以前の3箇月間をいうものと解すべきであり、算定事由発生日の当日は含まないものと解するのが相当である。

　　また、上記の「3箇月」の期間中に、次のような期間がある場合は、これらの期間を控除しないと、平均賃金の額が不当に低額になる場合があって、相当ではないため、その期間中の日数及びその期間中の賃金は、算定の基礎となる期間及び賃金の総額から控除される（労基法12条3項）。

① 　業務上の負傷又は疾病の療養のために休業した期間
② 　産前産後の女性が労基法65条の規定によって休業した期間
③ 　使用者の責めに帰すべき事由によって休業した期間
④ 　育児休業や介護休業等をした期間
⑤ 　試みの使用期間

(2) 　確定診断日以前の離職と平均賃金の算定

　　労働者が業務上疾病の確定診断日に、既にその疾病の発生のおそれのある作業に従事した事業場を離職している場合の災害補償に係る平均賃金の算定は、労働者がその疾病の発生のおそれのある作業に従事した最後の事業場を離職した日（賃金締切日がある場合は直前の賃金締切日をいう。）の以前3箇月間に支払われた賃金により算定した金額を基礎とし、算定事由発生日（診断によって疾病発生が確定した日）までの賃金水準の上昇を考慮して当該労働者の平均賃金を算定する。すなわち、確定診断日を算定事由発生日とし、離職時の賃金額に基づいて算定した金額に離職時点から算定事由発生日までの賃金水準の上昇又は変動を考慮して平均賃金を算定するというものである。

　　なお、離職時の賃金額が不明である場合には、算定事由発生日における同種労働者の1人平均の賃金額等に基づいて算定する。

（以上につき、昭50・9・23基発556号、昭51・2・14基発193号、昭53・2・2基発57号）。

　ただし、業務上疾病に罹患した労働者の賃金額が不明である場合に、離職した日以前3箇月の標準報酬月額が明らかであり、当該労働者が自己の賃金額を証明する資料として厚生年金保険等の被保険者記録照会回答票又はねんきん定期便を提出している場合は、これらの資料により確認される離職時の当該標準報酬月額を基礎として、平均賃金を算定する（平22・4・12基監発0412第1号）。

(3)　賃金締切日

　給付基礎日額は、原則として算定事由発生日以前の3箇月間の賃金の総額を、その期間の総日数で除した金額によって算定されるが、賃金締切日がある場合には、賃金締切日を起算日として3箇月間の賃金の総額を計算する方が簡便であるため、算定事由発生日の直前の賃金締切日の前の3箇月間の賃金の総額をもって平均賃金を算定する（労基法12条2項）。

　なお、平均賃金算定に当たり算定事由発生日以前の3箇月の期間中に賃金締切日が変更された場合、例えば、従前の賃金締切日は毎月10日であったが、8月25日にその後の賃金締切日が毎月25日と変更され、10月11日に算定事由が発生した場合には、厳格に3箇月の期間に従うことなく、算定事由発生日の直前の変更された賃金締切日である9月25日とそれ以前の2回の賃金締切日である8月10日と7月10日を基準とし、3箇月の暦日数に最も近い7月11日～9月25日までの77日をもって算定期間とすることが相当である（昭25・12・28基収3802号、昭25・7・24基収563号）。

　また、賃金ごとに賃金締切日が異なる場合、例えば団体業績給以外の賃金は毎月15日及び月末の2回が賃金締切日で、団体業績給のみは毎月月末1回のみの場合、算定事由発生日がある月の20日であるときには、直前の賃金締切日は、それぞれ各賃金ごとの賃金締切日となる（昭26・12・27基収5926号）。

　さらに、平均賃金の算定の基礎となる「算定事由発生日以前3箇月間」に算定事由発生日の当日は含まないから、賃金締切日に算定事由が発生し

第1編　第3　給付基礎日額

た場合には、その1箇月前の賃金締切日から起算して算定することになる（昭24・7・13基収2044号）。

(4)　賃金の総額

　　平均賃金を算定する基礎となる「支払われた賃金の総額」は、労基法11条所定の「賃金、給料、手当、賞与その他名称の如何を問わず、労働の対償として使用者が労働者に支払うすべてのもの」であり、「算定事由発生時において、労働者が現実に受け、又は受けることが確定した賃金」をいうものである（昭23・8・11基収2934号）。

　　そうすると、通勤手当（昭22・12・26基発573号）、年次有給休暇の賃金（昭22・11・5基発231号）、通勤定期券代（昭25・1・18基収130号）、昼食料補助（昭26・12・27基収6126号）などは、賃金の総額に含まれる。

　　また、3箇月の平均賃金の算定期間中に、賃金ベースの変更があった場合には、その3箇月の期間中に新旧ベースによって支払われた賃金の合計額が賃金の総額となるが（昭22・11・5基発233号、昭23・8・11基収2934号）、算定事由発生日の後において賃金ベースが遡及して改定されたとしても、この場合には賃金の総額に追加支給額は含むことなく平均賃金を算定することになる（昭24・5・6基発513号）。

　　そして、「支払われた」とは、実際に支払われた賃金のみならず、いまだ支払われてはいないが、算定事由発生日において、既に債権として確定している賃金も含まれることになるから、未払の残業代があるような場合には、これも賃金の総額に含めて、平均賃金を算定することになる。

(5)　控除される賃金

　　次のような賃金は、賃金ではあるが、これを含めることにすると、算定事由発生の時期いかんによって、平均賃金の額が不当に低額になる場合があって、相当ではないため、平均賃金を算定する基礎となる「賃金の総額」には算入されない（労基法12条4項）。

①　臨時に支払われた賃金

　　臨時的又は突発的事由に基づいて支払われたもの、結婚手当等支給条件はあらかじめ確定されているが、支給事由の発生が不確定であり、非

26

常に稀に発生するものなどが、臨時に支払われた賃金となる（昭22・9・13基発17号）。具体的には、私傷病手当（昭26・12・27基収3857号）、加療見舞金（昭27・5・10基収6054号）、退職金（昭26・12・27基発841号）などが、これに該当する。

② 3箇月を超える期間ごとに支払われる賃金

1年のうち6箇月ごとに2回支払われる賞与は、これに該当し、賃金の総額には算入されない。これに対し、3箇月ごとに支払われる賞与は、賃金の総額に算入される。

なお、3箇月を超える期間ごとに支払われる賃金であるか否かは、当該賃金の算定の事由が3箇月を超える期間ごとに発生するかどうか（賃金の計算期間が3箇月を超えるかどうか）によって判定することになるので、月単位で計算されて支給される通勤手当や住宅手当などが支払事務の便宜から年2回にまとめて支払われる場合であっても、平均賃金の算定の基礎に含まれることになる。

③ 通貨以外のもので支払われた賃金で一定の範囲に属しないもの

平均賃金の算定の基礎となる「通貨以外のもので支払われた賃金」とは、通貨以外のもので支払われる現物給与であり、そのうち「一定の範囲に属しないもの」とは、「労働基準法第24条第1項ただし書の規定による法令又は労働協約の別段の定めに基づいて支払われる通貨以外のもの」は平均賃金の算定の基礎に算入されることとなるので（労働基準法施行規則2条1項）、それ以外の現物給与ということになる。

3　給付基礎日額の最低保障

給付基礎日額は、原則として算定事由発生日以前の3箇月間の賃金の総額を、その期間の総日数で除して算定されるので（労基法12条1項本文）、賃金が出勤日数にかかわらず月を単位として支払われる月給制の場合には、平均賃金にはそれほどの変動がないと考えられるが、賃金が、日給制・時間給制・出来高払制その他の請負制によって定められている場合には、3箇月の算定期間中に実労働日数が少ないと平均賃金も低額となり、最低限度の生活水準を確保しようとする平均賃金の意義が失われることに

第1編　第3　給付基礎日額

なるため、労基法12条1項本文によって算定した金額が同項ただし書の最低保障額に満たないときには、以下のような最低保障額をもって平均賃金とすることにしている。

なお、この最低保障額は、賃金の一部又は全部が日給等によって定められている場合についてのみ規定したものであり、日給月給制（賃金が月を単位として算定して支払われるが、欠勤時間又は欠勤日数に応じて一定額を賃金から控除して支払う制度）については、月給制の一種と解され、当該月給を日によって定められた賃金とみなすことはできないため、最低保障額の適用はない（昭27・5・10基収6054号）。

(1)　賃金の全部又は一部が日給制・時間給制、出来高払制その他の請負制によって定められた場合

この場合には、算定対象期間となる3箇月間に支払われた賃金総額を、その期間中に実際に労働した日数で除した金額の100分の60（60％）が最低保障額となる（労基法12条1項1号）。

なお、「労働した日数」とは、原則として、暦日単位であり、午前零時から午後12時までを1日として計算するものであるが（昭23・7・3基収2176号）、所定労働時間が2暦日にわたる勤務を行う労働者に係る平均賃金の算定においては、当該勤務を始業時刻の属する日における1日の労働として取り扱うこととし、一昼夜交替勤務のように一勤務が明らかに2日の労働と解することが適当な場合には、原則どおり、当該一勤務を2日の労働として計算する（昭45・5・14基発374号）。

(2)　賃金の一部が月給制・週休制その他一定の期間によって定められた場合

月給制・週休制等に基づいて支払われる賃金と日給制・時間給制・出来高払制その他の請負制等に基づいて支払われる賃金とが併給されているような場合には、月給制・週休制等に基づいて支払われた賃金部分の総額をその期間の総暦日数で除した金額と、日給制・時間給制等に基づいて支払われた賃金につき、労基法12条1項1号によって算定した金額の合算額が最低保障額となる（同項2号）。

4　休業給付基礎日額の年齢階層別限度額

(1)　限度額の設定の趣旨

　　休業補償給付の算定の基礎となる給付基礎日額については、被災時の年齢による不均衡を是正するなどの趣旨から、支給すべき事由が生じた日、すなわち業務上の事由等による傷病の療養のために労働することができず賃金を受けられないという事由の生じた日が、療養を開始した日から起算して1年6箇月を経過した日以後の日である場合に関して適用する、年齢階層別の最低限度額及び最高限度額が定められている（労災保険法8条の2第2項）。

(2)　限度額の内容

　　労災保険法8条及び労基法12条1項によって算定された給付基礎日額が、被災労働者の年齢階層に定められた最低限度額を下回る場合にはその最低限度額が給付基礎日額となる。最高限度額を上回る場合にはその最高限度額が給付基礎日額となり、また、最低限度額と最高限度額との間に位置する場合には、算定された給付基礎日額が給付基礎日額となる。

　　なお、特別加入者の給付基礎日額は、一般の労働者とは異なり、厚生労働大臣が当該特別加入者の収入等の実態を考慮して定めることとされ（労災保険法34条1項3号、昭56・3・31基発191号）、その定める給付基礎日額に上限と下限が設定されているため（労災保険法施行規則46条の20第1項）、年齢階層別限度額の規定は適用されない。

　　そして、限度額に係る年齢階層は、賃金構造基本統計の年齢階層等を考慮して、20歳未満～70歳以上まで、12に区分して定められている（同施行規則9条の3）。

(3)　限度額の告示

　　限度額の公示につき、厚生労働大臣は、毎年、その年の8月1日から翌年の7月31日までの間に支給すべき事由が生じた療養開始日から1年6箇月が経過した被災労働者についての休業補償給付等の額の算定の基礎として用いる給付基礎日額に係る最低限度額及び最高限度額を、当該8月の属

第1編　第3　給付基礎日額

する年の前年の賃金構造基本統計の調査の結果に基づいて定め、当該8月の属する年の7月31日までに告示するものとされている（労災保険法施行規則9条の4第7項）。

　令和5年8月1日から令和6年7月31日までの間に支給すべき事由が生じた療養開始日から1年6箇月が経過した被災労働者についての休業補償給付等の額の算定の基礎として用いる給付基礎日額の最低限度額及び最高限度額は、次のように定められている（令和5年7月28日厚生労働省告示第241号。単位：円）。

年齢	～19	20～24	25～29	30～34	35～39
最低限度額	5213	5816	6319	6648	70101
最高限度額	13314	13314	14701	17451	20453

年齢	40～44	45～49	50～54	55～59	60～64	65～69	70～
最低限度額	7199	7362	7221	6909	5804	4020	4020
最高限度額	21762	22668	24679	25144	21111	15922	13314

第4　通勤災害

1　はじめに

(1)　通勤災害とは、労働者が、就業のために、住居と就業の場所との間を移動している際に、被った負傷、疾病、障害又は死亡である。

(2)　労災保険の対象となる災害は、もともとは業務中の業務災害に限定されていたが、通勤途上の交通事故による災害などが多発したことなどから、昭和48年の労災保険法の改正（昭和48年9月21日法律第85号）により、通勤災害についても、労災保険の補償の対象とされるに至った。

(3)　通勤災害の対象となる災害として多くみられる事案は、次のようなものである。

①　通勤途上で、マイカーを運転中に交通事故が発生して負傷した場合

②　駅の階段で転倒して負傷した場合

③　通勤途中で第三者と喧嘩して負傷した場合

④　日用品を購入するために通常の通勤経路から離れた遠回りをして帰宅途中に交通事故に遭遇して負傷した場合

⑤　業務終了後の帰宅途中に、スーパーに立ち寄って日用品を購入し、又は、書店に立ち寄って雑誌を立ち読みして、合理的な経路に復した後に交通事故に遭って負傷した場合

⑥　帰宅途中に同僚と喫茶店でコーヒーを飲んだ後の帰宅途中に交通事故に遭遇して負傷した場合

(4)　本稿においては、実務の参考となり、役に立つ手引書となるように、通勤災害が認められるための要件、及び、その具体的適用例を、次のような諸点に留意して、取りまとめることとする。

①　労災保険の審査において、しばしば問題となることの多い類型的な事例を念頭に置いて、その解決の指針となる、条文上の根拠、解釈基準、

第1編　第4　通勤災害

　　認定要件、その基準や要件の具体的適用結果を明らかにすること。
　②　通勤災害について、体系的に、理論と実務を架橋した総合的な手引書
　　として、ほとんどの争点の解決の糸口がつかめるものとすること。
　③　通勤災害をめぐる事案の処理を行うに際して、理解しやすく簡便に参
　　照できる、座右の手引書として利用することができるものとすること。

(5)　参考文献
　①　理論と実際（労務行政、平成26年）
　②　西村健一郎＝朝生万里子・労災補償とメンタルヘルス（信山社、平成
　　26年）
　③　労働調査会出版局編・新労災保険実務問答〔補訂版〕（労働調査会、
　　令和元年）
　④　古川・手引（青林書院、平成30年）

2　通勤災害に関する法令

A　労災保険法
(1)　7条1項3号（通勤災害）
　　通勤災害とは、労働者の通勤による負傷、疾病、障害又は死亡
(2)　7条2項（通勤）
　　(1)の通勤とは、労働者が、就業に関し、次に掲げる移動を、合理的な
　経路及び方法により行うことをいい、業務の性質を有するものを除くも
　のとする。
　①　住居と就業の場所との間の往復
　②　厚生労働省令で定める就業の場所から他の就業の場所への移動
　③　①に掲げる往復に先行し、又は後続する住居間の移動（厚生労働省
　　令で定める要件に該当するものに限る。）
(3)　7条3項（逸脱又は中断）
　　労働者が、(2)各号に掲げる移動の経路を逸脱し、又は(2)各号に掲げる
　移動を中断した場合においては、当該逸脱又は中断の間及びその後の(2)
　各号に掲げる移動は、(1)の通勤としない。ただし、当該逸脱又は中断

が、日常生活上必要な行為であって厚生労働省令で定めるものをやむを
得ない事由により行うための最小限度のものである場合は、当該逸脱又
は中断の間を除き、この限りでない。

(4) 12条の2の2（保険給付の支給制限）

1項

　労働者が、故意に負傷、疾病、障害若しくは死亡又はその直接の原
因となった事故を生じさせたときは、政府は、保険給付を行わない。

2項

　労働者が故意の犯罪行為若しくは重大な過失により、又は正当な理
由がなくて療養に関する指示に従わないことにより、負傷、疾病、障
害若しくは死亡若しくはこれらの原因となった事故を生じさせ、又は
負傷、疾病若しくは障害の程度を増進させ、若しくはその回復を妨げ
たときは、政府は、保険給付の全部又は一部を行わないことができ
る。

B　労災保険法施行規則

(1)　6条（労災保険法7条2項2号関係：就業の場所）

　労災保険法7条2項2号の厚生労働省令で定める就業の場所は、次の
とおりとする。

①　労災保険法3条1項の適用事業及び失業保険法及び労働者災害補償
保険法の一部を改正する法律及び労働保険の保険料の徴収等に関する
法律の施行に伴う関係法律の整備等に関する法律（昭和44年法律第85
号）5条1項の規定により労災保険に係る保険関係が成立している同
項の労災保険暫定任意適用事業に係る就業の場所

②　労災保険法34条1項1号、35条1項3号又は36条1項1号の規定に
より労働者とみなされる者（同法46条の22の2に規定する者を除く。）
に係る就業の場所

③　その他①②に類する就業の場所

(2)　7条（労災保険法7条2項3号関係：先行後行する住居間移動）

　労災保険法7条2項3号の厚生労働省令で定める要件は、同号に規定

第1編　第4　通勤災害

する移動が、次の各号のいずれかに該当する労働者により行われるもの
であることとする。

① 転任に伴い、当該転任の直前の住居と就業の場所との間を日々往復
することが当該往復の距離等を考慮して困難となったため住居を移転
した労働者であって、次のいずれかに掲げるやむを得ない事情によ
り、当該転任の直前の住居に居住している配偶者（婚姻の届出をして
いないが、事実上婚姻関係と同様の事情にある者を含む。以下同じ。）
と別居することとなったもの

イ　配偶者が、要介護状態（負傷、疾病又は身体上若しくは精神上の
障害により、2週間以上の期間にわたり常時介護を必要とする状態
をいう。以下7条及び8条において同じ。）にある労働者又は配偶
者の父母又は同居の親族を介護すること。

ロ　配偶者が、学校教育法（昭和22年法律第26号）1条に規定する学
校、同法124条に規定する専修学校若しくは同法134条1項に規定す
る各種学校（以下7条において「学校等」という。）に在学し、児
童福祉法（昭和22年法律第164号）39条1項に規定する保育所（②
ロ及び34条1項において「保育所」という。）若しくは就学前の子
どもに関する教育、保育等の総合的な提供の推進に関する法律（平
成18年法律第77号）2条7項に規定する幼保連携型認定こども園
（②ロ及び34条1項において「幼保連携型認定こども園」という。）
に通い、又は職業能力開発促進法（昭和44年法律第64号）15条の7
第3項に規定する公共職業能力開発施設（以下「公共職業能力開発
施設」という。）の行う職業訓練（職業能力開発総合大学校におい
て行われるものを含む。以下7条及び8条において「職業訓練」と
いう。）を受けている同居の子（18歳に達する日以後の最初の3月
31日までの間にある子に限る。）を養育すること。

ハ　配偶者が、引き続き就業すること。

ニ　配偶者が、労働者又は配偶者の所有に係る住宅を管理するため、
引き続き当該住宅に居住すること。

ホ　その他配偶者が労働者と同居できないと認められるイからニまで

に類する事情

② 転任に伴い、当該転任の直前の住居と就業の場所との間を日々往復することが当該往復の距離等を考慮して困難となったため住居を移転した労働者であって、次のいずれかに掲げるやむを得ない事情により、当該転任の直前の住居に居住している子と別居することとなったもの（配偶者がないものに限る。）

イ 当該子が要介護状態にあり、引き続き当該転任の直前まで日常生活を営んでいた地域において介護を受けなければならないこと。

ロ 当該子（18歳に達する日以後の最初の3月31日までの間にある子に限る。）が学校等に在学し、保育所若しくは幼保連携型認定こども園に通い、又は職業訓練を受けていること。

ハ その他当該子が労働者と同居できないと認められるイ又はロに類する事情

③ 転任に伴い、当該転任の直前の住居と就業の場所との間を日々往復することが当該往復の距離等を考慮して困難となったため住居を移転した労働者であって、次のいずれかに掲げるやむを得ない事情により、当該転任の直前の住居に居住している当該労働者の父母又は親族（要介護状態にあり、かつ、当該労働者が介護していた父母又は親族に限る。）と別居することとなったもの（配偶者及び子がないものに限る。）

イ 当該父母又は親族が、引き続き当該転任の直前まで日常生活を営んでいた地域において介護を受けなければならないこと。

ロ 当該父母又は親族が労働者と同居できないと認められるイに類する事情

④ その他①～③に類する労働者

(3) 8条（日常生活上必要な行為）

労災保険法7条3項の厚生労働省令で定める行為は、次のとおりとする。

① 日用品の購入その他これに準ずる行為

② 職業訓練、学校教育法1条に規定する学校において行われる教育そ

第1編　第4　通勤災害

　　　の他これらに準ずる教育訓練であって職業能力の開発向上に資するも
　　　のを受ける行為
　　③　選挙権の行使その他これに準ずる行為
　　④　病院又は診療所において診察又は治療を受けることその他これに準
　　　ずる行為
　　⑤　要介護状態にある配偶者、子、父母、孫、祖父母及び兄弟姉妹並び
　　　に配偶者の父母の介護（継続的に又は反復して行われるものに限る。）

3　業務災害と通勤災害の相違

(1)　業務災害（労災保険法7条1項1号、労基法75条以下）

　ア　業務災害とは、「労働者の業務上の負傷、疾病、障害又は死亡」、すな
　　わち業務に起因する災害であり、この「業務」とは、労働者が労働契約
　　の本旨に基づいて行う行為であり、事業主の指揮命令下に置かれて行う
　　行為である。

　イ　業務災害における労災保険の休業補償給付（業務災害）は、休業の最
　　初の3日間（待期期間）は保険給付は行われず、休業4日目以降に給付
　　がされる（労災保険法14条1項）。

　ウ　なお、休業初日から3日目までの間は、労災保険法上は待期期間があ
　　るため、休業補償給付を受けることができないが、業務災害（労働者が
　　業務上負傷し又は疾病にかかった場合。労基法75条1項）の場合には、
　　労基法に基づき、事業主がその間についても平均賃金の60％の補償をす
　　ることとなる。すなわち、労基法では業務上のけがなどが原因で療養の
　　ため労働することができず賃金を受けることができない場合には、事業
　　主が休業初日からの分も含めて休業補償をする旨が定められている（同
　　法76条1項）。

(2)　通勤災害（労災保険法7条1項3号）

　ア　通勤災害とは、「労働者の通勤による負傷、疾病、障害又は死亡」、す
　　なわち労働者の通勤による災害であり、この「通勤」とは、労働者が業
　　務を行うためにする就業の場所と住居との間の往復行為であり（条文上

では、「労働者が、就業に関し、住居と就業の場所との間の往復等を、合理的な経路及び方法により行うことをいい、業務の性質を有するものを除くものとする。」労災保険法7条2項)、事業主の指揮命令下に入る以前の又はこれから脱した以後の行為をいう。

イ　通勤災害における労災保険の休業補償給付は、休業の最初の3日間（待期期間）は保険給付は行われず、休業4日目以降に給付がされる（労災保険法14条1項、22条の2第2項）。

ウ　労基法には通勤災害に関する規定がなく、事業主に休業に対する補償責任がないため、同法に基づいては待期期間中の休業給付を受けることができないが、事業主に安全配慮義務違反などの民事上の損害賠償責任がある場合には、事業主に対し、当該3日分を含め、休業の初日以降の休業損害の全額を請求することができることになる。

(3)　通勤災害ではなく、業務災害となる例

ア　災害に遭った時点での移動行為が、業務の性質を有する場合には、通勤災害ではなく、業務災害となる。

イ　業務災害と通勤災害の区分は、災害に遭遇した時点の状況につき、業務遂行性があるかどうか、すなわち、事業主の指揮命令下にあるか否かによって判断される。

ウ「業務災害」となるのは、次のような場合である。

①　事業主の提供する通勤専用バス等を利用して通勤する途上において被災した場合

②　突発的事故等による緊急用務のため、休日又は休暇中に事業主から呼出しを受け、予定外に緊急出勤する途上で被災した場合

4　通勤災害の要件（その1・通勤遂行性）

A【要件1】　通勤によること（労災保険法7条1項3号）

(1)　通勤の定義

労災保険法7条1項3号は、通勤災害とは、「労働者の通勤による負傷、疾病、障害又は死亡」であると定義し、同条2項は、通勤とは、

第1編　第4　通勤災害

「労働者が、就業に関し、住居と就業の場所との間の往復等を、合理的な経路及び方法により行うことをいい、業務の性質を有するものを除くものとする。」と定義している。

したがって、「通勤による」とは、発生した災害と通勤との間に相当因果関係があることであり、通勤に通常伴う危険が具体化したことをいう（昭48・11・22基発644号、平3・2・1基発75号、平18・3・31基発0331042号）。

(2)　通勤の種類

労災保険法7条2項が「通勤」であるとして定める「次に掲げる移動」は、以下の3つである。

以下の①昭和48年の通勤災害制度の発足の当初からのものであるが、②③は、副業解禁の動きや短時間労働者の増加など、就業形態の多様化に伴い、平成17年の法改正（平成17年法律第108号）により導入されたものである。

①　住居と就業の場所との間の往復

②　厚生労働省令で定める就業の場所から他の就業の場所への移動

③　①に掲げる往復に先行し、又は後続する住居間の移動（厚生労働省令で定める要件に該当するものに限る。）

(3)　「通勤による」に該当する例

①　通勤の途上で、交通事故に遭って負傷した場合

②　通勤の途上で、強盗に襲われて負傷した場合（昭49・6・19基収1276号）

③　通勤の途上で、見ず知らずの第三者から、一方的に暴行を受けて負傷した場合

④　電車が急停車したため、転倒して負傷した場合

⑤　通勤途上の電車駅の階段で、注意を怠り転倒して負傷した場合

⑥　通勤途上の歩行中に、ビルの建設現場から建築資材が落下して負傷した場合

⑦　マイカー通勤をしている労働者が、勤務先会社から市道を挟んだ反対がにある同社の駐車場に車を停車し、徒歩で職場に到着してタイム

38

4　通勤災害の要件（その1・通勤遂行性）

カードを押した後、ライトを消し忘れたことに気付き、徒歩で駐車場へ引き返すため市道を横断中に、市道を走ってきた自動車にはねられて負傷した場合

　この場合は、マイカー通勤者が車のライトの消し忘れなどに気付いて駐車場に引き返すことは一般にあり得ることであって、通勤とかけ離れた行為ではなく、また、一旦事業場の構内に入った後に時間も余り経過していないので、通勤災害となる（昭49・6・19基収1739号）。

⑧　通勤の途上で、地震や台風などの天災地変に遭遇して負傷した場合

　天災地変は、事業主の支配、管理下にあるか否かに関係なく不可抗力的に発生するものであって、原則として、通勤に内在する危険が具体化したものとはいえないので通勤災害にはならない（昭50・4・7基収3086号）。

　ただし、天災地変により災害を被りやすい特段の事情とあいまって災害が発生した場合、例えば、もともと家屋あるいは山等の周囲の状況が災害（家屋の倒壊や落石・土砂崩壊）を引き起こす危険な要因を有していたという状況下において、たまたま天災地変が契機となって家屋の倒壊や山の崩壊が発生したために負傷したような場合は、通勤に通常伴う危険が現実化したものとして、通勤災害と認定して差し支えないものとされている（昭49・10・25基収2950号、昭50・4・7基収3086号、平23・3・24基労管発0324第1号、平23・3・24基労補発0324第2号）。

⑨　通勤途上において他人の故意に基づく暴行によって被った負傷の場合

　業務に従事している場合又は通勤途上である場合において被った負傷であって、他人の故意に基づく暴行によるものについては、当該故意が私的怨恨に基づくもの、自招行為によるものその他明らかに業務に起因しないものを除き、業務に起因する又は通勤によるものと推定することとする（平成21年7月23日付け厚生労働省労働基準局長通知「他人の故意に基づく暴行による負傷の取扱いについて」〔基発0723第12号〕）。

(4)　「通勤による」に該当しない例

第1編　第4　通勤災害

　　　以下の場合には、通勤をしていることが原因となって災害が発生したものとはいえないため、通勤災害とはならない。

①　駅で電車に飛び込んで自殺した場合

②　その他の故意によって生じた災害により負傷した場合

③　通勤の途中で怨恨をもって喧嘩を仕掛け殴られて負傷した場合

(5)　善意行為（「通勤による」の要件該当性）

　ア　原　則

　　　労災保険法7条1項2号によれば、通勤災害とは、労働者の通勤による負傷、障害又は死亡をいい、「通勤による」とは、災害と通勤との間に相当因果関係があること（通勤に通常伴う危険が具体化したこと）が必要である（平18・3・31基発0331042号）。

　　　すなわち、通勤災害の保険給付の対象となるのは、通勤をしていることに通常伴う危険が具体化したことが原因となって災害が発生したことが必要とされている。

　　　ところで、通勤の途中で救助や援護などの善意ないし道義心に基づく行為を行った場合、このような善意行為（救助、援助等）は、一般的には、通勤と関連のない行為であって、通勤に通常伴う危険が具体化した場合には該当せず、労災保険法7条1項2号の「通勤による」という要件を満たさないため、原則として、通勤とは関連のない行為であることを理由に、善意行為中に発生した災害は、通勤災害として認められない。

（事例）

①　被災労働者が、乗用車で自宅から事業場への出勤途中に、片側2車線道路の左側車線の路上で故障して停止している車両があるのに遭遇したため、自車から降りて、前方車両の運転手と共に同車両を両手で押して道路脇の駐車場に移動しようとしたところ、足首を捻挫して負傷するという災害が発生した事案。

　　　この事案においては、善意に基づいて救助行為をしたものであるとはいえ、故障車両の救助作業は、「通勤を継続する上で必要かつ合理的な行為であるとはいえない」から、その作業中に生じた災害

40

については、通勤とは関係のない善意行為中に発生したものであって、通勤に通常伴う危険が具体化したものということはできず、通勤との間に相当因果関係が認められないため、通勤災害には該当しないと考えられる（東京高判平成18・4・26〔公刊物未登載、平成18年（行コ）第285号〕参照）。

② 被災労働者である男性が、通常の通勤経路にある電車に乗車して、事業場から自宅へ帰宅する退勤途中の電車内において、泥酔した客が隣席の女性に迷惑行為を行っており、女性が助けを求めるようなしぐさをしている状況に遭遇したため、酔客に対して下車するように申し向けて注意したところ、酔客から突然一方的に暴行を受けて負傷するという災害が発生した事案。

　この事案においては、通勤途中の電車内で他の乗客に絡む酔客に遭遇することは必ずしも稀なことではないが、女性に座席を移動させるなど他の手段を試みることなく、介入して下車を命じた行為は、善意行為ないし私的行為であって、通勤に通常伴う行為とはいえないし（通勤遂行性の欠如）、通勤に内在又は通常伴う危険が現実化したことが原因となって発生した災害ということもできないから（通勤起因性の欠如）、その災害による負傷は通勤との間に相当因果関係を認めることができないので、通勤災害に該当しないというのが一般的な見解であろうと考えられる（東京地判令和5・3・30労経速2535号22頁〔28320348〕〔療養給付不支給処分取消請求事件〕は、同種事案において、「①迷惑行為を行う酔客に注意を与える行為は、通勤行為には当たらないこと、②経験則上、公共交通機関を利用する際に日常的に迷惑行為を行う乗客に遭遇するとまではいえないこと、③迷惑行為を現認した際の対応として、注意を与えることのほかに、駅係員や警備員への通報や車内の非常通報装置の利用もあり得るから、酔客に対する注意は、通勤と密接な関連性を有する行為であったとはいえないこと、④したがって、酔客への注意行為は、通勤との関連性は希薄であり、通勤に通常付随するものとはいえず、酔客から受けた負傷は、通勤の中断中ないし中断後に

されたものと認められ、通勤遂行性の要件に欠けること」などを理由として、通勤災害であることを否定している。）。

しかしながら、上記のような事案においては、通勤遂行性を否定することができない場合もあり得るように思われる。すなわち、通勤途上において他人の故意に基づく暴行によって被った負傷については、「当該故意が私的怨恨に基づくもの、自招行為によるものその他明らかに業務に起因しないものを除き、業務に起因する又は通勤によるものと推定することとする。」とされており（平成21年7月23日付け厚生労働省労働基準局長通知「他人の故意に基づく暴行による負傷の取扱いについて」〔基発0723第12号〕）、この推定通達によると、酔客から被った暴行については、「私的怨恨や自招行為」の反証がない限り、通勤災害であると推定されるところ、上記のような事案において、証拠関係の検討の結果、男性の注意行為に起因する酔客の暴行が、私的怨恨に基づくもの又は男性の自招行為によるものであることまでを裏付けるに足りる証拠はないという認定がされる余地もあろうかと思われるので、そのような場合には、通勤災害であるとの推定を覆すに足りる反証が尽くされているとはいえないことを理由として、通勤遂行性が肯定され通勤災害に該当するという判断がされることもあり得るのではないかと考えられるところである。

イ　例　外

善意行為（救助、援助等）であっても、通勤を継続する上で必要かつ合理的な行為であると認められる場合には、例外的に、善意行為中に発生した災害につき、労災保険法7条1項3号の「通勤による」という要件を満たすことを理由として、通勤災害と認められる場合がある。

（事例）

乗用車で通常の通勤経路を経由して出勤する途中、前方の車両が故障して道路の中央で停止しているため、同車両を移動させなければ通行が不可能であり、かつ、他の代替する経路もなかったため、

自車から降りて、前方車両の運転手と共に同車両を両手で押して道路脇に移動しようとしたところ、足首を捻挫して負傷するという災害が発生した事案。

この事案においては、善意に基づいて救助行為をしたものであるとはいえ、通勤を継続するためには、走行の妨害となっている前方故障車両を救助して移動しなければならなかったから、当該善意行為は、通勤にするにつき必要かつ合理的な行為であり、通勤をしていることに通常伴う危険が具体化したことが原因となって災害が発生したものであるから、その災害は通勤との間に相当因果関係を認めることができるので、通勤災害に該当するということができる（昭49・9・26基収2881号参照）。

(6)　労災保険法7条2項3号（先行・後続）

ア　先行・後続とは、赴任先住居と赴任先の就業の場所との間の往復に先行する移動と後続する移動である。例えば、週末の休日を赴任先住居で過ごし、就業のために赴任先住居に移動することを「住居と就業の場所との往復に先行する」といい、週末の就業後に赴任先住居に一旦戻り、そこから帰省先住居に移動することを「住居（赴任先住居）と就業の場所との往復に後続する」という。

イ　労災保険法7条2項3号の通勤における「赴任先住居」とは、労働者が日常生活の用に供している家屋等の場所で本人の就業のための拠点になるところであり、「帰省先住居」とは、労働者の転任に伴い、就業の場所との間を日々往復することが当該往復の距離等を考慮して困難となった当該転任直前の住居等をいう。なお、「帰省先住居」へ移動する行為については、おおむね毎月1回以上の反復・継続性が必要とされる（平7・2・1基発39号）。

ウ　先行・後続する移動が住居と就業の場所との間の往復から余りに長い時間が経過すると、就業関連性が失われる（平18・3・31基発0331042号）。

①　帰省先住居から赴任先住居へ移動する場合

当該移動が、業務に就く当日又は前日に行われた場合は、就業と

第1編 第4 通勤災害

の関連性があるが、前々日以前に行われた場合には、交通機関の状
況等の合理的理由があるときに限り、就業との関連性がある。
② 赴任先住居から帰省先住居へ移動する場合
当該移動が、実態等を踏まえて、業務に従事した当日又はその翌
日に行われた場合は、就業との関連性があるが、翌々日以後に行わ
れた場合は、交通機関の状況等の合理的理由があるときに限り、就
業との関連性がある。

B 【要件2】 就業に関して行われる移動であること（労災保険法7条2項）
(1) 「就業に関して行われる移動」とは、業務と密接な関連性のある移動
であり、住居と就業の場所との間の往復行為が業務と密接な関連をもっ
て行われることが必要であり、業務に就くため又は業務を終了したこと
により行われるものである。
(2) 出勤の場合、所定の就業日に所定の就業開始時刻を目処に住居を出て
就業の場所へ向かう場合は、寝過ごしによる遅刻、ラッシュを避けるた
めの早出等、時間的に若干の前後があっても、業務との関連性がある。
(3) 退勤の場合、所定の就業時間終了前に早退をするような場合であって
も、その日の業務を終了して帰るものと考えられるので、業務との関連
性がある。
(4) 昼休み等就業の時間の間に相当の間隔があって自宅に帰宅するような
場合には、昼休みについていえば、午前中の業務を終了して帰り、午後
の業務に就くために出勤することになるので、その往復行為は就業との
関連性がある（昭48・11・22基発644号）。
これに対し、休憩時間中に事業場の近くの食堂へ食事のために外出し
て負傷した場合は、私的行為中の災害であるから就業との関連性はな
い。また、昼休み時間を利用して、事業場で妻子と食事をした後に、妻
子をマイカーで自宅に送り届ける途中で負傷した場合は、全く個人的な
行為であり就業との関連性はないので、通勤災害とはならない。
(5) 業務の終了後、事業場施設内で、囲碁・麻雀・サークル活動・労働組
合の会合に出席した後に帰宅するような場合には、社会通念上就業と帰

44

4　通勤災害の要件（その1・通勤遂行性）

宅との直接的関連を失わせると認められるほど長時間となるような場合を除き、業務との関連性がある。

　業務終了後事業場施設内で2時間5分の労働組合の用務を行った後に帰宅する途中の災害（昭49・11・15基収1881号）、1時間40分の労働組合活動後の帰宅途上での災害（昭51・3・30基発2606号）、業務終了後55分間事業場施設内で慰安会を行った後に帰宅する途中の災害（昭49・8・28基収2533号）は、通勤災害と認められた。また、労働組合の集会に参加する目的で、通常の出勤時刻より約1時間30分早く住居を出て、バイクで会社に出勤する途上で、横風を受け身体のバランスを失い、転倒して負傷した災害についても、通勤災害と認められている（昭52・9・1基収793号）。

　これに対し、業務終了後に事業場施設内で、サークル活動を2時間20分行い、30分の着替えをした後に退社し帰宅する途中の災害（昭49・9・26基収2023号）は、社会通念上就業との直接的関連を失わせる長時間であるとして、通勤災害とは認められなかった。

(6)　本来の業務ではないが、全社員に参加が命じられ、これに参加すると出勤扱いとされるような会社主催の行事に参加する場合は、業務との関連性があるので、その行事の終了後の帰宅途上での災害については、通勤災害と認められる。

C【要件3】　次のいずれかの要件を満たす移動行為であること（労災保険法7条2項1号～3号）

(1)　移動行為

　ア　自宅等の「住居」と、会社や工場等の「就業の場所」を、始点又は終点とする往復

　イ　厚生労働省令で定める就業の場所から他の就業の場所への移動（いわゆる掛け持ち勤務者が、1つ目の就業の場所での勤務が終了した後に、2つ目の就業の場所へ向かう場合の移動）

　ウ　厚生労働省令で定めるイに掲げる往復に先行し、又は後続する住居間の移動（帰省先住居と赴任先住居の間の移動など）

45

第1編　第4　通勤災害

(2)　住　居（労災保険法7条2項1号）
　ア　住居の定義
　　　「住居」とは、労働者が居住して日常生活の用に供している家屋等
　　の場所で、本人の就業のための拠点となるところをいう（昭48・11・
　　22基発644号）。
　　①　就業の必要があって、労働者が家族の住む場所とは別に就業の場
　　　所の近くに単身でアパートを借りたり、下宿をして、そこから通勤
　　　しているような場合は、そこが住居とみなされる。
　　②　通常は家族のいる所から出勤するが、別にアパート等を借りて、
　　　早出や長時間の残業の場合には当該アパートに泊まり、そこから通
　　　勤するような場合には、当該家族の住居とアパートの双方が住居と
　　　認められる。
　　③　長時間の残業や、早出出勤及び平成3年2月1日付け「赴任途上
　　　における業務災害等の取扱いについて」（基発75号）における新規
　　　赴任、転勤のため等の勤務上の事情や、交通ストライキ等の交通事
　　　情、台風などの自然現象等の不可抗力的な事情により、一時的に通
　　　常の住居以外の場所に宿泊するような場合には、やむを得ない事情
　　　で就業のために一時的に住居の場所を移していると認められるの
　　　で、当該場所が住居と認められる。
　　④　転任等のやむを得ない事情のために同居していた配偶者と別居し
　　　て単身で生活する者や、家庭生活の維持という観点から自宅を本人
　　　の生活の本拠とみなし得る合理的な理由のある独身者にとっての、
　　　家族の住む家屋は、当該家屋と就業の場所との間を往復する行為に
　　　反復・継続性が認められるときには、住居と認められる。
　　⑤　妻が、入院中の夫の看護のため、姑と1日おきに寝泊まりしてい
　　　た病院から出勤する途中の災害につき、そのような病院での宿泊は
　　　社会慣習上通常行われることであり、かつ、手術当日から長期間継
　　　続して寝泊りしていたことに照らし、被災当日の病院は、就業のた
　　　めの拠点としての性格を有する住居と認められる（昭52・12・23基
　　　収981号）。

46

⑥　長女の出産のため、その家族の世話をするために15日間にわたり
連日泊まり込んでいた長女宅から通勤する行為には、客観的に一定
の持続性が認められるので、長女宅は被災労働者にとっての就業の
ための拠点としての性格を有する住居と認められる。また、長女に
代わってその子供を世話する立場にあったので、出勤の途中で子供
を託児所に預けるためにとる経路は合理的な経路である（昭52・
12・23基収1027号）。

⑦　これに対し、友人宅に遊びに行って泊まり、翌朝そこから直接出
勤する場合には、友人宅は就業のための拠点となっているものでは
ないので、住居とはならない。

イ　住居と通勤経路の境界

公衆が自由に通行することができるが否かが、住居と通勤経路の境
界の基準となる。一般的には、マンションの入口ドア、門などが、住
居と通勤経路の境界とされる。

①　被災労働者が、退勤時（午後5時）にタイムレコーダーを打刻
し、会社内の2階更衣室で着替えをした後、階段を歩いて降りてい
て足を滑らして階段から転落し腰部を強打した災害は、事業主の支
配管理下で発生した災害であるから、業務上の災害となり、住居と
就業の場所との間で発生した通勤災害には該当しない。これに対
し、アパートの自室に入るまでの外階段は、誰でも自由に通行でき
るので、住居には当たらず、アパートの2階から1階に降りるとき
に転倒して負傷した場合の災害は、通勤災害になる（昭49・4・9
基収314号）。

②　被災労働者が、勤務を終えて帰宅するため会社が入居している雑
居ビルを出ようとした際に、玄関の全透明ガラスドアが開いている
ものと錯覚し、ドアに前額部をぶつけ破損したガラスで負傷した災
害は、ビルの玄関・廊下・階段等の共用部分が不特定多数の者の通
行を予定しているものではないこと、その維持管理費用が当該共用
ビル入所事業場の均等負担であることなどからすると、当該ビル所
有者と入居事業場の各事業主等が当該共用部分を共同管理している

第1編　第4　通勤災害

ものと解されるので、本件玄関ドアは事業主の支配管理下にあるものと認められるから、業務上の災害となり、住居と就業の場所との間で発生した通勤災害には該当しない（昭51・2・17基収252号の2）。

③　一戸建ての敷地内は住居であり、玄関先は住居の内部（内側）であるから、玄関先の石段で転倒して負傷した場合は、住居内での事故であり、通勤災害とはならない（昭49・7・15基収2110号）。

(3)　就業の場所

ア　就業の場所の意義

就業の場所とは、業務を開始し、又は終了する場所をいう。

したがって、会社や工場など、本来の業務を行う場所はもちろん、得意先へ物品を届けて直接帰宅する場合の物品の届け先、全員参加で出勤扱いとなる会社主催の研修会場なども、「就業の場所」である（昭48・11・22基発644号）。

また、外勤業務に従事する労働者で、特定区域を担当し、区域内にある数か所の用務先を受け持って、自宅から複数の用務先を回って自宅に帰るという直行直帰をしている場合には、最初の用務先が業務開始の場所であり、最後の用務先が業務終了の場所であるから、自宅を出てから最初の用務先までの移動と、最後の用務先から自宅までの移動が、いずれも通勤行為となる（昭48・11・22基発644号、平3・2・1基発75号）。

イ　就業の場所と通勤経路との境界

「就業の場所」か「通勤経路」かは、その地点が事業主の支配管理下にある場所か否か、一般の人が自由に通行することができる場所か否かにより判断する。したがって、会社や工場等にあっては、通常、門又はこれに類する地点が通勤経路との境界となる。

D【要件4】　社会通念上「合理的な経路及び方法」により行われる移動行為であること（労災保険法7条2項）

(1)　合理的な経路及び方法

4 通勤災害の要件 (その1・通勤遂行性)

ア 「合理的な経路及び方法」とは、住居と就業の場所との間を往復する場合に、一般に労働者が用いるものと認められる経路及び手段をいう。

イ 経路については、乗車定期券に表示され、あるいは、会社に届け出ているような鉄道、バス等の通常利用する経路及び通常これに代替することが考えられる経路等が合理的な経路となる。

これに対し、特段の合理的な理由もなく著しく遠回りとなるような経路をとる場合には、その経路は合理的な経路とは認められない。

ウ 方法については、鉄道、バスなどの公共交通機関を利用し、自動車、自転車などを本来の用法に従って使用する場合、徒歩の場合など、通常用いられる交通方法は、当該労働者が平常用いているか否かにかかわらず、一般に合理的な方法と認められる。

これに対し、例えば、免許を一度も取得したことのないような者が自動車を運転する場合、自動車や自転車などを泥酔して運転するような場合は、合理的な方法とは認められない。なお、軽い飲酒運転の場合、単なる免許証不携帯、免許証更新忘れによる無免許運転の場合などは、必ずしも、合理性を欠くものとして取り扱う必要はないが、この場合においては、諸般の事情を勘案し、給付の支給制限が行われることがある。

（以上につき、昭48・11・22基発644号、平18・3・31基発0331042号）

(2) 合理的な経路

ア 合理的な経路となる例

① タクシー等を利用する場合に、通常利用することが考えられる経路が2、3あるような場合には、その経路は、いずれも合理的な経路となる。通勤のために利用する経路であれば、そのような経路が複数あったとしても、それらの経路はいずれも合理的な経路となる。

② 経路上の道路工事やデモ行進など当日の交通事情により迂回してとる経路、マイカー通勤者が貸切りの車庫を経由して通る経路な

49

第1編　第4　通勤災害

ど、通勤のためにやむを得ずとることとなる経路は合理的な経路と
なる。

③　他に子供を監護する者がいない共稼ぎの労働者などが託児所や親
戚などに子供を預けるためにとる経路などは、そのような立場にあ
る労働者であれば、当然、就業のためにとらざるを得ない経路であ
るので、合理的な経路となる。

④　マイカー通勤者が、相乗りして、同一方向にある妻の勤務先を経
由する場合に、それが夫の通勤経路からそれほど離れていない（約
450 m）場合の経路は、合理的な経路となる（昭49・3・4基収
289号）。

イ　合理的な経路とはならない例

①　マイカー通勤者が、妻の勤務先を経由するするため、3 km（片
道1.5 km）を迂回する経路は、合理的な経路とはならない（昭49・
8・28基収2169号）。

②　経路は、手段と併せて合理的なものであることを要するので、鉄
道線路、鉄橋、トンネルなどを歩行して通る場合は、合理的な経路
とはならない。

(3)　合理的な方法

ア　合理的な方法となる例

①　通勤の手段として自転車の2人乗りをする場合は、合理的な方法
でないとまではいえない。

イ　合理的な方法とはならない例

①　自動車や自転車を泥酔（正常な運転ができないおそれ状態の酒酔
い運転）して運転する場合は、合理的な方法とはならない（審査会
裁決昭63・10・19〔昭61年労第174号〕）。

E【要件5】　合理的な経路からの逸脱又は中断のないこと（労災保険法7
条3項本文）

(1)　逸脱又は中断

ア　効　果

4 通勤災害の要件（その1・通勤遂行性）

　合理的な経路から逸脱し、又は中断した場合、その間及びその後の移動は、原則として、「通勤」とは認められない。

　合理的な経路から逸脱又は中断をしたときは、その後の行為は、就業に関してする行為というよりも、逸脱又は中断の目的に関してする行為と考えられるので、その後の移動行為は、一切通勤とは認められないのが原則である。

イ　逸　脱

　「逸脱」とは、通勤の途中において、就業又は通勤とは関係のない目的で、合理的な経路をそれることをいう。

ウ　中　断

　「中断」とは、通勤の経路上において、通勤とは関係のない行為を行うことをいう。

エ　逸脱又は中断となる例

①　通勤の途中で、ゲームセンターやパチンコ店で遊ぶ場合、麻雀を行う場合、映画館に入る場合など

②　通勤の途中で、バーやスナックなどで飲酒する場合

③　通勤の途中で、デートのため長時間にわたってベンチで話し込む場合

(2) 日常生活上必要な行為（労災保険法7条3項ただし書、同法施行規則8条各号）

ア　日常生活上必要な行為であって、厚生労働省令で定めるものを、やむを得ない事由により行うための最小限度の逸脱又は中断の場合は、当該逸脱又は中断の間を除き、その後の往復行為は通勤に含まれる。当該逸脱又は中断の間には通勤遂行性が認められないが、当該逸脱又は中断を終えて元の合理的な経路に復した後については、再び通勤遂行性が認められる。

　すなわち、通勤途中で、「日常生活上必要な行為を、やむを得ない事由により、最小限度のものとして行う場合」には、当該逸脱又は中断の間を除き、合理的な経路に復した後は通勤と認められる。

　なお、「日常生活上必要な行為」は、労災保険法施行規則8条各号

51

第1編　第4　通勤災害

に規定されており、これが逸脱又は中断の例外となる条文上の根拠と
なる。

イ　日常生活上必要な行為（労災保険法7条3項ただし書、同法施行規
則8条各号）

「日常生活上必要な行為」とは、日常の家庭生活において行われる
必要な行為であって、これに要する時間は短時間であるなど、日用品
の購入と同程度に評価できるような性質の行為をいい、家庭生活を営
む上で本人や家族の衣・食・保健・衛生などにおいて必要な行為であ
る。

ウ　やむを得ない事由により行う最小限度のもの

「やむを得ない事由により行うため」とは、日常生活を営むために
通勤の途中で行う必要のあることをいい、「最小限度のもの」とは、
当該逸脱又は中断の原因となった行為の目的達成のために必要とする
最小限度の時間や距離などをいう（昭48・11・22基発644号）。

したがって、例えば、病院で診察を受けることは「やむを得ない事
由」に該当するが、診察後に長時間にわたり雑談をすることは「最小
限度のもの」ではなくなり、その後の通勤経路に復した後の災害につ
いては、通勤災害とはならない。

エ　日常生活上必要な行為となる例（労災保険法施行規則8条）

(ア)　日用品の購入その他これに準ずる行為

①　帰途で総菜等を購入する場合

②　独身労働者が食事のために食堂に立ち寄る場合

③　クリーニング店に立ち寄る場合

④　通勤経路にあるかかりつけの理髪店で、月1回・1時間程度、
理髪をしてもらうために理髪店に立ち寄る場合（審査会裁決昭
55・8・30〔昭53年労第248号〕）

(イ)　職業訓練、学校教育法1条に規定する学校において行われる教育
の他これらに準ずる教育訓練であって職業能力の開発向上に資する
ものを受ける行為

(ウ)　選挙権の行使その他これに準ずる行為

4 通勤災害の要件（その1・通勤遂行性）

㊃ 病院又は診療所において診察又は治療を受けることその他これに
準ずる行為
① 病院又は診療所において通常の医療を受ける行為に限らず、人
工透析など比較的長時間を要する医療を受ける場合
② 施術所において、柔道整復師、あん摩マッサージ指圧師、はり
師、きゅう師等の施術を受ける場合
㊄ 要介護状態にある配偶者、子、父母、孫、祖父母及び兄弟姉妹並
びに配偶者の父母の介護（継続的に又は反復して行われるものに限
る。なお、この項目は、労災保険法施行規則の一部を改正する省令
〔平成20年厚生労働省令第36号。平成20年3月18日公布・平成20年
4月1日施行〕により追加されたものであり、介護とは、歩行・排
泄・食事等の日常生活に必要な便宜を供与することをいう。）
① 1級身体障害者の認定を受けている義父の介護のため、勤務後
の帰宅途中に通勤経路を逸脱して義父宅に立ち寄り、介護を終え
て本来の合理的な通勤経路に復して帰宅する途中に交通事故に遭
った場合（大阪高判平成19・4・18労働判例937号14頁
〔28131764〕〔羽曳野労基署長事件〕）
② 帰宅途中で、定期的に、要介護状態にある父の介護を行うため
に、父と同居している兄宅に立ち寄る場合
オ 日常生活上必要な行為とはならない例
① 妻帯者が、業務終了後、通勤経路とは200mほど逆方向にある食
堂で食事をし、通常の通勤経路に復した後に交通事故で負傷した場
合につき、事業場から住居までは片道約20分であって、帰宅途中で
食事をしなければならない合理的な理由はないから、日常生活上必
要な行為には該当しない（昭49・4・28基収2105号）。
② 業務終了後、同僚と通勤経路上の喫茶店で約40分間雑談をし、同
僚の車で合理的な経路を通って自宅に戻り、車から降りる際に後方
から来た車に追突されて負傷した場合につき、喫茶店で過ごした行
為は、ささいな行為ではないし、日常生活上必要な行為でもないか
ら、合理的な経路に復した後の移動についても通勤には該当せず、

53

第1編　第4　通勤災害

通勤災害ではない（昭49・11・15基収1867号）。

③　業務終了後、自動二輪車で帰宅する途中、まず、通常の経路から約50 m離れた書店に書籍購入のため3分間立ち寄り、次いで、当該書店から約50 m離れた写真展示会場で約20分間写真を見学した後、再び通常の通勤経路に復した後、自宅に向かって走行中に交通事故で負傷した場合につき、書店への立ち寄りは日常生活上必要な行為と認められるが、写真展示会場での見学は私的行為であって日常生活上必要な行為ではないから、負傷は通勤の逸脱後のものとして、通勤災害ではない（昭49・11・27基収3051号）。

④　女性労働者が、徒歩で退勤途中に、夕食の食材を購入する目的で、帰路途中の通常の通勤経路上の交差点で、自宅と反対方向にある商店に向かって約40 m歩行した時点で自動車に追突されて死亡した場合につき、事業場と住居との間の通常の合理的な通勤経路から逸脱した後に発生した事故であり、その目的も、食事の材料等の購入にあって、住居と就業の場所との間の往復に通常伴いうるささいな行為の域を出ており、通勤と無関係なものであるから、通勤災害ではない（札幌高判平成元・5・8労働判例541号27頁〔27809842〕〔札幌市農業センター事件〕）。

(3)　通勤に通常随伴する、ささいな行為

ア　通勤経路を逸脱し又は中断した場合は、逸脱又は中断の間及びその後の移動は通勤に該当しないこととなるが、例外として、通勤又は退勤の途中において、短時間かつ短距離の範囲内において、合理的な経路をそれて又は通勤とは関係はないが、通勤を継続するために必要性又は合理性を有すると認められるような行為を行う場合には、その行為は、「通勤に通常随伴するささいな行為」であるとして、逸脱又は中断には該当しないものとされる。

イ　ささいな行為は、労災保険法や労基法などの条文上の根拠規定はないが、解釈上認められているものであり、ささいな行為に該当する場合には、通常の合理的な通勤経路からの逸脱又は中断はないものとして、その行為をしている間も、また、それ以降においても、通勤が継

54

4 通勤災害の要件（その1・通勤遂行性）

続しているものとして処理される。

ウ　ささいな行為とは、通勤を継続するために必要性又は合理性を有する行為（必要行為、合理的行為）である。例えば、以下のような場合がこれに該当する。

① 定期券利用者が、通常の乗降駅以外の最寄りの駅へ定期券を購入するために立ち寄る場合

② 通勤の途中で、用便のため、経路上又は経路近くの公衆便所に立ち寄る場合

③ 経路上の店で、たばこや雑誌などを購入する場合

④ 経路上又は駅構内の売店に立ち寄って、ごく短時間、そば・コーヒー・ジュース・牛乳等を立食したり、立ち飲みをしたりする場合

⑤ 通勤や退勤の帰途に、通勤経路の近くにある公園で短時間休息する場合

⑥ 経路上で商売している大道の手相見や人相見に立ち寄って、ごく短時間、手相や人相をみてもらう場合

⑦ マイカー通勤者が、給油のため、通勤や退勤の途中で、ガソリンスタンドに寄る場合

(4)　まとめ

通勤途中の行為につき、

ア　ささいな行為の場合……逸脱又は中断にはならないから、通勤災害となる。

イ　ささいな行為でない場合……逸脱又は中断である。

　　(ア) 日常生活上必要な行為の場合……逸脱又は中断の間は通勤災害ではないが、その後合理的な経路に復した以降は、通勤災害となる。

　　(イ) 日常生活上必要な行為でない場合……一貫して逸脱又は中断となり、通勤災害とはならない。

55

第1編　第4　通勤災害

5　通勤災害の要件（その2・通勤起因性）

(1)　通勤起因性（労災保険法7条1項3号）

　ア　通勤災害とは、通勤による災害であって、通勤に通常伴う危険が具体化して生じた災害及びこれによって発症する疾病のことである。

　イ　災害・疾病が、通勤と因果関係があると認められるためには、「当該通勤がなければ当該災害・疾病を被らなかったであろう」という条件関係の存在のみならず、通勤が災害・疾病の相対的に有力な原因でなければならない。（相当因果関係説）

　ウ　相対的に有力な原因か否かは、経験則に照らして当該通勤には当該災害や疾病を発生させる危険があったと認められるか否か、すなわち、当該災害や疾病が、当該通勤に内在する危険の現実化したものと認められるか否かによって判断される。（通勤起因性）

(2)　相当因果関係（通勤起因性）が肯定される例

　　次のような場合には、通勤に内在する危険が現実化した災害や疾病と認められるので、通勤起因性が肯定され、通勤災害となる。

①　通勤途中で、自動車にひかれて負傷した場合

②　電車が急停車したため転倒して負傷した場合

③　駅の階段から転落して負傷した場合

④　歩行中にビルの建設現場から落下してきた物体により負傷した場合

⑤　転倒したタンクローリーから流れ出した有害物質により急性中毒に罹患した場合

⑥　通勤による負傷に起因する疾病にかかった場合

(3)　相当因果関係（通勤起因性）が否定される例

　　次のような場合には、通勤に内在する危険が現実化した災害や疾病とは認められないので、通勤起因性は否定され、通勤災害とはならない。

　ア　労働者が従前より有していた身体的素因によって疾病が生じたものであり、通勤行為は当該傷病の単なる「機会原因」であるにすぎない場合

①　従前より膝に変形性膝関節症の既往症を有していた労働者が、通勤

56

5 通勤災害の要件（その2・通勤起因性）

途中に階段を降りている際に発生した疼痛

②　従前より心臓に既往症を有していた労働者が、通勤途中に階段を上っている際に発生した急性心不全

イ　労働者の積極的な私的行為、恣意的行為又は私的怨恨によって災害が発生した場合

①　通勤途中で、女性に対して痴漢行為をしている者を発見したので、注意したところ、痴漢が逃げたので、約100ｍ追いかけて捕まえようとした際に被った負傷

②　通勤途中で、私的怨恨をもって喧嘩を仕掛けて負傷した場合

③　通勤途中で、突然に死にたいという衝動にかられ、電車に飛び込んだ自殺、その他被災労働者の故意によって発生した災害

ウ　通勤行為の逸脱ないし中断中に災害が発生した場合

(4)　故意又は重大な過失が原因で発生した災害（労災保険法12条の2の2）

労働者の以下のような故意又は重大な過失が原因で発生した災害については、通勤起因性が否定され、保険給付の支給制限が行われる。

①　労働者が故意に負傷、疾病、障害若しくは死亡又はその直接の原因となった事故を生じさせたときは、政府は、保険給付を行わない（労災保険法12条の2の2第1項。絶対的支給制限）。

労働者が故意に事故を生じさせたときは、保険給付は全く行われないことになる。上記の「故意」とは、自分の行為が一定の結果を生ずべきことを認識し、かつ、この結果を生ずることを容認することをいう。ただし、被災労働者が結果の発生を容認していても、業務との因果関係が認められる事故については、同項は適用されない（昭40・7・31基発901号）。

なお、自殺については、「業務上の精神障害によって、正常の認識、行為選択能力が著しく阻害され、又は自殺行為を思いとどまる精神的な抑制力が著しく阻害されている状態で自殺が行われたと認められる場合には、結果の発生を意図した故意には該当しない。」として、業務起因性が認められる（平成11年9月14日付け労働省労働基準局長通達「精神

57

第1編　第4　通勤災害

障害による自殺の取扱いについて」〔基発545号〕)。

②　労働者が故意の犯罪行為若しくは重大な過失により、負傷、疾病、障害若しくは死亡又はこれらの原因となった事故を生じさせたときは、政府は、保険給付の全部又は一部を行わないことができる（労災保険法12条の2の2第2項。相対的支給制限）。

同法12条の2の2第2項にいう「故意の犯罪行為」とは、事故の発生を意図した故意はないが、その原因となる犯罪行為が故意によるものをいう（昭40・7・31基発901号）。この場合には、必ずしも業務外になるとは限らないので、同法12条の2の2第1項にいう「故意」による事故発生の場合とは区別される。

同法12条の2の2第2項にいう「故意の犯罪行為」又は「重大な過失」に当たるものとして保険給付の支給制限の対象とされるのは、事故発生の直接の原因となった行為が労基法や鉱山保安法、道路交通法などの法令上の危害防止に関する規定で、罰則の付されているものに違反すると認められる場合である（昭40・7・31基発906号）。例えば、無免許運転、飲酒運転、速度超過などが原因となって交通事故を発生させた場合などが該当する。

この場合の支給制限の内容は、次のとおりである（昭40・7・31基発906号、昭52・3・30基発192号）。

ア　支給制限の対象となる保険給付

当該労働者の傷病に係る休業補償給付又は休業給付（療養の開始後3年を経過する月までの分の傷病補償年金及び傷病年金を含む。）、障害補償給付又は障害給付（再発に係るものを除く。）

なお、遮断機が下りて警報器が鳴っている踏切内に立ち入って電車にひかれる行為は、重大な過失によるものであるが、遺族給付及び葬祭給付は支給制限の対象とならないので、100％の保険給付が支給されることになる。

イ　支給制限の期間

支給事由の存する間（障害補償年金又は障害年金については、当該障害の原因となった傷病について療養を開始した日の翌日から起算し

5　通勤災害の要件（その2・通勤起因性）

て、3年以内の期間において支給事由の存する期間）

ウ　支給制限の率

　　保険給付の都度所定給付額の30％

③　労働者が正当な理由がなくて療養に関する指示に従わないことにより、負傷、疾病若しくは障害の程度を増進させ、若しくはその回復を妨げたときは、政府は、保険給付の全部又は一部を行わないことができる（労災保険法12条の2の2第2項。相対的支給制限）。

　　同法12条の2の2第2項（保険給付の支給制限）にいう「正当な理由」とは、そのような理由があれば誰しもが療養の指示に従わなかったであろうと認められる場合であり、正当性の有無について労働者の単なる主観的事情は含まない（昭40・7・31基発906号）。

　　また、同法12条の2の2第2項（保険給付の支給制限）にいう「療養に関する指示」とは、療養中の被災労働者に対し、診療担当者及び労基署長の行う全ての指示（禁酒、禁煙、面会や外出の禁止、各種検査、適当な病院への転医など）を意味するが、医療機関の指示としては、診療担当者が当該労働者に対し具体的指示を行ったことが診療録等から明らかに認められる場合、また、労基署長の指示としては、所轄労基署長が当該労働者に対し文書で具体的指示を行った場合の指示に従わず、そのために、当該傷病の程度を増進させ又は回復を妨げたことが明らかに認められるときに限り、支給制限が適用される（昭40・7・31基発906号）。

　　この場合の支給制限の内容は、次のとおりである（昭40・7・31基発906号、昭52・3・30基発192号）。

ア　支給制限の対象となる保険給付

　　当該傷病に係る休業補償給付、複数事業労働者休業給付又は休業給付、傷病補償年金、複数事業労働者傷病年金又は傷病年金

イ　支給制限の率

　　当該傷病の程度を増進させ、又は回復を妨げた事案1件につき休業補償給付、複数事業労働者休業給付又は休業給付の10日分、傷病補償年金、複数事業労働者傷病年金又は傷病年金の365分の10（所轄労基

第1編　第4　通勤災害

署長が当該傷病の程度を増進させ、又は回復を妨げたと認めた日以後
10日未満で支給事由が消滅するものについては、支給事由が消滅する
までの日数分。当該労働者が、休業補償給付について既に同法12条の
2の2第2項前段の規定による支給制限を受けている場合は、支給制
限により減額された休業補償給付の10日分）相当額

6　具体的適用例

(1)　業務災害か通勤災害か

①　会社が入っているオフィスビルの玄関口ドアで負傷した場合

オフィスビルの玄関口を含む共用部分（玄関・廊下・階段等）は、不
特定多数の者の通行を予定しておらず、維持管理費は共用ビル入居事業
場の均等負担であって、共用ビル所有者と入居事業場の各事業主が、当
該共用部分を共同管理しているものであり、玄関口ドアは事業主の施設
管理下にあるもの（就業の場所）と認められるから、本件災害は事業主
の支配下における業務災害であり、通勤災害ではない（昭52・2・17基
収2152号）。

なお、ビルの1階部分に飲食店などが入っており、1階部分の廊下な
どを不特定多数の者が利用している場合は、1階と2階との境界である
階段が「就業の場所」と「通勤経路」との境界となる。

②　外勤業務担当社員が自宅から訪問先へ直行中の事故で負傷した場合

外勤業務に従事する労働者で、特定区域を担当し、区域内にある数か
所の用務先を受け持って自宅との間を往復している場合には、自宅を出
てから最初の用務先が業務開始の場所であり、最後の用務先が業務終了
の場所となるため、最初の用務先と最後の用務先が「就業の場所」にな
る（昭48・11・22基発644号、平18・3・31基発0331042号）。したがっ
て、特定の担当区域を持っている場合には、自宅と特定区域との間の往
復行為中に発生した災害は通勤災害となる。

これに対し、特定区域を持たない外勤業務担当社員の自宅と用務先と
の間の往復行為は、出張中の取扱いと同様に、自宅を出てから自宅に戻
るまでの全過程が業務となり、業務災害となる。

なお、出張中は、その用務の成否や遂行方法等につき、事業主が包括的に責任を負うものであり、出張過程の全般について事業主の支配下にあって、その出張過程の全般について業務遂行性が認められるので、業務災害となる。

③　特定区域を担当する配達従業員が自宅に直帰する途中で事故により負傷した場合

　　最終の配達先が業務終了の場所であるから、最終の配達先から自宅に直帰する途中の事故は通勤災害となる。

④　自宅から直行直帰で数件の在宅介護の顧客先を回る労働者が、自宅を出て最初の顧客先に行く途中に事故で負傷した場合

　　最初の顧客先が業務開始の場所であるから、通勤途上の災害として、通勤災害となる。

⑤　営業用の会社所有の自動車を利用して出勤する途中で負傷した場合

　　便宜的に会社所有の自動車を利用して通勤しても、業務遂行性は認められないから、業務災害とはならない。これに対し、自動車を本来の用法に従って使用する場合は、平常用いているか否かにかかわらず、一般に合理的な方法と認められるので（昭48・11・22基発644号）、通勤災害となる。

⑥　内勤の事務員が、出退勤途中で自宅近くの営業所に書類を届けるように命じられ、その出退勤途中に事故で負傷した場合

　　職務上必要な業務を命じられたものであるから、業務災害である。

⑦　採用内定者が参加を義務付けられ日当が支払われる研修に向かう途中で負傷した場合

　　このような採用内定者は、正式な入社前であっても、労働義務があったと認められるから、業務災害である。

⑧　会社が提供する通勤専用バスで退勤する途中、自宅付近で下車しようとした際に転倒し、負傷した場合

　　事業主が提供する通勤専用バスで通勤する場合に、その途中で生じた災害は、事業主の支配管理下における被災となるから、業務性が認められ、業務災害であり、通勤災害ではない。

61

第1編　第4　通勤災害

(2)　「通勤による」

①　通勤の途中で喧嘩をして負傷した場合

　　通勤の途中で、全く見ず知らずの第三者から、因縁をつけられ一方的に暴行を受けて負傷した場合は、原則として、通勤に内在する危険が具体化したものとして、通勤災害となるが、私的怨恨に基づくもの、自招行為によるもの、その他明らかに業務に起因しないなどの特別の事情がある場合には、通勤災害とはならない（平成21年7月23日付け厚生労働省労働基準局長通知「他人の故意に基づく暴行による負傷の取扱いについて」〔基発0723第12号〕）。

②　通勤の途中で、強風により落下したビルの看板に当たり負傷した場合

　　天災地変が原因となって発生した災害は、通勤とは無関係な自然現象によるものであるため、原則として、通勤災害とはらない。ただし、通勤経路が山道であり、大量の降雨により地質が軟弱な山からの土砂崩れが生じたような特段の事情があり、これと天災地変とがあいまって災害が発生したような場合は、通勤に通常伴う危険が具体化したものということができるから、通勤災害となる。

　　したがって、ビルの看板の落下の原因が、通常の強風でも落下するような設置上の不具合による場合には、通勤災害となるが、天災地変といえるような強風が原因で落下した場合には、通勤災害とはならない。

③　単身赴任者が赴任先住居から帰省先住居へ移動する際に負傷した場合

　　労働者が転任をしたことに伴い、転任の直前に居住していた住居と事業場との間を日々往復することが往復の距離等を考慮して困難となったため、住居を移転して、やむを得ない事情により、転任の直前の住居に居住している配偶者等の家族と別居することとなった場合、赴任先住居から帰省先住居への移動が、業務に従事した当日又はその翌日に行われた場合は、就業との関連性があり、通勤災害となるが、その移動が、翌々日以後に行われた場合には、交通機関の状況等の合理的理由があるときに限り、就業との関連性があり、通勤災害となる。また、帰省先住居から赴任先住居への移動が、業務に就く当日又は前日に行われた場合は、就業との関連性があり、通勤災害となるが、その移動が、前々日以

前に行われた場合には、交通機関の状況等の合理的理由があるときに限り、就業との関連性があり、通勤災害となる（平18・3・31基発0331042号）。

なお、転任等のやむを得ない事情のために同居していた配偶者と別居して単身で生活する者や家庭生活の維持という観点から自宅を本人の生活の本拠地とみなし得る合理的な理由のある独身者にとっての家族の住む家屋については、当該家屋と就業の場所との間を往復する行為に反復・継続性が認められるときは、住居と認めて差し支えない（昭48・11・22基発644号、平18・3・31基発0331042号）。

④　通勤途中に無差別殺人に巻き込まれて死亡した場合

通勤を機会として犯行が発生したものであり、通勤途上が犯行現場となる必然性もないので、通勤がなければ被災しなかったということはできず、通勤に通常伴う危険が具体化したものとはいえないから、通勤災害とはならない。

なお、地下鉄サリン事件に遭遇した被災者について、同事件は特定の個人を狙ったものではなく、事件現場の霞が関周辺は、過去に政党や官公庁を狙った事件が起きるなど、通勤に伴う危険が内在していたことなどを重視して、労基署により通勤災害と認められている。

(3)　就業に関して

①　検品業務に従事する視力の弱い従業員がメガネを忘れたことに気付き、出勤後直ちにメガネを取りに自宅に戻るときに災害に遭い負傷した場合

出勤後直ちに自宅に戻る行為は、退勤とはいえないが、出勤行為の継続とみる余地があり、通勤災害となる。

②　出勤の途中で体調不良となり、事業場の許可を得て休暇を取り、帰宅する途中で災害に遭い負傷した場合

事業場へ向かう出勤行為を中断して自宅へ引き返す行為は、就業との関連性が認められないので、通勤災害とはならない。

③　始業時刻前に出社して資格試験の勉強をするため、自宅を始業時刻の

第1編　第4　通勤災害

２時間前に出発して出勤途中に交通事故に遭い負傷した場合

通勤災害として認められる移動行為は「就業に関し」すなわち「業務に就くため」に行われる必要があり、移動行為が業務と密接な関連性を有することが要件であるから、社会通念上就業との関連性を失わせるほど始業時刻とかけ離れた時刻の出勤であるか否かが判断の基準となる。

始業時刻の２時間前の出発であれば、社会通念上就業との関連性を失わせるほどかけ離れた時刻の出勤とはいえないので、就業関連性が認められ、通勤災害となる。

④　マイカー通勤をしている労働者が、50分の昼休み中に、会社で昼食をとった後、歯の治療を終えた妻子を自宅に送るべく、自動車で妻子の待っている場所に行くときに、災害に遭い負傷した場合

全くの個人的な行為であり、就業との関連性がないので、通勤災害とはならない（昭49・5・27基収1371号）。

⑤　午後５時10分の業務終了後に会社施設内でサークル活動として茶のけいこを２時間20分行い、30分の着替えをした後に退社し、帰宅途上で暴漢に襲われ死亡した場合

業務終了後に会社に滞留していた２時間50分は、社会通念上就業と帰宅との直接的関連性を失わせると認められるほどの長時間であるから、通勤災害とはならない（昭49・9・26基収2023号）。

⑥　夜勤業務終了後の朝、潮干狩りに行く予定が雨のため中止となったため、会社の食堂で慰安会を行うこととなり、約１時間慰安会に参加した後の帰路で災害に遭い負傷した場合

業務終了後、事業場施設内で行われた慰安会に参加した時間は約１時間であり、社会通念上就業と帰宅との直接的関連性を失わせると認められるほどの長時間ではなく、通勤災害となる（昭49・8・28基収2533号）。

⑦　終業時刻後２時間５分の私的な労働組合用務で会社に残った後に被災した場合

社会通念上就業との関連性を失わせると認められるほど所定の始業時刻とかけ離れた時刻に行われたものとはいえないので、通勤災害となる

（昭49・11・15基収1881号）。

⑧　工事現場での作業が午後5時25分頃に終了し午後5時30分頃帰途についた後、自宅へ約1km帰った時点で工事道具の忘れ物に気付き、これを取りに工事現場から約400mまで戻った地点で、午後5時50分頃、交通事故に遭い死亡した場合

　　引き返した経路は被災労働者の自宅と工事現場との間の合理的な通勤経路であり、工事現場を出発してから約20分後の事故であって、工事現場の手前約400mの地点での被災であることなどから、就業との関連性があり、逸脱又は中断ではなく、通勤災害となる（昭49・11・27基収2316号）。

⑨　終業後に会社の敷地内の労働組合会館での旗開きに約1時間40分参加して歓談・飲食をした後の帰宅途上で災害に遭い負傷した場合

　　社会通念上、就業と帰宅との直接的関連性を失わせると認められるほどの長時間ではないから、通勤災害となる（昭51・3・30基収2606号）。

⑩　就業時間前に労働組合集会に参加するため、通常の出勤時刻より約1時間30分早く自宅を出発し被災した場合

　　労働者が住居から就業の場所へ向かう行為が通勤と認められるためには、当該行為が業務と密接な関連をもって行われたものであることを要するところ、労働組合集会に参加する目的で、通常の出勤時刻より約1時間30分早く住居を出発した行為は、社会通念上就業との関連性を失わせると認められるほど所定の就業開始時刻とかけ離れた時刻に行われたものとはいえないので、通勤災害となる（昭52・9・1基収793号。昭49・3・4基収317号も、業務終了後、会社内の自分の机で、労働組合の会計の仕事を約1時間25分行った後、帰宅途中での被災につき、通勤災害と認めている。）。

⑪　前日から雪模様の天候となり翌朝には路面凍結のため自動車出勤が困難になると考え、始業時刻午前8時より8時間早い午前零時に自宅を出発して事業場に向かう途中で交通事故に遭い負傷した場合

　　所定の始業時刻と著しくかけ離れた時刻に出勤することは、社会通念上就業と帰宅との直接的関連性を失わせるので、通勤災害とはならない

第1編　第4　通勤災害

（審査会裁決昭61・5・27〔昭59年労第231号〕）。

⑫　終業時刻後約4時間にわたり労働組合用務で会社に残った後の帰宅途上に被災した場合

　就業関連性が失われているので、通勤災害とはならない（審査会裁決平元・7・31〔昭62年労第113号〕）。

⑬　会社での主任会議終了後に行われた会合に出席し約3時間にわたり飲酒した後、歩いて帰宅途中に駅の階段で転落して死亡した場合

　主催者は事務管理部であることなどからして会合への参加は業務と認められるが、会合の目的に従った行事は午後7時には終了しているから、その後の約3時間にわたる相当程度の飲酒酩酊後の帰宅行為は、業務終了後相当時間が経過した後のものであって、就業に関してされたとはいい難いから、通勤災害とはならない（東京高判平成20・6・25訟務月報55巻5号2091頁〔28141782〕〔中央労働基準監督署長事件〕）。

⑭　商工会の職員が事務所で開催された委員会の会議に出席した後、委員に同行してスナックで約2時間30分にわたり飲食歓談をし、商工会の駐車場に戻って、原付自転車で帰宅する途中で被災した場合

　スナックでの約2時間30分にわたる飲食歓談は、業務性のない私的なものであるから、通勤の逸脱又は中断があり、業務関連性が消滅しているので、通勤災害とはならない（審査会裁決平元・12・22〔昭62年労第229号〕）。

(4)　住居・就業の場所

①　自宅マンションの前の共用廊下からマンション入口玄関に通じる階段で転倒して負傷した場合

　マンションやアパートの集合住宅については、自宅マンションの部屋とマンションの前の共用廊下を区切るドアが住居と通勤経路との境界となるから、部屋の外の階段で転倒して負傷した場合は、通勤災害になる（昭49・4・9基収314号参照）。

②　残業の必要があり、上司の家に宿泊し、上司宅からの出勤途上に災害に遭い負傷した場合、上司宅は「住居」となるか。

長時間の残業や早出出勤などの業務上の必要があり、一時的に通常の住居以外の場所に宿泊する場合には、やむを得ない事情により就業のために一時的に住居を移していることになり、その一時的に移した場所が住居となるので、長時間の残業の必要のために上司宅に泊まった場合は、上司宅が住居となり通勤災害となる。

③　地震で自宅が被害を受けたため親類宅に避難し、親類宅からの通勤途上で災害に遭い負傷した場合、親類宅は「住居」となるか。

地震の影響により通常の通勤経路とは異なる経路で通勤せざるを得ないときには、一般的に考えられる通勤経路や手段を用いて通勤すれば、通勤災害となる。以下のような場合も、通勤災害となる。

ア　地震で自宅が被害を受けたため、親類宅・友人宅・避難所などから通勤するとき

イ　地震のために電車が運休し、自宅に帰ることができず、会社の近くのホテルに宿泊し、その後に帰宅するとき

ウ　地震のために電車が運休し、歩いて自宅に帰ったとき

エ　自動車の渋滞が激しいため、会社で禁止されているバイクを利用して通勤したとき

④　学生アルバイトが、学校の授業を終えて、直接会社に行く途中で災害に遭い負傷した場合、「住居」から就業の場所への移動となるか。

学校から直接就業の場所へと向かう移動は、住居と就業の場所との間の往復ではなく、通勤とはいえないので、通勤災害にはならない。

⑤　弟が出張中のため、弟の家に泊まり込んで弟の妻の看病をして、弟宅からの出勤途上に災害に遭い負傷した場合、弟宅は「住居」となるか。

弟の妻の看病のため弟宅に寝泊まりすることは、社会通念上一般的に行われることではなく、継続性もないから、住居とは認められず、通勤災害とはならない。

⑥　女性従業員が、終業後にタイムカードを打刻して更衣室で着替えをして会社内の階段を歩いているとき、転倒して負傷した場合

会社内の階段は事業主の支配管理下にあるから、階段での被災は、通勤災害ではなく、業務災害となる（昭49・4・9基収314号）。

第1編　第4　通勤災害

⑦　普段の週日は勤務のため会社敷地内の寄宿舎で寝泊まりし、休日前夜
にマイカーで自宅に帰り、休日明けの日に寄宿舎に戻ってから会社に出
勤するのを通例としていたところ、当日は出勤日の早朝の午前4時45分
に自宅を出発して会社（自宅から約25km、車で約30分〜40分の距離）
に向かう途中で災害に遭い負傷した場合

寄宿舎も家族の居住する自宅も「住居」と認められ、午前4時45分の
早朝に自宅を出発する行為も、社会通念上就業との直接的関連性を失わ
せると認められるほどの勤務時間とかけ離れた行為とはいえないから、
通勤災害と認められる（昭53・6・21基収272号）。

(5)　合理的な経路

①　徒歩で帰宅途中、私有地である民営の駐車場の敷地内を通り抜けよう
としたときに、自動車と接触し、負傷した場合

駐車場の周りに柵があって立入りが禁止されているのに、その柵を乗
り越えて駐車場に侵入したような場合は、合理的な経路とはいえないか
ら、通勤災害とはならない。

これに対し、柵などはなく、付近の住民も普段からその駐車場の敷地
内を通行しているような場合は、合理的な経路と認められ、通勤災害と
なる。

②　大雪により電車が運休したため、通常とは違う路線で帰宅している途
中で、災害に遭い負傷した場合

合理的な経路上の、道路工事やデモ行進など当日の交通事情により迂
回してとる経路は合理的な経路と認められる。大雪による運休のため迂
回した路線が、一般常識に照らし合理的な交通手段であると認められる
範囲内のものであるときは、通勤災害となる。

③　会社を通り越して1km先の共働きの妻の勤務先に送り届けて出勤す
る途中で交通事故に遭い負傷した場合

共働きであり、迂回距離もさほどではないから、逸脱又は中断はな
く、通勤災害となる。

④　通常の合理的な経路は10kmであり、その経路上にもガソリンスタン

68

ドはあるが、セルフサービスの安いガソリンスタンドで給油するため15
kmとなる迂回路を通勤中に負傷した場合

　ガソリンの給油自体は自動車通勤に付随する「ささいな行為」として
逸脱又は中断にはならない。しかし、本件のような自己都合による5
kmもの遠回りとなる私用目的でとる経路は合理的な経路とは認められ
ないので、逸脱又は中断となり、通勤災害とはならない。

⑤　退勤後、夜学に向かう目的で、合理的な通勤経路上にある会社から
500m先の電車の駅に向かう途中で災害に遭い負傷した場合

　電車の駅に行くまでの経路は合理的な通勤経路であり、移動の目的は
問わないので、通勤災害となる。

⑥　夜勤明けの労働者が、通常利用している私鉄バスがストライキで運休
しているため、通常の通勤経路と逆方向のJRのR駅へ歩行して帰宅す
る途中で交通事故に遭い負傷した場合

　より会社の近くにある別のJRの駅は、無人駅であることや道順が分
かりにくいなどの事情があり、R駅に向かう経路が通勤のためにとらざ
るを得ない経路として合理性が認められるので、通勤災害となる（昭
49・3・1基収260号）。

⑦　マイカー通勤の共稼ぎの労働者が、自分の勤務先の事業場を通り越し
て通常の通勤経路を450m迂回した妻の勤務先で妻を下車させ、その後
自分の勤務先に向かう経路上で機関車と衝突して負傷した場合

　共働きの労働者で、妻の勤務先が同一方向にあり、夫の通勤経路から
さほど離れておらず、妻の勤務先を経由することは通常行われることで
あるから、当該経路は合理的な経路と認められ、通勤災害となる（昭
49・3・4基収289号）。

⑧　妻の勤務先が本人の勤務先より先の場所にあり、約3kmの距離を迂
回していた経路上で被災した場合

　迂回する距離が3kmで、著しく遠回りであるから、合理的な経路と
はいえず、通勤災害とはならない（昭49・8・28基収2169号）。

⑨　マイカー通勤の労働者が、会社と同一方向にあり会社から約2.5km離
れた妻の勤務先へ妻を送った後、勤務先に向かおうとしたところ、忘れ

第1編　第4　通勤災害

物に気付き、自宅へ引き返す途中で被災した場合

　自宅は山間部の極めて不便な地域であり、夫婦どちらかの運転するマイカーに同乗して通勤することに合理的理由があり、約15 km戻って迂回する経路は著しく遠回りとはいえない、被災労働者がとった経路は通勤の合理的な経路と認められ、また、会社の就業に必要な書類を自宅に取りに戻る行為には、就業との関連性が認められるので、通勤災害となる（昭50・11・4基収2042号）。

⑩　合理的な経路から約4 km離れた妻の勤務先に妊娠8か月の妻を送り、その後自分の勤務先に向かう途中で被災した場合

　妊娠8か月の身重の妻を、最短の通勤経路から多少離れて勤務先まで送ったことは、やむを得ない必要な行為であったから、合理的な経路からの逸脱又は中断はなく、通勤災害となる（審査会裁決昭51・10・30〔昭50年労第130号〕）。

⑪　普段は地下鉄で通勤している労働者が、被災当日の終業後に同僚の自動車を借用し、同僚を同僚宅まで送り届けて、自宅に帰る途中でガードレールに衝突して負傷した場合

　自動車で会社から被災労働者の自宅へ向かう経路は、最短距離が45 kmであるのに、当日とった経路は68 kmで、最短なものより23 kmも遠回りとなっており、合理的な経路とはいえないから、通勤災害とはならない（審査会裁決昭60・9・25〔昭59年労第9号〕）。

⑫　自動二輪車を運転しての通勤途中、会社の前を不注意で通り過ごして、逆方向から会社に引き返す途中、会社から約300 mの地点で交通事故に遭い負傷した場合

　合理的な通勤経路を逸脱している間の被災であり、逸脱した理由や目的について業務上の必要性があったとは認められないから、通勤災害とはならない（審査会裁決平元・3・22〔昭61年労第248号〕）。

(6)　合理的な方法

①　会社が禁止しているマイカー通勤中に災害が発生した場合

　合理的な経路及び方法とは、一般に労働者が用いるものと認められる

経路及び手段等であり（昭48・11・22基発644号）、通勤経路が合理的なものである限り、自動車による通勤も通常用いられる通勤方法であるから、たまたま会社がマイカー通勤を禁止しているとしても、自動車を本来の用法に従って使用する通勤行為ではないとはいえないので、通勤災害となる。

② 雪道を自転車で通勤中に転倒し負傷した場合

雪道で転倒の危険性はあるが、徒歩の場合でも同じことであり、危険性の大小だけで合理的な方法の可否は決せられないので、自転車で雪道を通勤する行為は合理的な方法であり、通勤災害となる。

③ 自転車の2人乗りをして退勤途中で転倒し負傷した場合

2人乗りは一般的には禁止されているが、合理的な方法ではないとまではいえないので、通勤災害となる。

④ 免許証の更新忘れによる無免許運転中に交通事故で負傷した場合

免許証の更新忘れがあっても、運転能力がある場合には、自動車による通勤は合理的な方法であるから、通勤災害である。

なお、労働者が故意に事故を生じさせたり（労災保険法12条の2の2第1項）、故意の犯罪行為により事故を生じさせたりした（同条2項）場合にも該当しないので、保険給付の支給制限もされない。

⑤ 帰宅途中で焼酎4合を飲み、過度な飲酒で泥酔し、正常な運転ができない状態で自転車を運転中に、転倒して死亡した場合

過度に飲酒をして泥酔し、正常な自転車の運転が困難な状態となっている場合の自転車の運転は、通勤のための合理的な方法とはいえないので、通勤災害とはならない（審査会裁決昭63・10・19〔昭61年労第174号〕）。

(7) 逸脱又は中断

① 合理的な経路を離れてスーパーで日用品を購入し、その後合理的な経路に復した以降に被災した場合

日用品の購入に要した時間が短時間の場合には通勤災害となるが、長時間に及ぶ場合には通勤災害とはならない。

第1編　第4　通勤災害

　　　すなわち、通勤の途中でスーパーに立ち寄って短時間の買い物をする行為は、逸脱又は中断にはなるが、「日常生活上必要な行為」で最小限度のものであるから、合理的な経路に復した後は通勤災害となる。なお、スーパーでの日用品の購入についての「必要最小限度」の時間と認められるのは、原則として15分程度であり、長くても30分程度であろうと考えられる。

　　　これに対し、コンビニで長時間にわたり、コピーをしたり、雑誌の立ち読みをするようなときは、日常生活上必要な行為で最小限度のものとはいえないので、その後に合理的な経路に復しても通勤災害とはならない。

②　帰宅途中で美容院に2時間立ち寄った後に駅で転倒して負傷した場合
　　　美容院に立ち寄る行為は、逸脱又は中断ではあるが、労災保険法施行規則8条1号の「日常生活上必要な行為」のうちの「日用品の購入その他これに準ずる行為」に該当するので（昭58・8・2基発420号）、合理的な経路に復した後の災害は通勤災害となる。

　　　なお、日常の身だしなみとして月に1回程度美容院に行くような場合は、逸脱又は中断の例外の日常生活上必要な行為として、合理的な経路に復した後に発生した災害は通勤災害となる。しかし、見合いのため又は正月祝いのためなど、特別な行事のために日本髪を結いに美容院へ行くような場合は、「日常の身だしなみ」の限度を超えており、通勤の逸脱又は中断として、通勤災害とはならない。

③　自動車で退勤途中で故障車の救助目的で故障車の後方に停車し車外に出ていたところ、後方から来た自動車に衝突され負傷した場合
　　　故障車の救助目的での停車は善意に基づく行為ではあるが、通勤に不可欠なものとはいえず、一定時間を経過した上での災害であるため、通勤に通常付随するものとはいえないから、通勤災害とはならない（東京高判平成18・4・26〔公刊物未登載、平成18年（行コ）第285号〕）。

(8)　日常生活上必要な行為・ささいな行為
①　退勤中に家族が入院中の病院に立ち寄った後に交通事故に遭って負傷

した場合

在宅介護の場合と異なるが、家族が入院しており、他の親族は遠方に居住していて他に身近に看護する者がなく、入院している家族の付き添い看護が必要であるという事情があれば、労災保険法施行規則8条1号の「日用品の購入その他これに準ずる行為」又は同条5号の「要介護状態にある家族の介護」として、日常生活上必要な行為に該当するので、通勤行為となる。

② 帰宅途中に、自宅とは反対方向にある普段利用している駅の近くの病院に行くときに交通事故に遭って負傷した場合

病院で治療を受ける行為は、労災保険法施行規則8条4号の「病院において診察又は治療を受ける行為」として、日常生活上必要な行為に該当するが、その場合でも、通勤行為となるのは、病院で診療を受けた後に通常の通勤経路に復した後の移動であるところ、普段利用する駅の近くの自宅とは反対方向の病院との間で発生した災害については、逸脱又は中断中のものであるから、通勤災害とはならない。

③ 終業後に自動車教習所での教習を終えて帰宅する途中で交通事故に遭い負傷した場合

労災保険法施行規則8条2号の「職業訓練、学校教育法第1条に規定する学校において行われる教育その他これらに準ずる教育訓練であつて職業能力の開発向上に資するものを受ける行為」のうちの、「職業訓練、学校教育法第1条に規定する学校」とは、小学校、中学校、高等学校、中等教育学校、大学、高等専門学校、特別支援学校、幼稚園がある。また、「これらに準ずる教育訓練であって職業能力の開発向上に資するもの」とは、職業能力開発大学校における職業訓練及び専修学校がある。「各種学校における教育」には、就業期間が1年以上である過程の内容が一般的に職業に必要な技術を教授するものが該当し、一般的な課程の例としては、「工業、医療、栄養士、調理師、理容師、美容師、保母教員、商業経理、和洋裁等に必要な技術を教授するもの」があるが、茶道・華道等の課程又は自動車教習所や予備校の課程は含まれない（平18・3・31基発0331042号）。

第1編　第4　通勤災害

　　　したがって、自動車教習所に通う行為は、日常生活上必要な行為に該
　　当しないので、逸脱又は中断中の災害であり、通勤災害とはならない。
④　帰宅途中に同僚と喫茶店で約40分間コーヒーを飲んで帰る途中に交通
　事故に遭って負傷した場合
　　　雑談を目的として喫茶店で約40分間過ごしたことは、通勤とは関係の
　　ない行為であり、逸脱又は中断となる。そして、「ささいな行為」にも
　　「日常生活上必要な行為」にも該当しないので、通勤災害とはならない
　　（昭49・11・15基収1867号）。
⑤　退勤途中に通勤経路上にある、かかりつけの理髪店で約1時間散髪を
　した後に、合理的な経路に復して自転車で自宅に帰る途中に転倒して負
　傷した場合
　　　「日常生活上必要な行為」とは、日常の家庭生活において必要な行為
　　であって、所要時間も短時間であるなど、日用品の購入と同程度に評価
　　できるものをいい、衣・食・保健・衛生など、家庭生活を営む上で必要
　　な行為をいうものである。
　　　そして、退勤途中で理髪店に立ち寄る行為は、逸脱又は中断ではある
　　が、労災保険法施行規則8条1号の「日常生活上必要な行為」のうちの
　　「日用品の購入その他これに準ずる行為」に該当し、月1回程度の理容
　　をする行為は、その所要時間も1時間程度のものであり、職場で気持ち
　　よく生活し、勤務をする保険衛生などの見地からみても、日常生活上必
　　要な行為として取り扱うのが相当であるから、合理的な経路に復した後
　　の災害は、通勤災害となる（審査会裁決昭55・8・30〔昭53年労第248
　　号〕）。
⑥　バイク通勤者が、勤務終了後、給油しようとしたが、通勤途上の給油
　所が閉店していたため、自宅を通過し約1km先の給油所で給油し、自
　宅に向かう途中にバイクが転倒して負傷した場合
　　　給油は通勤のための必要行為であり、当該給油所は自宅周辺の6箇所
　　の給油所のうち最短距離に位置しており、当該給油は最小限度内である
　　から、給油のための迂回は、逸脱又は中断に当たらず、通勤の範囲内に
　　あるから、通勤災害となる（審査会裁決昭62・3・25〔昭60年労第49

号〕）。

⑦　退勤後に通勤経路を逸脱して義父の介護のために義父宅に立ち寄り、約２時間にわたり夕食や入浴などの介護をして義父宅を出発し、徒歩で合理的な通勤経路に復した直後にバイクと衝突して負傷した場合

　　義父は85歳で両下肢機能全廃のため日常生活全般に介護が必要な状態であり、被災者は週４日義父の介護をしていたなどの諸事情に照らすと、義父の介護は、衣・食・保健・衛生など、家庭生活を営む上で必要な行為であり、労災保険法施行規則８条１号の「日用品の購入その他これに準ずる行為」に該当するから、通勤災害となる（大阪高判平成19・4・18労働判例937号14頁〔28131764〕）。

(9)　通勤起因性

①　遮断機が下りて警報器が鳴っている踏切内に立ち入って電車にひかれて死亡した場合

　　被災者が「故意に死亡の直接の原因となった事故を生じさせたとき」と認められるときは、保険給付は行われない。

　　これに対し、「重大な過失により死亡の原因となった事故を生じさせた」と認められるときは、通勤起因性は認められ、遺族給付及び葬祭給付は支給制限の対象とならないので、100％の保険給付が支給される（労災保険法12条の２の２）。

②　女性労働者が、夜遅い時間に、暗く人通りの少ない大都市周辺の住宅散在地域を徒歩で帰宅する途中で、後方からきた自動車でバッグのひったくりに遭い、転倒して負傷した場合

　　一般に発生し得る危険であり、異例な事象とはいえず、通勤に通常伴う危険が具体化したものとして、通勤起因性があり、通勤災害となる（昭49・3・4基収69号）。

③　伐採作業員が、積雪等の天候不良のため、会社命令で伐採現場から約100ｍの地点に設置された作業員宿舎で待機していたが、天候が回復したため、現場から約15 km離れた自宅（事業主の了解の下で４日ごとに自宅へ帰宅していた）に徒歩で帰る途中、伐採現場から約500ｍの地点

第1編　第4　通勤災害

で雪崩に遭い死亡した場合

　作業員宿舎は一時的な住居であり、自宅も就業のための拠点である住居と認められるところ、当日の帰宅のためにとった経路は合理的な経路であり、その経路において雪崩が発生する危険性が高かったから、通勤に通常伴う危険が具体化したものとして、通勤起因性が認められる（昭49・4・23基収489号）。

④　男性労働者が、駅までの繁華街を帰宅途中に頭を殴打され財布を取られて負傷した場合

　粗暴犯の多い地区で発生したものであり、このような地域を深夜退勤する途上で強盗などにより負傷することは通常考え得るものであり、挑発行為や恣意的行為や怨恨関係等により生じたような特別の事情もないから、通勤に通常伴う危険が具体化したものとして、通勤起因性が認められ、通勤災害となる（昭49・6・19基収1276号）。

⑤　マイカー通勤者が、出勤途中で、雪に埋まって動けなくなっている自動車が道路をさえぎっており、追い越して走行することができず、迂回する道もないため、下車して自動車を動けるように持ち上げようとしたときに、左下腿のアキレス腱を負傷した場合

　通勤を継続するためには進行の妨げとなっている自動車を救助する必要があり、単なる善意行為と解すべきではなく、通勤に通常随伴する合理的行為として、業務起因性が認められ、通勤災害となる（昭49・9・26基収2881号）。

⑥　マイカーによる退勤途中で、集中豪雨のため、通常の通勤経路上にある美容院を経営する姉と一緒に帰宅しようとして、姉を迎えに美容院に立ち寄った直後に、裏山の崖崩れのため、建物が全壊し、姉と共に建物の下敷きとなって死亡した場合

　集中豪雨のため通勤経路の道路が崩壊する危険があって姉と一緒に帰宅しようとしたものであるから、美容院に立ち寄る行為は、「通勤に通常随伴するささいな行為」に該当するものと認められる。

　そして、通勤経路及び美容院は、軟弱な土質の上にあり土砂崩壊による災害を被る危険が内在していたから、本件災害も、かかる危険が被災

当日当該地方を襲った局地的な集中豪雨によって具体化したものと認められるから、通勤起因性があり、通勤災害となる（昭50・1・17基収3680号）。

⑦ 出勤途中で、駅の階段を降りる途中で急性心不全により死亡した場合

「通勤による疾病」とは、通勤による負傷又は通勤に関連する種々の状態（突発的又は異常な出来事等）が原因となって発病したことが医学的に明らかに認められるものである。

本件については、急性心不全の発病の原因となるような通勤による負傷又は通勤に関連する突発的な出来事などが認められないから、通勤に通常伴う危険が具体化したものとはいえず、災害は、通勤を単なるきっかけとして偶然に生じたにすぎないものであり、通勤は、いわゆる「機会原因」であるから、通勤起因性は認められず、通勤災害とはならない（昭50・6・9基収4039号）。

⑧ 自動車で通勤途中に犬をひきそうになり、その飼い主から暴行されて負傷した場合

自動車で通勤途中に犬をひきそうになること、及び、犬の飼主が反射的に暴行に及ぶことは、通常考え得るもので、挑発行為や恣意的行為や怨恨関係等により生じたような特別の事情はなく、被災労働者が一方的に暴行を受けており、本件暴行は、通勤を原因としているものであるから、通勤起因性が認められ、通勤災害となる（昭52・7・20基収538号）。

⑨ マイカー通勤をする労働者が、帰宅途中、前の自動車の発進を促すためクラクションを鳴らしたところ、それに立腹した者により射殺された場合

自動車通勤に通常付随する行為（クラクションを鳴らす行為）が原因となって発生したものと認められるので、通勤起因性があり、通勤災害となる（昭52・12・23基収1032号）。

⑩ 徒歩で通勤する途中で、野犬に大腿部をかみつかれて負傷した場合

災害の発生につき、被災労働者の積極的な恣意行為が認められず、野犬が多く出没する地域であるため、その原因が機会原因でもないから、

第1編　第4　通勤災害

　　経験則上通勤経路に内在すると認められる危険（野犬にかまれる危険）
　が具体化したものであり、通勤との間に相当因果関係が認められ、通勤
　起因性があるから、通勤災害となる（昭53・5・30基収1172号）。
⑪　通勤途中でビルの屋上から落下してきた人の巻き添えとなり負傷した
　場合
　　通勤経路の立地条件、経路上の2階以上の建築物の状況、退勤時間の
　道路の混雑状況、人の落下の原因、建築基準法等関係法令の趣旨を総合
　勘案して、通勤に内在する危険が具体化したものと認められるので、通
　勤災害となる（審査会裁決昭56・10・9〔昭55労第119号〕）。

1 精神障害の労災認定基準

第5　心理的負荷の評価の基準となる労働者

1　精神障害の労災認定基準

　被災労働者が業務に関して精神障害を発病した場合に、その原因となった業務上の出来事は何か、その出来事による心理的負荷の強度を如何なる基準によって評価すべきかを明確にすることが、特に重要な課題となる。

　この課題については、後記のように、まず、平成11年9月14日付け基発544号により、「心理的負荷による精神障害等に係る業務上外の判断指針について」（以下「判断指針」という。）を策定し、これに基づいて、心理的負荷の強度を判断して、迅速、適正な業務上外の認定を図ることとした。

　次いで、平成23年12月26日付け基発1226第1号により、「心理的負荷による精神障害の認定基準について」を策定し、判断指針を廃止して、労災認定における業務上外の判断を一層適正かつ迅速に行うべく、精神障害を発病した被災労働者と職種、職責、年齢、経験等が類似する「同種の労働者」を心理的負荷の評価の基準とした上で、業務による心理的負荷の程度の判断の基本として、新たな「業務による心理的負荷評価表」を作成してこれを指標とし、業務による強い心理的負荷を受けて精神障害を発病した場合を「強」と表記するとともに、長時間労働それ自体を「出来事」とみなして、新評価表に盛り込み、月80時間以上の時間外労働などによる心理的負荷を出来事として評価することができるようにした。

　さらに、令和5年9月1日付け基発0901第2号により、新たな「心理的負荷による精神障害の認定基準について」を策定し、平成23年12月26日付け基発1226第1号を廃止して、「業務による心理的負荷評価表」を整備し直すとともに、精神障害が悪化した場合には、悪化の前に特別な出来事がなくとも、業務による強い心理的負荷が認められるときには、悪化した部分について業務起因性を認めることとして、判断基準に改定を加えるなどしている。

79

第1編　第5　心理的負荷の評価の基準となる労働者

(1)　判断指針

　　心理的負荷による精神障害の業務上外の判断に当たっては、精神障害の
発病の有無、発病の時期及び疾患名を明確にすることに加え、精神障害の
発病に関与したと認められる業務による心理的負荷の強度の評価が重要と
なる。

　　その際、労災保険制度の性格上、本人がその心理的負荷の原因となった
出来事をどのように受け止めたかではなく、多くの人々が一般的にはどう
受け止めるかという客観的な基準によって評価する必要がある。

　　また、業務以外の心理的負荷についても同様に評価する必要がある。

　　さらに、個体側要因についても評価されなければならない。精神障害の
既往歴が認められる場合や、生活史（社会適応状況）、アルコール等依存
状況、性格傾向等に特に問題が認められる場合は、個体側要因（心理面の
反応性、脆弱性）が大きいとされている。

　　以上のことから、労災請求事案の処理に当たっては、まず、精神障害の
発病の有無等を明らかにした上で、業務による心理的負荷、業務以外の心
理的負荷及び個体側要因の各事項について具体的に検討し、それらと当該
労働者に発病した精神障害との関連性について総合的に判断する必要があ
る。

　　厚生労働省は、上記のような考慮に基づき、心理的負荷による精神障害
等に係る労災請求事案について、迅速、適正な業務上外の認定を図るた
め、平成10年2月から「精神障害等の労災認定に係る専門検討会」におい
て検討を進め、検討結果報告書が取りまとめられたので、これに基づき、
平成11年9月14日付け労働省労働基準局長通達「心理的負荷による精神障
害等に係る業務上外の判断指針について」（基発544号。改正・平成21年4
月6日。平成23年12月26日付け基発1226第1号により廃止）を策定し、こ
れに基づいて、心理的負荷の強度を判断することとした。

　　判断指針において、(ア)対象とする疾病は、原則として国際疾病分類第10
回修正（以下「ICD－10」という。）第Ⅴ章「精神および行動の障害」に
分類される精神障害とし（なお、いわゆる心身症は、本判断指針における
精神障害には含まれない。）、(イ)判断要件については、次の①、②及び③の

要件のいずれをも満たす精神障害は、労働基準法施行規則別表第1の2第9号に該当する業務上の疾病として取り扱うこととされた。

①　対象疾病に該当する精神障害を発病していること。

②　対象疾病の発病前おおむね6箇月の間に、客観的に当該精神障害を発病させるおそれのある業務による強い心理的負荷が認められること。

③　業務以外の心理的負荷及び個体側要因により当該精神障害を発病したとは認められないこと。

(2)　専門検討会報告書

　　厚生労働省は、その後、精神障害の労災請求件数が顕著に増加し、労災に係る審査の迅速化や、そのための調査の効率化に加え、労災認定を適正かつ迅速に行う必要性が重要な課題となってきたため、新たに、心理的負荷による精神障害についての業務上外の判断の基準として、平成23年12月26日付け厚生労働省労働基準局長通達「心理的負荷による精神障害の認定基準について」（基発1226第1号。以下「精神障害の労災認定基準」という。令和5年9月1日付け基発0910第2号により廃止）を策定し、判断指針を廃止するとともに、以後は、これによって業務上外の判断を行うこととした。

　　精神障害の労災認定基準の策定に際しては、労災認定の基準に関する法学や医学等々の専門的な見地からの検討が必要であるため、これらの分野の専門家を構成員とする「精神障害の労災認定の基準に関する専門検討会」（以下「専門検討会」という。）を立ち上げ、平成22年10月15日から平成23年10月21日まで10回にわたる検討会を開催して、その議事内容の結論が、平成23年11月8日付けの「精神障害の労災認定の基準に関する専門検討会報告書について」（以下「専門検討会報告書」という。）として公表された。

　　専門検討会報告書は、業務起因性の考え方の基本として、業務による出来事の心理的負荷が一般には強いと推定される事案であっても、同時期に業務以外の強い心理的負荷が生じている場合や、個体側要因が顕著に現れている場合があり得るため、精神障害の業務起因性を判断するに当たって

第1編　第5　心理的負荷の評価の基準となる労働者

は、業務による心理的負荷の有無、程度を判断し、業務以外の心理的負荷
や個体側要因についても確認した上で、業務による強い心理的負荷が認め
られ業務以外の強い心理的負荷や個体側要因が認められない場合には業務
起因性を肯定し、業務による強い心理的負荷が認められない場合や、明ら
かに業務以外の心理的負荷や個体側要因によって発病したと認められる場
合には、業務起因性を否定するという従来からの考え方を維持している。
そして、出来事によって受ける心理的負荷の強さの程度は、個人ごとに差
があるが、労災保険制度が補償の対象とする業務上疾病は、業務に内在
し、又は通常随伴する危険の現実化と評価される疾病であるから、「業務
による強い心理的負荷」が客観的に認められることが必要であり、それ
は、一般の労働者にとっても強い心理的負荷を与えると評価される出来事
（その前後の状況を含む）に遭遇したという事実によって判断されるとこ
ろ、労働者の職種や経験等は様々であって、労働者の属性に基づく修正を
することによって公平性を保つ必要があるから、精神障害を発病した労働
者と職種、職責、年齢、経験等が類似する者を想定し、そのような者にと
ってどの程度の心理的負荷であるかを判断する方法が合理的であり、結
局、「同種の労働者」が一般的にどう受け止めるかにより判断する従来の
考え方を維持している。

　専門検討会報告書は、上記の基本的考え方に基づき、業務による心理的
負荷の程度の判断の基本となるものとして、新たな「業務による心理的負
荷評価表」を作成し、業務による強い心理的負荷を受けてこれが精神障害
の発病の原因となったものと認められるものを心理的負荷の総合評価が
「強」と表記し、業務による強い心理的負荷が認められないものを「中」
又は「弱」と整理し、また、判断指針においては極度の長時間労働の場合
を除き、長時間労働それ自体は心理的負荷の生じる出来事として評価して
いなかったのに対し、長時間労働それ自体を「出来事」とみなして、新評
価表に盛り込み、極度の長時間労働に加え、1か月80時間以上の時間外労
働や恒常的な長時間労働（月100時間程度となる時間外労働）などの心理
的負荷を評価することができるように改めている。

1 精神障害の労災認定基準

(3) 精神障害の労災認定基準

　平成23年12月26日付け基発1226第１号として公表された精神障害の労災
認定基準は、精神障害の成因（発病に至る原因の考え方）については、専
門検討会報告書が検討の基本的視点に据えた、「ストレス―脆弱性理論」
を重視している。この理論は、環境由来のストレス（心理的負荷）と個体
側の反応性、脆弱性との関係で精神的破綻が生じるかどうかが決まるとい
う考え方であり、ストレスが非常に強ければ、個体側の脆弱性が小さくて
も精神障害が起こるし、逆に脆弱性が大きければ、ストレスが小さくても
破綻が生ずるとする考え方である。そして、この場合のストレス強度は、
環境由来のストレスを、多くの人々が一般的にどう受け止めるかという客
観的な評価に基づくものによることとしている。

　そして、精神障害の労災認定基準は、専門検討会報告書の前記のような
報告結果に依拠して、環境由来の業務に起因する強い心理的負荷により精
神障害を発病したと認められる場合には、この精神障害の業務起因性を肯
定することとし、労災請求が認容されるためには、以下の３要件を充足す
る必要があるとしている。

① 　対象疾病に該当する精神障害を発病していること。

② 　対象疾病の発病前おおむね６箇月の間に、業務による強い心理的負荷
　が認められること。

③ 　業務以外の心理的負荷及び個体側要因により当該精神障害を発病した
　とは認められないこと。

　そして、精神障害の労災認定基準は、上記の「業務による強い心理的負
荷が認められる」とは、業務による具体的な出来事があり、その出来事と
その後の状況が、労働者に強い心理的負荷を与えたことをいうものであ
り、また、心理的負荷の強度は、精神障害を発病した労働者がその出来事
とその後の状況を主観的にどう受け止めたかではなく、同種の労働者が一
般的にどう受け止めるかという観点から評価するものであることなどに鑑
みて、心理的負荷の評価の基準となる「同種の労働者」とは、職種、職場
における立場や職責、年齢、経験などが類似する者をいうとしている。

　なお、平成23年12月26日付け基発1226第１号「心理的負荷による精神障

83

第1編　第5　心理的負荷の評価の基準となる労働者

害の認定基準」は、令和5年9月1日付け厚生労働省労働基準局長通達
「心理的負荷による精神障害の認定基準」（基発0901第2号）により廃止さ
れているが、上述の基本的な考え方には、変更が加えられていない。

2　評価基準となる労働者についての問題の所在

(1)　労災保険法が定める業務災害に関する保険給付は、労働者の精神障害の
発病や死亡が業務起因性を有するものである場合に支給されるところ（労
災保険法12条の8第1項、労基法75条〜80条）、当該精神障害の発病等が
業務上のものであるといえるためには、労働者が業務に従事しなければ発
病等をしなかったという条件関係が認められることを前提に、業務と発病
等との間に相当因果関係が認められる必要がある（最二小判昭和51・11・
12集民119号189頁〔27670825〕参照）。

(2)　そして、労災保険法が定める業務災害に関する保険給付は、労基法が定
める災害補償責任（同法第8章）を担保する制度であり（労災保険法12条
の8第2項）、この責任は、労働者が使用者の支配管理下において労務を
提供するという労働関係の特質に鑑み、労務を提供する過程において業務
に内在又は随伴する危険が現実化して発病等の結果が生じた場合には、使
用者は、その発病等について無過失の補償責任を負担させるのが相当であ
るという危険責任の法理に基づくものである。このことからすれば、上記
の相当因果関係は、労働者の発病等が業務に内在又は随伴する危険が現実
化した場合に認められるものである（最三小判平成8・1・23集民178号
83頁〔27828912〕、最三小判平成8・3・5集民178号621頁〔28010252〕、
最三小判平成9・4・25集民183号293頁〔28020907〕、最一小判平成12・
7・17集民198号461頁〔28051614〕、最二小判平成18・3・3集民219号
657頁〔28110704〕参照）。

(3)　そうすると、相当因果関係の有無の判断は、今日の精神医学及び心理学
において広く受け入れられている、環境由来のストレス（心理的負荷）と
個体側の反応性、脆弱性との関係で精神的破綻が生じる（発病する）か否
かが決まるという「ストレス―脆弱性理論」を踏まえた客観的判断がされ

84

2 評価基準となる労働者についての問題の所在

るべきである。

(4)　したがって、業務と精神障害の悪化及び死亡との間に相当因果関係が認められるか否かにつき、被災労働者本人を基準として判断することは、相当因果関係の有無を主観的に判断するものであって、相当ではないと考えられるところである。

　　その一方で、障害者の雇用の促進等に関する法律（昭和35年法律第123号。以下「障害者雇用促進法」という。）の趣旨に加え、精神障害を有する労働者とそうでない労働者では、業務に内在又は随伴する危険が現実化する可能性の程度が異なることなどを考慮すると、健常者である平均的労働者を基準として判断することは相当ではないというような反対の見解も考えられる。

(5)　そこで、以下においては、精神的又は身体的な障害を有する者が、業務上の出来事による心理的負荷を受けたことが原因となり精神障害を発病・増悪したと認められる場合に、その心理的負荷の強度を判断する際の評価基準となる労働者として、当該労働者本人を措定すべきであるか、当該労働者と同種の平均的労働者を措定すべきであるか、その他の労働者を措定すべきであるかにつき、主として裁判例の分析を行うことにより、対立する見解を検討する。

　　なお、障害者雇用促進法2条1号においては、障害者の定義につき、「身体障害、知的障害、精神障害（発達障害を含む。）その他の心身の機能の障害があるため、長期にわたり、職業生活に相当の制限を受け、又は職業生活を営むことが著しく困難な者をいう。」旨が定められている。

　　また、障害者雇用促進法は、採用後における事業主の障害者に対する合理的配慮の提供義務につき、36条の3において、「事業主は、障害者である労働者について、障害者でない労働者との均等な待遇の確保又は障害者である労働者の有する能力の有効な発揮の支障となつている事情を改善するため、その雇用する障害者である労働者の障害の特性に配慮した職務の円滑な遂行に必要な施設の整備、援助を行う者の配置その他の必要な措置を講じなければならない。ただし、事業主に対して過重な負担を及ぼすこ

85

第1編　第5　心理的負荷の評価の基準となる労働者

ととなるときは、この限りでない。」と定められ、この規定の適切かつ有効な実施を図るために必要な指針として、厚生労働大臣により平成27年3月25日厚生労働省告示第117号「雇用の分野における障害者と障害者でない者との均等な機会若しくは待遇の確保又は障害者である労働者の有する能力の有効な発揮の支障となっている事情を改善するために事業主が講ずべき措置に関する指針」（以下「合理的配慮指針」という。）が策定されている。

(6)　評価基準となる労働者の検討においては、①　障害を有する被災労働者の能力や経験と業務とのギャップ、②　職場の支援や協力等の有無、③　障害者雇用促進法の趣旨及び内容、④　被災労働者の障害の特性（種類・内容・程度）に応じた合理性な配慮と措置の有無、⑤　業務による心理的負荷の要因と被災労働者に既存の精神的又は身体的な障害である個体側要因とを分離分断して判断するか（分離分断判定方式）、これらの両要因を併立するものとして統合して判断するか（併立結合判定方式）などが、考慮すべき枢要なポイントとなる。

3　心理的負荷の強度の評価基準となる労働者に関する諸見解

(1)　一般人基準説（平均的労働者基準説・同種労働者基準説）

ア　基本的立場

①　業務による心理的負荷の要因と被災労働者に既存の精神的又は身体的な障害である個体側要因とを分離分断して判断する。（分離分断判定方式）

②　労災保険制度が補償の対象とする業務上疾病は、業務に内在し又は通常随伴する危険の現実化と評価される疾病であるから、業務による強い心理的負荷が客観的に認められることが必要であり、それは、一般の労働者（平均的労働者）にとっても強い心理的負荷を与えると評価される出来事に遭遇したという事実によって判断される。

③　被災労働者と同程度の年齢・経験を有し、通常の業務を支障なく遂行することができる程度の健康状態にある者又は基礎疾患を有してい

86

3　心理的負荷の強度の評価基準となる労働者に関する諸見解

たとしても日常生活を支障なく遂行できる労働者（平均的労働者）を基準として、業務による心理的負荷が「強」であるか、又は、業務による負荷が、血管病変等を自然経過を超えて著しく増悪させ得る程度の負荷と認められるかなどに基づいて、業務起因性の有無を判断する。（一般人基準説・平均的労働者基準説・同種労働者基準説）

④　平成11年 9 月14日付け労働省労働基準局長通達「心理的負荷による精神障害等に係る業務上外の判断指針について」（基発544号。判断指針）

(a)　業務による心理的負荷の強度は、個体側要因とは切り離して客観的に判断し（分離分断判定方式）、それが強と認められなければ、業務起因性は認められない。また、業務による心理的負荷が強と認められる場合でも、業務以外の心理的負荷又は個体側要因があり、それが発病の有力な原因となっている場合には、業務起因性は否定される。

(b)　業務による心理的負荷の強度の判断においては、多くの人々が一般的にどう受け止めるかという観点から、客観的に検討されなければならない。（一般人基準説・平均的労働者基準説・同種労働者基準説）

⑤　平成23年12月26日付け厚生労働省労働基準局長通達「心理的負荷による精神障害の認定基準について」（基発1226第 1 号。精神障害の労災認定基準）

「第 3 　認定要件に関する基本的な考え方

　　対象疾病の発病に至る原因の考え方は、環境由来の心理的負荷（ストレス）と、個体側の反応性、脆弱性との関係で精神的破綻が生じるかどうかが決まり、心理的負荷が非常に強ければ、個体側の脆弱性が小さくても精神的破綻が起こるし、逆に脆弱性が大きければ、心理的負荷が小さくても破綻が生ずるとする『ストレス─脆弱性理論』に依拠している。

　　このため、心理的負荷による精神障害の業務起因性を判断する要件としては、対象疾病の発病の有無、発病の時期及び疾患名につい

87

第1編　第5　心理的負荷の評価の基準となる労働者

　　て明確な医学的判断があることに加え、当該対象疾病の発病の前お
　　おむね6か月の間に業務による強い心理的負荷が認められることを
　　掲げている。
　　　この場合の強い心理的負荷とは、精神障害を発病した労働者がそ
　　の出来事及び出来事後の状況が持続する程度を主観的にどう受け止
　　めたかではなく、同種の労働者が一般的にどう受け止めるかという
　　観点から評価されるものであり、『同種の労働者』とは職種、職場
　　における立場や職責、年齢、経験等が類似する者をいう。
　　　さらに、これらの要件が認められた場合であっても、明らかに業
　　務以外の心理的負荷や個体側要因によって発病したと認められる場
　　合には、業務起因性が否定される」
イ　一般人基準説の裁判例
【1】　大阪地判平成19・5・23労働判例950号44頁〔28132019〕・請求棄
　　却（遺族補償給付及び葬祭料請求。国・大阪西労基署長〔NTT西日
　　本大阪支店〕事件）
　　　精神障害による自殺事案において、相当因果関係の判断に当たり、
　　業務に内在ないし随伴する危険が現実化したか否かは、通常の勤務に
　　就くことが期待されている平均的な労働者を基準として判断すべきで
　　あるとし、被災労働者の業務による心理的負荷は精神障害を発症させ
　　る程度に過重であったとはいえないとして、請求を棄却した。
　　「業務と死亡との間に相当因果関係が肯定され、労災保険の補償の対
　　象とされるためには、客観的にみて、通常の勤務に就くことが期待さ
　　れている平均的な労働者を基準にして、業務自体に一定の危険性があ
　　ることが必要というべきである。」
【2】　東京地判平成19・5・24労働判例945号5頁〔28132095〕・請求認
　　容（原処分取消し。遺族補償給付請求。国・八王子労基署長〔パシフ
　　ィックコンサルタンツ〕事件）
　　　精神障害による自殺事案において、精神疾患が発症する程度に業務
　　による心理的負荷が加えられたかどうかは、通常の勤務に就くことが
　　予定されている平均的な労働者を基準として判断すべきであるとし、

被災労働者の業務は精神障害を発症させる程度の危険を有するもので
あったとして、請求を認容した。

「業務と精神疾患の発症・増悪が業務上のものであると認められるた
めには、単に業務が精神疾患を発症・増悪させた１つの原因であると
いうだけでは足りず、当該業務自体が、社会通念上、当該精神疾患を
発症・増悪させる一定程度の危険性を内在し、その危険性が原因とな
り精神疾患を発症・増悪させたと認められることが必要である。

　この危険性は社会通念上業務に内在しているといえることが必要で
あることからすれば、危険性の有無は、発症前後から災害に至るまで
の当該労働者の業務が、通常の勤務に就くことが期待されている平均
的な労働者を基準として、労働時間、業務の質、責任の程度等におい
て過重であるために当該精神疾患が発症・増悪する程度に心理的負荷
が加えられたといえるかどうかによって判断するのが相当である。」

【3】　東京地判平成31・4・15労経速2411号16頁〔29055454〕・請求棄
却（遺族補償給付及び葬祭料請求。中央労働基準監督署長事件）

　精神障害による自殺事案において、業務に内在する危険の有無は、
被災労働者と職種、職場における立場や職責、年齢、経験等が類似す
る平均的な労働者を基準として判断すべきであるとし、業務は精神障
害を発病させるほどに質的に過重であったとはいえないとして、請求
を棄却した。

「1　各争点に対する判断の前提として、まず、業務上の疾病等に係
る判断の枠組みについて、検討する。

　(1)　労災保険法の規定に基づく保険給付は、業務上の疾病等に対して
行われるものである（労災保険法第7条第1項第1号）とこ
ろ、労働者の疾病等が業務上のものであると認められるために
は、当該疾病等と当該業務との間に相当因果関係のあることが必
要であると解される（最高裁判所昭和51年11月12日第二小法廷判
決・裁判集民事119号189頁参照）。

　そして、労災保険法に基づく保険制度がいわゆる危険責任の法
理に基づき、使用者の災害補償責任を担保する制度であることか

第1編　第5　心理的負荷の評価の基準となる労働者

　　　　らすれば、上記の相当因果関係が認められるためには、当該疾病
　　　　等の結果が当該業務に内在する危険が現実化したものであると認
　　　　められることが必要であると解される（最高裁判所平成8年1月
　　　　23日第三小法廷判決・裁判集民事178号83頁、最高裁判所平成8
　　　　年3月5日第三小法廷判決・裁判集民事178号621頁参照）。
　⑵　ところで、……環境由来のストレスと個体側の反応性、脆弱性と
　　　の関係で精神的破綻が生ずるかどうかが決まるという『ストレス―
　　　脆弱性理論』が今日の精神障害の成因に関する精神医学上の知見を
　　　考慮しても最も有力な考え方といわれていること、この『ストレス
　　　―脆弱性理論』においては、環境由来のストレスが非常に強けれ
　　　ば、個体側の脆弱性が小さくても精神障害が起こるし、逆に個体側
　　　の脆弱性が大きければ、環境由来のストレスが弱くても精神的破綻
　　　が生ずると考えられていることを認めることができる。
　　　　このような『ストレス―脆弱性理論』の考え方に加え、労災保険
　　　法に基づく保険制度が上記⑴のとおり危険責任の法理に基づくもの
　　　であることに照らせば、業務に内在する危険の有無は、当該労働者
　　　と同種の平均的な労働者、すなわち、当該労働者と職種、職場にお
　　　ける立場や職責、年齢、経験等が類似する者を基準に判断されるべ
　　　きであって、当該労働者が置かれた具体的状況における心理的負荷
　　　が、上記の意味における平均的な労働者にとって、客観的に精神障
　　　害を発病させるに足りる程度のものである場合には、当該精神障害
　　　の発病の結果は業務に内在する危険が現実化したものであると認め
　　　られ、当該業務と当該精神障害の発病との間の相当因果関係が認め
　　　られるものというべきである。」
【4】　福井地判令和2・2・12労働判例1224号57頁〔28280827〕・請求
　　認容（原処分取消し。遺族補償給付及び葬祭料請求。国・敦賀労働基
　　準監督署長〔三和不動産〕事件）
　　　精神障害による自殺事案において、精神障害の業務起因性の判断に
　　おいては、業務による心理的負荷が、被災労働者と同程度の年齢、経
　　験を有する同僚労働者又は同種労働者であって、日常業務を支障なく

遂行することができる平均的労働者を基準として判断すべきであるとし、業務による心理的負荷の強度は「強」であったとして、請求を認容した。

「現在の医学的知見においては、精神障害発症の機序について、『ストレス―脆弱性理論』が広く受け入れられているところ、精神障害の業務起因性の判断、すなわち当該精神障害が、『人の生命にかかわる事故への遭遇その他心理的に過度の負担を与える事象を伴う業務による精神及び行動の障害又はこれに付随する疾病』（労働基準法施行規則別表第1の2第9号）に該当するか否かの判断においては、環境由来のストレスと個体側の反応性・脆弱性とを総合考慮し、業務による心理的負荷が、当該労働者と同程度の年齢、経験を有する同僚労働者又は同種労働者であって、日常業務を支障なく遂行することができる労働者（平均的労働者）を基準として、社会通念上客観的に見て、精神障害を発病させる程度に強度であるといえる場合に、当該業務に内在又は通常随伴する危険が現実化したものとして、当該業務と精神障害発病との間に相当因果関係を認めるのが相当である。

　そして、……厚生労働省は、精神障害の業務起因性の有無を判断するための基準として、認定基準を策定しているところ、認定基準は、行政処分の迅速かつ画一的な処理を目的として定められたものであり、裁判所を拘束するものではないものの、精神医学、心理学及び法律学等の専門家により作成された平成23年報告書に基づき、上記医学的専門的知見を踏まえて策定されたものであって、その作成経緯及び内容等に照らしても合理性を有するものと認められる。そこで、精神障害に係る業務起因性の有無を判断するに当たっては、認定基準を参考にしつつ、個別具体的な事情を総合的に考慮するのが相当というべきである。」

(2)　同種平均的労働者基準説

　ア　基本的立場

　①　業務による心理的負荷の要因と被災労働者に既存の精神的又は身体

第1編　第5　心理的負荷の評価の基準となる労働者

的な障害である個体側要因とを分離分断して判断することとし、障害
の事実は業務起因性の考慮要素には入れない。（分離分断判定方式）

②　被災労働者と同種の平均的な労働者、すなわち、何らかの個体側の
脆弱性を有しながらも、被災労働者と職種、職場における立場、年
齢、経験等の点で同種の者であって、特段の勤務軽減まで必要とせず
に通常業務を遂行することができる者を基準として、業務による心理
的負荷が「強」であるか、又は、業務による負荷が、血管病変等を自
然経過を超えて著しく増悪させ得る程度の負荷と認められるかなどに
基づいて、業務起因性の有無を判断する。（同種平均的労働者基準説）

③　平均的な労働者を基準に業務による心理的負荷の強度を評価するが、
この平均的労働者には、何らかの脆弱性を有しながらも、勤務軽減を
要せず、通常の勤務が可能である者を含むとして、判断基準の点で、
一定の脆弱性も考慮可能とする枠組みをとる。

④　平均的労働者とは、完全な健常者のみならず、一定の素因や脆弱性
を抱えながらも勤務の軽減を要せずに通常の勤務に就くことができ
る、いわば平均的労働者の最下限の者も含む。

イ　同種平均的労働者基準説の裁判例

【1】　東京地判平成15・2・12労働判例848号27頁〔28081565〕・請求棄
却（遺族補償給付及び葬祭料請求。三田労働基準監督署長〔ローレル
バンクマシン〕事件）

精神障害による自殺事案において、業務起因性の判断においては、
被災労働者と同種の業務を遂行することができる程度の心身の健康状
態を有する平均的労働者を基準として判断すべきであり、この平均的
労働者には、何らかの素因を有しながらも、特段の勤務軽減までを必
要としないで通常の勤務に就いている者も含まれるところ、被災労働
者の業務の心理的負荷は精神障害を発症させる程度に過重であったと
はいえないとして、請求を棄却した。

「業務と死亡との間に相当因果関係が肯定され、労災保険の補償の対
象とされるためには、客観的に見て、すなわち通常の勤務に就くこと
が期待されている平均的な労働者を基準として業務自体に一定の危険

92

性があることが大前提であり、これを前提とせず、単に当該労働者にとって危険であったかどうかを判断基準とすることは、上記制度趣旨を看過するもので採用し得ない。他方、労働者の中には、何らかの素因を有しながらも、特段の勤務軽減までを必要としないで通常の勤務に就いている者も少なからずいることから、上記の基準となるべき平均的労働者には、このような労働者も含めて考察すべきである（いいかえれば、上記の平均的労働者にとどまる限り、相対的に耐性の弱い者を念頭に置いて考察することとなる。）。……、精神障害が発病した場合の相当因果関係の判断は、まず、当該労働者と同種の業務に従事し遂行することが許容できる程度の心身の健康状態を有する労働者（以下『平均的労働者』という。）を基準として、労働時間、仕事の質及び責任の程度等が過重であるために当該精神障害が発病させられ得る程度に強度の心理的負荷が加えられたと認められるかを判断し、これが認められる場合は、次いで、業務以外の心理的負荷や個体側要因の存否を検討し、これらが存在し、しかも業務よりもこれらが発病の原因であると認められる場合でなければ相当因果関係が肯定され、それ以外の場合は相当因果関係が否定されるという手法によるべきである。」

【2】 高松地判平成21・2・9労働判例990号174頁〔28153937〕・請求認容（原処分取消し。遺族補償給付及び葬祭料請求。国・江戸川労基署長〔四国化工機工業〕事件）

　精神障害による自殺事案において、業務起因性の判断に当たっては、通常の勤務に就くことが期待されている平均的労働者を基準とすることが相当であるが、平均的労働者とは、完全な健常者のみならず、一定の素因や脆弱性を抱えながらも勤務の軽減を要せずに通常の勤務に就くことができる、いわば平均的労働者の最下限の者も含まれるところ、被災労働者は、平均的労働者の範囲を外れるものではなく、業務による心理的負荷は「強」に該当するとして、請求を認容した。

「『……、精神疾患を発症若しくは増悪させる一定程度以上の危険性』

第1編　第5　心理的負荷の評価の基準となる労働者

の判断に当たっては、通常の勤務に就くことが期待されている平均的労働者を基準とすることが相当であるが、労働者の中には一定の素因や脆弱性を有しながらも、特段の治療や勤務軽減を要せず通常の勤務に就いている者も少なからずおり、使用者において、これらをも雇用して営利活動を行っているという現在の勤務の実態に照らすと、上記の通常の勤務に就くことが期待されている者とは、完全な健常者のみならず、一定の素因や脆弱性を抱えながらも勤務の軽減を要せず通常の勤務に就き得る者、いわば平均的労働者の最下限の者を含むと解するのが相当である。」

【3】　東京地判平成21・5・20労働判例990号119頁〔28152509〕・請求認容（原処分取消し。遺族補償給付請求。渋谷労働基準監督署長〔小田急レストランシステム〕事件）

　精神障害による自殺事案において、業務起因性の判断に当たっては、被災労働者と同種の平均的な労働者、すなわち、何らかの個体側の脆弱性を有しながらも、当該労働者と職種、職場における立場、経験等の点で同種の者であって、特段の勤務軽減まで必要とせずに通常業務を遂行することができる者を基準とすべきであり、被災労働者の業務による心理的負荷の総合評価は「強」であるとして、請求を認容した。

「精神障害の病因には、個体側の要因としての脆弱性と環境因としてのストレスがあり得るところ、上記の危険責任の法理にかんがみれば、業務の危険性の判断は、当該労働者と同種の平均的な労働者、すなわち、何らかの個体側の脆弱性を有しながらも、当該労働者と職種、職場における立場、経験等の点で同種の者であって、特段の勤務軽減まで必要とせずに通常業務を遂行することができる者を基準とすべきであり、このような意味での平均的労働者にとって、当該労働者の置かれた具体的状況における心理的負荷が一般に精神障害を発症させる危険性を有しているといえ、特段の業務以外の心理的負荷及び個体側の要因のない場合には、業務と精神障害発症及び死亡との間に相当因果関係が認められると解するのが相当である。」

3　心理的負荷の強度の評価基準となる労働者に関する諸見解

【4】　東京地判平成26・9・17労働判例1105号21頁〔28223925〕・請求
認容（原処分取消し。遺族補償給付及び葬祭料請求。八王子労働基準
監督署長事件）

　　精神障害による自殺事案において、業務起因性の判断に当たって
は、被災労働者と同種の平均的な労働者、すなわち、何らかの個体側
の脆弱性を有しながらも、当該労働者と職種、職場における立場、経
験等の社会通念上合理的な属性と認められる諸要素の点で同種の者で
あって、特段の勤務軽減まで必要とせずに通常業務を遂行することが
できる者を基準とすべきであり、被災労働者の業務による心理的負荷
の全体評価は「強」であるとして、請求を認容した。
「今日の精神医学的・心理学的知見としては、環境由来のストレス
（心理的負荷）と個体側の反応性・脆弱性との関係で精神的破綻が生
じるか否かが決まり、ストレスが非常に強ければ、個体側の脆弱性が
小さくても精神障害が起こるし、逆に、個体側の脆弱性が大きけれ
ば、ストレスが小さくても破綻が生じるという『ストレス―脆弱性』
理論が広く受け入れられている。また、何らかの脆弱性を有しつつ
も、直ちに破綻することなく就労している者が一定程度存在する社会
的実態があり、そのような脆弱性を有する者の社会的活動が十分に確
保される必要があることも論を待たない。

　　上記の『ストレス―脆弱性』理論の趣旨及び社会的実態・要請等に
照らすと、業務の危険性の判断は、当該労働者と同種の平均的労働
者、すなわち、何らかの個体側の脆弱性を有しながらも、当該労働者
と職種、職場における立場、経験等の社会通念上合理的な属性と認め
られる諸要素の点で同種の者であって、特段の勤務軽減まで必要とせ
ずに通常業務を遂行することができる者を基準として行われるものと
するのが相当である。そして、このような意味の平均的労働者にとっ
て、当該労働者の置かれた具体的状況における心理的負荷が一般に精
神障害を発病させる危険性を有し、当該業務による負荷が他の業務以
外の要因に比して相対的に有力な要因となって当該精神障害を発病さ
せたと認められれば、業務と精神障害発病との間に相当因果関係が認

95

第1編　第5　心理的負荷の評価の基準となる労働者

められると解するのが相当である。」

【5】　東京地判平成28・12・21労働判例1158号91頁〔28250480〕・請求
　　　棄却（遺族補償給付及び葬祭料請求。国・厚木労働基準監督署長〔ソ
　　　ニー〕事件）

　　精神障害による自殺事案において、業務起因性の判断に当たって
は、被災労働者と同種の平均的労働者、すなわち、何らかの個体側の
脆弱性を有しながらも、当該労働者と職種、職場における立場、経験
等の社会通念上合理的な属性と認められる諸要素の点で同種の者であ
って、特段の勤務軽減まで必要とせずに通常業務を遂行することがで
きる者を基準とすべきであり、被災労働者には適応障害の発病前おお
むね6箇月の間に業務による強い心理的負荷は認められず発病した精
神障害には業務起因性は認められないとして、請求を棄却した。
「業務に内在する危険性の判断に当たっては、今日の精神医学的・心
理学的知見として、環境由来のストレス（心理的負荷）と個体側の反
応性・脆弱性との関係で精神的破綻が生じるか否かが決まるという
『ストレス―脆弱性理論』が広く受け入れられており、現代の社会的
実態の面から見ても、何らかの脆弱性を有しつつも、直ちに破綻する
ことなく就労している者が一定程度存在し、これらの者の社会的活動
が十分に確保されることが必要であることから、被災労働者と同種の
平均的労働者、すなわち、何らかの個体側の脆弱性を有しながらも、
当該労働者と職種、職場における立場、経験等の社会通念上合理的な
属性と認められる諸要素の点で同種の者であって、特段の勤務軽減ま
で必要とせずに通常業務を遂行することができる者を基準として、当
該労働者の置かれた具体的状況における心理的負荷が一般に精神障害
を発病させる危険性を有するか検討し、当該業務による負荷が他の業
務以外の要因に比して相対的に有力な要因となって当該精神障害を発
病させたと認められれば、業務に内在する危険性が実現したとして、
業務と当該精神障害の発病との間に相当因果関係が認められると解す
るのが相当である。……

　　労災保険法に基づく保険給付がいわゆる危険責任の法理に由来する

3 心理的負荷の強度の評価基準となる労働者に関する諸見解

ものであり、客観的に業務に内在する危険性が実現したと認められることが必要であるところ、業務に内在する危険性を把握するには、同理論を踏まえて就労環境に由来する出来事が及ぼす心理的負荷の程度をできる限り客観的に把握することが必要であり、またそのように把握することが合理的である。もとより、精神障害の発症の機序として、環境由来のストレスと個体側の反応性及び脆弱性との関係で精神破綻が生じるか否かが決まるという『ストレス―脆弱性理論』が、医学的知見に照らして一定の合理性を有し、広く受け入れられ、業務起因性の判断に当たっても、かかる考え方を参照するのが相当であり、かかる考え方からしても、出来事の客観的評価の必要性が導かれると解されるところ、原告らは業務に内在する危険性を把握する方法として『ストレス―脆弱性理論』を採用することの不合理性については指摘していない。そうすると、客観的に業務に内在する危険性を把握する枠組みとして平均的な同種の労働者を基準とすることが相当であり、労働者本人を基準とすべきとは認められない。」

【6】 名古屋高判平成29・3・16労働判例1162号28頁〔28251204〕・原判決取消し（請求認容・原処分取消し。休業補償請求。国・半田労働基準監督署長〔医療法人Ｂ会Ｄ病院〕事件）

　適応障害を発病した事案において、業務起因性の判断に当たっては、被災労働者と同種の平均労働者、すなわち、通常の勤務に就くことが期待されている者を基準とすべきであり、通常の勤務に就くことが期待されている者とは、完全な健常者のみならず、一定の素因や脆弱性を抱えながらも勤務の軽減を要せず通常の勤務に就き得る、いわば平均的労働者の最下限の者も含むと解するのが相当であるところ、被災労働者の業務による心理的負荷は、社会通念上、客観的にみて精神障害を発症させる程度に過重なものであったとして、不支給とした原処分を是認して請求を棄却した原判決を取り消し、不支給の原処分を取り消すこととして、請求を認容した。

「使用者の拠出に基づいて運営されている労災保険制度の趣旨を前提とする限り、業務に内在又は随伴する危険（業務による心理的負荷）

第1編　第5　心理的負荷の評価の基準となる労働者

の程度は当該労働者と同種の平均的労働者、すなわち、通常の勤務に
就くことが期待されている者を基準とすべきである。そして、労働者
の中には、一定の素因や脆弱性を有しながらも、特段の治療や勤務軽
減を要せず通常の勤務に就いている者も少なからずおり、これらの者
も含めて業務が遂行されている実態に照らすと、ここでいう通常の勤
務に就くことが期待されている者とは、完全な健常者のみならず、一
定の素因や脆弱性を抱えながらも勤務の軽減を要せず通常の勤務に就
き得る者、いわば平均的労働者の最下限の者も含むと解するのが相当
である。」

【7】　東京地判平成30・5・25労働判例1190号23頁〔28270311〕・請求
認容（原処分取消し。休業補償給付請求。国・さいたま労働基準監督
署長〔ビジュアルビジョン〕事件）

　うつ病を発病した事案において、業務起因性の判断に当たっては、
被災労働者と同種の平均的労働者、すなわち、何らかの個体側の脆弱
性を有しながらも、原告と職種、職場における立場、経験等の社会通
念上合理的な属性と認められる諸要素の点で同種の者であって、特段
の勤務軽減まで必要とせずに通常業務を遂行することができる者を基
準とすべきところ、被災労働者は、特段の勤務軽減まで必要とせずに
通常業務を遂行することができる者であり、その意味で平均的な労働
者の範疇に入るものであり、被災労働者の業務による心理的負荷の全
体評価は「強」であるとして、請求を認容した。

「業務の危険性の判断は、原告と同種の平均的労働者、すなわち、何
らかの個体側の脆弱性を有しながらも、原告と職種、職場における立
場、経験等の社会通念上合理的な属性と認められる諸要素の点で同種
の者であって、特段の勤務軽減まで必要とせずに通常業務を遂行する
ことができる者を基準として、当該労働者の置かれた具体的状況にお
ける心理的負荷が一般に精神障害を発病させる危険性を有するか検討
し、当該業務による負荷が当該精神障害を発病させたと認められれ
ば、業務に内在し又は随伴する危険性が実現したとして、業務と精神
障害発病との間に相当因果関係が認められると解するのが相当であ

る。」

【8】 東京地判令和元・8・19労経速2404号3頁〔28281049〕・請求棄
却（休業補償給付請求。品川労働基準監督署長事件）

　　うつ病を発病した事案において、業務起因性の判断に当たっては、
被災労働者と同種の平均的な労働者、すなわち、何らかの個体側の脆
弱性を有しながらも、当該労働者と職種、職場における立場、経験等
の点で同種の者であって、特段の勤務軽減まで必要とせずに通常業務
を支障なく遂行することができる者を基準とすべきであり、被災労働
者の業務による心理的負荷の程度は「弱」であるとして、請求を棄却
した。

「精神障害の成因に関する今日の精神医学的・心理学的知見としては、
精神障害が生ずるかどうかは、環境由来の心理的負荷（ストレス）と
個体側の反応性及び脆弱性との関係で決まり、ストレスが非常に強け
れば、個体側の脆弱性が小さくても精神障害が生ずるし、脆弱性が大
きければ、ストレスが小さくても精神障害が生ずるという『ストレス
―脆弱性』理論が広く受け入れられていることが認められる。

　　そして、今日の社会において、何らかの個体側の脆弱性要因を有し
ながら業務に従事する者も少なくない実情があり、労災保険制度が危
険責任の法理にその根拠を有することを併せ考慮すれば、業務の危険
性の判断は、当該労働者と同種の平均的な労働者、すなわち、何らか
の個体側の脆弱性を有しながらも、当該労働者と職種、職場における
立場、経験等の点で同種の者であって、特段の勤務軽減まで必要とせ
ずに通常業務を支障なく遂行することができる者を基準とすべきであ
る。そして、このような意味での平均的な労働者にとって、当該労働
者が業務上置かれた具体的状況における心理的負荷が一般に精神障害
を発病させるに足りる程度のものであるということができる場合に
は、業務と当該精神障害の発病との間の相当因果関係を認めるのが相
当である。」

【9】 東京地判令和元・8・26労経速2404号15頁〔28281051〕・請求棄
却（療養補償給付請求。三田労働基準監督署長事件）

第1編　第5　心理的負荷の評価の基準となる労働者

　　適応障害を発病した事案において、業務起因性の判断に当たっては、被災労働者と同種の労働者であって、何らかの個体側の脆弱性を有しながらも、特段の勤務軽減を要することなく通常業務を遂行することができる平均的な労働者を基準とすべきであり、被災労働者の業務による心理的負荷の程度は「弱」であって発病に業務起因性は認められないとして、請求を棄却した。

　　「今日の精神医学においては、精神障害の発病の原因に関し、環境由来の心理的負荷（ストレス）と個体側の反応性、脆弱性との関係で決まるという『ストレス―脆弱性理論』が広く受け入れられていることが認められる。そして、今日の社会において、何らかの個体側の脆弱性要因を抱えながら業務に従事する者も少なくないことは公知の事実であり、危険責任の法理を基礎とする労災保険制度の性質を併せ考慮すると、業務と精神障害発病との間の相当因果関係を認める上では、何らかの個体側の脆弱性を有しながらも、当該労働者と同種の労働者であって、特段の勤務軽減を要することなく通常業務を遂行することができるという意味での平均的な労働者を基準として、当該労働者の置かれた具体的状況における心理的負荷が、客観的に精神障害を発病させるに足りる程度に過重なものといえることを要すると解すべきである。」

(3)　通常範疇性格考慮説

　ア　基本的立場

　　①　業務による心理的負荷の要因と被災労働者に既存の精神的又は身体的な障害である個体側要因とを併立する要因として結合させて業務起因性を判定する方式をとる。（併立結合判定方式）

　　②　その具体的判断においては、「平均的な労働者」の受け止め方を基準とするが、通常の労働者の範疇から逸脱しない労働者の性格や資質などの主観的・個別的要素も、明示的に業務起因性の判断基準に組み入れる。（通常範疇性格考慮説）

　　③　うつ病親和的な性格やストレス耐性の脆弱性などは、通常の労働者

の範疇から逸脱しない事情であるとして、業務起因性の判断基準に取り入れて考慮する。（通常範疇性格考慮説）

イ　通常範疇性格考慮説の裁判例

【1】　名古屋高判平成15・7・8労働判例856号14頁〔28082676〕・控訴棄却（請求認容・原処分取消し。遺族補償年金及び葬祭料請求。豊田労基署長〔トヨタ自動車〕事件）

　　　精神障害による自殺事案において、業務起因性の判断に当たっては、発症前の業務内容及び被災労働者の基礎疾患等の身体的要因やうつ病に親和的な性格等の個体側の要因を具体的かつ総合的に検討し、社会通念に照らして判断するのが相当であるとの基準によるべきであるところ、被災労働者は、業務による心理的負荷と本人のうつ病親和的な性格傾向が相乗的に影響し合ってうつ病を発病したとして、不支給とした原処分を取り消した原判決を是認して控訴を棄却し、請求を認容した。

「ストレスと個体側の反応性、脆弱性との関係で精神破綻が生じるか否かが決まるといっても、両者の関係やそれぞれの要素がどの様に関係しているのかはいまだ医学的に解明されている訳ではないのであるから、業務とうつ病の発症・増悪との間の相当因果関係の存否を判断するに当たっては、うつ病に関する医学的知見を踏まえて、発症前の業務内容及び生活状況並びにこれらが労働者に与える心身的負荷の有無や程度、さらには当該労働者の基礎疾患等の身体的要因や、うつ病に親和的な性格等の個体側の要因等を具体的かつ総合的に検討し、社会通念に照らして判断するのが相当であると考えられる。」

【2】　岡山地判平成17・7・12労働判例901号31頁〔28102394〕・請求認容（原処分取消し。遺族補償年金請求。玉野労基署長〔三井造船玉野事業所〕事件）

　　　精神障害による自殺事案において、業務起因性の判断に当たっては、業務内容及び被災労働者のうつ病に親和的な性格等の個体側の要因等を具体的かつ総合的に検討し、社会通念に照らして判断するのが相当であるとの基準によるべきであるところ、被災労働者は、業務に

第1編　第5　心理的負荷の評価の基準となる労働者

よる心身的負荷とうつ病親和的な性格が相乗的に影響しあって精神障害を発病したとして、請求を認容した。

「業務とうつ病の発病・増悪との間の相当因果関係の存否を判断するに当たっては、発病前の業務内容及び生活状況並びにこれらが労働者に与える心身的負荷の有無や程度、さらには当該労働者のうつ病に親和的な性格等の個体側の要因等を具体的かつ総合的に検討し、社会通念に照らして判断するのが相当である。」

【3】　福岡高判平成21・5・19労働判例993号76頁〔28160304〕・控訴棄却（請求認容・原処分取消し。遺族補償給付・葬祭料請求。国・福岡東労働基準監督署長〔粕屋農協〕事件）

精神障害による自殺事案において、業務起因性の判断に当たっては、「平均的な労働者」の受け止め方を基準とするが、被災労働者の年齢、経験などの客観的な要素のみならず、資質、性格、健康状態などの多分に主観的・個別的要素も、十分に配慮しなければならないところ、被災労働者については、営業職に向かない性格を認識しつつ使用者側が営業職への配転を行ったこと、及び、45歳という年齢で従来経験がなく性格的にも向かない対人業務に就かせ経験者並みの目標設定をしたことなどの点を全面的に考慮に入れ、これらが相当に大きい心理的負荷を与えたものであり、精神障害の発病は業務に内在する危険が現実化したものであったとして、不支給とした原処分を取り消した原判決を是認して控訴を棄却し、請求を認容した。

「労働者の精神障害による自殺が『労働者が業務上死亡した場合』に当たるというためには、当該精神障害が労基法施行規則別表第1の2第9号（筆者注：平成22年厚生労働省令第69号改正前）の『その他業務に起因することの明らかな疾病』に該当することを要すること、すなわち、当該精神障害の業務起因性が認められなければならない……。そして、労災保険制度が、危険責任の法理に基づく労働基準法上の使用者の災害補償責任を担保する制度であることからすれば、ここでの業務起因性は、単なる条件関係では足らず、業務と当該精神障害との間に相当因果関係が認められることを必要とし、これを認める

ためには、当該精神障害が、当該業務に内在する危険が現実化したものであると評価し得ることが必要であり、その評価は、平均的な労働者の受け止め方を基準として、①　業務による心理的負荷、②　業務以外の要因による心理的負荷、③　個体側の反応性、脆弱性を総合考慮して行うのが相当である。ただし、『平均的な労働者』の受け止め方を基準とするといっても、労働者の年齢、経験、資質、性格、健康状態等はまさに多種多様であって、このような事情をおよそ考慮しないというわけにはいかないのであり、むしろ、当該労働者の年齢、経験などの客観的な要素は当然考慮すべきである。また、それ以外の資質、性格、健康状態など、多分に主観的・個別的要素についても、それが当該職場における通常の労働者の範疇から逸脱した全く特殊な事情ということではなく、かつ、使用者側においても当該事情を認識し、把握していたという場合には、むしろ十分に配慮しなければならないものというべきである。」

(4)　本人基準説

ア　基本的立場

①　業務による心理的負荷の要因と被災労働者に既存の精神的又は身体的な障害である個体側要因とを併立する要因として結合させて業務起因性を判定する方式をとる。（併立結合判定方式）

②　障害のない労働者にとって発症の危険が内在しない業務であっても、障害のある労働者にとって発症の危険が内在する業務がある。労災保険制度は、業務に内在する危険の現実化である負傷や疾病等についての補償であるから、障害者にとって、発症の危険が内在する業務に関する危険の現実化である負傷や疾病等について保険給付を受給できるような基準を立てるべきである（小畑史子「障害者の労働安全衛生と労災補償」荒木尚志・岩村正彦・山川隆一編・労働法学の展望―菅野和夫先生古稀記念論集386～387頁〔有斐閣、平成25年〕）。

③　障害認定を受けた障害者がそれらを明らかにして雇用されており、その有する障害が業務に内在する危険を直接高める性質のものである

第1編　第5　心理的負荷の評価の基準となる労働者

場合、当該障害を前提として、業務の危険性が判断されなければならず、それゆえ業務の過重性も本人と同様の障害を有する労働者を基準として判断されるべきである（小畑・前掲書388頁）。（本人基準説）

④　労働者はもともと多種・多様でストレス耐性にも当然個体差がある以上、労働者やその遺族の生活保障を目的とする労災補償制度の下では、当該業務が当該被災労働者にどのような負荷を与えたかを問題とすべきであるから、心理的負荷の評価の基準となる労働者は、当該被災労働者本人を基準とすべきである（古川・手引120頁）。（本人基準説）

⑤　障害認定を受けた労働者について、その障害が、業務に内在する危険を直接に増大させるような性格のものである場合、当該障害を前提として業務の危険性が判断されるべきであり、したがって業務の過重性は、本人ないし同様の障害を有する労働者を基準として判断されるところ、このような特別な判断枠組みを適用すべき障害者の範囲が問題となるが、労災の業務上外認定における定型的判断の必要性を考慮すれば、使用者側の認識の考慮は回避すべきであり、障害者枠による採用か否かによらず、つまり使用者の認識の有無によらず、障害等級の認定を1つの形式的基準として、こうした枠組みを採用すべきと考える（笠木映里「障害を持つ労働者に関する業務の過重性判断―国・豊橋労基署長（マツヤデンキ）事件〔名古屋高判平成22・4・16〕」ジュリスト1442号111頁〔平成24年〕）。（本人基準説）

イ　本人基準説の裁判例

【1】　名古屋地判平成6・8・26労働民例集45巻3＝4号247頁〔27826117〕・請求認容（原処分取消し。遺族補償年金給付及び葬祭料請求。名古屋南労基署長〔矢作電設〕事件）

高血圧症の基礎疾患を有する労働者が脳出血により死亡した事案において、業務起因性の有無は、当該業務に従事することが一般的に許容される程度の疾患等を有する労働者が、従前格別の支障もなくその業務に従事してきた場合には、当該労働者を基準にして、社会通念に従い、当該業務が自然的経過を超えて基礎疾患を急激に増悪させる危

3 心理的負荷の強度の評価基準となる労働者に関する諸見解

険を生じさせるに足りる程度の過重負荷と認められるか否かにより判断すべきであるところ、被災労働者は、日ごろから会社における通常業務以外にも頻繁な出張によって相当な疲労を蓄積した身体状況にあった上、初めての海外出張に伴う肉体的精神的負担が基礎疾病の自然的経過による増悪を超えてその症状を急激に悪化させ発症に至ったものと認められるから、業務と同人の死亡との間には相当因果関係があるとして、不支給とした原処分を取り消して、請求を認容した。

「業務過重性について、右新認定基準等が、日常の業務に比して特に過重な肉体的、精神的負荷と客観的に認められる業務でなければならないとしたうえ、客観的とは、『医学的に』『急激で著しい増悪』の要因と認められることをいうものであるから、被災者のみならず、『同僚又は同種労働者』にとっても、特に過重な肉体的、精神的負荷と判断されるものでなければならないとしている点は、結果として相当因果関係の判断に特別の要件を付加することになるものであって採用できない。

なぜなら、一般に因果関係の立証は、『自然科学的証明ではなく、特定の事実が特定の結果発生を招来した関係を是認しうる高度の蓋然性を証明することであり、通常人が疑いを差し挟まない程度に真実性の確信を持ちうるものであることで足りる』（最判昭50年10月24日民集29巻9号1417頁参照）と解されていること、とりわけ、医学的な証明を必要要件とすると、精神的、肉体的負荷の1つとされるストレスや疲労の蓄積といったものが高血圧症に及ぼす影響や高血圧症と脳出血の発生機序について、医学的に十分な解明がなされているとはいい難い現状においては、被災労働者側に相当因果関係の立証について過度の負担を強いる恐れがあり、殆どの場合業務と脳血管疾患等との間の因果関係が否定される結果になりかねないこと、このような結果は、現在の社会の実情に照らし、労災補償制度の趣旨にも合致しないと考えられるからである。また、右新認定基準等により業務過重性判断の基準とされる『同僚又は同種労働者』についても、当該被災者の年齢、具体的健康状態等を捨象して、基礎疾患、健康等に問題のない

105

第1編　第5　心理的負荷の評価の基準となる労働者

労働者を想定しているとすれば、それは、多くの労働者がそれぞれ高血圧その他健康上の問題を抱えながら日常の業務に従事しており、しかも高齢化にともないこうした問題を抱える者の比率が高くなるといった社会的現実の存することが認められることを考慮すると、業務過重性の判断の基準を社会通念に反して高度に設定したものといわざるを得ないものであって、同じく採用できない。

　……しかして、高血圧症等の基礎疾患を有する労働者の業務過重性の判断に当たっては、それが当該業務に従事することが一般的に許容される程度の疾患等を有する労働者であり、これまで格別の支障もなく同業務に従事してきているといった事情が認められる場合は、当該労働者を基準にして、社会通念に従い、業務が労働者にとって自然的経過を超えて基礎疾患を急激に増悪させる危険を生じさせるに足りる程度の過重負荷と認められるか否かにより判断するのが相当である。

　そしてこのような過重負荷の存在が認められ、これが原因となって基礎疾患等を増悪させるに至ったことが認められれば、当該労働者が、結果発症の危険性のあることを知りながら、これを秘匿するなどして敢えて業務に従事したなどの特別の事情のない限り、原則として、右過重負荷が自然的経過を超えて基礎疾患を増悪させ死傷病等の結果を招来したこと、すなわち業務と結果との間に因果関係の存することが推認されるとともに、被告側から、基礎疾患が重篤な状況にあったこと、あるいは業務外の肉体的、精神的負荷等が原因となって発症したものであること等につき、特段の反証のない限り（被告が相当程度の立証の負担をすることが労災補償制度の立法趣旨及び公平の理念に合致するものと解する。）、さらに右過重負荷が結果発症に対し、相対的に有力な原因であると推認し、相当因果関係を肯定することができるものと解するのが相当である。」

【2】　仙台地判平成6・10・24労働判例662号55頁〔27827734〕・請求認容（原処分取消し。遺族補償給付及び葬祭料請求。仙台労基署長〔松下電工〕事件）

　脳動脈瘤の基礎疾患を有する労働者が脳動脈瘤の破裂によるくも膜

3　心理的負荷の強度の評価基準となる労働者に関する諸見解

下出血により死亡した事案において、業務と基礎疾患が共働して死亡
原因たる疾病を発症させた場合に、業務が他の原因に比べて相対的に
有力な原因となったか否かの判断に当たっては、被災労働者にとって
業務が身体的、精神的に過重な負担となり、基礎疾患を自然的経過を
超えて増悪させ疾病の発症を招来したか否かが基準となるところ、被
災労働者の脳動脈瘤の破裂によるくも膜下出血による死亡という結果
は、合宿研修による身体的、精神的負担に加え、寒冷下においてジョ
ギングを行った過重な身体的負担によって、脳動脈瘤が自然的経過を
超えて急激に増悪した結果発症したものであり、業務とくも膜下出血
による死亡との間の相当因果関係が認められるとして、不支給とした
原処分を取り消して、請求を認容した。

「業務と関連性のない基礎疾患が共働して右疾患を発症させたという
事情がある場合において、業務と右疾病の発症との間の相当因果関係
が肯定されるためには、業務が右疾病の発症に対して、他の原因に比
べて相対的に有力な原因となったと認められることが必要であると解
するのが相当である。

　また、前記のとおりの発生機序を持つ脳動脈瘤の破裂によるくも膜
下出血と業務との間の相当因果関係を判断する場合においては、基礎
疾患である脳動脈瘤を増悪ないし破裂させる誘因、有害因子、危険因
子として、日常生活の多様な出来事が含まれるという事情が存在する
ことから、業務が他の原因に比べて相対的に有力な原因となったと認
められるためには、発症に関する一切の事情を総合考慮して、右疾病
の発症前及び発症時の業務内容が、当該労働者にとって身体的、精神
的に過重な負担となり、右基礎疾患を自然的経過を超えて増悪させ右
疾病の発症を招来したと認められることが必要であり、かつ、これを
もって足りると解するのが相当である。」

【3】　名古屋高判平成22・4・16労働判例1006号5頁〔28161839〕・原
判決取消し（請求認容・原処分取消し。遺族補償年金及び葬祭料請
求。国・豊橋労働基準監督署長〔マツヤデンキ〕事件）

　慢性心不全の基礎疾患を有し身体障害者枠で就職した労働者が致死

107

第1編　第5　心理的負荷の評価の基準となる労働者

性不整脈発症により死亡した事案において、業務起因性の判断に当たっては、当該労働者が基準となるところ、被災労働者の致死的不整脈による死亡という結果は、過重業務による疲労ないしストレスの蓄積から基礎疾患が自然的悪化を超えて発症しており、業務起因性が認められるとして、不支給とした原処分を是認した原判決を取り消し、原処分を取り消すこととして、請求を認容した。

「相当因果関係の判断の基準について判断するに、確かに、労働基準法及び労災保険法が、業務上災害が発生した場合に、使用者に保険費用を負担させた上、無過失の補償責任を認めていることからすると、基本的には、業務上の災害といえるためには、災害が業務に内在または随伴する危険が現実化したものであることを要すると解すべきであり、その判断の基準としては平均的な労働者を基準とするのが自然であると解される。

　しかしながら、労働に従事する労働者は必ずしも平均的な労働能力を有しているわけではなく、身体に障害を抱えている労働者もいるわけであるから、仮に、被控訴人の主張が、身体障害者である労働者が遭遇する災害についての業務起因性の判断の基準においても、常に平均的労働者が基準となるというものであれば、その主張は相当とはいえない。このことは、憲法27条１項が『すべて国民は勤労の権利を有し、義務を負ふ。』と定め、国が身体障害者雇用促進法等により身体障害者の就労を積極的に援助し、企業もその協力を求められている時代にあっては一層明らかというべきである。

　したがって、少なくとも、身体障害者であることを前提として業務に従事させた場合に、その障害とされている基礎疾患が悪化して災害が発生した場合には、その業務起因性の判断基準は、当該労働者が基準となるというべきである。何故なら、もしそうでないとすれば、そのような障害者は最初から労災保険の適用から除外されたと同じことになるからである。

　そして、本件においては、被災労働者は、障害者の就職のための集団面接会を経て本件事業者に身体障害者枠で採用された者であるか

ら、当該業務による負荷が過重なものであるかどうかを判断するについても、被災労働者を基準とすべきであり、本件被災労働者の死亡が、その過重な負荷によって自然的経過を超えて災害が発生したものであるか否かを判断すべきである。」

(5) 障害対応特別配慮基準説（私見）

ア 基本的立場

① 事業主が被災労働者の既存の精神的又は身体的な障害を知悉していない場合

この場合には、同種平均的労働者基準説に立ち、被災労働者と同種の平均的な労働者、すなわち、何らかの個体側の脆弱性を有しながらも、被災労働者と職種、職場における立場、年齢、経験等の点で同種の者であって、特段の勤務軽減まで必要とせずに通常業務を遂行することができる者を基準として（分離分断判定方式・通常範疇性格考慮説）、業務による心理的負荷が「強」であるか、又は、業務による負荷が、血管病変等を自然経過を超えて著しく増悪させ得る程度の負荷と認められるかなどに基づいて、業務起因性の有無を判断する。

② 事業主が被災労働者の既存の精神的又は身体的な障害を知悉している場合

(ア) この場合には、業務による心理的負荷の要因と被災労働者に既存の精神的又は身体的な障害である個体側要因とを併立する要因とし、障害の事実を考慮要素に入れ結合させて業務起因性を判断する。（併立結合判定方式）

(イ) すなわち、事業主が被災労働者の既存の具体的な障害の特性（種類〔精神的障害か身体的障害か〕・内容〔知的障害かうつ病か、機能障害か内臓疾患か〕・程度〔重度か軽度か〕）を知悉し、その障害が業務に内在する危険を高める属性のものである場合には、障害に対して客観的に定型化された合理性な特別な配慮と措置が採られていたか否かは、業務に内在する危険の現実化を客観的に減衰させたり増幅させたりすることにつながる重要な要因となるものである。

第1編　第5　心理的負荷の評価の基準となる労働者

　　そうすると、上記の場合には、業務起因性の判断においては、当
該障害があることを前提とし、その障害に対する客観的に定型化さ
れた合理的な特別な配慮と措置が採られているか否かを要素として
組み入れて判断枠組みを構築する必要があり、これを基準として、
業務起因性の有無を判断するのが相当である。(障害対応特別配慮
基準説)

(ｳ)　そして、その障害に対する合理的な特別な配慮と措置が採られて
いるときには、一般的かつ客観的にみて、業務による強い心理的負
荷が発現するということはできないので、当該障害者に精神障害が
発病したとしても、業務上の事由によるものとはせずに業務起因性
を否定するが、合理的な特別な配慮と措置が採られていないときに
は、業務に内在し又は通常随伴する危険が現実化したものとして、
業務起因性を肯定する。

(ｴ)　要するに、事業主が被災労働者の既存の精神的又は身体的な障害
を知悉している場合については、業務による心理的負荷の判断にお
いて、(a)併立結合判定方式により、被災労働者の具体的な障害を前
提として業務起因性の判断をするが、(b)当該障害に対して、一般的
かつ客観的にみて合理的な特別な配慮と措置が採られているときに
は、業務に内在し又は通常随伴する危険が現実化したとはいえない
ので、業務起因性を否定するというものである。

(ｵ)　客観的に定型化された合理的な特別な配慮と措置の具体的な内容
は、個々の障害者である労働者の状態や職場の状況に応じて提供さ
れるものであり、多様性があり、かつ、個別性が高いものである
が、例えば、精神障害を有する労働者に関しては、①　業務指導や
相談に関し、担当者を定めること、②　業務の優先順位や目標を明
確にし、指示を1つずつ出す、作業手順を分かりやすく示したマニ
ュアルを作成する等の対応を行うこと、③　出退勤時刻・休暇・休
憩に関し、通院・体調に配慮すること、④　できるだけ静かな場所
で休憩できるようにすること、⑤　本人の状況を見ながら業務量等
を調整すること、⑥　本人のプライバシーに配慮した上で、他の労

110

働者に対し、障害の内容や必要な配慮等を説明することなどが、障害の特性に配慮した職務の円滑な遂行に必要となる客観的に定型化された合理的な特別な配慮と措置ということができる（平成27年3月25日厚生労働省告示第117号の合理的配慮指針参照）。

イ　検　討

① 一般人基準説は、「当該労働者と同程度の年齢・経験を有し、通常の業務を支障なく遂行することができる程度の健康状態にある者又は基礎疾患を有していたとしても日常生活を支障なく遂行できる労働者（平均的労働者）を基準とする」というが、個体側要因を完全に無視して（分離分断判定方式）、障害者についてその基準をそのまま採用することは、障害者の保護の観点を著しく等閑に付するものであって、相当ではない。

② 同種平均的労働者基準説も、上記と同様の問題があり、相当ではない。

③ 通常範疇性格考慮説も、「平均的労働者を基準としつつ、通常の労働者の範疇から逸脱しない事情については、考慮可能とする」というものであり、基本的には、一般人基準説に立っており、相当ではない。

④ 本人基準説は、「本人と同様の障害を有する労働者を基準とする」というが、その基準では、業務の負担が客観的にみてわずかである場合にも業務起因性が認められることになり、相当ではない。

⑤ 障害対応特別配慮基準説は、事業主が被災労働者の具体的な障害の特性を知悉しており、その障害が業務に内在する危険を高める属性のものである場合には、当該障害を前提として、その障害に対する合理的な特別な配慮と措置が採られているか否かを基準として、業務起因性の判断を行うものである。

したがって、この説は、事業主が当該障害者の具体的な障害の特性を知悉している場合には、業務による心理的負荷と個体側要因とを、切り離すことなく併立するものとして、結合して業務起因性を判定する併立結合判定方式に立つこととし、業務による心理的負荷の強度の

第1編　第5　心理的負荷の評価の基準となる労働者

判断においては、障害に対して客観的に定型化された合理的な特別な配慮と措置が採られていたか否かを基準とするものである。

この基準にいう「当該障害者の障害に対する合理的な特別な配慮と措置」は、客観的に定型化されたものであり、また、仕事の量や方法等の面で精神的に追い込まないようにする合理的な特別な配慮と措置である。

そして、そのような、障害に対する客観的に定型化された合理的な特別な配慮と措置が採られていたときには、仮に当該障害者に精神障害が発病・増悪したとしても、一般的かつ客観的にみて、業務により強い心理的負荷が発現したものということはできないから、業務に内在し又は通常随伴する危険の現実化があったということはできないとして、業務起因性を否定するものである。

⑥　なお、水町勇一郎「労働者のうつ病自殺と業務起因性判断―国・福岡東労基署長（粕屋農協）事件〔福岡高判平成21・5・19〕」ジュリスト1413号126頁〔平成22年〕は、次のとおり述べて、労災保険法上の業務起因性の判断につき、労働者の主観的事情を考慮に入れてその範囲を広げることは、労災保険制度の基本的構造を揺るがすことになり妥当でないとしつつも、使用者に求められる客観的で定型化された予防的配慮は、業務に内在する危険を客観的に増幅させたり減少させたりすることにつながるものと位置付けられることに照らせば、この予防的配慮は、業務起因性の判断の枠組みに組み入れるべきであるとしており、参考となる。

「そもそも労災保険制度を含む労災補償制度は、使用者の民事上の損害賠償責任を担保するために設けられた制度である（それゆえ使用者のみに保険料が課され、保険給付額が増えれば保険料率が引き上げられるメリット制がとられている）ことからすると、労災保険法上の業務起因性の判断において、使用者の損害賠償責任の判断（前記最高裁電通事件判決。（筆者注：最二小判平成12・3・24民集54巻3号1155頁））と同様に使用者に一定の予防的配慮を求めることは、理論的に一貫性があるものともいえる。以上のことからすると、本判決のう

112

3　心理的負荷の強度の評価基準となる労働者に関する諸見解

ち、使用者に予防的配慮を求める部分は適当であるといえるが、それは、労災保険制度の基本的構造に沿うように、客観的に定型化された形で組み入れられなければならない。具体的には、業務による心理的負荷の強度の判断において、同種の労働者（労働者の多様な性格のうち通常想定されうる性格をもつ者を含む）に対して使用者に求められる予防的配慮（例えばまじめで責任感の強い労働者を仕事の量や方法等の面で精神的に追い込まないようにする一般的な配慮）がなされていたか否かを考慮に入れる……という枠組みで、判断が行われるべきであったといえる。ここでは、精神障害等の発症を防ぐために使用者に求められる通常の配慮を行っていないことは、業務に内在する危険を客観的に増幅させるものと位置づけられうる。」

第6 第三者行為災害・事業主責任災害と労災保険給付との支給調整

1 第三者行為災害についての支給調整

(1) 第三者行為災害と支給調整

労災保険給付の原因である業務災害や通勤災害が第三者の行為によって生じた場合には、その第三者は、被災労働者又はその遺族に対し、民事上の損害賠償責任を有することになる。このような場合の第三者の行為を、一般的に第三者行為災害というが、この用語は、講学上の用語であって、労災保険法その他の法律に定められているものではない。

ここでいう第三者とは、発生した災害に関する労災保険の保険関係の当事者（政府、事業主及び労災保険の受給権者）以外の者であって、当該災害につき損害賠償責任を有する者をいう。

第三者行為災害となる主な場合としては、①　交通事故、②　他人から暴行を受けた場合、③　他人が飼育・管理する動物により負傷した場合などがある。

第三者行為災害が発生した場合には、被災労働者又はその遺族は、第三者に対し、損害賠償請求権を取得すると同時に、労災保険給付請求権も取得することになるが、双方から同一内容の損害賠償金と労災保険金を受領すると、同一の事由について重複して損失が塡補されて二重取りとなり、不合理な結果となる。また被災労働者又はその遺族に塡補されるべき損失は、最終的には政府によってではなく、災害の原因となった加害行為等に基づき損害賠償責任を負う第三者が負担すべきものである。

そこで、第三者行為災害による労災保険給付と民事損害賠償との支給調整を行う必要があるため、労災保険法12条の4には、その調整に関する規定が設けられており、第三者行為災害について、先に政府が保険給付をしたときは、政府は保険給付を受けた受給権者である被災労働者又はその遺族が第三者に対して有する損害賠償請求権を保険給付の価額の限度で取得

114

1 第三者行為災害についての支給調整

するものとし（損害賠償請求権の代位取得と求償）、また、受給権者である被災労働者又はその遺族が第三者から先に損害賠償を受けたときは、政府は、その価額の限度で保険給付をしないことができることとしている（労災保険給付義務の免除ないし控除）。

(2)　第三者行為災害の認定要件と具体的判断要素

　ア　業務遂行性

　　　第三者行為災害となるための認定要件である業務遂行性の判断要素としては、次のようなものが重要である。

　①　時間的近接性（その１。＋プラス要素）

　　　所定労働時間内に生じた災害であるか

　②　時間的近接性（その２。＋プラス要素）

　　　被災労働者の業務遂行中に生じた災害であるか

　③　場所的近接性（その１。＋プラス要素）

　　　事業場内・就業場所で発生した災害であるか

　④　場所的近接性（その２。＋プラス要素）

　　　事業主の支配下で発生した災害であるか

　⑤　加害者と被災労働者との人間関係（その１。＋プラス要素）

　　　加害者と被災労働者との間に業務上の指揮監督関係があるか

　⑥　加害者と被災労働者との人間関係（その２。＋プラス要素）

　　　加害者と被災労働者は、同僚同士、上司と部下の関係であるか

　⑦　加害者と被災労働者との人間関係（その３。－マイナス要素）

　　　加害者と被災労働者は、全くの他人同士であるか

　イ　業務起因性

　　　第三者行為災害となるための認定要件である業務起因性（業務と災害との間の相当因果関係＝災害は業務に内在する危険が現実化したもの）の判断要素としては、次のようなものが重要である。

　①　業務に内在する危険の現実化であるか（＋プラス要素）

　　　発生した災害は、業務に内在する危険の現実化といえるか否か（職務の種類や性質から、労働者と第三者との間に紛争が生じることは、

115

第1編　第6　第三者行為災害・事業主責任災害と労災保険給付との支給調整

日常経験的に考えられるか否か）

　職務の種類や性質から、労働者（例えば、駅員・看護師など）と第三者との間に紛争が生じることは、日常経験的に考えられることである（駅員と乗客との間に紛争が生じることは、日常経験上も予想される事態である。また、多数の患者の中には、病的心理から、看護師に対する思慕の情を起こし、良識を失って思慕を募らせ、その破綻の末に看護師に危害を加えることも予想に難くないので、看護師という職務に付随して発生した災害と認められることがある。）。

　同僚労働者間、監督者と労働者間、労働者と外部の第三者間で、暴力沙汰の加害行為による災害を被った場合、他人の故意に起因するものは一般的には業務起因性はないが、「災害の原因が業務にあって、業務と災害との間に相当因果関係があると認められる場合」には、他人の故意が競合していても、その災害は業務起因性があるということができる。

②　私怨・怨恨に起因するか（－マイナス要素）

　発生した災害は、私怨・怨恨に起因しているか否か（業務上の注意が原因となっていても、上司対部下の関係に起因する私怨の一時的爆発によって行われた加害行為である場合、及び、被災労働者自身も攻撃して「喧嘩」となっている場合には、災害の原因が既に私怨に発展していることが多いので、発端は業務との関連があるとしても、これらの場合には、災害と業務との相当因果関係は失われている。）

③　自招行為に起因するか（－マイナス要素）

　発生した災害は、被災労働者の自招行為（挑発・加害行為）に起因しているか否か（被災労働者が職務上の限度を超えて加害者を刺激又は挑発した事情がある場合には、恣意的に自ら被害の危険を招いたもので、災害と業務との相当因果関係が認められない。）

④　行政通達

　平成21年7月23日付け厚生労働省労働基準局長通知「他人の故意に基づく暴行による負傷の取扱について」（基発0723第12号）は、「業務に従事している場合又は通勤途上である場合において被った負傷であ

116

って、他人の故意に基づく暴行によるものについては、当該故意が私的怨恨に基づくもの、自招行為によるものその他明らかに業務に起因しないものを除き、業務に起因する又は通勤によるものと推定することとする。」との判断基準を示しており、実務においても、この判断基準に基づく運用がされている。

(3) 第三者行為災害についての支給調整内容

ア　求償（労災保険法12条の４第１項）

　政府は、保険給付の原因である事故が第三者の行為によって生じた場合において、保険給付をしたときは、その給付の価額の限度で、保険給付を受けた者が第三者に対して有する損害賠償の請求権を代位取得する。そして、政府は、取得した損害賠償請求権に基づき、最終的な損害賠償責任を負う加害行為をした第三者に対し、支給した労災保険給付額の求償請求をする。

　すなわち、労災保険給付が第三者による損害賠償の支払よりも先に行われた場合には、政府は、支給した労災保険給付額に相当する損害賠償請求権を代位取得し、これに基づいて第三者に対し求償請求をする。

イ　控除（労災保険法12条の４第２項）

　政府は、保険給付の原因である事故が第三者の行為によって生じた場合において、保険給付を受けるべき者が当該第三者から同一の事由について損害賠償を受けたときは、その価額の限度で保険給付をしないことができる。すなわち、第三者による損害賠償の支払が労災保険給付よりも先に行われた場合には、政府は、その支払われた損害賠償額のうち同一の事由に相当する損害賠償額を控除して労災保険給付を行う。

(4) 控除における同一の事由の範囲内の損害項目

　労災保険法12条の４第２項の規定による控除として、労災保険給付との調整の対象となる民事損害賠償金の範囲は、損害の二重塡補が生じないようにするという調整規定の目的に照らし、労災保険給付の事由（被災労働者の負傷、疾病、障害、死亡）と同一の事由に基づいて、被災労働者や遺族が受けた損害賠償額の性質を有する金員の全部又は一部に限定される。

第1編　第6　第三者行為災害・事業主責任災害と労災保険給付との支給調整

　　　控除の対象となる同一の事由のものとされる労災保険給付に対応する損
　　害賠償項目は、①　療養補償給付等　→　治療費、②　休業補償給付等
　　→　休業により喪失したため得ることができなくなった利益（休業損害）、
　　③　傷病補償年金等　→　休業により喪失したため得ることができなくな
　　った利益（休業損害）、④　障害補償給付　→　身体障害により喪失又は
　　減少して得ることができなくなった利益（逸失利益）、⑤　介護補償給付
　　等　→　介護費用、⑥　遺族補償給付等　→　被災労働者の死亡により遺
　　族が喪失して得ることができなくなった利益（逸失利益・被扶養利益）、
　　⑦　葬祭料等　→　葬祭費などである。

(5)　控除における同一の事由の範囲外となる損害項目

　ア　慰謝料

　　　第三者に対する損害賠償請求権のうち精神的苦痛に対する慰謝料は、
　　労災保険給付と同一の事由によるものではないので、支給調整の対象と
　　はならない。

　イ　物　損

　　　交通事故における自動車の修理費用、遺体捜索費、義肢・義足製作費
　　用などは、労災保険給付の対象外の物損であるので、支給調整の対象と
　　はならない。

　ウ　特別支給金等

　　　労災保険給付のうち、休業特別支給金・遺族特別支給金・遺族特別年
　　金・障害特別年金などは、社会復帰促進等事業（労災保険法29条1項2
　　号：被災労働者の円滑な社会復帰の促進、被災労働者の療養生活の援
　　護、被災労働者の受ける介護の援護等の事業）として支給されるもので
　　あるから、その性質上、支給調整の対象とはならない。

(6)　調整を行う期間

　ア　求償の場合

　　　労働災害発生後3年以内に支給事由の生じた労災保険給付であって、
　　災害発生後3年以内に保険給付を行ったものを限度として、求償の支給
　　調整が行われる（平成17年2月1日付け厚生労働省労働基準局長通達

1　第三者行為災害についての支給調整

「第三者行為災害事務取扱手引」の改正について」〔基発0201009号〕）。

求償期間を 3 年としている趣旨は、第三者に対する求償権の行使は、被災労働者等が第三者に対して有する民事上の損害賠償請求権を国が取得して行われるものであり、民法724条 1 号の規定に基づきその請求権の時効期間が 3 年とされていることを考慮したものである。

イ　控除の場合

平成25年 4 月 1 日以降に発生した労働災害については、災害の発生後 7 年以内に支給事由の生じた労災保険給付であって、災害発生後 7 年以内に支払うべき労災保険給付を限度として、控除の支給調整が行われる（平成25年 3 月29日付け厚生労働省労働基準局長通知「第三者行為災害における控除期間の見直しについて」〔基発0329第11号〕）。

控除期間を 7 年としている趣旨は、労災保険法は被害者の保護を第一の目的としていることから労災保険給付の対象となっている災害について多年にわたる控除を行うことは労災保険法の制度の趣旨に反すること、及び、前払一時金支給の場合の年金給付の支給停止の最長期間は、遺族（補償）年金の前払一時金を受給した場合の約 7 年間であることとの均衡を考慮する必要があることなどに基づくものである。

(7)　労災保険給付と損害賠償請求額とをめぐる判例

【1】　最三小判昭和52・10・25民集31巻 6 号836頁〔27000271〕（三共自動車事件）

将来にわたって支給されることが確定している労災保険給付を被災労働者の使用者に対する損害賠償債権額から控除すべきか否かという問題がある。

この点につき、最三小判昭和52・10・25民集31巻 6 号836頁〔27000271〕（三共自動車事件）は、労働災害を被った被災労働者が使用者に対して民法717条による損害賠償を求めた訴訟（使用者行為災害事案）において、将来にわたって支給されることが確定している労災保険法からの長期傷病補償給付金及び厚生年金保険法に基づく障害年金を、損害賠償債権額（逸失利益）から控除することの可否につき、次のとお

119

第1編　第6　第三者行為災害・事業主責任災害と労災保険給付との支給調整

り説示して、保険給付により受給権者が使用者に対する損害賠償請求権を失うのは、政府が現実に保険金を給付したときに限られ、将来にわたり継続して給付されることが確定していても、いまだ現実の給付がない以上、将来の給付額を受給権者の使用者に対する損害賠償債権から控除することを要しない旨を明らかにしている。

　なお、第三者行為災害事案については、最三小判昭和52・5・27民集31巻3号427頁〔27000281〕（仁田原事件）が、厚生年金保険法又は労災保険法に基づき政府が将来にわたり継続して保険金を給付することが確定していても、いまだ現実の給付がない以上、将来の給付額を受給権者の第三者に対する損害賠償債権額から控除することを要しない旨を明らかにしている。

「労働者災害補償保険法に基づく保険給付の実質は、使用者の労働基準法上の災害補償義務を政府が保険給付の形式で行うものであって、厚生年金保険法に基づく保険給付と同様、受給権者に対する損害の填補の性質をも有するから、事故が使用者の行為によって生じた場合において、受給権者に対し、政府が労働者災害補償保険法に基づく保険給付をしたときは労働基準法84条2項の規定を類推適用し、また、政府が厚生年金保険法に基づく保険給付をしたときは衡平の理念に照らし、使用者は、同一の事由については、その価額の限度において民法による損害賠償の責を免れると解するのが、相当である。そして、右のように政府が保険給付をしたことによって、受給権者の使用者に対する損害賠償請求権が失われるのは、右保険給付が損害の填補の性質をも有する以上、政府が現実に保険金を給付して損害を填補したときに限られ、いまだ現実の給付がない以上、たとえ将来にわたり継続して給付されることが確定していても、受給権者は使用者に対し損害賠償の請求をするにあたり、このような将来の給付額を損害賠償債権額から控除することを要しないと解するのが、相当である（最高裁昭和50年(オ)第431号同52年5月27日第三小法廷判決（民集31巻3号427頁登載予定）参照）。」

【2】　最二小判昭和62・7・10民集41巻5号1202頁〔27801270〕

　労災保険法や厚生年金保険法の保険給付の対象となる第三者行為災害

が発生して、各法に基づく保険給付が行われた場合には、第三者行為災害の加害者は、その限度で損害賠償責任を免れるものであるが（最三小判昭和52・10・25民集31巻6号836頁〔27000271〕〔三共自動車事件〕、最三小判昭和52・5・27民集31巻3号427頁〔27000281〕〔仁田原事件〕、最二小判昭和52・4・8集民120号433頁〔27422935〕〔安間建設事件〕）、その趣旨は民事損害賠償と保険給付の二重取りを防止するためであるから、保険給付と「同一の事由」の関係にある民事損害賠償責任のみが対象となるものである。労災保険給付のうちの療養補償給付は民事損害賠償項目の治療費（積極損害）と対応し、葬祭料は葬儀費用（積極損害）と対応し、休業補償給付・障害補償給付・傷病補償年金等は逸失利益（消極損害）と対応するものということができる。

　この点につき、最二小判昭和62・7・10民集41巻5号1202頁〔27801270〕（青木鉛鉄事件）は、第三者行為災害により傷害を被った被害者が加害者及びその使用者に対し、保険給付を受領した後に民事損害賠償を請求した事案において、次のとおり説示して、労災保険法による休業補償給付及び傷病補償年金、厚生年金保険法による傷害年金が支給された場合、これらの保険給付と同性質であり、同一の事由の関係にあるとみられるのは民事上の財産的損害のうちの消極的損害いわゆる逸失利益のみであるから、これらの保険給付が現に認定された消極損害の額を上回るとしても、相互補完性を有する関係にある民事上の損害賠償のうち控除されるべきは消極損害のみであるから、当該超過分を積極的損害や精神的損害（慰謝料）を補塡するものとして、これらとの関係で控除することは許されないとした上で、民事損害賠償額を算定すべきである旨を明らかにしている。

「労災保険法又は厚生年金保険法に基づく保険給付の原因となる事故が被用者の行為により惹起され、右被用者及びその使用者が右行為によって生じた損害につき賠償責任を負うべき場合において、政府が被害者に対し労災保険法又は厚生年金保険法に基づく保険給付をしたときは、被害者が被用者及び使用者に対して取得した各損害賠償請求権は、右保険給付と同一の事由（労働基準法84条2項、労災保険法12条の4、厚生年

第1編　第6　第三者行為災害・事業主責任災害と労災保険給付との支給調整

金保険法40条参照）については損害の填補がされたものとして、その給付の価額の限度において減縮するものと解されるところ（最高裁昭和50年㋬第431号同52年5月27日第三小法廷判決・民集31巻3号427頁、同50年㋬第621号同52年10月25日第三小法廷判決・民集31巻6号836頁参照）、右にいう保険給付と損害賠償とが『同一の事由』の関係にあるとは、保険給付の趣旨目的と民事上の損害賠償のそれとが一致すること、すなわち、保険給付の対象となる損害と民事上の損害賠償の対象となる損害とが同性質であり、保険給付と損害賠償とが相互補完性を有する関係にある場合をいうものと解すべきであって、単に同一の事故から生じた損害であることをいうものではない。そして、民事上の損害賠償の対象となる損害のうち、労災保険法による休業補償給付及び傷病補償年金並びに厚生年金保険法による障害年金が対象とする損害と同性質であり、したがって、その間で前示の同一の事由の関係にあることを肯定することができるのは、財産的損害のうちの消極損害（いわゆる逸失利益）のみであって、財産的損害のうちの積極損害（入院雑費、付添看護費はこれに含まれる。）及び精神的損害（慰藉料）は右の保険給付が対象とする損害とは同性質であるとはいえないものというべきである。したがって、右の保険給付が現に認定された消極損害の額を上回るとしても、当該超過分を財産的損害のうちの積極損害や精神的損害（慰藉料）を填補するものとして、右給付額をこれらとの関係で控除することは許されないものというべきである。労災保険法による保険給付を慰藉料から控除することは許されないとする当裁判所の判例（昭和35年㋬第381号同37年4月26日第一小法廷判決・民集16巻4号975頁、同55年㋬第82号同58年4月19日第三小法廷判決・民集37巻3号321頁。なお、同38年㋬第1035号同41年12月1日第一小法廷判決・民集20巻10号2117頁参照）は、この趣旨を明らかにするものにほかならない。

　これを本件についてみるに、上告人が本件事故によって被った損害の内容及びこれに伴い上告人が受領した労災保険法及び厚生年金保険法に基づく保険給付が前記のとおりであるというのであるから、前記の説示に照らし、右保険給付は、上告人の被つた前記損害のうち、休業補償費

についてのみ同一の事由についてされたものとして填補関係を生じるにとどまり、前記の入院雑費、付添看護費及び慰藉料との関係では填補関係を生じるものではなく、したがって、右各損害につき前記の保険給付額による控除をすることは許されないものというべきである。そうすると、前記損害の合計額から保険給付額の合計額を控除し、その結果、上告人の損害は全額填補されたことになるものとし、ひいて弁護士費用相当の損害も認められないとした原判決には、右の点において法令の解釈適用を誤った違法があるものというべきであり、右違法は判決に影響するものであることは明らかというべきであるから、この違法をいう論旨は理由がある。」

【3】 最大判平成5・3・24民集47巻4号3039頁〔25000036〕

　上記【1】の判例は、将来にわたって支給されることが確定している労災保険給付を被災労働者の使用者に対する損害賠償債権額から控除すべきではない旨を判示していたが、最大判平成5・3・24民集47巻4号3039頁〔25000036〕（損害賠償請求上告事件）は、同判決を微修正して、地方公務員等共済組合法の規定に基づく退職年金の受給者が交通事故（不法行為）によって死亡したため、その相続人が加害者に対し、損害賠償を請求した事案において、次のとおり説示して、支給を受けることが確定した遺族年金の額の限度で、これを加害者の賠償すべき損害額から控除すべきである旨を明らかにしている。

　すなわち、従前の「将来にわたって支給されることが確定している労災保険給付」の全面的な非控除説を、「既給付分に加え、支給確定分、具体的には口頭弁論終結日において支給を受けることが確定していた分までを控除する」旨に変更している。

　なお、昭和55年には、労災保険法が改正（昭和55年法律第104号）され、労災保険給付と民事損害賠償との調整措置として、労災保険法附則64条が新設された、これにより、障害（補償）年金や遺族（補償）年金の受給権者が、同一の事由について、使用者から年金給付に相当する民事損害賠償を受けることができる場合には、その使用者は、年金受給権が消滅するまでの間、前払一時金最高限度額相当額の法定利率による現

第1編　第6　第三者行為災害・事業主責任災害と労災保険給付との支給調整

価の限度で、民事損害賠償の履行猶予が許される旨の制度が設けられるに至った。

「2　被害者が不法行為によって損害を被ると同時に、同一の原因によって利益を受ける場合には、損害と利益との間に同質性がある限り、公平の見地から、その利益の額を被害者が加害者に対して賠償を求める損害額から控除することによって損益相殺的な調整を図る必要があり、また、被害者が不法行為によって死亡し、その損害賠償請求権を取得した相続人が不法行為と同一の原因によって利益を受ける場合にも、右の損益相殺的な調整を図ることが必要なときがあり得る。このような調整は、前記の不法行為に基づく損害賠償制度の目的から考えると、被害者又はその相続人の受ける利益によって被害者に生じた損害が現実に補てんされたということができる範囲に限られるべきである。

3　ところで、不法行為と同一の原因によって被害者又はその相続人が第三者に対する債権を取得した場合には、当該債権を取得したということだけから右の損益相殺的な調整をすることは、原則として許されないものといわなければならない。けだし、債権には、程度の差こそあれ、履行の不確実性を伴うことが避けられず、現実に履行されることが常に確実であるということはできない上、特に当該債権が将来にわたって継続的に履行されることを内容とするもので、その存続自体についても不確実性を伴うものであるような場合には、当該債権を取得したということだけでは、これによって被害者に生じた損害が現実に補てんされたものということができないからである。

4　したがって、被害者又はその相続人が取得した債権につき、損益相殺的な調整を図ることが許されるのは、当該債権が現実に履行された場合又はこれと同視し得る程度にその存続及び履行が確実であるということができる場合に限られるものというべきである。」

2　事業主責任災害と政府側の支給調整

(1)　事業主責任災害と支給調整の趣旨

　　事業主責任災害は、労災保険給付の原因となった労働災害が労災保険料を負担している事業主の行為によって又は事業主の支配下において生じたものであって、当該事業主が被災労働者や遺族に対して民事上の損害賠償責任を負う場合である。これに対し、第三者行為災害は、労災保険給付の原因となった労働災害が保険関係外の第三者の行為によって生じたものであって、当該第三者が被災労働者や遺族に対して民事上の損害賠償責任を負う場合である。

　　この事業主の損害賠償責任は、主として民法415条の安全配慮義務違反による債務不履行責任、同法709条の不法行為責任、同法715条の不法行為の使用者責任に基づくことが一般的であるが、交通事故の場合には自賠法3条の運行供用者責任が根拠となることもある。

　　ところで、労働災害により障害補償年金や遺族補償年金を受けたり、通勤災害により障害年金や遺族年金を受けたりしている被災労働者や遺族が、事業主から、同一の事由について、民法その他の法律による損害賠償を受けることができるときは、双方から同一内容の損害賠償金と労災保険金を受領すると、同一の事由についての二重取りとなり、不合理な結果となるため、労災保険給付と民事損害賠償との支給調整を行う必要がある。そのため、労災保険法附則64条には、事業主責任災害に係る支給調整規定が設けられている。支給調整が行われることになる場合には、労災保険給付が一定の期間にわたり支給停止となる。

(2)　昭56・10・30基発696号

　　「労働者又はその遺族が、当該労働者を使用している事業主又は使用していた事業主から損害賠償を受けることができる場合であって、保険給付を受けるべきときに、同一の事由について、民事損害賠償（当該保険給付によって塡補される損害を塡補する部分に限る。）を受けたときは、政府は、労働者災害補償保険審議会の議を経て労働大臣が定める基準（支給調

125

第1編　第6　第三者行為災害・事業主責任災害と労災保険給付との支給調整

整基準）により、その価額の限度で、保険給付をしないことができる。

この場合、次の点に留意する必要がある。

ア　保険給付の支給調整が行われることとなるのは、保険給付の事由と同一の事由に基づく民事損害賠償が行われた場合に限られる。したがって、労災保険が業務災害及び通勤災害による稼得能力の損失を塡補することを主たる目的としており、精神的損害及び物的損害については塡補の対象としていないので、これらの損害項目について受給者が事業主から民事損害賠償を受けても、支給調整を行う必要はないこと。

イ　また、保険給付の支給調整が行われることとなるのは、保険給付相当分を含む民事損害賠償が行われた場合に限られる。したがって、いわゆる保険給付の上積み分に相当する民事損害賠償を受けても、支給調整を行う必要はないこと。

ウ　保険給付の支給調整が行われるのは、同一の事由に基づき行われた民事損害賠償の賠償額のうち保険給付の支給水準相当分のみであり、これを上回るいわゆる上積み分については、支給調整は行われないこと。」

(3)　事業主責任災害についての政府側の支給調整

ア　被災労働者又は遺族が、労働災害が発生し、当該労働者を使用している事業主又は使用していた事業主から損害賠償を受けることができる場合であって、保険給付を受けるべきときに、同一の事由について、損害賠償（当該保険給付によって塡補される損害を塡補する部分に限る。）を受けたときは、政府は、労働政策審議会の議を経て厚生労働大臣が定める基準により、その価額の限度で、保険給付をしないことができる。すなわち、政府は、事業主からの民事損害賠償が先行して行われた場合には、そのうちの労災保険給付に相当する部分の価額の限度で、労災保険給付の支給を行わないことができることとされている（労災保険法附則64条2項）。

イ　なお、最三小判昭和52・10・25民集31巻6号836頁〔27000271〕（三共自動車事件）は、労災保険給付は受給権者に対する損害の塡補の性質を有し、事業主のする損害賠償と同一の性質のものである旨を明らかにし

126

ているので、損害の塡補が重複して行われないような支給調整措置が必要となる。

ウ　事業主のする損害賠償のうち、労災保険給付との支給調整が行われるのは、労災保険給付によって支給される損害を塡補する部分に相当する損害賠償額の限度である。

エ　労災保険法附則64条2項柱書の規定により、事業主からの民事損害賠償が先行して行われた場合に、政府が「保険給付をしない」ことができることとなる労災保険給付の種類は、障害（補償）年金や遺族（補償）年金に限られず、療養（補償）給付、休業（補償）給付、傷病（補償）給付、障害（補償）給付、遺族（補償）給付、葬祭給付の全てが対象となる。

事業主からの民事損害賠償のうち労災保険給付に相当する部分の価額の限度で行われる支給調整については、労働政策審議会の議を経て厚生労働大臣がその具体的な基準（支給調整基準）を定め、この定められた基準に従って支給調整が行われる。

(4)　政府側の支給調整

事業主責任災害について、労災保険給付との調整の対象となる民事損害賠償金の範囲は、損害の二重塡補が生じないようにするという調整規定の目的により、労災保険給付と同一の事由、すなわち同一の種類の損害に限定される。

支給調整の対象となる同一の事由のものとされる労災保険給付に対応する損害賠償項目は、①　逸失利益　→　休業（補償）等給付、傷病（補償）等年金、障害（補償）等給付、遺族（補償）等給付、②　療養費　→　療養（補償）等給付、③　葬祭費用　→　葬祭料等（葬祭給付）などである。

したがって、被災労働者や遺族が、同一の労働災害に関して、事業主から、逸失利益、療養費及び葬祭費用などの損害項目についての民事損害賠償を受けた場合には、それぞれの損害項目に対応する労災保険給付について、相当する価額の限度で支給調整され、政府の労災保険給付義務が免除

第1編　第6　第三者行為災害・事業主責任災害と労災保険給付との支給調整

されることとなる。民事損害賠償のうち、損害項目の慰謝料や物損に対応する労災保険給付は存在しないので、これらについては、支給調整は行われない。

(5)　政府側の支給調整が行われる損害項目

ア　慰謝料

慰謝料は、労災保険給付の対象ではないので、支給調整の対象とはならない。

イ　物　損

物的損害も、労災保険給付の対象外であるので、支給調整の対象とはならない。

ウ　特別支給金

特別支給金は、社会復帰促進等事業（労災保険法29条1項2号）として支給されるものであるから、その性質上、支給調整の対象とはならない。

エ　見舞金

単なる見舞金として民事損害賠償の性質を有しないと判断されるものは、支給調整の対象とはならない。

オ　上乗せ補償

事業主が、労働災害による傷病等につき、労災保険給付とは別に、被災労働者や遺族に対して補償金を支給する上乗せ補償制度を設けている場合には、その補償金は、労災保険給付と同一内容の損害賠償とは異なり、上乗せ（上積み）補償の性質を有するものであるから、支給調整の対象とはならない。

カ　示談金・解決金・和解金

事業主と被災労働者・遺族との間で、労働災害による傷病等につき、示談や和解等が行われ、示談金・解決金・和解金などが支払われることがあるが、これらは、労災保険給付が行われることを前提として、労災保険給付とは別にこれに上乗せ（上積み）して支払われる性質のものと推定されるから、支給調整の対象とはならない。

3　事業主責任災害と事業主側の支給調整

(6)　政府側の支給調整を行う期間

　　ア　支給調整基準（昭和56年 6 月12日付け労働事務次官通達「民事損害賠償が行われた際の労災保険給付の支給調整に関する基準（労働者災害補償保険法第67条〔現行法の64条〕第 2 項関係）について」〔発基60号〕）において、例えば逸失利益に対応する労災保険給付の支給調整については、次のいずれか短い期間（調整対象給付期間）の範囲で行う旨の基本原則が定められている。

　　　　①　前払一時金最高限度額相当期間の終了する月から起算して 9 年が経過するまでの期間（ただし、休業（補償）等給付については災害発生日から起算して 9 年が経過する日までの期間、傷病（補償）等年金については傷病（補償）等年金の支給事由の発生した月の翌月から起算して 9 年が経過するまでの期間）。

　　　　②　就労可能年齢（遺族（補償）等年金については死亡労働者の生存を仮定した場合の就労可能年齢とする。）（各年齢ごとに、別表第一に定める年齢である。以下同じ。）を超えるに至ったときは、その超えるに至ったときまでの期間。

3　事業主責任災害と事業主側の支給調整

(1)　事業主責任災害についての事業主側の支給調整

　　ア　被災労働者又は遺族が、労働災害が発生し、障害（補償）年金や遺族（補償）年金等の保険給付を受けることができる場合に、同一の事由について、当該労働者を使用している事業主又は使用していた事業主から、これらの年金給付に相当する民事損害賠償を受けることができるときは、事業主は、これらの年金受給権が消滅するまでの間、前払一時金の最高額相当額の法定利率による現価（当該前払一時金に係る年金給付等が支給された場合には、その支給額の法定利率による現価を控除した価額）の限度で、民事損害賠償の履行をしないことができる（労災保険法附則64条 1 項 1 号。損害賠償債務の履行猶予）。

　　　　労災保険法施行規則附則24項 1 項の規定にいう被災労働者又は遺族とは、障害（補償）年金や遺族（補償）年金等の保険給付の受給権を有し

第1編　第6　第三者行為災害・事業主責任災害と労災保険給付との支給調整

ており、前払一時金を請求できる場合で、かつ、同一の事由について事業主から損害賠償を受けることができる者ということになる。

イ　この事業主側における民事損害賠償に係る支給調整は、既支給の労災保険給付部分のみならず、支給が確実に行われることが法的に保障されているため既支給部分と同視できる労災保険給付部分（保障支給部分）についても、支給調整の対象とされる。

　　保障支給部分の具体的な支給調整は、まずその部分について損害賠償の履行猶予をしておき、現実に労災保険給付が行われたときに、その支給額相当分を最終的に免責するという方法で行われる（労災保険法附則64条1項2号。損害賠償責任の免除）。

　　すなわち、労災保険給付がされることによって、受給権者の事業主に対する損害賠償請求権が失われるのは、労災保険給付が損害の塡補の性質をも有することに照らし、労災保険給付が現実に行われて損害が塡補したときに限られ、現実の給付がされない段階では、たとえ将来にわたり継続して給付されることが確定していても、損害賠償の免除の支給調整は行われず、履行猶予がされるのみであり、事業主の損害賠償債務の免除は、労災保険給付が現実に行われて損害が塡補した時点においてされるものである。したがって、受給権者は、事業主に対し、損害賠償の請求をするに当たっては、将来の給付額を損害賠償請求額から控除することを要しない。

ウ　上記の点につき、最三小判昭和52・10・25民集31巻6号836頁〔27000271〕（三共自動車事件）は、以下のとおり説示して、労災保険給付は受給権者に対する損害の塡補の性質を有するので、事業主は、労災保険給付が現実に支給された場合には、同一の事由については、その価額の限度において民法による損害賠償の責を免れるが、労災保険給付が将来にわたり継続して給付されることが確定していても、現実に支給がされていない場合には、事業主は、将来の労災保険給付額相当の損害賠償の責任を免れるものではない旨を明らかにしたため、上記のような当面の履行猶予と現実支給後の最終的免責という支給調整措置が採られることとなったものである。

3 事業主責任災害と事業主側の支給調整

「労働者災害補償保険法に基づく保険給付の実質は、使用者の労働基準法上の災害補償義務を政府が保険給付の形式で行うものであって、厚生年金保険法に基づく保険給付と同様、受給権者に対する損害の填補の性質をも有するから、事故が使用者の行為によって生じた場合において、受給権者に対し、政府が労働者災害補償保険法に基づく保険給付をしたときは労働基準法84条2項の規定を類推適用し、また、政府が厚生年金保険法に基づく保険給付をしたときは衡平の理念に照らし、使用者は、同一の事由については、その価額の限度において民法による損害賠償の責を免れると解するのが、相当である。そして、右のように政府が保険給付をしたことによって、受給権者の使用者に対する損害賠償請求権が失われるのは、右保険給付が損害の填補の性質をも有する以上、政府が現実に保険金を給付して損害を填補したときに限られ、いまだ現実の給付がない以上、たとえ将来にわたり継続して給付されることが確定していても、受給権者は使用者に対し損害賠償の請求をするにあたり、このような将来の給付額を損害賠償債権額から控除することを要しないと解するのが、相当である（最高裁昭和50年㈹第431号同52年5月27日第三小法廷判決（民集31巻3号427頁登載予定）（〔仁田原事件〕参照）。」

エ　上記の最高裁判例によれば、将来の労災保険給付額は事業主の損害賠償から控除されないため、事業主の損害賠償がされた後に、将来の労災保険給付が支給されると、同一の事由についての重複填補となり不都合な結果となるため、このような事態の発生を防止するために、労災保険法附則64条1項の支給調整規定が設けられたものである。

オ　また、最一小判平成元・4・27民集43巻4号278頁〔27804306〕（三共自動車事件）は、「労災保険法に基づく保険給付は、業務上の事由又は通勤による労働者の負傷、疾病、障害又は死亡に対して迅速かつ公平な保護をすること等を目的としてされるものであり（労災保険法1条）、労働者が失った賃金等請求権を損害として、これを填補すること自体を目的とする損害賠償とは、制度の趣旨、目的を異にするものであるから、労災保険法に基づく給付をもって賠償された損害に代わる権利ということはできない。したがって、労働者の業務上の災害に関して損害賠

131

第1編　第6　第三者行為災害・事業主責任災害と労災保険給付との支給調整

償債務を負担した使用者は、右債務を履行しても、賠償された損害に対応する労災保険法に基づく給付請求権を代位取得することはできないと解することが相当である。」旨を説示して、労働者の業務上の災害に関して損害賠償債務を履行した使用者は、賠償された損害に対応する労災保険法に基づく保険給付請求権を代位取得しない旨を明らかにしている。

(2)　事業主側の支給調整の対象となる損害賠償

ア　支給調整対象となる損害賠償

　　被災労働者又は遺族が事業主に対して労働災害に関する損害賠償請求権を取得している場合の損害賠償が支給調整の対象となる。損害賠償責任は、民法415条の安全配慮義務違反による債務不履行責任、同法709条の不法行為責任、同法715条の不法行為の使用者責任、自賠法3条の運行供用者責任などが基礎となることが一般的である。

イ　支給調整の対象となる損害賠償の範囲

　　事業主のする損害賠償のうち、労災保険給付との支給調整が行われる対象は、年金給付によって塡補される損害を塡補する部分に限定される。したがって、労災年金の塡補対象となる部分を超える上積み分の損害賠償部分は、労災年金に対応する部分が存在しないため、支給調整の対象とはならない。また、既に支給された労災年金については、損害塡補の性質を有し、損害賠償額から控除されることとなるため、既支給の年金給付によって既に塡補済みの損害賠償部分は、支給調整対象となる逸失利益額には含まれないこととなり、支給調整の対象とはならない。

(3)　事業主側の支給調整（履行猶予）

ア　損害賠償の履行猶予の意義

　　損害賠償の履行猶予とは、即時に一括して賠償する義務のある債務を、一定の期間にわたり先延ばしにすることであり、事業主に履行猶予の抗弁権が付与されているものである（労災保険法附則64条1項1号。損害賠償債務の履行猶予）。したがって、事業主がこの利益を受けるた

132

めには、この抗弁権を訴訟外又は訴訟上で主張・援用しなければならず、主張・援用しないときには、履行猶予の利益は得られないこととなる。

イ　履行猶予の期間

　　事業主が履行の猶予を認められるのは、年金給付の受給権が存続している間に限られるので、受給権が消滅したときには、直ちに履行の猶予がされていた損害賠償の履行期が到来することになる。

　　年金受給権の消滅は、障害（補償）等年金の場合には、受給権者につき、①　死亡したとき、②　障害の程度が軽快し障害等級第8級以下となったとき、③　傷病が再発したときなどであり、遺族（補償）等年金の場合には、受給権者である遺族につき、①　死亡したとき、②　婚姻をしたとき、③　直系血族又は直系姻族以外の者の養子となったとき、④　離縁によって死亡労働者との親族関係が終わったとき、⑤　子・孫・兄弟姉妹が18歳になったとき（ただし、被災労働者の死亡のときから継続して一定の障害状態のままであるときは、受給権は消滅しない。）、⑥　一定の障害状態を理由に受給権者となった者の障害の状態がなくなったとき、などである。

ウ　履行猶予の額

　　履行猶予の額については、労災保険法附則64条1項1号に、「その損害の発生時から当該年金給付に係る前払一時金給付を受けるべき時までのその損害の発生時における法定利率により計算される額を合算した場合における当該合算した額が当該前払一時金給付の最高限度額に相当する額となるべき額（次号の規定により損害賠償の責めを免れたときは、その免れた額を控除した額）の限度で、その損害賠償の履行をしないことができる。」旨が定められている。

　　ここにいう「損害の発生時」とは、労働災害の発生時点であり、「前払一時金給付を受けるべき時」とは、支給要件を満たした請求に基づき前払一時金の受領が可能となる最初の時点であり、「その損害の発生時における法定利率」とは、民法404条所定の「利息を生ずべき債権について別段の意思表示がないときは、その利率は、その利息が生じた最初

第1編　第6　第三者行為災害・事業主責任災害と労災保険給付との支給調整

の時点における法定利率」である（法定利率は令和2年4月1日から3年ごとに見直す変動制となっており、令和5年4月1日から令和8年3月31日までの法定利率は年3％とされている。）。なお、障害等級に応じた障害補償年金前払一時金の額は、労災保険法施行規則附則24項に、遺族補償年金前払一時金の額は、労災保険法施行規則附則31項に、それぞれ規定されている。

　　以上によれば、履行猶予の額は、次のとおりとなる。
（計算式：その1）
　　履行猶予の額〔X〕＝前払一時金最高限度額〔A〕－履行猶予額につき損害発生時から前払一時金を受けるべき時までのその損害の発生時における法定利率により計算される額〔Y〕
（計算式：その2）
　　Y＝X×法定利率〔B〕×損害発生時から前払一時金を受けるべき時までの期間〔C〕
（計算式：その3）
　　∴　X＝A÷（1＋B×C）

　エ　履行猶予の効果
　　事業主は、履行猶予の主張・援用をして、履行猶予の抗弁権が認められると、履行猶予額の限度で損害賠償義務の履行が一定の期間にわたり延期される効果を生じることとなる。
　　ただし、履行猶予期間中は損害賠償債務の履行期が延期されるというにすぎないので、被災労働者の死亡により障害（補償）年金等の受給権が消滅するなどして履行猶予期間が経過したりすれば、履行期が到来し、損害賠償債務の現実の履行をしなければならないこととなる。

(4)　事業主側の支給調整（免責）
　ア　損害賠償義務の免責
　　履行猶予がされている場合に、労災保険給付が現実に支給されたときは、その給付額を損害発生時の評価額に引き直した額につき損害賠償責

3　事業主責任災害と事業主側の支給調整

任が順次免除され、これに伴って履行猶予額は反対に順次減少していくことになるので、履行猶予されていた損害賠償債務は、これに相当する年金給付等が現実に支給されたときには、全部消滅することとなる。

　ただし、年金給付の受給権者の死亡その他の理由により受給権が消滅して履行猶予の利益が消滅したときには、直ちに履行の猶予がされていた損害賠償の履行期が到来することになるので、その時点で免責されていない損害賠償債務の全額を直ちに履行しなければならない。

イ　免責の額

　免責の額については、労災保険法附則64条１項２号に、「その損害の発生時から当該支給が行われた時までのその損害の発生時における法定利率により計算される額を合算した場合における当該合算した額が当該年金給付又は前払一時金給付の額となるべき額の限度で、その損害賠償の責めを免れる。」旨が定められている。

　ここにいう「その損害の発生時から当該支給が行われた時までのその損害の発生時における法定利率により計算される額」とは、現実に支給されて受領した年金給付又は前払一時金給付の額につき、損害の発生時における法定利率によって、損害発生時からその受領の時点までの中間利息を算定した額であり、この算定された中間利息額を、受領した年金給付又は前払一時金給付の額から控除して、損害発生時の評価額に引き直した額が免除されることとなる。

　以上によれば、免除の額は、次のとおりとなる。

（計算式：その１）

　損害の発生時から年金等の支給が行われた時までのその損害の発生時における法定利率により計算される額〔Y〕＝免責額〔X〕×法定利率〔B〕×損害発生時から年金等の支給が行われた時までの期間〔C〕

（計算式：その２）

　X＝年金又は前払一時金の支給額〔A〕－Y

（計算式：その３）

　∴　X＝A÷（１＋B×C）

135

第1編　第6　第三者行為災害・事業主責任災害と労災保険給付との支給調整

ウ　免責の効果

　　事業主は、労災保険給付が現実に支給されると、その都度、履行猶予された損害賠償債務のうち、給付額を損害発生時の評価額に引き直した額に相当する額が免責されていくので、労災保険給付により損害賠償債務が消滅するという利益を受けることになる。

第7　不服申立制度

1　労基署長が行う原処分

(1)　請求手続

　　労災保険給付の請求は、被災労働者又はその遺族が請求人となり、給付の種類ごとに定められた請求書に必要事項を記載して、被災労働者の事業場を管轄する労基署長宛てに請求書を提出して行う（労災保険法施行規則12条、13条、14条の2、15条の2、17条の2など）。令和6年4月現在で、全国に約321名の労基署長がいる。

　　なお、事業主は、保険給付を受けるべき者が、事故のため、自ら保険給付の請求その他の手続を行うことが困難である場合には、その手続を行うことができるように助力しなければならないし、保険給付を受けるべき者から保険給付を受けるために必要な証明を求められたときは、速やかに証明をしなければならないという、労災請求についての法令上の助力義務や証明協力義務を負っているところであり（労災保険法施行規則23条）、仮に事業主が請求書中の雇用関係・負傷又は発病の時刻・災害の原因及び発生状況などについて、事業主証明欄における証明を拒否したとしても、事業主が証明を拒否している旨を記載して請求を行うことが可能である。

(2)　原処分前の調査

　　事業場の所在地を管轄する労基署長は、都道府県労働局長の指揮監督を受けて、労災保険等関係事務のうち、保険給付等に関する事務を行う（労災保険法施行規則1条3項）。

　　具体的には、労基署の労災担当調査官が、請求人・事業主・関係者・主治医などに対する独自の調査により、労災事故の事実関係・給与や勤務形態・傷病名や発症時期・医学的検討などを分析した調査復命書を作成し、これらに基づいて労基署長が支給・不支給の原処分を行う。

　　労基署長は、原処分を行うに当たっては、①　使用者や労働保険事務組

第1編　第7　不服申立制度

合等に対し、必要な報告、文書の提出又は出頭を命ずることや（労災保険法46条）、②　労働者や請求人に対し、必要な報告、届出、文書その他の物件の提出若しくは出頭を命じたり、保険給付の原因である事故を発生させた第三者に対して、報告等を命じたり（同法47条）、③　請求人である被災労働者に対し、指定する医師の診断を受けるべきことを命じたり（同法47条の2）、④　事業場に立ち入り、関係者に質問したり、帳簿書類その他の物件の検査をすること（同法48条1項）などができることに加え、⑤　高度な医学的検討が必要と判断される事案などについて、複数の精神科の専門医で構成される「地方労災医員協議会精神障害専門部会」から、精神障害の発病の有無、発病時期や病名、心理的負荷の強度などについての意見を聴取することもできる（令和5年9月1日付け「心理的負荷による精神障害の認定基準」第6の3〔基発0901第2号〕）。

(3)　原処分の内容

労基署長は、被災労働者等の迅速かつ公正な保護を実現するため、迅速かつ適正に原処分を行う必要があるところ、特に、精神障害事案については、長期未決事案となっているものも散見されるため、処理期間を6箇月以内に短縮できるよう、認定基準等に基づく調査及び業務上外の判断を迅速・適正に行うことに留意すべきである旨の厚生労働省労働基準局労災補償部長通知が発出されている（平成25年2月26日付け「労災補償業務の運営に当たって留意すべき事項について」〔基労発0226第1号〕）。

ア　支給処分

労基署長は、業務災害に関する保険給付の請求に理由がある場合には、療養補償給付のほか、休業補償給付、障害補償給付、遺族補償給付、傷病補償年金などの支給決定を行う（労災保険法12条の8第1項）。そして、後者の支給決定に際しては、給付額及びこれを算定する基礎となる平均賃金に相当する給付基礎日額も明示することになる（休業補償給付につき同法14条1項、障害補償給付につき同法15条2項、遺族補償給付につき同法16条の3第1項、傷病補償年金につき同法18条1項）。

イ　不支給処分

138

労基署長は、業務災害に関する保険給付の請求に理由がない場合には、不支給の決定を行う。

(4) 原処分の通知

労基署長は、保険給付に関する処分を行ったときは、遅滞なく、文書で、その内容を請求人に通知しなければならない（労災保険法施行規則19条1項）。

なお、労基署長からの支給処分や不支給処分の通知書には、一般的に、処分の根拠となった理由は極めて簡潔にしか記載がされていないことが多く、その詳細な内容を知ることはできない。そこで、平成23年3月25日付け厚生労働省労働基準局労災補償部長通知「今後における労災保険の窓口業務等の改善の取組について」〔基労発0325第2号〕により、脳・心臓疾患事案、精神障害等事案及び長期未決事案（請求書受付後6箇月を経過したもの（「第三者行為災害事案」を除く。）をいう。）の不支給決定を行った場合には、当該不支給決定に対する請求者の納得性を高めるため、支給要件の概要、当該不支給決定理由のポイント、審査請求手続等について、請求者に対する分かりやすい説明をして適切に対応すべきことが指示されている。

2 労働者災害補償保険審査官への不服申立て

(1) 審査官への審査請求

労基署長のした原処分に不服がある場合には、原処分をした労基署長の所在地を管轄する都道府県労働局に置かれた労働者災害補償保険審査官（以下「審査官」という。）に対し、審査請求をすることにより、原処分の取消し又は変更を求めて争うことができる（労災保険法38条1項、官会法7条1項）。

審査請求の具体的な申立ては、文書又は口頭により（官会法9条）、審査請求人の住所又は居所を管轄する労基署長又は原処分をした労基署長を経由してすることができ（官会法施行令3条1項）、文書により行う場合には、審査請求書に、原処分のあったことを知った年月日、審査請求の趣

第1編　第7　不服申立制度

旨、審査請求の理由、原処分をした労基署長による教示の有無及びその内容、審査請求の年月日等を記載しなければならない（官会法施行令4条1項）。

審査請求の手続は、行政不服審査法の特別法である官会法に従って行われる（労災保険法39条。官会法の手続規定と重複することとなる行政不服審査法第2章及び第4章の適用除外）。

(2)　審査請求の期間

審査請求の不服申立ては、審査請求人が原処分のあったことを知った日の翌日から起算して3箇月を経過したときは、することができない。ただし、正当な理由によりこの期間内に審査請求をすることができなかったことを疎明したときは、この限りではない（官会法8条1項）。

上記の「原処分のあったことを知った日」とは、書類の交付、口頭の告知その他の方法により、原処分がされたことを現実に知った日を指すのであり、抽象的な知り得べかりし日を意味するものではないが（最一小判昭和27・11・20民集6巻10号1038頁〔27003374〕）、原処分の決定書が郵便により配達された場合のように、原処分が社会通念上審査請求人の知り得べき状態に置かれたときには、特段の事情のない限り、配達を受けた日に原処分を知ったものということができる（最二小判昭和27・4・25民集6巻4号462頁〔27003410〕）。

なお、審査請求書を郵便等で提出する場合、審査請求期間の計算について、送付に要した日数は、算入されないので（官会法8条2項）、原処分を知った日の翌日から起算して3箇月以内に発信していれば、期間は遵守されていることとなる。

ところで、原処分庁は、審査請求をすることができる原処分をした場合には、処分の相手方である請求人に対し、当該処分につき不服申立てをすることができる旨並びに不服申立てをすべき行政庁及び不服申立てをすることができる期間を書面で教示しなければならないところ（行政不服審査法82条1項）、原処分庁が誤って、法定の期間よりも長い期間を審査請求の期間として教示した場合に、その期間内に審査請求がされたときは、法

140

2 労働者災害補償保険審査官への不服申立て

定の期間内に審査請求がされたものとみなされるし、また、原処分庁が審
査請求期間の教示をしなかった場合に、原処分庁に不服申立書の提出がさ
れたときも、初めから原処分庁に審査請求の不服申立てがされたものとみ
なされる（同法83条1項・4項）。

(3) 審査請求の内容

労災保険給付の請求に対し、不支給の原処分がされた場合には、請求人
は、当然に審査請求の申立てをすることができる。

また、支給する旨の原処分がされたとしても、原処分に不服がある次の
ような場合には、審査請求の申立てをすることができる。

① 障害補償給付の請求をして、後遺障害等級が認定され、その等級に基
づく支給決定がされたが、その等級に不服があり、より高度の等級の後
遺障害の認定を求めようとする場合

② 休業補償給付の請求をして、請求期間のうちの一部については支給決
定がされたが、その余の期間については棄却の原処分がされて、その棄
却部分の取消しを求めようとする場合

③ 支給する旨の原処分がされたが、給付額及びこれを算定する基礎とな
る平均賃金に相当する給付基礎日額に不服があり、より高い給付額及び
給付基礎日額の認定を求めようとする場合（休業補償給付につき労災保
険法14条1項、障害補償給付につき同法15条2項、遺族補償年金につき
同法16条の3第1項、傷病補償年金につき同法18条1項）。

(4) 審理期日における質問権の行使

審査官は、審査請求人の申立てがあったときは、期日及び場所を指定
し、審査請求人に口頭で意見を述べる機会を与えなければならない。

なお、審査官は、原処分をした労基署長から不支給決定の理由等を記載
した意見書を提出させて審理を行っており（官会法13条2項）、審査請求
事務のより一層公正かつ迅速な処理の確保を図るため、その意見書を事前
に審査請求人に提示し、労基署長の処分理由を明確にした上で審理を行う
こととしている。

そして、審査請求人は、口頭意見陳述に際し、審査官の許可を得て、審

141

第1編　第7　不服申立制度

査請求に係る事件に関し、原処分をした労基署長に対して、労基署長が提
出した意見書の内容などにつき、質問を発することができる（官会法13条
の3第4項）。この質問権は、「行政不服審査法の施行に伴う関係法律の整
備等に関する法律」（平成26年6月13日法律第69号。平成26年6月6日成
立、平成26年6月13日公布、平成28年4月1日施行）により、官会法が改
正されたことにより導入され新設された制度であり、平成28年4月1日か
ら施行されており、審査請求人は、労基署長が提出した原処分についての
意見書の内容などにつき、労基署長に対し、口頭審理において質問をする
ことができることとなった。

(5)　審査官の決定
　ア　却下決定
　　審査官は、審査請求が不適法であってその欠陥が補正することができ
ないものであるときは、決定をもって、これを却下しなければならない
（官会法10条）。欠陥が補正できない場合とは、審査請求が不服申立期間
を経過してされた場合、審査請求の対象である原処分が存在しない場
合、審査請求人が審査請求をする申立適格を有しない場合などであり、
これらの場合には、補正命令を発することなく、却下の決定をすること
となる。
　　これに対し、審査請求が不適法であるが、その欠陥が補正することが
できるものであるときは、その不適法が軽微なものであるものを除き、
審査官は、相当の期間を定めて、補正すべきことを命じるが、審査請求
人がその期間内に欠陥を補正しないときは、決定をもって、審査請求を
却下することができる（官会法11条2項）。
　イ　本案決定
　　審査官は、審理を終えたときは、遅滞なく、審査請求の対象である原
処分の全部若しくは一部を取り消す決定又は審査請求の全部若しくは一
部を棄却する決定をしなければならない（官会法18条）。
　　原処分の全部の取消決定は、原処分の全部が違法であるときに行われ
る決定である。

142

審査請求の全部棄却決定は、原処分の全部に取り消すべき違法性がないとして、原処分の全部を是認し、審査請求は理由がないときに行われる本案に関する決定である。

　審査請求の一部取消し・その余の部分の棄却の決定は、原処分の一部に取り消すべき違法性があるが、その余の部分には違法性がないとして、原処分の一部を取り消し、その余の部分を棄却する決定であり、原処分が請求期間や認容金額等の点において分割できる場合に行うことができる。

　なお、審査官は、審査請求人が、正当な理由がなく、官会法15条1項所定の審理のための処分としての、出頭を求めての審問、文書その他の物件の提出、立入検査、医師による受診などを拒否した場合には、審査請求を棄却することができる（同条5項）。

ウ　不利益変更禁止の原則

　審査官は、審査請求に対する決定において、審査請求人にとって、原処分よりも不利益に変更することは許されない（行政不服審査法48条）。すなわち、原処分で認められた障害等級をより低いものに変更したり、給付基礎日額をより低額に変更したりすることは許されない。

エ　決定の効力

　審査官の審査請求に対する決定は、審査請求の結果について利害関係のある行政庁その他の第三者を拘束する効力を有する（官会法21条）。

3　労働保険審査会への不服申立て

(1)　労働保険審査会への再審査請求

　審査官のした決定に不服がある場合には、原処分をした労基署長を相手方として、厚生労働大臣の所轄の下に置かれた労働保険審査会（以下「審査会」という。）に対し、再審査請求をすることにより、原処分の取消し又は変更を求めて争うことができる（労災保険法38条1項、官会法25条1項、38条3項）。

　再審査請求は、審査請求の全部又は一部が棄却された場合にすることができる。その場合の再審査請求において取消し又は変更を求める対象は、

第1編　第7　不服申立制度

審査官の決定ではなく、決定において棄却された部分に係る労基署長がした原処分である。

　再審査請求の具体的な申立ては、文書により（官会法39条）、再審査請求人の住所又は居所を管轄する労基署長、原処分をした労基署長又は決定をした審査官（労災保険法38条2項による決定を経ない再審査請求の場合には、審査請求がされている審査官）を経由してすることができ（官会法施行令23条2項）、再審査請求書に、原処分のあったことを知った年月日、決定書の謄本の送達を受けた年月日、再審査請求の趣旨、再審査請求の理由、決定をした審査官の教示の有無及びその内容、再審査請求の年月日、決定を経ない再審査請求の場合には審査請求をした年月日等を記載しなければならない（官会法施行令24条1項）。

　再審査請求の手続は、行政不服審査法の特別法である官会法に従って行われる（労災保険法39条。官会法の手続規定と重複することとなる行政不服審査法第2章及び第4章の適用除外）。

(2)　再審査請求の期間

　再審査請求の不服申立ては、審査請求に対する決定書の謄本が送達された日の翌日から起算して2箇月を経過したときは、することができない。ただし、正当な理由によりこの期間内に再審査請求をすることができなかったことを疎明したときは、この限りではない（官会法38条1項・2項）。

　なお、再審査請求書を郵便等で提出する場合、再審査請求期間の計算について、送付に要した日数は、算入されないので（同法8条2項、38条2項）、決定書の謄本が送達された日の翌日から起算して2箇月以内に発信していれば、期間は遵守されていることとなる。

(3)　決定を経ない再審査請求の申立て

　審査請求をした者は、審査請求をした日から3箇月を経過しても審査請求について審査官の決定がされないときは、審査官が審査請求を棄却したものとみなし、審査会に再審査請求をすることができる（労災保険法38条2項）。

　審査請求をした日とは、審査請求が適法なものとして受理された日であ

144

り、審査請求書に不備があり、補正命令に基づいて補正がされた後に正式に受理がされた場合には、その補正後の受理日となる。

この受理日の翌日から起算して3箇月を経過しても、決定書の謄本が送達されていないときには、審査請求人は、審査請求が棄却されたものとみなして、再審査請求をすることができる。

そして、この場合の再審査請求がされたときには、当該再審査請求がされた審査請求は、取り下げられたものとみなして、審査請求の手続は終了することとなる（官会法17条の2第3項）。

ただし、審査請求人が決定を経ない再審査請求の申立てをした日以前に、審査官が既に審査請求に係る原処分の全部又は一部を取り消す旨の決定書の謄本を発している場合には、審査請求を認容する決定部分はその効力を認める方が相当であるので、原処分の全部又は一部を取り消す旨の決定部分については、申立てに係る再審査請求を取り下げたものとみなし、再審査請求の手続を終了させることとされている（同法49条3項）。

(4) 審理期日における質問権の行使

審査会は、再審査請求人に対し、審理の期日及び場所を定めて通知し、審理期日において、再審査請求人に口頭で意見を述べ又は意見書を提出する機会を与えなければならない（官会法42条、45条1項・2項）。

そして、再審査請求人は、口頭意見陳述に際し、審査長の許可を得て、再審査請求に係る事件に関し、原処分をした労基署長に対して、労基署長が提出した意見書や調査復命書の内容などにつき、質問を発することができる（官会法45条5項）。この質問権は、平成28年4月1日から施行されており、再審査請求人は、労基署長が提出した原処分についての意見書の内容などにつき（ただし、審査官が決定書に記載している審査官独自の認定判断に関する部分についての質問権の行使は認められない。）、労基署長に対し、口頭審理において質問をすることができることとなった。

(5) 審査会の裁決

審査会は、審理を終えたときは、遅滞なく、再審査請求の対象である原処分の全部若しくは一部を取り消す裁決又は再審査請求の全部若しくは一

第1編　第7　不服申立制度

部を棄却する裁決をしなければならない（官会法18条、50条）。

　審査会は、再審査請求に対する裁決において、再審査請求人にとって、原処分よりも不利益に変更することは許されない（行政不服審査法66条1項）。

　なお、審査会の再審査請求に対する裁決は、再審査請求の結果について利害関係のある行政庁その他の第三者を拘束する効力を有する（官会法21条、50条）。

4　地方裁判所への訴え提起

(1)　地方裁判所への取消訴訟の提起

ア　原処分の取消訴訟

　労災保険給付の請求につき、審査請求や再審査請求をしたが、請求の全部又は一部が棄却され、不服がある場合には、地方裁判所に訴えを提起することにより、原処分の取消し又は変更を求めて争うことができる（労災保険法38条1項、官会法25条1項、38条3項）。

　この場合、取消訴訟において取消し又は変更を求める対象は、審査請求に対して審査官がした決定や再審査請求に対して審査会がした裁決ではなく、労災保険給付の請求に対して労基署長がした原処分である。

　また、原処分の取消訴訟の被告は、原処分をした行政庁である労基署長は国に所属するので、原処分をした労基署長の所属する国が取消訴訟の被告となる（行訴法11条1項1号）。

イ　裁決の取消訴訟

　審査会のした裁決の取消訴訟においては、裁決の手続上の違法その他裁決固有の違法のみを取消事由として主張することが許され、原処分の違法は取消事由として主張することは許されない（行訴法10条2項）。裁決の取消訴訟の被告は、裁決をした行政庁である審査会は国に所属するので、裁決をした審査会の所属する国が取消訴訟の被告となる（同法11条1項2号）。

146

4 地方裁判所への訴え提起

(2) 取消訴訟を提起できる場合と出訴期間

ア 審査官の決定後の原処分の取消訴訟の提起

審査請求人は、審査請求に対して審査官がした決定に不服がある場合には、決定書の謄本が送達された日の翌日から起算して6箇月を経過するまで、又は、決定の日から1年を経過するまでは、取消訴訟を提起することができる。ただし、これらの期間を経過した場合でも、正当な理由によりこの期間内に取消訴訟を提起することができなかったことを疎明したときは、この限りではない（行訴法14条1項・2項）。

なお、取消訴訟は、原処分についての審査請求に対する審査官の決定を経た後でなければ、提起することができない（審査請求の前置。労災保険法40条）。

そのため、審査官が速やかに決定をする場合は問題がないが、審査請求をした日から3箇月を経過しても審査請求について審査官の決定がされないときは、審査官が審査請求を棄却したものとみなし、取消訴訟を提起することができることとされている（労災保険法38条2項）。

イ 審査会の裁決後の原処分の取消訴訟の提起

再審査請求人は、再審査請求に対して審査会がした裁決に不服がある場合には、裁決書の謄本が送達された日の翌日から起算して6箇月を経過するまで、又は、裁決の日から1年を経過するまでは、取消訴訟を提起することができる。ただし、これらの期間を経過した場合でも、正当な理由によりこの期間内に取消訴訟を提起することができなかったことを疎明したときは、この限りではない（行訴法14条1項・2項）。

(3) 管　　轄

原処分に対する取消訴訟は、①　被告である国の普通裁判籍の所在地を管轄する東京地方裁判所（行訴法12条1項）、②　原処分をした労基署長の所在地を管轄する地方裁判所（同項）、③　国を被告とする取消訴訟において、原告である労災保険給付の請求人の普通裁判籍の所在地を管轄する高等裁判所の所在地を管轄する地方裁判所（同条4項）などに管轄があり、これらの地方裁判所に提起することができる。

147

第1編　第7　不服申立制度

(4)　取消訴訟における主張立証責任と判決

　　原処分に対する取消訴訟において、原処分の違法性の主張、すなわち、労働者性、発病の存在、業務遂行性、業務起因性、休業補償給付における就労不能、障害補償給付における障害の残存などの支給要件の存在については、労災保険給付の請求人に、その主張立証の責任がある。

　　裁判所は、これらの要件の存否につき、労災認定基準や関係通達などを参考にして、原処分の当否につき、総合的に検討して、請求認容（原処分の全部又は一部の取消し）、又は、請求棄却の判決をする。原処分を取り消す旨の判決は、原処分をした労基署長に対する拘束力を有するので（行訴法33条1項）、労基署長は、その判決に従って、新たな原処分をすることが義務付けられる。

第8 審理事件数の統計

※厚生労働省の「過労死等の労災補償状況」、厚生労働省労働基準局・補償課・労災保険審理室の「審査関係統計表」、労働保険審査会の「労働保険再審査関係統計表」などの資料による。

1 労働基準監督署長の原処分における労災保険給付請求の認容率

(1) 原処分を担当する監督署長は、全国に321人がいる（321監督署と4支署。東京労働局管内は18人）。

　　なお、労働基準監督官は、全国に、約3000名いて、新採用は年約250名で、臨検・帳簿書類の提出要求・尋問等を行う権限を有し（労基法101条1項）、法律違反の罪につき司法警察員の職務を行う権限を有する（同法102条）。

(2) 労災保険給付請求に対する認容率（全国）は、精神事案が約31％〜36％、脳・心臓疾患事案が約29％〜38％である。

(3) 請求棄却の原処分に対する不服申立率（全国）は、精神事案が約30％〜35％、脳・心臓疾患事案が約20％である。

(4) 全国の労基署長の精神障害事案の労災補償状況〔（　）内は、自殺案件〕

	平成28年	平成29年	平成30年	令和元年	令和2年	令和3年	令和4年
請求件数	1586 (198)	1732 (221)	1820 (200)	2060 (202)	2051 (155)	2346 (171)	2683 (183)
決定件数	1355 (176)	1545 (208)	1461 (199)	1586 (185)	1906 (179)	1953 (167)	1986 (155)
認容件数	498 (84)	506 (98)	465 (76)	509 (88)	608 (81)	629 (79)	710 (67)
認容率%	36.8 (47.7)	32.8 (47.1)	31.8 (38.2)	32.1 (47.6)	31.9 (45.3)	32.2 (47.3)	35.8 (43.2)

(5) 全国の労基署長の脳・心臓疾患事案の労災補償状況〔（　）内は、死亡案件〕

	平成28年	平成29年	平成30年	令和元年	令和2年	令和3年	令和4年
請求件数	825 (261)	840 (241)	877 (254)	936 (253)	784 (205)	753 (173)	803 (218)
決定件数	680 (253)	664 (236)	689 (217)	684 (238)	665 (211)	525 (169)	509 (139)

第1編　第8　審理事件数の統計

認容件数	260 (107)	253 (92)	238 (82)	216 (86)	194 (67)	172 (57)	194 (54)
認容率％	38.2 (42.3)	38.1 (39.0)	34.5 (37.8)	31.6 (36.1)	29.2 (31.8)	32.8 (33.7)	38.1 (38.8)

2　労働保険審査官の審査請求決定における原処分の取消率

(1)　審査請求を担当する労働局所属の審査官は、全国に約100人がいる（うち、東京労働局は16人。都道府県労働局は47局）。

(2)　審査請求に対する取消率（全国）は、全体で約10％～11％であり、うち精神事案が約1％～3％、脳心事案が約3％～12％である。

(3)　請求棄却の決定に対する不服申立率（全国）は、精神事案が約30％～35％、脳・心臓疾患事案が約20％である。

(4)　全国の審査官の審査請求事件の労災補償状況

	平成28年	平成29年	平成30年	令和元年	令和2年	令和3年	令和4年
請求件数	1823	1964	2021	2160	2201	2152	2060
決定件数	1543	1575	1707	1725	1858	1934	1861
取消件数	170	159	188	185	193	231	195
（精神） （脳心）	4/305 10/81	5/320 4/112	11/353 6/95	7/370 3/82	12/393 3/97	11/441 9/83	7/443 4/59
取消率％	11.0	10.1	11.0	10.7	10.4	11.9	10.5
（精神％） （脳心％）	1.3 12.4	1.6 3.6	3.1 6.3	1.9 3.7	3.1 3.1	2.5 10.8	1.6 6.8

3　労働保険審査会の再審査請求裁決における審査官棄却決定の取消率

(1)　再審査請求に対する取消率は、全体で約5％であり、日額関係事案の取消率が高い傾向にある。

(2)　請求棄却の裁決に対する取消訴訟の提起率は、全体で約20％である（年間約500件の棄却裁決に対し、約100件の取消訴訟が提起されている状況にある。）。

(3) 再審査請求事件の労災補償状況

	平成28年	平成29年	平成30年	令和元年	令和2年	令和3年	令和4年
請求件数	507	463	483	531	511	559	519
裁決件数	673	387	441	442	556	557	562
うち業務上外	375	226	281	280	346	335	360
取消件数	30	20	11	29	26	29	13
取消率%	4.5	5.2	2.5	6.6	4.7	5.2	2.3
（取消内訳） 業務上外 障害等級 日額 通勤災害	16/375 1/103 9/27 3/33	9/226 3/65 7/18 1/10	9/281 0/57 1/21 0/8	15/280 1/51 6/28 0/12	13/346 1/70 6/28 2/10	18/335 1/72 5/27 0/17	5/360 0/78 6/16 0/8

4　地方裁判所の取消訴訟の判決（全国）における原処分の取消率

⑴　請求人が原告、国が被告（労基署長は国の行政機関であるから、国が被告となり、その代表者は法務大臣となる。行訴法11条1項1号）。

⑵　取消訴訟の対象は、労基署長のした原処分であり、審査請求における審査官決定や再審査請求における審査会裁決ではない。

⑶　取消訴訟においては、取消しの理由である支給要件（労働者性・業務遂行性・業務起因性など）につき、取消しを求める原告・請求人側に、その主張・立証の責任がある。

⑷　取消訴訟全体における取消率（国敗訴率）は約3％〜15％、精神障害事案における取消率は約2％〜16％、脳・心臓疾患事案における取消率は約0％〜18％である。

ア　全体

	平成28年	平成29年	平成30年	令和元年	令和2年	令和3年	令和4年
提訴件数	110	108	100	96	115	136	157
係争件数	233	271	257	250	288	310	339
判決件数	184	135	166	163	112	172	196
国勝訴	166	131	156	149	99	146	180
国敗訴	18	4	10	14	13	26	16
勝訴率%	90.2	97.0	94.0	91.4	88.4	84.9	91.8
敗訴率%	9.8	3.0	6.0	8.6	11.6	15.1	8.2

第 1 編　第 8　審理事件数の統計

イ　精神障害事案

	平成28年	平成29年	平成30年	令和元年	令和 2 年	令和 3 年	令和 4 年
提訴件数	46	35	39	30	44	58	52
係争件数	99	110	113	104	113	122	132
判決件数	70	52	57	69	49	72	75
国勝訴	64	51	53	64	41	64	71
国敗訴	6	1	4	5	8	8	4
勝訴率%	91.4	98.1	93.0	92.8	83.7	88.9	94.7
敗訴率%	8.6	1.9	7.0	7.2	16.3	11.1	5.3

ウ　脳・心臓疾患事案

	平成28年	平成29年	平成30年	令和元年	令和 2 年	令和 3 年	令和 4 年
提訴件数	13	10	8	10	11	18	9
係争件数	29	25	26	26	31	40	41
判決件数	27	19	11	11	11	12	23
国勝訴	23	17	11	9	10	10	23
国敗訴	4	2	0	2	1	2	0
勝訴率%	85.2	89.5	100.0	81.8	90.9	83.3	100.0
敗訴率%	14.8	10.5	0.0	18.2	9.1	16.7	0.0

第9　特定事業主の労災支給処分に対する原告適格

1　問題の所在

(1)　メリット制

　　労働保険徴収法12条3項には、メリット制について、要旨、次のような定めがされている。すなわち、メリット制とは、一定規模以上の事業の事業主（100人以上の労働者を使用する事業主など。以下「特定事業主」という。）の事業場における業務災害の発生率に応じて、労災保険率又は労働保険料額を増減させる制度であり、具体的には、労災保険率（保険料額）を、その事業場において発生した業務災害の多寡により算出したメリット収支率（連続する3保険年度中の業務災害に対して支払われた保険給付等の額÷〔連続する3保険年度中の確定保険料額×第1種調整率〕×100）に応じて、±40％の範囲内で増減させ、基準となる3月31日の属する保険年度の次々年度において当該事業に適用する労災保険率とする制度である。

(2)　メリット制による特定事業主の不利益の程度

　　特定事業主の事業につき、労災保険給付支給決定（以下「労災支給処分」という。）がされると、当該処分に係る保険給付額の増加に応じてメリット収支率が上昇し、これに伴い、特定事業主のメリット増減率（16段階のメリット収支率に応じて、マイナス40％～プラス40％の範囲内で算出される。労働保険徴収法施行規則20条、別表第3）が上昇する可能性があり、その場合、次々年度以降の労働保険料に当該メリット増減率が適用されれば、特定事業主の労働保険料額が増加するおそれがあることは否定できないものと考えられる。

(3)　問題点

　　そこで、労災保険審理における最近の重要課題として、メリット制をめぐり、労災支給処分の名宛人以外の第三者である特定事業主は、労働保険

153

第1編　第9　特定事業主の労災支給処分に対する原告適格

料額の増加を防ぐ目的で、労災支給処分がされた段階で、労災支給処分の取消しを求めて、不服申立てや提訴ができるかという法律問題がある（原告適格問題）。

2　不服申立てに関する規定

(1)　原処分に対する審査請求

　ア　官会法7条1項

「労働者災害補償保険法第38条第1項の規定による審査請求及び雇用保険法第69条第1項の規定による審査請求は、原処分をした行政庁の所在地を管轄する都道府県労働局に置かれた審査官に対してするものとする。」

　イ　官会法8条1項本文

「審査請求は、審査請求人が原処分のあつたことを知つた日の翌日から起算して3月を経過したときは、することができない。」

　ウ　労災保険法38条1項

「保険給付に関する決定に不服のある者は、労働者災害補償保険審査官に対して審査請求をし、その決定に不服のある者は、労働保険審査会に対して再審査請求をすることができる。」

(2)　審査官の決定に対する再審査請求

　ア　官会法38条1項

「労働者災害補償保険法第38条第1項又は雇用保険法第69条第1項の規定による再審査請求は、第20条の規定により決定書の謄本が送付された日の翌日から起算して2月を経過したときは、することができない。」

　イ　労災保険法38条1項

「保険給付に関する決定に不服のある者は、労働者災害補償保険審査官に対して審査請求をし、その決定に不服のある者は、労働保険審査会に対して再審査請求をすることができる。」

　ウ　労災保険法38条2項

「前項の審査請求をしている者は、審査請求をした日から3箇月を経過

しても審査請求についての決定がないときは、労働者災害補償保険審査官が審査請求を棄却したものとみなすことができる。」

エ　労災保険法40条（審査請求の前置）

「第38条第1項に規定する処分の取消しの訴えは、当該処分についての審査請求に対する労働者災害補償保険審査官の決定を経た後でなければ、提起することができない。」

(3)　審査会の裁決に対する取消訴訟

ア　行訴法9条1項

「処分の取消しの訴え及び裁決の取消しの訴え（以下「取消訴訟」という。）は、当該処分又は裁決の取消しを求めるにつき法律上の利益を有する者（処分又は裁決の効果が期間の経過その他の理由によりなくなった後においてもなお処分又は裁決の取消しによって回復すべき法律上の利益を有する者を含む。）に限り、提起することができる。」

イ　行訴法9条2項

「裁判所は、処分又は裁決の相手方以外の者について前項に規定する法律上の利益の有無を判断するに当たっては、当該処分又は裁決の根拠となる法令の規定の文言のみによることなく、当該法令の趣旨及び目的並びに当該処分において考慮されるべき利益の内容及び性質を考慮するものとする。この場合において、当該法令の趣旨及び目的を考慮するに当たっては、当該法令と目的を共通にする関係法令があるときはその趣旨及び目的をも参酌するものとし、当該利益の内容及び性質を考慮するに当たっては、当該処分又は裁決がその根拠となる法令に違反してされた場合に害されることとなる利益の内容及び性質並びにこれが害される態様及び程度をも勘案するものとする。」

ウ　行訴法14条1項・2項

「1項

取消訴訟は、処分又は裁決があったことを知った日から6箇月を経過したときは、提起することができない。ただし、正当な理由があるときは、この限りでない。

第1編　第9　特定事業主の労災支給処分に対する原告適格

　2項

　　取消訴訟は、処分又は裁決の日から1年を経過したときは、提起する
　ことができない。ただし、正当な理由があるときは、この限りでな
　い。」

3　行訴法9条1項の「法律上の利益を有する者」の解釈（原告適格。法律上保護された利益説）

　　行訴法9条1項所定の、裁決の取消しを求めるにつき「法律上の利益を
有する者」の意義（原告適格）については、以下のような累次の最高裁判
例により、「処分の取消しを求める『法律上の利益を有する者』とは、当
該処分により自己の権利若しくは法律上保護された利益を侵害され、又は
必然的に侵害されるおそれのある者をいうのであり、当該処分を定めた行
政法規が、個々人の個別的利益としてもこれを保護すべきものとする趣旨
を含むと解される場合には、このような利益も法律上保護された利益に当
たる。」とされている。また、処分の相手方以外の者について上記の法律
上保護された利益の有無を判断するに当たっては、「当該処分の根拠とな
る法令の規定の文言のみによることなく、当該法令の趣旨及び目的並びに
当該処分において考慮されるべき利益の内容及び性質などを考慮すべきも
のである。」とされている。

【1】　最三小判平成26・1・28民集68巻1号49頁〔28220381〕（一般廃棄
　物処理業許可取消等、損害賠償請求事件）

　◎　処分の取消しを求める「法律上の利益を有する者」とは、当該処分
　　により自己の権利若しくは法律上保護された利益を侵害され、又は必
　　然的に侵害されるおそれのある者をいうのであり、当該処分を定めた
　　行政法規が、個々人の個別的利益としてもこれを保護すべきものとす
　　る趣旨を含むと解される場合には、このような利益も法律上保護され
　　た利益に当たる。

　　「行政事件訴訟法9条は、取消訴訟の原告適格について規定するが、
　　同条1項にいう当該処分の取消しを求めるにつき『法律上の利益を有
　　する者』とは、当該処分により自己の権利若しくは法律上保護された

利益を侵害され、又は必然的に侵害されるおそれのある者をいうので
あり、当該処分を定めた行政法規が、不特定多数者の具体的利益を専
ら一般的公益の中に吸収解消させるにとどめず、それが帰属する個々
人の個別的利益としてもこれを保護すべきものとする趣旨を含むと解
される場合には、このような利益もここにいう法律上保護された利益
に当たり、当該処分によりこれを侵害され又は必然的に侵害されるお
それのある者は、当該処分の取消訴訟における原告適格を有するもの
というべきである。そして、処分の相手方以外の者について上記の法
律上保護された利益の有無を判断するに当たっては、当該処分の根拠
となる法令の規定の文言のみによることなく、当該法令の趣旨及び目
的並びに当該処分において考慮されるべき利益の内容及び性質を考慮
し、この場合において、当該法令の趣旨及び目的を考慮するに当たっ
ては、当該法令と目的を共通にする関係法令があるときはその趣旨及
び目的をも参酌し、当該利益の内容及び性質を考慮するに当たって
は、当該処分がその根拠となる法令に違反してされた場合に害される
こととなる利益の内容及び性質並びにこれが害される態様及び程度を
も勘案すべきものである（同条 2 項、最高裁平成16年（行ヒ）第114
号同17年12月 7 日大法廷判決・民集59巻10号2645頁参照）。」

【2】 最二小判平成25・7・12判時2203号22頁〔28212267〕（差押処分取
消、国家賠償等請求事件）

◎ 処分の取消しを求める「法律上の利益を有する者」とは、当該処分
により自己の権利若しくは法律上保護された利益を侵害され又は必然
的に侵害されるおそれのある者をいう。

「行政事件訴訟法 9 条は、取消訴訟の原告適格について規定するが、
同条 1 項にいう当該処分の取消しを求めるにつき『法律上の利益を有
する者』とは、当該処分により自己の権利若しくは法律上保護された
利益を侵害され又は必然的に侵害されるおそれのある者をいうと解す
べきである（最高裁昭和49年（行ツ）第99号同53年 3 月14日第三小法
廷判決・民集32巻 2 号211頁、最高裁平成元年（行ツ）第131号同 4 年
9 月22日第三小法廷判決・民集46巻 6 号1090頁等参照）。そして、処

第1編　第9　特定事業主の労災支給処分に対する原告適格

分の名宛人以外の者が処分の法的効果による権利の制限を受ける場合には、その者は、処分の名宛人として権利の制限を受ける者と同様に、当該処分により自己の権利を侵害され又は必然的に侵害されるおそれのある者として、当該処分の取消しを求めるにつき法律上の利益を有する者に当たり、その取消訴訟における原告適格を有するものというべきである。」

【3】　最三小判平成4・9・22民集46巻6号1090頁〔25000023〕（原子炉設置許可処分無効確認等請求上告事件。もんじゅ行政訴訟上告審判決）

◎　処分の取消しを求める「法律上の利益を有する者」とは、当該処分により自己の権利若しくは法律上保護された利益を侵害され、又は必然的に侵害されるおそれのある者をいうのであり、当該処分を定めた行政法規が、個々人の個別的利益としてもこれを保護すべきものとする趣旨を含むと解される場合には、このような利益も法律上保護された利益に当たる。

「行政事件訴訟法9条は、取消訴訟の原告適格について規定するが、同条にいう当該処分の取消しを求めるにつき『法律上の利益を有する者』とは、当該処分により自己の権利若しくは法律上保護された利益を侵害され又は必然的に侵害されるおそれのある者をいうのであり、当該処分を定めた行政法規が、不特定多数者の具体的利益を専ら一般的公益の中に吸収解消させるにとどめず、それが帰属する個々人の個別的利益としてもこれを保護すべきものとする趣旨を含むと解される場合には、かかる利益も右にいう法律上保護された利益に当たり、当該処分によりこれを侵害され又は必然的に侵害されるおそれのある者は、当該処分の取消訴訟における原告適格を有するものというべきである（最高裁昭和49年（行ツ）第99号同53年3月14日第三小法廷判決・民集32巻2号211頁、最高裁昭和52年（行ツ）第56号同57年9月9日第一小法廷判決・民集36巻9号1679頁、最高裁昭和57年（行ツ）第46号平成元年2月17日第二小法廷判決・民集43巻2号56頁参照）。そして、当該行政法規が、不特定多数者の具体的利益をそれが帰属する個々人の個別的利益としても保護すべきものとする趣旨を含むか否

かは、当該行政法規の趣旨・目的、当該行政法規が当該処分を通して保護しようとしている利益の内容・性質等を考慮して判断すべきである。」

【4】 最二小判平成元・2・17民集43巻2号56頁〔27803223〕（新潟―小松―ソウル間の定期航空運送事業免許処分取消請求事件。新潟空港定期航空運送事業免許処分取消訴訟上告審判決）

◎ 処分の取消しを求める「法律上の利益を有する者」とは、当該処分により自己の権利若しくは法律上保護された利益を侵害され、又は必然的に侵害されるおそれのある者をいうのであり、当該処分を定めた行政法規が、個々人の個別的利益としてもこれを保護すべきものとする趣旨を含むと解される場合には、このような利益も法律上保護された利益に当たる。

「取消訴訟の原告適格について規定する行政事件訴訟法9条にいう当該処分の取消しを求めるにつき『法律上の利益を有する者』とは、当該処分により自己の権利若しくは法律上保護された利益を侵害され又は必然的に侵害されるおそれのある者をいうのであるが、当該処分を定めた行政法規が、不特定多数者の具体的利益をもっぱら一般的公益の中に吸収解消させるにとどめず、それが帰属する個々人の個別的利益としてもこれを保護すべきものとする趣旨を含むと解される場合には、かかる利益も右にいう法律上保護された利益に当たり、当該処分によりこれを侵害され又は必然的に侵害されるおそれのある者は、当該処分の取消訴訟における原告適格を有するということができる（最高裁昭和49年（行ツ）第99号同53年3月14日第三小法廷判決・民集32巻2号211頁、最高裁昭和52年（行ツ）第56号同57年9月9日第一小法廷判決・民集36巻9号1679頁参照）。そして、当該行政法規が、不特定多数者の具体的利益をそれが帰属する個々人の個別的利益としても保護すべきものとする趣旨を含むか否かは、当該行政法規及びそれと目的を共通する関連法規の関係規定によって形成される法体系の中において、当該処分の根拠規定が、当該処分を通して右のような個々人の個別的利益をも保護すべきものとして位置付けられているとみる

第1編　第9　特定事業主の労災支給処分に対する原告適格

ことができるかどうかによって決すべきである。」

【5】　最一小判昭和57・9・9民集36巻9号1679頁〔27000070〕（長沼ナイキ基地訴訟上告審判決。保安林解除処分取消請求上告事件）

◎　特定の法律の規定が個々人の個別的利益として保護すべきものとする趣旨を含むときは、法律の規定に違反してされた行政庁の処分の取消しを訴求する原告適格を有する。

「一般に法律が対立する利益の調整として一方の利益のために他方の利益に制約を課する場合において、それが個々の利益主体間の利害の調整を図るというよりもむしろ、一方の利益が現在及び将来における不特定多数者の顕在的又は潜在的な利益の全体を包含するものであることに鑑み、これを個別的利益を超えた抽象的・一般的な公益としてとらえ、かかる公益保護の見地からこれと対立する他方の利益に制限を課したものとみられるときには、通常、当該公益に包含される不特定多数者の個々人に帰属する具体的利益は、直接的には右法律の保護する個別的利益としての地位を有せず、いわば右の一般的公益の保護を通じて附随的、反射的に保護される利益たる地位を有するにすぎないとされているものと解されるから、そうである限りは、かかる公益保護のための私権制限に関する措置についての行政庁の処分が法律の規定に違反し、法の保護する公益を違法に侵害するものであっても、そこに包含される不特定多数者の個別的利益の侵害は単なる法の反射的利益の侵害にとどまり、かかる侵害を受けたにすぎない者は、右処分の取消しを求めるについて行政事件訴訟法9条に定める法律上の利益を有する者には該当しないものと解すべきである。しかしながら、他方、法律が、これらの利益を専ら右のような一般的公益の中に吸収解消せしめるにとどめず、これと並んで、それらの利益の全部又は一部につきそれが帰属する個々人の個別的利益としてもこれを保護すべきものとすることももとより可能であって、特定の法律の規定がこのような趣旨を含むものと解されるときは、右法律の規定に違反してされた行政庁の処分に対し、これらの利益を害されたとする個々人においてその処分の取消しを訴求する原告適格を有するものと解すること

に、なんら妨げはないというべきである。」

【6】 最三小判昭和53・3・14民集32巻2号211頁〔27000252〕（ジュース事件。審決取消請求上告事件）

◎ 行政庁の処分に対し不服申立てをすることができる者は、当該処分により自己の権利若しくは法律上保護された利益を侵害され又は必然的に侵害されるおそれがあり、その取消し等によってこれを回復すべき法律上の利益をもつ者に限られる。

不当景品類及び不当表示防止法（以下「景表法」という。）10条6項にいう「『第1項……の規定による公正取引委員会の処分について不服があるもの』とは、一般の行政処分についての不服申立の場合と同様に、当該処分について不服申立をする法律上の利益がある者、すなわち、当該処分により自己の権利若しくは法律上保護された利益を侵害され又は必然的に侵害されるおそれのある者をいう、と解すべきである。けだし、現行法制のもとにおける行政上の不服申立制度は、原則として、国民の権利・利益の救済を図ることを主眼としたものであり、行政の適正な運営を確保することは行政上の不服申立に基づく国民の権利・利益の救済を通じて達成される間接的な効果にすぎないものと解すべく、したがって、行政庁の処分に対し不服申立をすることができる者は、法律に特別の定めがない限り、当該処分により自己の権利若しくは法律上保護された利益を侵害され又は必然的に侵害されるおそれがあり、その取消等によってこれを回復すべき法律上の利益をもつ者に限られるべきであり、そして、景表法の右規定が自己の法律上の利益にかかわりなく不服申立をすることができる旨を特に定めたもの、すなわち、いわゆる民衆争訟を認めたものと解しがたいことは、規定の体裁に照らし、明らかなところであるからである。」

4 労災支給処分に対する原告適格を否定する裁判例

(1) 否定説に立つ裁判例等

否定説に立つ裁判例としては、以下の(3)【1】〜【3】のほか、【4】 札幌地判令和5・3・29（公刊物未登載、令和3年（行ウ）第24号）、

第1編　第9　特定事業主の労災支給処分に対する原告適格

　【5】　京都地判令和5・10・31（公刊物未登載、令和4年（行ウ）第30号）、【6】　広島地判令和6・2・7（公刊物未登載、令和5年（行ウ）第20号）、【7】　札幌高判令和6・3・12（公刊物未登載、令和5年（行コ）第9号）などがある。

　その他、【8】　昭和61年5月8日の第104回国会（参議院、社会労働委員会）における政府委員の答弁（使用者には労災支給処分の取消しを求める法律上の利害関係はないことを理由に不服申立て適格はない旨の答弁）、【9】　令和4年12月13日付け厚生労働省「労働保険徴収法第12条第3項の適用事業主の不服の取扱いに関する検討会報告書」、【10】　太田匡彦「労災保険給付支給処分取消訴訟における事業主の原告適格－東京高裁令和4年11月29日判決（令和4年（行コ）第130号）について」ジュリスト1585号90頁（令和5年）などもある。

⑵　否定説の根拠

　否定説に立つ裁判例は、㋐労災保険法の趣旨・目的（被災労働者等の法的利益の保護を図ることを目的とし、これに反する特定事業主の保護は対象としておらず、特定事業主の利益はメリット制が適用されるに至り初めて考慮されるべきものである）、㋑メリット制の目的・構造（労働保険料に関する事業者間の公平性と事業主の災害防止努力の促進を目的とし、個別の保険給付の適正化を目的とするものではない）、㋒労働保険徴収法が予定する労災保険事業の運営の在り方（労災保険事業全体について長期的な収支の均衡を図ることを目的としており、指向するにとどまり、労災保険制度全体の収支との関係で、個別の保険給付の適正化を目的とするものとはいえない）などを総合的に検討する。そして、労災支給処分がなされた段階では、当該処分がされた保険年度の次々年度における労働保険料の納付義務の範囲が増大する不利益を被るおそれは、いまだ間接的で抽象的なおそれにすぎないから、当該処分の法的効果による権利の制限を受けたものとはいえず、取消訴訟を求める法律上の利益を有する者には当たらないとして、特定事業主の原告適格を否定し、訴えを却下する判決をしている。

162

4 労災支給処分に対する原告適格を否定する裁判例

(3) 否定説に立つ裁判例の概要
【1】 札幌地判令和3・5・20（公刊物未登載、令和元年（行ウ）第29号）

被災労働者が、急性心筋梗塞を発症し、療養補償給付、休業補償給付及び障害補償給付を請求し、労基署長は各支給決定をしたところ、被災労働者の特定事業主である原告は、支給要件非該当性を主張して各支給決定の取消しを求めた。

裁判所は、これに対し、労災保険法及びその関係法令は、特定事業主である原告の個別的利益を保護する趣旨を含むものではないとして、各支給決定の取消訴訟の原告適格を否定し、訴えを却下する旨の判決をした。

「労災保険法は、業務上の事由による労働者の負傷等に対して迅速かつ公平な保護をするため、必要な労災保険給付を行い、もって労働者の福祉の増進に寄与することを目的としており（同法1条）、同法及び関係法令の規定を見ても、使用者の個別的利益を保護する趣旨を見ることはできない（このことは、原告も争っていない。）。また、本件各処分がなされ、あるいは取消し又は無効とされることにより、原告が負担すべき保険料が増減するという関係にはない（労働保険の保険料の徴収等に関する法律12条3項参照）。

すなわち、労災保険法及びその関係法令は、原告の個別的利益を保護する趣旨を含むものではなく、本件各処分は、原告の何らかの権利又は法律上保護された利益を侵害するものとはいえないから、原告は、本件各処分の取消し又は無効確認を求める法律上の利益を有しない。」

【2】 東京地判令和4・4・15労働判例1285号39頁〔28302031〕（あんしん財団地裁判決）

被災労働者が、精神疾患を発症し、療養補償給付及び休業補償給付を請求し、労基署長は各支給決定をしたところ、被災労働者の特定事業主である原告は、支給要件非該当性を主張して各支給決定の取消しを求めた。

裁判所は、これに対し、労災保険法の趣旨・目的（被災労働者等の法

163

第1編　第9　特定事業主の労災支給処分に対する原告適格

的利益の保護を図ることを目的とし、これに反する特定事業主の保護は対象としていない）、メリット制の目的・構造（労働保険料に関する事業者間の公平性と事業主の災害防止努力の促進を目的とし、個別の保険給付の適正化を目的とするものではない）、労働保険徴収法が予定する労災保険事業の運営の在り方（労災保険事業全体について長期的な収支の均衡を図ることを目的としており、指向するにとどまり、労災保険制度全体の収支との関係で、個別の保険給付の適正化を目的とするものとはいえない）などを総合的に検討して、特定事業主の原告適格を否定し、原告の訴えを却下する旨の判決をした。

「メリット制に係る特定事業主の利益は、あくまで、労働保険徴収法に基づく労働保険料の認定処分との関係で考慮されるべき法律上の利益となり得るにとどまるものと解するのが相当であり、事業主の不服申立てにより、個別の保険給付自体の是正を図ることが予定されているものとはいい難い。……

　以上のとおり、労災保険法は、専ら、被災労働者等の法的利益の保護を図ることのみを目的とし、事業主の利益を考慮しないことを前提としていると解するのが相当であり、労災保険法及び徴収法並びにこれの下位法令を通覧しても、処分の根拠法令である労災保険法が、業務災害支給処分との関係で、特定事業主の労働保険料に係る法律上の利益を保護していると解する法律上の根拠は見出せない。そうすると、根拠法令が、特定事業主の労働保険料に係る法律上の利益を個別的利益としてもこれを保護すべきものとする趣旨を含むものとは解されず、当該特定事業主の利益は、行訴法9条1項にいう法律上保護された利益には当たらず、特定事業主は、業務災害支給処分の取消訴訟の原告適格を有しないと解するのが相当である。」

【3】　山口地判令和4・9・21（公刊物未登載、令和2年（行ウ）第7号）

　被災労働者の遺族が、被災労働者の死亡は石綿関連疾患によるものであるとして、遺族給付等を請求し、労基署長は支給決定をしたところ、被災労働者の石綿最終曝露事業場の特定事業主である原告は、自己の事

4　労災支給処分に対する原告適格を否定する裁判例

業場において石綿に曝露した証拠はないとして、労基署長による労災保険給付支給決定の取消しを求めた。

　裁判所は、これに対し、労災保険制度の趣旨、内容等に照らせば、メリット制に係る特定事業主の利益はメリット制が適用されるに至り初めて考慮されるべきものであって、それ以前の個々の保険給付等の段階において考慮されるべきものとはいえないとして、支給決定の取消訴訟の原告適格を否定し、原告の訴えを却下する旨の判決をした。

「基準労災保険率の算出においては、個別の事業主の事業に係る過去の保険給付の額自体は考慮されていない。そして、特定事業主に対する各年度の労災保険率の算定については、基準日の属する保険年度の次々年度において、同年度のメリット制の適用に当たり、収支率算定期間（基準日までの連続する３保険年度）における個別の保険給付等の額を基にメリット収支率が算出されることで、初めて特定事業主に前年度よりも労働保険料の納付義務の範囲が増大するおそれが生じるところ、具体的な確定保険料は、基準労災保険率の値やメリット増減率算定上の他の考慮要素及び当該年度の賃金総額等個別の保険給付等の額以外の様々な考慮要素によっても変動するため、労働保険料の納付義務の範囲が増大するという特定事業主の不利益は、労働保険料認定処分により初めて確定することになる。

　そうすると、労災保険法による保険給付や特別支給金規則に基づく特別支給金の支給処分がなされた段階では、特定事業主において、当該処分がされた保険年度の次々年度における労働保険料の納付義務の範囲が増大する不利益を被るおそれは、様々な考慮要素との関係で不明確であって、いまだ間接的で抽象的なおそれにすぎないといわざるを得ず、当該処分の法的効果による権利の制限を受けたものとはいえない。……

　以上によれば、原告が、処分の名宛人以外の者であって、処分の法的効果により自己の権利の制限を受ける者（準名宛人）として本件支給処分の取消しを求めるにつき法律上の利益を有するということはできず、これに関する原告の主張には理由がない。」

第1編　第9　特定事業主の労災支給処分に対する原告適格

5　労災支給処分に対する原告適格を肯定する裁判例

(1)　肯定説に立つ裁判例

　　肯定説に属する裁判例としては、【1】　東京地判平成29・1・31労働判例1176号65頁〔28251662〕（総生会地裁判決。労働保険料認定決定の取消訴訟における傍論）、【2】　東京高判平成29・9・21労働判例1203号76頁〔28254106〕（総生会高裁判決。上記【1】事件の控訴審判決の傍論）、【3】　東京高判令和4・11・29労働判例1285号30頁〔28310673〕（あんしん財団高裁判決。前記東京地判令和4・4・15〔28302031〕の控訴審判決）などがある。

(2)　肯定説の根拠

　　肯定説に立つ裁判例は、㋐特定事業主は、労災支給処分の法的効果によりメリット制を介して労働保険料の納付義務の範囲が増大して直接具体的な不利益を被るおそれがあること、㋑労災支給処分の名宛人以外の者が労災支給処分の法的効果により直接具体的な不利益を被るおそれがある場合には、行訴法9条2項の考慮要素を検討する必要はないことなどを考慮して、特定事業主の労災支給処分の取消しを求める原告適格を肯定する旨の判決をしている。

(3)　肯定説に立つ裁判例の概要

　【1】　東京地判平成29・1・31労働判例1176号65頁〔28251662〕（総生会地裁判決）

　　　被災労働者が、脳出血を発症し、休業補償給付等の支給処分がされたことを前提として、特定事業主に対し労働保険料認定決定（以下「保険料認定処分」という。）がされたため、特定事業主である原告が、支給処分には支給要件の判断を誤った違法がある旨を主張し、保険料認定処分の取消訴訟を提起した。

　　　裁判所は、これに対し、保険料認定処分の取消訴訟において支給決定の違法を取消事由として主張することは許されないとして、違法性の承継を否定し、請求を棄却したが、その傍論において、特定事業主は、支

給処分の法的効果により労働保険料の納付義務の範囲が増大して直接具体的な不利益を被るおそれがあるから、支給処分の取消訴訟を提起する原告適格を有する旨を説示した。

「特定事業においては、当該事業につき業務災害が生じたとして業務災害支給処分がされると、当該処分に係る業務災害保険給付等の額の増加に応じて当然にメリット収支率が上昇し、これによって当該特定事業主のメリット増減率も上昇するおそれがあり、これに応じて次々年度の労働保険料が増額されるおそれが生ずることとなる。

　したがって、特定事業主は、自らの事業に係る業務災害支給処分がされた場合、同処分の名宛人以外の者ではあるものの、同処分の法的効果により労働保険料の納付義務の範囲が増大して直接具体的な不利益を被るおそれがあり、他方、同処分がその違法を理由に取り消されれば、当該処分は効力を失い、当該処分に係る特定事業主の次々年度以降の労働保険料の額を算定するに当たって、当該処分に係る業務災害保険給付等の額はその基礎とならず、これに応じた労働保険料の納付義務を免れ得る関係にあるのであるから、特定事業主は、自らの事業に係る業務災害支給処分により自己の権利若しくは法律上保護された利益を侵害され又は必然的に侵害されるおそれがあり、その取消しによってこれを回復すべき法律上の利益を有するものというべきである。」

【2】　東京高判平成29・9・21労働判例1203号76頁〔28254106〕（総生会高裁判決）

　　上記【1】事件の控訴審判決である。

　　裁判所は、地裁判決と同様に、違法性の承継を否定し、特定事業主の控訴を棄却したが、その傍論において、特定事業主は、業務災害支給処分により直接具体的な不利益を被るおそれがあるとして、支給処分の取消しを求める原告適格を有する旨を説示した。

「被控訴人は、労災保険給付の支給ないし不支給決定処分において、特定事業主の保険料に係る経済的利益が法律上保護されているとは解されず、同処分の取消訴訟における原告適格は認められないと主張する。

　　しかしながら、特定事業においては、当該事業につき業務災害が生じ

第1編　第9　特定事業主の労災支給処分に対する原告適格

たとして業務災害支給処分がされると、当該処分に係る業務災害保険給付等の支給額に応じて当然にメリット収支率が上昇し、これによって当該特定事業主のメリット増減率も上昇するおそれがあり、これに応じて次々年度の労働保険料が増額されるおそれが生じることとなること、したがって、特定事業主は、自らの事業に係る業務災害支給処分がされた場合、同処分の名宛人以外の者ではあるものの、同処分の法的効果により労働保険料の納付義務の範囲が増大して直接具体的な不利益を被るおそれがあるから、特定事業主は、自らの事業に係る業務災害支給処分により自己の権利若しくは法律上保護された利益を侵害され又は必然的に侵害されるおそれがあり、その取消しによっててこれを回復すべき法律上の利益を有するものということができることは、前記1認定説示のとおりである。被控訴人の主張は採用することができない。」

【3】　東京高判令和4・11・29労働判例1285号30頁〔28310673〕（あんしん財団高裁判決）

前記東京地判令和4・4・15〔28302031〕の控訴審判決である。

裁判所は、前掲【2】の東京高判平成29・9・21を引用し、特定事業主である原告は、業務災害支給処分により自己の権利若しくは法律上保護された利益を侵害され又は必然的に侵害されるおそれがあり、その取消しによってこれを回復すべき法律上の利益を有すると判断し、特定事業主の支給処分の取消しを求める原告適格を肯定し、これを否定した地裁判決を取り消して、事件を原審に差し戻す旨の判決をした。

「特定事業主は、自らの事業に係る業務災害支給処分がされた場合、同処分の名宛人以外の者ではあるものの、同処分の法的効果により労働保険料の納付義務の範囲が増大して直接具体的な不利益を被るおそれがあり、他方、同処分がその違法を理由に取り消されれば、当該処分は効力を失い、当該処分に係る特定事業主の次々年度以降の労働保険料の額を算定するに当たって、当該処分に係る業務災害保険給付等の額はその基礎とならず、これに応じた労働保険料の納付義務を免れ得る関係にあるのであるから、特定事業主は、自らの事業に係る業務災害支給処分により自己の権利若しくは法律上保護された利益を侵害され又は必然的に侵

害されるおそれがあり、その取消しによってこれを回復すべき法律上の利益を有するものというべきである（東京高裁平成29年（行コ）第57号同年９月21日判決・労働判例1203号76頁参照）。」

6　不服申立適格を肯定する上記５の３判決の問題点について

(1)　引用２判決について

　ア　東京地判平成29・１・31〔28251662〕（総生会地裁判決）、東京高判平成29・９・21〔28254106〕（総生会高裁判決）、東京高判令和４・11・29〔28310673〕（あんしん財団高裁判決）は、いずれも、「労働保険の保険料の徴収等に関する法律12条３項に基づくメリット制の適用を受ける事業主は、自らの事業に係る労働者に業務災害保険給付等の支給処分がされた場合、その法的効果により労働保険料の納付義務の範囲が増大して直接具体的な不利益を被るおそれがある者であるから、同処分の取消しを求める原告適格を有する。」旨を判示する。

　　そして、直接具体的な不利益を被るおそれがあることの裏付けとして、次の２つの判例を引用している。

【１】　最一小判平成18・１・19民集60巻１号65頁〔28110295〕

　　　この判例は、国税徴収法39条所定の第２次納税義務者は、本来の納税義務者に対する課税処分により、直接具体的な不利益を被るおそれのみならず、自己の権利若しくは法律上保護された利益を侵害され又は必然的に侵害されるおそれもあり、その取消しによってこれを回復すべき法律上の利益を有するから、本来の納税義務者に対する課税処分につき国税通則法75条に基づく不服申立てをすることができる旨を判示している。

【２】　最二小判平成25・７・12判時2203号22頁〔28212267〕

　　　この判例は、滞納者と他の者との共有に係る不動産につき滞納者の持分が国税徴収法47条１項に基づいて差し押えられた場合における他の共有者は、その差押処分の法的効果による権利の制限を受けるものであって、当該処分により自己の権利を侵害され又は必然的に侵害されるおそれのある者として、その差押処分の取消しを求めるにつき法

律上の利益を有する者に当たり、その取消訴訟における原告適格を有する旨を判示している。

イ　しかしながら、以下の理由から、これらの判例は、被災労働者に対して労災支給処分がされた段階で、直ちに特定事業主が直接具体的な不利益を被ることを裏付ける根拠となるものということはできないし、上記5(1)の3判決には次のような問題点があるように思われる。

①　最一小判平成18・1・19民集60巻1号65頁〔28110295〕を引用するが、この判決は、第2次納税義務者が自己に対する納付告知が来てから主たる課税処分に対する不服申立てを行う場合に関するものであり、本来の納税義務者に対して主たる課税処分がされた段階で、直ちに第2次納税義務者に課税処分の不服申立ての適格があることまでを肯定する趣旨の判例ではないことに照らせば、本来の納税義務者に対する課税処分に相当する労災支給処分がされたにすぎず、いまだ納付告知に相当する保険料認定処分がされていない段階で、第2次納税義務者が労災支給処分の取消訴訟を提起できることの裏付けになるものではない。

②　最一小判平成18・1・19民集60巻1号65頁〔28110295〕を引用するが、主たる納税義務者と第2次納税義務者は、いずれかが納税義務を果たす必要があるという点で、同じように保護されるべき同種の利害関係を有する者であり、また、最二小判平成25・7・12判時2203号22頁〔28212267〕を引用するが、滞納者の共有持分への差押処分により他の共有持分権者も即座に具体的な不利益を受ける関係にあるという点で、滞納者と共有持分を有する他の者は、同じように保護されるべき同種の利害関係を有する者であるのに対し、特定事業主と被災労働者とは、同じように保護されるべき同種の利害関係を有するような関係にはない。

③　したがって、これらの判例は、労災支給処分が行われた段階で、特定事業主が直ちに直接具体的な不利益を受けることを裏付ける根拠となるものとはいえない（太田匡彦・前掲ジュリスト1585号98頁参照）。

6 不服申立適格を肯定する上記5の3判決の問題点について

(2) 直接具体的な不利益

　労災支給処分が行われた段階では、いまだ被災事故が発生した事業場の特定事業主に具体的にどのような不利益が発生するのかが明確になっておらず、将来の労働保険料の支払において不利益が一定程度発生する可能性があるというにとどまり、直接具体的な不利益が生じたとまではいえない。

(3) 行訴法9条2項

　上記5⑴の3判決は、メリット制を通じた労働保険料の増額の可能性のみに着目して特定事業主が労災支給処分の取消しを求める法律上の利益を有することを認めているが、労災保険法及び労働保険徴収法の趣旨・目的を考慮していない。

　すなわち、行訴法9条2項は、処分の名宛人以外の者についての法律上の利益の有無を判断するに当たっては、処分の根拠法令及び関係法令の趣旨及び目的を考慮することを求めているところ、労災保険法は、迅速かつ公正な保護により被災労働者の福祉を増進することを、労働保険徴収法は、労働保険の事業の効率的な運営を図ることを、それぞれ目的としており、いずれも、特定事業主の保険料に係る経済的な利益を、労災支給処分に対する不服申立てにより保護しているとは解されない。

(4) 訴えの利益

　東京地判平成29・1・31労働判例1176号65頁〔28251662〕（総生会地裁判決）は、「業務災害保険給付等の額が極めて僅少であり、かつ、事業の規模の縮小等によりその後の3保険年度に当該特定事業主がメリット制の適用を受けない状況となるに至ったなど、当該業務災害支給処分によってメリット増減率が上昇するおそれがなくなったと認めるべき特段の事情が認められる場合には、当該特定事業主が当該処分の取消しを求める訴えの利益を欠くことになるものと解される」旨を説示し、このような場合でも、労災支給処分に対する取消訴訟の原告適格の適法性は肯定した上で、訴えの利益がないことを理由に不適法却下判決をするという。

　要するに、どのような内容の労災支給処分であっても、これに対する取

171

第1編　第9　特定事業主の労災支給処分に対する原告適格

消訴訟の原告適格を肯定し、支給処分の内容（給付額が極めて僅少であること）及び事業場の事後的な事情変更（その後の事業場の規模縮小等）に基づき、メリット増減率が上昇するおそれ、すなわち保険料が増大するおそれがなくなったと認められるときには、訴えの利益がないことを理由に不適法却下判決をするというものである。

しかしながら、上記の説示については、以下のような問題点がある。

ア　上記の事後的な事情変更の有無は、労災支給処分がされて、これに対する取消訴訟が提起された時点においては不明であり、算定対象の３保険年度が経過して初めて判明し、メリット制適用の有無の判定及び保険料の算定の基礎とすることができることになる事実関係であるから、訴えが提起された時点では却下判決をするかどうかの訴訟要件事実の認定はできないこと

イ　給付額が極めて僅少であっても、保険料（メリット収支率・メリット増減率）は算定対象の３保険年度における全ての労災支給処分の総支給額の合算額を基礎として算定されるから、保険料が増大するか否かは、算定対象の３保険年度が経過して初めて判明する事実関係であり、労災支給処分がされて、直ちにこれに対する取消訴訟が提起された時点においては、上記の事後的な事実関係の有無は不明であるから、却下判決をするかどうかの訴訟要件事実の認定はできないこと

ウ　労災支給処分の取消訴訟の原告適格の有無は、給付額等の処分の内容や事業場の規模縮小等の事後的に生じる具体的な事実関係を考慮することなく、制度として一般的に原告適格を肯定し得るか否かの観点から結論を出す必要がある問題であるというべきところ、制度として一般的に全ての労災支給処分に対する取消訴訟の原告適格の適法性を肯定した上で、支給処分の内容及び取消訴訟が提起された段階では不明な労災支給処分がされた後の事後的な事実関係に基づいて保険料が増大するおそれがなくなって訴えの利益がない場合に不適法却下判決をするというのでは、同じ判決中で、一方では保険料が増大するおそれがあるとして原告適格を肯定しながら、他方では保険料が増大するおそれがなくなったので訴えの利益がないと判断することになって、自己矛盾であり、理由説

示に一貫性がないとの非難を免れないこと

7 特定事業主の労災支給処分に対する原告適格の検討

(1) 争 点

　　労災支給処分がされた場合には、メリット制の適用を受ける特定事業主は、メリット制を介して労災支給処分に係る労働保険料の増大という不利益を受ける可能性があるところであるが、労災保険給付支給決定がされた段階において、労災支給処分の支給要件非該当性を取消事由として主張し、労災支給処分の取消しを求めて、不服申立てをする適格及び取消訴訟を提起する原告適格（以下「原告適格」という。）を有するか否かが争点である。

　　より具体的には、労災支給処分の名宛人以外の第三者である特定事業主は、労災支給処分の取消しを求めるにつき、行訴法9条1項の「法律上の利益を有する者」に該当するか否かが問題である。特定事業主が、労災支給処分がされた段階において、メリット制を通じて、直接具体的な不利益を受ける場合には、原告適格が肯定されるが、間接抽象的な不利益を受けるにすぎない場合には、原告適格は否定される。

　　なお、労基署長が被災労働者の労災保険給付請求に対して行う「労災（不）支給処分」に対する不服申立ての方法は、労働保険審査官への審査請求（労災保険法38条1項、官会法7条）、労働保険審査会への再審査請求（労災保険法38条1項、官会法38条）、裁判所への提訴（行訴法9条1項・2項、14条1項・2項）と、順次不服申立ての段階が進行する。

(2) メリット制による特定事業主の不利益

　ア　メリット制の意義

　　　労働保険徴収法12条3項には、メリット制について、労災保険率（保険料額）を、その事業場において発生した労働災害の多寡により算出したメリット収支率（連続する3保険年度中の業務災害に対して支払われた保険給付等の額÷〔連続する3保険年度中の確定保険料額×第1種調整率〕×100）に応じて、±40％の範囲内で増減させ、基準となる3月

第1編　第9　特定事業主の労災支給処分に対する原告適格

31日の属する保険年度の次々年度において当該事業に適用する労災保険
率とする制度である旨、以下のような定めがされている。

　厚生労働大臣は、連続する3保険年度中の各保険年度において労働保
険徴収法12条3項各号所定のいずれかに該当する事業であって基準日に
おいて労災保険に係る保険関係が成立した後3年以上経過したもの（特
定事業）について、①　連続する3保険年度の間における労災保険法の
規定による業務災害に関する保険給付の額に、②　業務災害に係る特別
支給金の額を加えた額と、③　一般保険料の額から非業務災害率に応ず
る部分の額を減じた額に、④　第一種特別加入保険料の額から特別加入
非業務災害率に応ずる部分の額を減じた額を加えた額に、⑤　第一種調
整率を乗じて得た額との割合（メリット収支率）が100分の85を超え、
又は100分の75以下である場合には、⑥　当該事業についての基準労災
保険率から非業務災害率を減じた率を100分の40の範囲内において、労
働保険徴収法施行規則20条、別表第3で定める率（メリット増減率）だ
け引き上げ又は引き下げた率に非業務災害率を加えた率を、⑦　当該事
業についての基準日の属する保険年度の次々年度の労災保険率とするこ
とができる（労働保険徴収法12条3項）。

イ　メリット制による特定事業主の不利益の程度

　そうすると、労働保険徴収法12条3項各号所定の一定規模以上の事業
については、当該事業につき労災支給処分がされると、当該処分に係る
保険給付額の増加に応じてメリット収支率が上昇し、これに伴い、特定
事業主のメリット増減率（16段階のメリット収支率に応じて、マイナス
40％からプラス40％の範囲内で算出される。労働保険徴収法施行規則20
条、別表第3）が上昇する可能性があり、その場合、次々年度以降の労
働保険料に当該メリット増減率が適用されれば、特定事業主の労働保険
料額が増加するおそれがあることは否定できないものと考えられる。

(3)　特定事業主の労災支給処分に対する原告適格

ア　特定事業主が労災支給処分によって被る不利益の性質及び不利益の現
　　実化の時期

7　特定事業主の労災支給処分に対する原告適格の検討

　しかしながら、メリット制の具体的な適用においては、①　基準日までの連続する３保険年度である算定期間における業務災害に関して支払われた個別の保険給付等の総額を分子とし、算定期間における確定保険料の総額に第一種調整率を乗じた額を分母として、算定されるメリット収支率が、100分の85を超え又は100分の75以下である場合に限り、②　算定されたメリット収支率を増減率表（労働保険徴収法施行規則20条、別表第３）に当てはめて40％の範囲内において上下させて求められるメリット増減率を判定し、③　事業の種類に応じて定められている基準となる労災保険率（労働保険徴収法施行規則16条、別表第１）から非業務災害率を減じた率に、判定されたメリット増減率を加味した調整後の率（１±増減率）を乗じた値に、④　非業務災害率を加えて、最終的にメリット制適用後の改定労災保険率が算出されることとなる。

　そして、この算出されたメリット制適用後の改定労災保険率が、基準日の属する保険年度の次々年度の労災保険率となって確定されることにより、初めて前年度よりも労働保険料の納付義務の範囲が増大する不利益が現実化するものである。

　なお、特定事業主が労災支給処分の取消しを求める原告適格を有するか否かという問題は、制度自体に内在する救済の必要性及び許容性に関する事柄であって、労災支給処分の種類・内容・支給額の多寡等の個別具体的な事情によって結論が左右される性質のものでないことはいうまでもない。したがって、この原告適格の問題は、労災支給処分によって特定事業主が被ることのある不利益について、給付額等の処分の内容や事後的に生じる具体的な事実関係を考慮することなく、制度として一般的に原告適格を肯定し得るか否かの観点から結論を出す必要がある論点というべきである。

　この点からすると、(a)休業補償支給処分については、支給額が一定金額以上である場合は、保険料が増加するおそれがあるので、原告適格を肯定するとか、(b)第三者行為災害については、第三者がいまだ損害賠償を履行していない場合は、保険料が増加するおそれがあるので、原告適格を肯定するとか、(c)支給処分後に、事業場の規模縮小等によりメリッ

175

第1編　第9　特定事業主の労災支給処分に対する原告適格

ト制の適用を受けない状況となった場合は、保険料が増加するおそれが
ないので、原告適格を否定するとかいうような不明確な制限や条件を付
したものであっては、制度としての原告適格の肯定論ということはでき
ない。

　そして、まさに、上記の制限や条件が必要とされるような場合こそ、
原告適格否定説が、「保険料が増額となるか否かが不明であるから、直
接具体的な不利益を被るおそれがあるとはいえない」として挙げる要素
に当たるものである。

　以上を要するに、労災支給処分が労働保険徴収法12条３項のメリット
制を介して特定事業主の労働保険料の納付義務の範囲を増加させ得ると
しても、労働保険料の額は、個別の保険給付等の額以外の以下のような
多様な種々の考慮要素によっても変動する浮動的な性質を有するもので
ある。それゆえ、労災支給処分がされた段階においては、労災支給処分
が特定事業主の労働保険料の納付義務に及ぼす影響の有無はもとより、
影響の範囲も不明というべきであることに照らせば、保険料が増額とな
ることにより直接具体的な不利益を被るおそれがあるとはいえない。労
働保険料の納付義務の範囲が増大する可能性があるという特定事業主の
不利益は、メリット制適用後の改定労災保険率が、基準日の属する保険
年度の次々年度の労災保険率となって確定され、労働保険料認定決定が
されることによって、初めて前年度よりも労働保険料の納付義務の範囲
が増大する不利益が現実化し確定するに至るものである。

　したがって、特定事業主は、労災支給処分がされたとしても、これに
よって、その処分の時点で直ちには直接具体的な不利益を受けるものと
いうことはできないから、特定事業主の労災支給処分の取消訴訟の原告
適格は否定するのが相当であろうと解される。

A　保険料が増額となるか否かが不明である要素

　(a)　労災支給処分の給付額が少額である場合（このような場合には、
　　　個別の労災支給処分がされただけでは、メリット収支率は変わるこ
　　　とがあるとしても、メリット増減率が変動するには至らず、労働保
　　　険料が増加する可能性がないため、特定事業主が労災支給処分によ

176

って直接具体的な不利益を被るおそれはない。したがって、このような場合には、特定事業主が労災支給処分の取消しを求める必要性はないものと考えられる。しかしながら、被災労働者は、取りあえず少額の療養補償給付請求や少額の休業補償請求などのテスト請求をして、業務上災害の認定がされたときには、その後に、長期間にわたる高額の休業補償給付請求等を追加して請求することも珍しくはないから、給付額が少額であってメリット増減率が変動するには至らない労災支給処分のような場合であっても、特定事業主がその支給処分の取消しを求める必要性があると考えることも十分にあり得る。）

(b) 労働者数の減少などの事業規模の縮小によりその後の３保険年度に特定事業主がメリット制の適用を受けない状況に至った場合（このような場合には、労災支給処分によってメリット増減率が上昇するおそれがなくなるため、特定事業主は労災支給処分により直接具体的な不利益を受けるおそれはないこととなる。）

(c) 労災支給処分の原因となった災害が第三者の加害行為によって発生した場合（このような場合には、被災労働者が第三者から損害賠償を受けたときには、その賠償額はメリット収支率の算定基礎から除外されることになるため〔労災保険法12条の４第２項〕、当該業務災害に基づく支給処分がメリット収支率及びメリット増減率に影響を与えるか否かは、第三者の賠償の有無及び賠償額という労災支給処分と関係性のない他の事情に依拠するものであること。）

B 保険料の増額の程度が不明である要素

(a) メリット増減率の算定の基礎となる３保険年度である算定期間における基準労災保険率の値が、その後に改定された場合

(b) メリット増減率の算定の基礎となる３保険年度である算定期間において、労働者数や平均賃金額が増加又は減少し、改定保険料額の算定基礎となる賃金総額が変動した場合（平均年収額×全労働者数×改定保険料率＝改定保険料額）

(c) 他の労災支給処分がある場合（ある特定の個別の労災支給処分が

第1編　第9　特定事業主の労災支給処分に対する原告適格

　　　　　将来のメリット収支率・メリット増減率にどの程度の影響を与える
　　　　かは、これらの算定の基礎となる3保険年度である算定期間におけ
　　　　る他の被災労働者等に対する労災支給処分の有無及びその額〔支給
　　　　総額〕という他の事情の有無により変動する。)
　　イ　労災支給処分による特定事業主に対する権利の制限の有無
　　　　　そうすると、労災支給処分がされた段階においては、当該処分がされ
　　　　た保険年度の次々年度における労働保険料の納付義務の範囲が増大する
　　　　不利益を被るおそれは、様々な考慮要素との関係で不明確というべきで
　　　　あり、いまだ間接的かつ抽象的なおそれが生じたにすぎず、労災支給処
　　　　分の法的効果により権利の制限を受けて直接具体的な不利益が生じたも
　　　　のではないと考えられる。
　　　　　したがって、特定事業主は、労災支給処分の名宛人以外の者であるの
　　　　みならず、労災支給処分がされた段階では、いまだ同処分の法的効果に
　　　　より権利の制限を受けた者でもないから、労災支給処分の取消しを求め
　　　　るにつき、法律上の利益を有する者ということはできず、同処分の取消
　　　　しを求める原告適格は否定するのが相当であろうと解される。

　(4)　労災保険法の趣旨・目的
　　　　労災保険法は、専ら、迅速かつ公正な保護により被災労働者の福祉を増
　　　進し、被災労働者等の法的利益の保護（早期救済）を図ることを目的とし
　　　ており（同法1条）、労災支給処分との関係で、特定事業主の労働保険料
　　　に係る法律上の利益を保護することを目的としてはいない。また、個別の
　　　労災支給処分が取り消されたとしても、これにより直ちに特定事業主が負
　　　担すべき労働保険料が増減するという関係にはないものである。したがっ
　　　て、労災保険法は、特定事業主の労災支給処分に対する不服申立てによ
　　　り、個々の労災支給処分自体の是正を図るという、特定事業主の個別的な
　　　法的利益の保護を図ることを目的とはしていない。

　(5)　労働保険徴収法の趣旨・目的
　　　　労働保険徴収法は、労働保険の事業の効率的な運営を図ることを目的と
　　　して、労働保険料の納付手続等に関し必要な事項を定めるものであり（同

178

法1条)、また、メリット制は、同種の事業であっても、作業工程、機械
設備、作業環境、事業主の災害防止努力の違いにより、個々の事業場の災
害率に差が生じるため、一定規模以上の事業(特定事業)について、特定
事業主間の保険料負担の公正性の確保を主な目的とし、副次的に事業主の
業務災害防止努力の一層の促進も目的として、当該事業場の業務災害の多
寡に応じて労災保険率又は労働保険料額を増減させ、特定事業主間の責任
分担を合理的に配分する趣旨で定められたものである(同法12条3項)。

　そうすると、労働保険徴収法及びメリット制においては、個々の労災支
給処分がされた段階において、特定事業主が個々の保険給付の是正を通じ
て、個々の保険給付の適正化ないし自己の保険料の適正化を図るというこ
とは目的とされていないものというべきである。すなわち、メリット制に
係る特定事業主の利益は、労働保険徴収法に基づく保険料認定処分がされ
た段階で、初めて法律上の利益となるものであり、特定事業主の労災支給
処分に対する不服申立てにより、個別の労災支給処分自体の適正化ないし
是正を図ることは、労働保険徴収法において目的とされているものという
ことはできない。

(6)　行訴法9条2項

　行訴法9条2項は、処分の名宛人以外の者についての法律上の利益の有
無を判断するに当たっては、処分の根拠法令及び関係法令の趣旨及び目的
等を考慮することを求めている。

　これを、労災支給処分との関係でみると、支給決定の根拠法令である労
災保険法は、迅速かつ公正な保護により被災労働者の福祉を増進すること
を目的とし、関係法令である労働保険徴収法は、労働保険事業の効率的な
運営を図ることを目的としているところであり、いずれも、特定事業主の
保険料に係る経済的な個別的利益を、労災支給処分がされた段階で、これ
に対する不服申立てを行うことにより保護しているとは解されないし、労
災支給処分は、特定事業主の権利又は法律上保護された利益を侵害するも
のということもできない。

第1編　第9　特定事業主の労災支給処分に対する原告適格

(7)　特定事業主の労働保険料認定決定に対する救済方法

ア　問題点

特定事業主は労働保険料認定決定の取消訴訟の原告適格を有することにつき争いはないが、その取消事由として、保険料算定の基礎となった労災支給処分の違法性＝支給要件非該当性を主張できるかという法律問題がある（違法性の承継問題）。

イ　違法性の承継肯定説

(ア)　労災支給処分がされた段階では、労働保険料に現実に及ぼす影響の有無はもとより、影響の範囲も未確定で、何らの影響も及ぼさない可能性もあり、労働保険料の納付義務の範囲が増大する不利益は、間接的で抽象的なおそれにすぎず、直接具体的な不利益ではないから、処分の法的効果による権利の制限を受けたものとはいえない。

(イ)　労働保険料認定決定に対する特定事業主の手続的保障の観点に照らし、違法性の承継を肯定すべきである。

(ウ)　メリット制の趣旨及び目的に照らせば、労働保険料の算定に当たり、支給要件を満たさない労災支給処分は除外されるべきであり、労働保険徴収法12条3項所定の「保険給付」とは、支給要件に該当する適法なものと解すべきであるから、保険料算定の基礎となった労災支給処分の違法性の主張を許すべきである。

(エ)　肯定説に立つ裁判例等

違法性の承継を肯定するものとしては、前記4(1)の東京地判令和4・4・15（傍論）、札幌地判令和5・3・29（傍論）、京都地判令和5・10・31（傍論）、広島地判令和6・2・7（傍論）、札幌高判令和6・3・12（傍論）、令和4年12月13日付け厚生労働省の検討会報告書、太田匡彦・ジュリスト1585号95頁、令和5年1月31日付け厚生労働省労働基準局長通達「メリット制の対象となる特定事業主の労働保険料に関する訴訟における今後の対応について」（基発0131第2号）などがある。

ウ　厚生労働省の運用

厚生労働省は、従来は、違法性の承継を否定する運用を行っていた

180

が、前記の労働基準局長通達により、運用を変更して肯定説を採用することとした。そして、労働保険料認定決定取消訴訟の判決中で労災支給処分の違法性が判定された場合の対処措置として、違法性の判定がされたとしても、そのことを理由としては、労災支給処分の取消しはせずに、その労災支給処分を労働保険料算定の基礎から除外して労働保険料の再決定を行うことにしている（労働保険料認定決定が労災支給処分の支給要件非該当性を理由として取り消されたとしても、行訴法33条1項所定の取消判決の拘束力は「判決主文が導き出されるのに必要な事実認定及び法律判断にわたるもの」の限度で生じるにすぎないから、その取消判決が労災支給処分の取消しを行政庁に義務付ける効力を有するものとはいえない。）。

(8) 結　論

ア　特定事業主の労災支給処分による不利益の程度

　　特定事業主が、労災支給処分がされたことにより、メリット制を介して保険料の納付義務の範囲が増大する不利益を被るおそれは、変動する収支率・増減率・保険率などの様々な考慮要素との関係で不確定な可能性にとどまるものである。したがって、労災支給処分がされた段階で、特定事業主が不利益を被るおそれは、直接具体的な不利益ではなく、間接的かつ抽象的なおそれにすぎないというべきである。

イ　根拠法令及び関係法令の趣旨・目的等（行訴法9条2項）

　　労災支給処分の根拠法令である労災保険法の趣旨・目的（被災労働者の早期救済を目的とし、特定事業主の個別の労災支給処分自体の是正を図る利益は保護の対象としていないこと）、また、労災支給処分の関係法令である労働保険徴収法の趣旨・目的（労働保険事業の効率的運営を目的とし、メリット制を通じて、特定事業主間の保険料負担の公平と災害防止努力の促進を図るもの）、さらに、労災支給処分が法令に違反してされた場合における特定事業主が害されることとなる利益の内容及び性質（保険料の増額のおそれ）等も総合的に考慮して判断すると、根拠法令及び関係法令は、特定事業主が労災支給処分に対する不服申立てを

第1編　第9　特定事業主の労災支給処分に対する原告適格

行うことにより、個別の労災支給処分自体の適正化ないし是正を図ると
いう、特定事業主の利益を保護することを目的としてはいないというこ
とができる。

ウ　特定事業主の救済方法

特定事業主は労働保険料認定決定の取消訴訟の原告適格を有すること
につき争いはなく、その取消事由として、保険料算定の基礎となった労
災支給処分の違法性＝支給要件非該当性を主張して争うべきではないか
（違法性の承継問題）。

エ　特定事業主の原告適格を肯定した場合の支障

令和元年度以降の実績によれば、メリット制が適用されている事業場
については、事業場の数は14万を超えており、業務災害に係る労働保険
給付支給件数は225万件を超え、業務災害に係る労災保険給付の支給額
総額は2100億円を超過する状況にある。

このような膨大な数のメリット制の適用を受ける特定事業主に業務災
害支給処分の取消訴訟の原告適格が認められると、労基署長は、被災労
働者等から労災保険給付の請求を受けたときには、特定事業主がメリッ
ト制の適用を受けるか否かを調査し、これが肯定された場合には、特定
事業主にも当該請求があったことを通知し、その当否を訴訟同様の2当
事者の対立構造下で調査し、特定事業主に、口頭による意見陳述権（官
会法13条の3、45条参照）、審理のための処分申立権及び証拠の提出・
閲覧権（同法14条の3、16条の3、50条参照）も認めるべきことにな
り、さらに、支給ないし不支給処分をした際には、特定事業主にもその
旨通知するとともに、不服申立ての手続の教示をしなければならない。

このように、特定事業主の業務災害支給処分の取消しに対する原告適
格が肯定されると、年間200万件以上もある労災保険給付の件数に照ら
せば、被災労働者等に対する業務災害支給処分の適法性が確定するまで
に相当長期間を要して、その間、当該被災労働者等は不安定な地位に置
かれることとなり、被災労働者等に対する迅速な保護及び速やかな労災
保険給付を目的とする労災保険制度の維持は困難となる。

オ　労災支給処分に対する原告適格の否定

以上に検討したところによれば、特定事業主は、労災支給処分がされた段階では、メリット制を介して保険料の納付義務の範囲が増大する不利益を被るおそれは、いまだ間接的かつ抽象的なものであって、直接具体的な不利益ということはできないから、特定事業主の労災支給処分に対する原告適格は否定するのが相当であろうと解される。

カ　将来への展望

特定事業主の労災支給処分に対する原告適格を肯定した前掲東京高判令和4・11・29〔28310673〕について、現在最高裁で上告事件の審理が行われている。

特定事業主の原告適格問題は、労災保険実務の根幹に関わる重要なテーマである。この問題について如何なる決着がつけられるかにより、今後の労災保険審理の在り方にも大きく影響するため、その行方を注目したいところである。

【補遺】原告適格を否定した最高裁判決について

最一小判令和6・7・4労働判例1315号5頁（療養補償給付支給処分〔不支給決定の変更決定〕の取消し、休業補償給付支給処分の取消請求事件）について——特定事業主の労災支給処分の取消訴訟の原告適格の有無をめぐる訴訟

(1)　訴訟の経過

東京地判令和4・4・15労働判例1285号39頁〔28302031〕（あんしん財団地裁判決）は、労災支給処分の根拠法令である労災保険法が、業務災害支給処分との関係で、特定事業主の労働保険料に係る法律上の利益を保護していると解する法律上の根拠は見いだせないことなどを理由に、特定事業主は、業務災害支給処分の取消訴訟の原告適格を有しないと判断して、特定事業主の原告適格を否定し、原告の訴えを却下する旨の判決をした。

これに対し、同訴訟の控訴審である東京高判令和4・11・29労働判例1285号30頁〔28310673〕（あんしん財団高裁判決）は、特定事業主は、労災支給処分がされていると労災保険料が増額されるおそれがあり、直接具

第 1 編　第 9　特定事業主の労災支給処分に対する原告適格

体的な不利益を被るおそれがあることを理由に、労災支給処分の取消訴訟の原告適格を有すると判断して、これを否定した地裁判決を取り消して、事件を第 1 審に差し戻す旨の判決をした。

そこで、国側が上告受理の申立てをした。

最高裁は、令和 6 年 3 月28日付けで、口頭弁論期日を同年 6 月10日と指定し、同日に口頭弁論を実施して、同年 7 月10日に判決の言渡しをした。

なお、筆者は、それに先立つ令和 6 年 2 月25日発行の会社法務A2Z・36頁（第一法規、令和 6 年 3 月号）において、「特定事業主の労災支給処分に対する原告適格」というタイトルの論文を発表して、特定事業主の労災支給処分に対する原告適格は否定すべきである旨を述べていた。

その理由は、本稿と同様であるが、①　労災支給処分の根拠法令である労災保険法の趣旨・目的及びその関係法令である労働保険徴収法の趣旨・目的等も総合的に考慮して判断すると、根拠法令及び関係法令は、特定事業主が労災支給処分に対する不服申立てを行うことにより、個別の労災支給処分自体の適正化ないし是正を図るという、特定事業主の利益を保護することを目的としてはいないこと、②　特定事業主が労災支給処分がされたことにより、メリット制を介して保険料の納付義務の範囲が増大する不利益を被るおそれは、変動する収支率・増減率・保険率などの様々な考慮要素との関係で不確定で可能性にとどまるものであるから、労災支給処分がされた段階で、特定事業主が被る不利益の程度は、直接具体的な不利益ではなく、間接的かつ抽象的なおそれにすぎず、労災支給処分の法的効果による権利の制限を受けたものとはいえないこと、③　特定事業主の労働保険料認定決定に対する救済方法は、同決定に対して取消訴訟を提起し、その取消事由として、保険料算定の基礎となった労災支給処分の違法性＝支給要件非該当性の主張をすべきであること、などである。

(2)　最高裁判決

最一小判令和 6 ・ 7 ・ 4 労働判例1285号39頁〔28322117〕も、①　労災保険法の被災労働者等の迅速かつ公正な保護という目的及び被災労働者等の権利利益の実効的な救済を図る趣旨、及び、②　労働保険徴収法のメリ

184

ット収支率を介した労災保険率の増減制度の事業主間の公平を図り事業主による災害防止の努力を促進する趣旨などに鑑みれば、③　客観的に支給要件を満たさない労災保険給付の額は、労働保険料の額を決定する際の基礎とはならないものであり、④　特定事業主は、労災支給処分により自己の権利若しくは法律上保護された利益を侵害され又は必然的に侵害されるおそれのある者に当たるということはできない、⑤　したがって、特定事業主は、労災支給処分の取消訴訟の原告適格を有しない、⑥　特定事業主は、保険料認定処分の取消訴訟において、保険料算定の基礎となった労災支給処分の支給要件非該当性を違法事由として主張することができる旨、以下のように説示して、原判決（前掲東京高判令和4・11・29〔28310673〕）を破棄し、被上告人の控訴を棄却する判決をした。これにより、原告適格を否定した第1審判決（前掲東京地判令和4・4・15〔28302031〕）が確定するに至った。

「⑴　行政事件訴訟法9条1項にいう処分の取消しを求めるにつき『法律上の利益を有する者』とは、当該処分により自己の権利若しくは法律上保護された利益を侵害され又は必然的に侵害されるおそれのある者をいうところ、本件においては、特定事業についてされた労災支給処分に基づく労災保険給付の額が当然に当該特定事業の事業主の納付すべき労働保険料の額の決定に影響を及ぼすこととなるか否かが問題となる。

⑵ア　労災保険法は、労災保険給付の支給又は不支給の判断を、その請求をした被災労働者等に対する行政処分をもって行うこととしている（12条の8第2項参照）。これは、被災労働者等の迅速かつ公正な保護という労災保険の目的（1条参照）に照らし、労災保険給付に係る多数の法律関係を早期に確定するとともに、専門の不服審査機関による特別の不服申立ての制度を用意すること（38条1項）によって、被災労働者等の権利利益の実効的な救済を図る趣旨に出たものであって、特定事業の事業主の納付すべき労働保険料の額を決定する際の基礎となる法律関係まで早期に確定しようとするものとは解されない。仮に、労災支給処分によって上記法律関係まで確定されるとすれば、当該特定事業の事業主にはこれを争う機会が与えられるべきものと解さ

第1編　第9　特定事業主の労災支給処分に対する原告適格

れるが、それでは、労災保険給付に係る法律関係を早期に確定すると
いった労災保険法の趣旨が損なわれることとなる。

イ　また、徴収法は、労災保険率について、将来にわたって、労災保険
の事業に係る財政の均衡を保つことができるものでなければならない
ものとした上で、特定事業の労災保険率については、基準労災保険率
を基礎としつつ、特定事業ごとの労災保険給付の額に応じ、メリット
収支率を介して増減し得るものとしている。これは、上記財政の均衡
を保つことができる範囲内において、事業主間の公平を図るととも
に、事業主による災害防止の努力を促進する趣旨のものであるとこ
ろ、客観的に支給要件を満たさない労災保険給付の額を特定事業の事
業主の納付すべき労働保険料の額を決定する際の基礎とすることは、
上記趣旨に反するし、客観的に支給要件を満たすものの額のみを基礎
としたからといって、上記財政の均衡を欠く事態に至るとは考えられ
ない。そして、前記2の労働保険料の徴収等に関する制度の仕組みに
も照らせば、労働保険料の額は、申告又は保険料認定処分の時に決定
することができれば足り、労災支給処分によってその基礎となる法律
関係を確定しておくべき必要性は見いだし難い。

ウ　以上によれば、特定事業について支給された労災保険給付のうち客
観的に支給要件を満たさないものの額は、当該特定事業の事業主の納
付すべき労働保険料の額を決定する際の基礎とはならないものと解す
るのが相当である。そうすると、特定事業についてされた労災支給処
分に基づく労災保険給付の額が当然に上記の決定に影響を及ぼすもの
ではないから、特定事業の事業主は、その特定事業についてされた労
災支給処分により自己の権利若しくは法律上保護された利益を侵害さ
れ又は必然的に侵害されるおそれのある者に当たるということはでき
ない。

(3)　したがって、特定事業の事業主は、上記労災支給処分の取消訴訟の原
告適格を有しないというべきである。

以上のように解したとしても、特定事業の事業主は、自己に対する保険
料認定処分についての不服申立て又はその取消訴訟において、当該保険料

186

認定処分自体の違法事由として、客観的に支給要件を満たさない労災保険給付の額が基礎とされたことにより労働保険料が増額されたことを主張することができるから、上記事業主の手続保障に欠けるところはない。」

（令和 6 年 7 月）

第10　保険料認定決定処分の取消訴訟と違法性の承継

1　違法性の承継の定義と問題状況

(1)　違法性の承継の定義

　ア　違法性の承継とは、講学上の用語であり、一義的にその定義が確立しているわけではないが、ある先行の行政処分（先行処分）が行われ、先行処分が公定力ないし不可争力により有効に確定している場合に、先行処分を前提として若しくは先行処分に密接に関連して、後行の行政処分（後行処分）が行われたときに、先行処分に対する取消訴訟を提起することなく、後行処分の取消訴訟を提起し、同訴訟において、先行処分の違法性を、後行処分の取消事由として主張することが許されるか否か、すなわち、後行処分に先行処分の違法性が承継されるか否かということである。

　　違法性の承継が肯定されると、後行処分の取消訴訟の判決において先行処分が違法であると判断された場合には、先行処分の効力が否定されて後行処分の適法要件が欠ける結果となり、後行処分も違法になるという効果が生じることとなる。

　　なお、先行処分が無効である場合には、後行処分にその無効性が承継されることは異論がないので、違法性の承継の問題が生じるのは、先行処分に取消事由に該当する違法性があるが、先行処分が出訴期間を経過してその取消訴訟を提起し得ない状況（取消訴訟の出訴期間制限が経過して不可争力が生じている状況）となっているような場合である。

　イ　労災保険給付支給決定をめぐっては、違法性の承継の問題は、先行処分（労災保険給付支給決定処分。以下「労災支給処分」という。）に公定力ないし不可争力が生じて有効に確定している状況下で、後行処分（労働保険料認定決定処分。以下「保険料認定処分」という。）の取消訴訟において、先行処分の違法性（支給要件該当性についての違法性）を取消事由として主張することが許されるか否かという場面において発生

する。この当面する問題については、違法性の承継の肯定又は否定の根拠が、行政行為の公定力にあるのか、不可争力にあるのかなど、活発な議論が展開されている。

(2) 違法性の承継の問題状況

ア　行政処分の公定力（行訴法3条）

　　行政処分の公定力を明確に認めた根拠法令はないが、実定法上、行政行為には、無効の場合を除き、公定力が認められている。すなわち、公定力とは、行政行為が、仮に違法なものであっても、取消権限のある者によって取り消されるまでは、何人（裁判所、私人、行政庁）もその効果を否定することはできないという効力をいうものである（最三小判昭和30・12・26民集9巻14号2070頁〔27002958〕（耕作権確認並びに耕地引渡請求上告事件）は、「行政処分は、たとえ違法であっても、その違法が重大かつ明白で当該処分を当然無効ならしめるものと認むべき場合を除いては、適法に取り消されない限り完全にその効力を有するものと解すべき」である旨を判示している。）。このように、行政処分の違法を争うためには、原則として専ら取消訴訟によらなければならないとする制度は、取消訴訟の排他的管轄といわれ、その根拠は、抗告訴訟の1つとして取消訴訟を定める行訴法3条2項に求めることができる。行訴法3条には、1項で、「この法律において『抗告訴訟』とは、行政庁の公権力の行使に関する不服の訴訟をいう。」、2項で、「この法律において『処分の取消しの訴え』とは、行政庁の処分その他公権力の行使に当たる行為（次項に規定する裁決、決定その他の行為を除く。以下単に『処分』という。）の取消しを求める訴訟をいう。」旨が定められている。

イ　行政処分の不可争力（出訴期間経過。行訴法14条）

　　行政処分に対しては、不服申立期間又は出訴期間が経過した後は、無効の場合を除き、その処分の効力を争うことはできなくなる。このような効力を、不可争力又は形式的確定力という。行訴法14条には、1項で、「取消訴訟は、処分又は裁決があったことを知った日から6箇月を経過したときは、提起することができない。ただし、正当な理由があ

第1編　第10　保険料認定決定処分の取消訴訟と違法性の承継

るときは、この限りでない。」、2項で、「取消訴訟は、処分又は裁決の
日から1年を経過したときは、提起することができない。ただし、正当
な理由があるときは、この限りでない。」旨が定められている。出訴期
間が経過したときは、行政処分は取消訴訟によって争うことができなく
なり、行政処分により形成された法律関係が確定することになる。

ウ　違法性の承継を肯定する場合の問題状況

　　先行処分が公定力ないし不可争力により有効に確定している場合に、
先行処分を前提として若しくは先行処分に密接に関連して、後行処分が
行われたときに、先行処分に対する取消訴訟を提起することなく、後行
処分の取消訴訟を提起し、同訴訟において、先行処分の違法性を、後行
処分の取消事由として主張することが許されるとの見解を採ること、す
なわち、後行処分に先行処分の違法性が承継されることを肯定すること
は、有効に確定したことに伴って先行処分に生じた公定力や不可争力が
実質的に否定される結果となり、行政処分の効力論との関係で問題があ
るのではないかということが指摘されている。

エ　問題状況への対処

　(ア)　公定力との関係

　　　伝統的な行政法の学説は、行政処分には公定力があり、適法性の推
定を受けるので、適法な先行処分を前提として行われた後行処分が違
法となることはないので、違法性の承継は否定される傾向にあった。

　　　しかし、最近の行政法の学説は、公定力とは、適法性の推定までは
含まないものであり、行政処分が適法か違法かは別として、行政処分
の効果の通用力をいうものであり、先行処分の効力を否定し法効果を
攻撃しない限り、行政処分の適法・違法が問題とされることになって
も、公定力と抵触することにはならないと解している。

　　　そうすると、後行処分の取消訴訟において先行処分の違法性を後行
処分の取消事由として主張することは、先行処分の効力を否定してそ
の法効果を攻撃するものではないし、先行処分の取消しを要求するも
のでもないから、先行処分の公定力に抵触することにはならない。

　　　したがって、違法性の承継の問題は、公定力理論とは関係がないも

190

のというべきであるから、公定力を根拠として違法性の承継を否定することはできないことになると考えられる。

(イ)　不可争力との関係

　違法性の承継は、先行処分で形成された法律関係を実現することを目的として、先行処分を前提とする又はこれと密接に関連する、後行処分が行われたときに、後行処分の取消訴訟において先行処分の違法性を争うことが不可争力ないし出訴期間との関係で制限されるかというところに、その問題が集約される。

　ところで、行政処分は、その早期安定を図る趣旨から、出訴期間が経過したときは、同処分に対する取消訴訟を提起することができなくなり、同処分により形成された法律関係が確定することになるため、違法性の承継を認めると、その趣旨に反するおそれがある。

　しかしながら、先行処分の有効性は公定力により否定することはできないとしても、先行処分と後行処分とが緊密に連動しており、適法な先行処分の存在が後行処分の適法要件とされているといえる場合若しくは先行処分と後行処分とが相結合して1つの効果の実現を目指しこれを完成させる一連の行為であるような場合には、後行処分の取消訴訟において先行処分の違法性を取消事由として主張することを認めても、先行処分の出訴期間制限の趣旨を没却することにはならないと解される。

　また、取消訴訟についての出訴期間の制限は、行政処分の形式的確定力を有するとしても、行政処分の実体的確定力までも有するものではない。すなわち、行政処分に違法事由が存する場合であっても、違法事由がないものとして実体的に確定する効力までも有するものではないから、先行処分につき出訴期間が経過していても、そのことによって、後行処分の取消訴訟において先行処分の違法性の主張が遮断されることにはならない。

　さらに、先行処分に対する不服申立てを強いる程度に実効的な権利保護の手続的保障が十分に整備されていないときには、後行処分の段階に至って先行処分の違法性を争う機会を保障することが、手続的保

第1編　第10　保険料認定決定処分の取消訴訟と違法性の承継

障の観点から要請される。

　したがって、先行処分と後行処分とにつき上記のような関係性が認められる場合には、先行処分の出訴期間制限を根拠として違法性の承継を否定することなく、これを肯定してよい場合があると考えられる。

2　違法性の承継を否定する伝統的な行政法の学説等

(1)　伝統的な行政法の学説

　伝統的な行政法の学説においては、行政処分には公定力があるので、行政処分である先行処分を前提として若しくは先行処分に密接に関連して後行処分が行われた場合、先行処分が仮に違法であったとしても、それが取り消されていない限り、先行処分の違法性についての審理をすることはできない（適法性の推定を受ける）ため、先行処分が有効に存在するとして行われた後行処分が違法となることはないと解されていた。

　すなわち、伝統的な行政法の学説においては、先行処分が取り消されない限り、先行処分の違法性が後行処分に承継されることはないから、原則として、違法性の承継を否定し、その根拠を、行政処分の公定力に求めていた。

ア　田中二郎も、公定力には適法性の推定があること、及び、先行処分と後行処分とが相結合して1つの効果の実現をめざし、これを完成するものである場合には、違法性の承継は肯定されるが、先行処分と後行処分とが相互に関連を有するとはいえ、それぞれ、別個の効果を目的とするものである場合には違法性の承継は否定されることにつき、次のように述べる。

「行政権の行為の公定力の承認

　右に述べた行政主体の支配権の発動は、もとより法律の厳重に覊束するところで、法律に基づき法律の定めるところに従うべきものであるが、仮りに、それが法律に違反し、違法と認められるべき場合であっても、その違反が重大且つ明白で、その支配権の発動たる行為（命令・処分）が当然無効と認められる場合を除いて、その行為は、適法の推定を

192

受け、その行為は、違法であるに拘らず、一応、相手方を拘束し、これに服従すべき義務を負わしめるものと考えられている。……行政権の行為にこのような特殊の効力が認められるのは、これらの行為は、単なる私人がその自由な意思に基いてなす行為と異なり、組織として行動する行政権の、法律に基き法律に従ってなす行為であるために、その判断に、一応、合法性の推定を与え、相手方を拘束するだけでなく、他の国家機関も第三者も、これを尊重すべきものとすることによって、行政目的の実現に資せしめようとするものと考えるべきであろう。」（行政法総論〔法律学全集６〕103頁〜104頁（有斐閣、昭和32年））

「公定力

　違法の行政行為も、当然無効の場合は別として、正当な権限を有する機関による取消のあるまでは、一応、適法の推定を受け、相手方はもちろん、第三者も、他の国家機関もその行政行為の効力を無視することができない効力をいう（昭和30・12・26最高民集９巻14号2070頁）。これは、行政行為の拘束力そのものとは異なり、いわば行政行為が拘束力を有することの承認を強要する力といってよい。公定力の意義及び公定力の認められる根拠等については、学説上異論が多い（兼子仁「行政行為の公定力の理論」（改訂版）、山内一夫「行政行為論講義」58頁以下）が、私は、公定力の意義は右のように解するのが正当であり、その根拠は、行政庁の判断を尊重し（行政庁が具体的に適切な判断をしうる地位にあるとの前提に立っている）、抗告訴訟の形式によってのみこれを争うことができるものとする立法の趣旨にこれを求めるべきものと考える。」（新版行政法上巻〔全訂第２版〕133頁（弘文堂、昭和49年））

「処分がそれに先行する処分の違法性を承継するかどうかの問題がある。すなわち、後行処分自体には違法が存しない場合に、先行処分が違法であることを理由として、後行処分の取消しの訴えを提起することができるかが問題となるが、場合を分けて考える必要がある。先行処分と後行処分とが相結合して１つの効果の実現をめざし、これを完成するものである場合（例えば、農地の買収計画が違法なことを理由として、それに基づく買収処分の違法を主張する場合のごとし）には、原則として（先

行処分について、別に、違法性の承継を中断する趣旨の規定があるとき
は例外）、積極に解すべきであり、先行処分と後行処分とが相互に関連
を有するとはいえ、それぞれ、別個の効果を目的とするものである場合
（例えば市町村議会における予算の議決と、市町村税の賦課、又は租税
の賦課処分と租税滞納処分のごとし）は、消極に解すべきであろう。」
（行政法総論〔法律学全集6〕103頁～104頁（有斐閣、昭和32年））

イ　美濃部達吉・日本行政法上巻〔第3版〕（有斐閣、昭和16年）も、行
政行為は公定力を有するので、行政行為が有効に成立している限り、裁
判所は行政行為が違法であるか否かの審理をする権能はなく、有効な行
政行為として承認しなければならないこと（258頁～259頁）、行政行為
には公定力があるため、違法性の承継は原則として否定されるとしつつ
も、先行行為と後行行為とが相連続して行われ、それらが相まって目的
となる特定の法律的効果を発生する場合には、後行行為がされた段階に
至って、後行行為の取消訴訟において先行行為の違法性を取消事由とし
て主張することが許される、すなわち違法性の承継が認められるが、数
個の行為がそれぞれ別個の目的を有し、たとえその効果において相関連
するとしても、各個の行為が独立にその効果を生ずる場合には違法性の
承継が否定されること（940頁～942頁）につき、次のように述べる。
「凡て行政行為は此の如き意義に於いての公定力を有するもので、争訟
の提起に依るか又は正当な取消の権限を有する行政庁がこれを取消すこ
との外には、総ての者が其の効力を承認せねばならぬ義務を負うもので
ある。行政行為が無効である場合には、当該行政庁に対し独立の地位を
有する他の官庁は、其の有効であるや否やを審理しこれを無効と認定す
ることが出来るけれども、行政行為が苟も有効に成立して居る限りは、
他の官庁はそれが違法であるや否や公益に反するや否や又は其の他取消
の理由あるや否やを審理する権能なく、他の一般行政官庁は勿論、司法
裁判所でも行政裁判所でも当然有効の行政行為として承認せねばならぬ
のである。就中行政裁判所が特定の行政行為に対する争訟を受理してそ
れが違法であるや否やを審理する場合に於いて、其の審理の対象となる
のは唯当該行政行為及びこれと結合して法律的効果を生ずる同一手続中

2 違法性の承継を否定する伝統的な行政法の学説等

の行為にのみ限らるべきもので、假令効果に於いてこれと相関連するものであっても、これとは目的を異にし独立に其の効果を生ずる別個の行政行為に付いては、それが絶対に無効である場合を除くの外は、これを審理し得べきものではなく、それは公定力ある行為として当然其の効力を承認せねばならぬものである。

……法律が特定の行政行為に対して争訟を提起し得ることを認めて居る場合には、争ひ得るのは唯其の特定の行為及びこれと結合して効果を生ずる行為だけであり、これとは効果を異にする別個の行政行為は、完全な公定力を有するもので、行政裁判所は当然これを有効の行為として承認すべく、其の違法であるや否やに付き審理し得べきものではない。」（258頁～259頁）

「前行の行為の違法

行政訴訟は係争の行政行為の違法であることを主張するものでなければならぬが、時としては其の行為それ自身が法規に違反することを主張するのでなくして、前に行われた行為が違法であることを主張し、其の結果として其の行為も亦隨って違法であるとするに依っても、行政訴訟の正当な理由となることが有り得る。如何なる場合に、前行の行為の違法なることを主張するに依って行政訴訟の正当な理由と為し得るかに付いては、数個の行為が相連続して1の手続を為し、其の結合に依って其の目的たる特定の法律的効果を発生する場合と、数個の行為が各々別個の目的を有し、假令其の効果に於いて相関連するとしても、各個の行為が独立に其の効果を生ずる場合とを区別せねばならぬ。

(イ) 数個の行為が結局において或る単一の目的の為めにし、其の全体の結合に依って其の目的たる法律的効果を発生する場合には、その総ての行為はその効果の生ずる法律原因たるもので、其の効果が適法である為めには、其の原因たる総ての行為が適法でなければならぬ。若し其の中の或る行為が違法であったとすれば、其の後に行はれた行為それ自身には違法性は無いとしても、尚ほ其の効果は違法に発生したもので、其の効果を取除く為めに救済を得せしむる必要が有る。此の場合に法律が其の効果を完成せしむる最後の処分に対して、行政訴訟を

195

第 1 編　第 10　保険料認定決定処分の取消訴訟と違法性の承継

提起することを許して居るとすれば、最後の処分それ自身には違法の廉は無いとしても、其の前提たる前行の行為が違法であれば、これを理由として係争の処分の違法であることを主張することが出来る。……

㈑　これに対して、数個の行為が互に目的を異にし、その各個が独立に其の効果を生ずるものである場合には、其の行為の何れか1に対して行政訴訟の提起が許されて居るとすれば、其の行為自身の適法性を争ひ得るの止まり、其の他の行為は公定力を以って効力が確定して居るものであるから、行政裁判所も其の行為の適法性を審理する権限なく、随って他の行為の違法なることを以って、行政訴訟の理由と為し得べきものではない。」（940頁〜942頁）

ウ　伝統的な行政法の学説の問題点

伝統的な行政法の学説は、違法性の承継を否定する根拠を、先行処分の公定力に求め、先行処分が取り消されていない限り、先行処分の違法性についての審理をすることはできない（適法性の推定を受ける）ため、先行処分が有効に存在するとして行われた後行処分が違法となることはないと解していた。

しかしながら、この見解については、次のような問題点がある。

①　公定力とは、行政処分の効果の通用力であり、適法性の推定までは含まないものであり、後行処分の取消訴訟において先行処分の違法性を後行処分の取消事由として主張しても、先行処分の法効果を攻撃することにはならないから、先行処分の公定力に抵触することにはならないので、公定力を根拠として違法性の承継を否定することは相当ではない。

②　公定力により、先行処分が適法性の推定を受けるのであれば、先行処分が取り消されない限り、先行処分の違法性が後行処分に承継されることはなく、公定力は違法性の承継を遮断する効力を有し、先行行為が取り消されることのないまま違法性が承継されることはないことになるというべきであるから、先行処分と後行処分とが相結合して1つの効果を完成させるような場合には例外的に違法性の承継を肯定す

ることは、論理一貫性がない。

③　先行処分と後行処分とが相結合して１つの効果を完成させる目的を
有するような場合には例外的に違法性の承継を肯定するが、その効果
や目的をどのように解釈し判断するかの基準が明確であるとはいえな
い。

(2)　従来の最高裁判例

　最高裁判例においても、最三小判昭和30・12・26民集９巻14号2070頁
〔27002958〕（耕作権確認並びに耕地引渡請求上告事件）は、「行政処分は、
たとえ違法であっても、その違法が重大かつ明白で当該処分を当然無効な
らしめるものと認むべき場合を除いては、適法に取り消されない限り完全
にその効力を有するものと解すべき」旨を判示し、また、最一小判昭和
39・10・29民集18巻８号1809頁〔27001355〕（東京都ごみ焼却場事件・ご
み焼場設置条例無効確認等請求上告事件）も、「行政庁の行為は、公共の
福祉の維持、増進のために、法の内容を実現することを目的とし、正当の
権限ある行政庁により、法に準拠してなされるもので、社会公共の福祉に
極めて関係の深い事柄であるから、法律は、行政庁の右のような行為の特
殊性に鑑み、一方このような行政目的を可及的速かに達成せしめる必要性
と、他方これによって権利、利益を侵害された者の法律上の救済を図るこ
との必要性とを勘案して、行政庁の右のような行為は仮りに違法なもので
あつても、それが正当な権限を有する機関により取り消されるまでは、一
応適法性の推定を受け有効として取り扱われるものである」旨を判示して
いた。

3　公定力を法効果に限定する現在の行政法の学説

　現在の学説は、公定力とは、行政処分が権限のある機関により取り消さ
れるまでは有効であるという、行政処分の効果の通用力をいうものにすぎ
ず、適法性の推定までは含まないものと解している。そして、行政処分が
「有効である」といっても、適法であり有効である場合と、違法であるが
有効である場合とがあり、行政処分が有効であることと、処分要件を充足

第1編　第10　保険料認定決定処分の取消訴訟と違法性の承継

して適法であるか・処分要件を充足しておらず違法であるかは、別個の問題であることとなる。そのため、後行処分の取消訴訟において、先行処分の違法性を後行処分の取消事由として主張することは、先行処分の効力を否定し法効果を攻撃しない限り、行政処分の適法・違法が問題とされることになっても、公定力と抵触するものではなく、許されることになる。したがって、違法性の承継の問題は、公定力理論とは関係がないことになる。

　この見解に立つ塩野宏・行政法Ⅰ〔第6版〕160頁〜164頁（有斐閣、平成27年）は、公定力は行政行為の法効果に関係したものであるから、法効果を攻撃しない限り、公定力と抵触するものではないことにつき、以下のように述べる。
「公定力といっても、それが実定法制度上の法的効果である以上、実定法上の根拠がなければならない。それは、行政事件訴訟法における取消訴訟に求められる。すなわち、行政事件訴訟法3条2項によると、抗告訴訟の1つとして取消訴訟があり、その手続が8条以下に定められている。農地買収処分を例にとると、農地買収処分を受けた者がこれに不服がある場合、取消訴訟を提起して、その処分の取消しを求めることができる。この法律には、買収処分の効力を否定するのはこの取消訴訟だけである、ということはどこにも書いてない。しかし、法律がせっかく取消訴訟制度を用意しているのは、この制度を使うのが便宜であるというにとどまらず、訴訟の段階で処分を直接に攻撃できるのはこの訴訟だけであるということを含んでいる、と解するのが素直ではないか。これが、取消訴訟の排他的管轄と呼ばれているところであるが、これを前提とすると、その取消訴訟以外では裁判所といえども処分の効力を否定できない、という公定力を示す効果が処分に認められることとなるのである。……公定力は行政行為の法効果に関係したものである。したがって、法効果を攻撃しない限り、当該行政行為の適法・違法が取消訴訟以外の訴訟で問題となっても、公定力と抵触するものではない。この点からして、行政行為によって損害を受けた者の損害賠償請求訴訟のあり方が問題となる。まず取消訴訟を提起して、違法であることの確認を求めよとか、あるいは、先決問題としての違法の

198

確認訴訟を提起せよ、という制度を作ることもできる。しかし、わが国ではかかる制度は、少なくとも明示的には存在していないので、通説・判例は、直ちに国家賠償請求訴訟を提起し、その訴訟で裁判所は行政行為の適法・違法を審査し、違法であり、かつ、その他の国家賠償請求権の要件を充たしておれば、請求認容の判決を下すことができる、としている。国家賠償では行政行為の違法性が審理・判断されるが、行政行為の効果それ自体とは関係がないので、公定力ないし取消訴訟の排他的管轄の制度に反しないからである（徳島地判昭和31・12・24行裁例集 7 巻12号2949頁）。……違法性の承継という問題がある。これは、たとえば、税金の賦課処分があり、引き続き滞納処分があるとすると、賦課処分は一つの独立した行政行為で、これには当然取消訴訟の排他的管轄が及ぶが、さらに、同じく独立の行政行為である滞納処分の取消訴訟において、賦課処分は違法でありしたがって滞納処分も違法であると主張できるかどうか、という形で問題となる。あるいは、土地収用法上の収用裁決（後行処分）の取消訴訟の段階で事業認定（先行処分）の違法を主張できるかである。その意味では、当該処分の効果を直接問題とする公定力あるいは取消訴訟の排他的管轄の問題ではない。さらに、後行処分については、当然取消訴訟の排他的管轄が及ぶので、先行処分・後行処分によって展開する行政過程を包括的にとらえれば、取消訴訟の排他的管轄の制度目的（前出（三）①、②）は維持されているため、違法性の承継は取消訴訟の排也的管轄に正面から対立するものではない。ただ、この場合には、違法性の承継を認め、その違法が認定されると、後行処分が取り消されることになるので、国家賠償の場合と異なり、結局のところは、先行処分の効果は無に帰することになる。その意味では、取消訴訟の排他的管轄と無関係ではない。」

4　違法性の承継を肯定するための前提要件

(1)　違法性の承継は、個別的な事情に結論が左右される性質の論点ではなく、制度自体に内在する救済の必要性、許容性に関するものであるから、違法性の承継の可否は、先行処分（事業認定）及び後行処分（収用裁決）の制度一般を前提に論ずる必要がある。

第1編　第10　保険料認定決定処分の取消訴訟と違法性の承継

(2)　また、違法性の承継を肯定するに当たっては、先行処分と後行処分が別個の処分であることを前提としつつ、これらの処分を一体のものとして取り扱って救済することが許される根拠を示す必要がある。

　その要件を検討するについては、実体法的観点と手続法的観点から、具体的事情に即して違法性の承継を肯定することができるかを論じていく必要がある。

　実体法的観点からは、先行処分と後行処分が、結合して1つの目的又は1つの法律効果を実現させるものである場合、言い換えれば「目的と手段」のような関係にある場合である必要があり、先行処分が後行処分の要件の一部を構成していること、及び、その目的が共通していることが要件となる。

　手続法的観点からは、先行処分を争うための手続的保障が十分かということが要件となる。

①　実体法的要件：先行処分と後行処分とが結合して1つの目的・効果の実現を目指しているか

②　手続法的要件：先行処分を争うための手続的保障が十分か（後行処分の段階まで争訟を提起しないという判断が合理的か。）

(3)　「違法性の承継」が認められる場合を一般的に表現すると、先行行為と後行行為が連続した一連の手続を構成し、一定の法律効果の発生を目指しているような場合、いいかえれば、先行行為が後行行為の準備行為にすぎないような場合、ということができる。

(4)　違法性の承継が認められるのは、通説によれば、「先行処分と後行処分が連続した一連の手続を構成し一定の法律効果の発生を目指しているような場合、言い換えれば、先行処分が後行処分の準備行為に過ぎない場合（例えば、農地買収計画と買収処分、事業認定と収用裁決の如し）」と言った極めて例外的なケースであり、これに対し、「先行処分と後行処分が相互に関連するとはいえ、それぞれ別個の目的を指向するもので、相互に手段目的の関係が無いとき（例えば租税の賦課とその滞納処分、予算の決議と市町村税の賦課）」には、先行処分の違法性は後行処分に承継されない、

といわれる（藤田宙靖・行政法Ⅰ〔第4版〕改訂版218頁（青林書院、平成17年））。

5　違法性の承継の肯定裁判例

【1】　農地委員会の農地買収計画と買収処分（最二小判昭和25・9・15民集4巻9号404頁〔27003517〕）

　　この判決は、自作農創設特別措置法に違反した買収計画に基づいて買収処分が行われたときは、所有農地を買収された者は、買収計画に対する不服を申し立てる権利を失った後も、買収処分取消しの訴えにおいてその違法を攻撃し得る、すなわち、自作農創設特別措置法の「買収計画の違法」が「買収処分」に承継される旨を判示しているようにみえる。

　　しかしながら、この判決は、以下のとおり、自作農創設特別措置法で買収をしないと規定されている農地を買収することの違法は、買収計画の違法というべきであるが、買収処分の固有の違法でもある旨を判示していることに照らすと、必ずしも厳密な意味での判決理由として、違法性の承継を肯定した裁判例ということはできない。

「ところで（筆者注：自作農創設特別措置）法第5条はその各号の1に該当する農地については買収をしないと規定しているのであるからこれに該当する農地を買収計画に入れることの違法であることは勿論これが買収処分の違法であることは言うまでないところである。従って右の如き違法は買収計画と買収処分に共通するものであるから買収計画に対し異議訴訟の途を開きその違法を攻撃し得るからといって買収処分取消の訴において、その違法を攻撃し得ないと解すべきではない。……買収計画に対し異議申立や訴願をせず又は訴訟裁決に対する出訴期間を徒過したときは当事者はもはや買収計画に対しその取消を請求する権利を失うのであるからその意味では確定的効力があるのであるがその確定的効力は買収計画内容に存する違法を違法なしと確定する効力があるものではない。」

【2】　事業認定と収用裁決（名古屋地判平成2・10・31判時1381号37頁〔27808702〕）

第1編　第10　保険料認定決定処分の取消訴訟と違法性の承継

　この判決は、以下のとおり、土地収用法における事業認定と収用裁決のように、先行行為と後行行為とが相結合して、事業に必要な土地を取得するという法的効果の実現を目的とし、1つの効果を形成する一連の行政行為である場合には、法が実現しようとしている目的ないし法的効果は最終の行政行為に留保されているのであるから、土地収用法に基づく事業認定の違法性は、後行行為である収用裁決に承継され、収用裁決の取消訴訟において事業認定の違法を主張することができる旨を判示して、違法性の承継を肯定している。

　しかしながら、この判決は、専ら従来の伝統的な見解に従つて判断をしており、違法性の承継を肯定する理論的根拠については、十分に首肯し得るものということはできない。

「土地収用法に基づく事業認定と収用裁決は、その直接の効果は異なるものの、結局は、互いに相結合して当該事業に必要な土地を取得するという法的効果の実現を目的とする一連の行政行為であると解するのが相当である。……

　土地収用法における事業認定と収用裁決のように、先行行為と後行行為とが相結合して1つの効果を形成する一連の行政行為である場合には、以下の理由から、原則として、先行行為の違法性は後行行為に承継されると解すべきである。……

　先行行為と後行行為とが相結合して1つの効果を形成する一連の行政行為である場合には、法が実現しようとしている目的ないし法的効果は最終の行政行為に留保されているのであるから、このような場合にあっては、立法政策上は、先行行為を独立して争訟の対象にならない行政内部の手続的行為とし、先行行為の違法は最終の行政行為の取消訴訟においてのみ主張できるとすることも可能であるが、そのような立法政策を採らず、先行行為を独立の行政行為として扱い、それに対する争訟の機会を設けている場合であっても、なお、先行行為の違法性は後行行為に承継され、後行行為の取消訴訟において先行行為の違法を主張できると解するのが相当である。なぜなら、この場合、法が先行行為を独立の行政行為とし、それに対する争訟の機会を設けた趣旨は、国民の権利利益

202

に大きな影響を及ぼすような行政行為につき、その手続がより慎重に遂行されるようにすることによって、行政手続及び内容の適正さを一層強く担保しようとしたものと解することができ、したがって、先行行為が独立の行政行為であり、それに対する争訟の機会が設けられていることを理由に、違法性の承継を否定することは、右のような法の趣旨に反するものと解せられるからである。……

　事業認定が出訴期間徒過により形式的に確定しても、それは、事業認定の内容に違法事由が存する場合にも、それを違法事由なしとして確定するものではなく、この点において、事業認定の取消訴訟において請求棄却の判決が確定している場合とは根本的に事情を異にする（最高裁判所昭和25年9月15日第二小法廷判決、民集4巻9号404頁参照。）のであるから、事業認定についての出訴期間を徒過することによって、収用裁決の取消訴訟において事業認定の違法性を主張することまで遮断されるいわれはなく、出訴期間の点を理由として違法性の承継を否定する被告の主張は、採用できない。」

【3】　土地区画整理事業の事業計画決定と換地処分（最大判平成20・9・10民集62巻8号2029頁、判時2020号18頁、判タ1280号60頁〔28141939〕）

　この判決は、土地区画整理事業の事業計画の決定の公告がされると、施行地区内において建築制限等が生じ、施行地区内の宅地所有者等は、換地処分を受けるべき地位に立たされるところ、事業計画に基づいて行われる換地処分の取消訴訟において事業計画の違法を主張してその主張が認められたとしても、事情判決（行訴法31条1項）がされる可能性が相当程度あることに照らすと、事業計画の決定は、抗告訴訟の対象となる行政処分に当たると判断したものであるが、その傍論においてではあるが、以下のとおり、換地処分（後行処分）の取消訴訟において事業計画（先行処分）の違法を主張をすることが許される旨を説示し、違法性の承継を肯定しているように解される。

　しかしながら、この判決が違法性の承継を肯定したのは傍論としてであるし、違法性の承継を肯定する理論を明確に示しているとはいえない。

203

第1編　第10　保険料認定決定処分の取消訴訟と違法性の承継

「換地処分を受けた宅地所有者等やその前に仮換地の指定を受けた宅地所有者等は、当該換地処分等を対象として取消訴訟を提起することができるが、換地処分等がされた段階では、実際上、既に工事等も進ちょくし、換地計画も具体的に定められるなどしており、その時点で事業計画の違法を理由として当該換地処分等を取り消した場合には、事業全体に著しい混乱をもたらすことになりかねない。それゆえ、換地処分等の取消訴訟において、宅地所有者等が事業計画の違法を主張し、その主張が認められたとしても、当該換地処分等を取り消すことは公共の福祉に適合しないとして事情判決（行政事件訴訟法31条1項）がされる可能性が相当程度あるのであり、換地処分等がされた段階でこれを対象として取消訴訟を提起することができるとしても、宅地所有者等の被る権利侵害に対する救済が十分に果たされるとはいい難い。そうすると、事業計画の適否が争われる場合、実効的な権利救済を図るためには、事業計画の決定がされた段階で、これを対象とした取消訴訟の提起を認めることに合理性があるというべきである。」

【4】　安全認定と建築確認（最一小判平成21・12・17民集63巻10号2631頁、判時2069号3頁、判タ1317号81頁〔28154012〕）

ア　本判決の意義

　　この判決は、最高裁が正面から違法性の承継を認めた最初の事例であり、以下の①の実体法的観点からの検討及び②の手続法的観点からの検討という両面からの検討の結果に基づき、安全認定の違法は建築確認に承継されることを肯定した。

①　安全認定（都道府県知事）と建築確認（建築主事又は指定確認検査機関）とは、一体的に行われ、避難又は通行の安全の確保という同一の目的を持ち、互いに結合して初めてその効果を発揮する（同一目的・結合効果。実体法的観点）。

②　安全認定は、申請者以外の者に通知することは予定されておらず、これを争おうとする周辺住民等に手続的保障が十分に与えられていないため、周辺住民等が、安全認定によって直ちに不利益を受けることはなく、建築確認があった段階で初めて不利益が現実化す

ると考えて、その段階までは争訟の提起という手段は執らないという判断をすることがあながち不合理であるともいえない（手続的保障の不十分性。手続法的観点）。

「建築確認における接道要件充足の有無の判断と、安全認定における安全上の支障の有無の判断は、異なる機関がそれぞれの権限に基づき行うこととされているが、もともとは一体的に行われていたものであり、避難又は通行の安全の確保という同一の目的を達成するために行われるものである。そして、前記のとおり、安全認定は、建築主に対し建築確認申請手続における一定の地位を与えるものであり、建築確認と結合して初めてその効果を発揮するのである。……

　……、安全認定があっても、これを申請者以外の者に通知することは予定されておらず、建築確認があるまでは工事が行われることもないから、周辺住民等これを争おうとする者がその存在を速やかに知ることができるとは限らない（これに対し、建築確認については、工事の施工者は、法（筆者注：建築基準法〔平成18年法律第46号による改正前のもの〕）89条1項に従い建築確認があった旨の表示を工事現場にしなければならない。）。そうすると、安全認定について、その適否を争うための手続的保障がこれを争おうとする者に十分に与えられているというのは困難である。仮に周辺住民等が安全認定の存在を知ったとしても、その者において、安全認定によって直ちに不利益を受けることはなく、建築確認があった段階で初めて不利益が現実化すると考えて、その段階までは争訟の提起という手段は執らないという判断をすることがあながち不合理であるともいえない。

　……以上の事情を考慮すると、安全認定が行われた上で建築確認がされている場合、安全認定が取り消されていなくても、建築確認の取消訴訟において、安全認定が違法であるために本件条例（筆者注：昭和25年東京都条例第89号による改正前のもの）4条1項所定の接道義務の違反があると主張することは許されると解するのが相

第 1 編　第 10　保険料認定決定処分の取消訴訟と違法性の承継

当である。」

イ　本判決の問題点

　　この判決は、最高裁が正面から違法性の承継を認めた最初の事例であり、実体法的観点からの検討及び手続法的観点からの検討という両面からの検討の結果に基づき、安全認定の違法は建築確認に承継されることを肯定した。

　　しかしながら、この判決については、次のような問題がある。

①　手続法的観点からの検討部分は、従来の判例においては認識されていなかった手続的保障の重要性を違法性の承継の判断基準として明確に定立した点で判例的価値を有するものといえる。これに対し、実体法的観点からの検討部分は、従来の伝統的な行政法の学説（田中二郎説）に従って、安全認定と建築確認が一体性を持ち同一目的の下に結合して効果を発揮するので、安全認定の違法は建築確認の違法に直結する関係にあるとしたものと解されるが、安全認定は建築確認を行うための不可欠の前提ではないし、安全認定の違法は建築確認の違法に直結する関係にあるとはいえず、安全認定につきこれがされた段階で早期安定化を図る必要性のある処分ともいえないのみならず、その目的や効果をどのように解釈し判断するかの基準が明確にされてはいないことなどにも照らせば、違法性の承継の有無を判断するための一般的な基準を提示したものとまではいえない。

②　違法性の承継の判断要素として、実体法的観点からの検討（同一目的・結合効果）と手続法的観点からの検討（手続的保障の不十分性）を挙げるが、違法性の承継を肯定するためには、前者の要素が認められるだけで十分であるのか、後者の要素が認められるだけで十分であるのか、前者と後者の両方の要素が認められなければならないのかが、明確に示されていない。

③　本判決は、名宛人以外の者である第三者（周辺住民）が先行処分（安全認定）に対する取消訴訟を提起する原告適格を有するのか否かについては明確な判断を示していないところ、これが肯定される

場合にも、違法性の承継を認めて、建築確認取消訴訟において安全
認定の違法を主張することが許されるとするのかどうかが不明確で
ある。

6　違法性の承継の否定裁判例

【1】　課税処分と滞納処分（鳥取地判昭和26・2・28行裁例集2巻2号
216頁〔21002992〕）

　この判決は、以下のとおり、賦課処分と滞納処分とは、それぞれ目的
及び効果を異にし、それ自体で完結する別個の行政処分であるから、賦
課処分の違法性は滞納処分には承継されない旨を判示して、違法性の承
継を否定している。

「原告は賦課処分が違法であるときはこれに基く滞納処分も亦違法とな
る旨主張するけれども、賦課処分と滞納処分とは全然別個の手続に属す
る行政処分であって両者の関係は同一手続中の各段階を構成する各行政
処分（例えば農地買収手続における買収計画と買収処分）間の関係とは
異るから、賦課処分の違法が当然滞納処分の違法を招來するものとはい
えない。よって原告のこの点の主張を採用しない。」

【2】　昇任処分と待命処分（最三小判昭和39・5・27民集18巻4号711頁、
判時379号11頁、判タ164号77頁〔27001912〕）

　この判決は、条例所定の定数を超えて町吏員の違法な昇任処分が行わ
れたことによって過員が生じ、その過員を整理するために特定の職員に
対して待命処分が行われたため、待命処分を受けた職員が、昇任の違法
性を取消事由として待命処分の取消しを求めた訴訟において、以下のと
おり、昇任処分と待命処分とはそれぞれ目的及び効果を異にする別個の
行為であるから、前者の違法性は後者に承継されない旨を判示して、違
法性の承継を否定している。

「7名の吏員昇任は競争試験又は選考の方法によらないで行なわれたと
いうのであるから、いずれにせよ、右7名の昇任は、原判決も判示して
いるとおり、違法といわなくてならない。しかし、それだからといっ
て、右昇任が法律上当然に無効といえないことも、原判示のとおりであ

第1編　第10　保険料認定決定処分の取消訴訟と違法性の承継

る。もともと、条例定数を超えて任用できないこと及び試験または選考を経て任用すべきことは、任命権者の義務ではあるけれども、これらの義務に違反したからといって、任用された者または他の吏員に対する関係において違法行為があったということはできず、したがって、上告人は、その違法を主張することはできない（行政事件訴訟法10条1項参照）。……

なお論旨は、当裁判所の判決を援用して、昇任の違法は待命処分に承継される旨を主張するのであるが、論旨援用の判決は違法性承継に関する判決でないのみならず、任用と待命とはそれぞれ目的及び効果を異にする別個の行為であって、前者の違法性が当然に後者に承継されるわけはなく、この点に関する原判示も正当である。論旨はすべて理由がない。」

【3】　第1次納税義務者に対する課税処分と第2次納税義務者に対する納付告知（最二小判昭和50・8・27民集29巻7号1226頁、判時789号25頁、判タ327号195頁〔21051421〕）

この判決は、以下のとおり、地方税法に定める第2次納税義務による納付告知は、主たる納税義務が具体的に確定したことを前提として行われる徴収手続上の1処分としての性格を有するものであり、第2次納税義務者は主たる納税義務について徴収処分を受けた本来の納税義務者と同様の立場に立つものであるから、主たる課税処分等が不存在又は無効でない限りその効力に影響を及ぼすものではなく、第2次納税義務者が納付告知の取消訴訟において、確定した主たる納税義務の存否又は数額を争うことはできないと解するのが相当である旨を判示し、課税処分の違法性は納付告知に承継されないとして、違法性の承継を否定している。

「国税徴収法及び地方税法の定める第2次納税義務は、主たる納税義務が申告又は決定もしくは更正等（以下『主たる課税処分等』という。）により具体的に確定したことを前提として、その確定した税額につき本来の納税義務者の財産に対して滞納処分を執行してもなお徴収すべき額に不足すると認められる場合に、租税徴収の確保を図るため、本来の納

税義務者と同一の納税上の責任を負わせても公平を失しないような特別の関係にある第三者に対して補充的に課される義務であって、その納付告知は、形式的には独立の課税処分ではあるけれども、実質的には、右第三者を本来の納税義務者に準ずるものとみてこれに主たる納税義務についての履行責任を負わせるものにほかならない。この意味において、第2次納税義務の納付告知は、主たる課税処分等により確定した主たる納税義務の徴収手続上の1処分としての性格を有し、右納付告知を受けた第2次納税義務者は、あたかも主たる納税義務について徴収処分を受けた本来の納税義務者と同様の立場に立つに至るものというべきである。したがって、主たる課税処分等が不存在又は無効でないかぎり、主たる納税義務の確定手続における所得誤認等の瑕疵は第2次納税義務の納付告知の効力に影響を及ぼすものではなく、第2次納税義務者は、右納付告知の取消訴訟において、右の確定した主たる納税義務の存否又は数額を争うことはできないと解するのが相当である。」

7 違法性の承継に関する学説

(1) 塩野宏・行政法Ⅰ〔第6版〕164頁（有斐閣、平成27年）

ア この見解は、違法性の承継は、先行処分の効果を直接に攻撃するものではないから公定力の問題ではないし、後行処分の排他的管轄に対立するものでもないと理解した上で、関連する行政行為からなる行政過程が1つの単位を構成している場合には違法性の承継を認めるが、行政過程が包括的なもので複数の単位行政過程から構成されている場合には違法性の承継を認めないというものである。

「② 違法性の承継という問題がある。これは、たとえば、税金の賦課処分があり、引き続き滞納処分があるとすると、賦課処分は一つの独立した行政行為で、これには当然取消訴訟の排他的管轄が及ぶが、さらに、同じく独立の行政行為である滞納処分の取消訴訟において、賦課処分は違法でありしたがって滞納処分も違法であると主張できるかどうか、という形で問題となる。あるいは、土地収用法上の収用裁決（後行処分）の取消訴訟の段階で事業認定（先行処分）の違法を主張できるか

第1編　第10　保険料認定決定処分の取消訴訟と違法性の承継

である。その意味では、当該処分の効果を直接問題とする公定力あるいは取消訴訟の排他的管轄の問題ではない。さらに、後行処分については、当然取消訴訟の排他的管轄が及ぶので、先行処分・後行処分によって展開する行政過程を包括的にとらえれば、取消訴訟の排他的管轄の制度目的は維持されているため、違法性の承継は取消訴訟の排他的管轄に正面から対立するものではない。ただ、この場合には、違法性の承継を認め、その違法が認定されると、後行処分が取り消されることになるので、国家賠償の場合と異なり、結局のところは、先行処分の効果は無に帰することになる。その意味では、取消訴訟の排他的管轄と無関係ではない。……

(イ)　違法性の承継論議には二つの異なった局面がある。一つは、そもそも先行処分の違法が後行処分の違法を構成するかどうかの問題である。二つ目は仮に先行処分の違法が後行処分の違法を構成するとみられるとしても、一律に違法性の承継を認めるべきかどうかの問題である。……

(い)　……問題が、関連する行政行為からなる行政過程において生じているという点に着目すれば、当該行政過程が一つの単位（あるいはまとまり）を構成している場合には当該単位行政過程は相対的評価になじむものとして違法性の承継が認められ、これに対して、当該行政過程が包括的なもので複数の単位行政過程から構成されている場合には、単位行政過程ごとの評価になじむものとして単位行政過程を超えて違法性の承継を認めない仕組みであると整理することができると思われる。この見地からは、土地収用過程は、事業認定と収用裁決で構成される単位行政過程で、租税賦課処分と租税滞納処分は、租税債権の満足という包括的行政過程を構成する異なった単位行政過程であるから、違法性の承継は認められないこととなる。

(ろ)　当該行政過程が違法性の承継が認められる単位行政過程と認識されるとしても、これをもって一律に違法性の承継が認められるものか否かについては、行政事件訴訟法の出訴期間の定めとの調整問題が残る。この点においては、出訴期間の制度が、行政法関係の早期

210

7　違法性の承継に関する学説

安定という政策的判断であって行政行為の排他的管轄に必然的に随
伴するものでないこと、形式的に行政行為を適用の対象としており
個別行政過程の仕組み如何を問うていないこと等に鑑みると、出訴
期間制限制度の緩和を解釈論的に認めることが許されるものと解さ
れる。これを逆にいえば違法性の承継が認められる場合であって
も、出訴期間制限制度の適用を認めることができることを意味す
る。」

イ　塩野説の問題点

違法性の承継の有無の判断のために、関連する行政行為が1つの単位
行政過程を構成しているか、それとも、複数の単位行政過程を構成して
いるかという基準を定立しているが、その論理的根拠が必ずしも十分に
示されているとはいえないし、行政過程の単一性と複数性とを区別する
ための基準も明確であるとはいえない。

(2)　小早川光郎「先決問題と行政行為―いわゆる公定力の範囲をめぐる一考
察」雄川一郎編集代表・田中二郎先生古稀記念　公法の理論（上）387頁
〜388頁、394頁（有斐閣、昭和51年）

ア　この見解は、公定力は、行政行為の効果の通用力であり、本来生ずべ
き効果の内容的限界を越えては及ばないと理解する。そして、先行処分
の存否が後行処分の取消訴訟に対して実体法上の先決関係にある場合
に、後行処分取消訴訟において先行処分の瑕疵の主張が許されないの
は、先行処分の早期確定と後行処分の安定を考慮して、先行処分の要件
不存在の主張に関する遮断効果が先行処分に結びつけられた手続法的な
政策的選択の結果であり、公定力に基づくものではないとした上で、遮
断効果の有無は関係法規の解釈によって決せられるというものである。
「違法性の承継の問題を含めて、行政行為の違法の有無が一定の訴訟に
おいて先決問題として審理されるべきか否かを論ずるにあたっては、右
に指摘されているように、一方では、問題となっている具体的な違法事
由すなわち一定の法律要件の存否と、本案請求（または抗弁）とのあい
だの実体法上の先決関係の有無の判断が、他方で、それとは別個の手続

211

第1編　第10　保険料認定決定処分の取消訴訟と違法性の承継

法的な考慮が、それぞれ必要であると考える。

　そこで、具体的に、滞納処分の取消訴訟において課税要件の不存在が主張された場合について考えてみよう。この場合、まず、課税要件を具えていない者から税金を強制徴収することは許されないという常識的な判断から出発すべきである。そのことは、課税要件の存否が滞納処分の取消請求に対して実体法上の先決関係を有することを意味しよう。被課税債権の後発的貸倒れをめぐる前記の事例につき、最高裁判決は、『貸倒れによって……課税の前提が失われるに至ったにもかかわらず、なお、課税庁が右課税処分に基づいて徴収権を行使……することができるとすることは、所得税の本質に反する』と述べているが、これも右の趣旨と解される。

　これに対して、手続法的には、課税要件の存否に関する争の早期確定と滞納処分手続の安定を考慮して、滞納処分取消訴訟においては、右のように実体法上は先決関係があるにもかかわらず、課税要件不存在の主張をもはや許さないとする政策的選択もありうる。通説判例が課税要件の誤認という課税処分の瑕疵について滞納処分への承継を否定するのは、右の選択の結果にほかならない。そして、現行法は、課税処分につき、場合によっては理由附記を要求し、また、つねに通知の送達をその成立要件とし、かつ、原則として二段階からなる不服申立制度を設けて取消訴訟手続に接続させているが、課税処分がなされた段階で不服を主張させ、処理させるための制度が、このように一応整備されていることは、しばしば指摘されるように、右の解釈をとりうるための基礎を提供している。

　以上のように考えると、滞納処分に対する訴訟において課税要件の誤認が原則として滞納処分の違法事由にならないということは、課税処分の本来の効果をのちの訴訟において通用せしめる公定力とは別個の、課税要件の存否の主張に関する遮断効果が課税処分に結びつけられていることの結果として理解すべきであろう。……

　結論を先取りしてしまえば、行政行為の遮断効果は、一般的に認められるものではないのであって、いかなる種類の行政行為につき、いかな

る種類の請求・抗弁との関係で遮断効果が認められるかは、それぞれの
場合の関係法規の解釈によって決せられるべきものと考えられるのである。」

イ　小早川説の問題点

① 違法性の承継が否定される根拠として、先決性と早期安定の考慮に
基づく先行処分に結びつけられた手続法的な遮断効果を挙げるが、先
行処分の遮断効果は、先行処分の不可争力（取消訴訟の出訴期間制
限）と如何なる相違があるのかが、必ずしも明確ではない。

② 先行処分の遮断効果が認められるかどうかは、関係法規の解釈で決
まるとするが、その解釈の基準が必ずしも明確には示されていないの
で、違法性の承継の有無の判断基準として十分に機能するといえるか
疑問である。

(3) 遠藤博也・実定行政法114頁〜115頁（有斐閣、平成元年）

ア この見解は、実体法的にみて、先行処分の具体的違法事由が後行処分
の違法をもたらす程度に決定的なものであるかという先決性の側面が認
められること、及び、手続法的にみて、先行処分に対する争訟の手段が
不十分であるときのみならず、これが十分なときであっても、先行処分
が最終後行処分による法効果実現に向けて行われる一連の手続過程の一
環であるため、最終の後行処分に対する取消訴訟において先行処分の違
法主張を排除すべきではないという側面が認められること、以上の両側
面からして、後行処分の取消請求による権利救済上、先行処分の違法主
張を認めるのが合理的な場合に、違法性の承継を肯定するというもので
ある。

「一個の手続ないし一連の過程を構成する行政処分の取消請求等におい
て、先行する行政の行為の違法を本案たる後行処分の取消事由としての
違法事由とすることができるか、が違法性の承継の問題である。判例
は、旧自創法上の農地買収計画と買収処分の間、事業認定と収用裁決の
間、都市計画決定と仮換地処分の間にこれを肯定し、逆に、農地買収計
画・買収処分と売渡計画の間、租税賦課処分と滞納処分の間などにはこ

第1編　第10　保険料認定決定処分の取消訴訟と違法性の承継

れを否定している。

　この問題は、まず、実体法的側面からみれば、先行行為の具体的違法事由が本案請求の成否にとって決定的なものかどうかという先決性の問題である。多段階の一連の手続過程からなる複合的作用においては、最終段階の処分が前段階の処分内容の主要部分をも集約してその内容とする場合が少なくない。ある土地を農地買収の対象とすることができるか、土地収用の対象とすることができるかがその例である。ついで、手続法的側面からみれば、前段階の処分に対する争訟の手段が不十分なときには、最終段階の処分を争うときに前段階の処分の違法を主張させる必要性が強い。そればかりではなく、前段階の処分に対する争訟の手段が十分なときであっても、最終処分による法効果実現に向けておこなわれる一連の手続過程の一環であるため、切実さの乏しい初期段階で争訟手段を尽くすべきだとして、最終段階での主張を全面的に排除すべき必然性がとうぜんにはみとめられない場合がある。結局、実体法・手続法両側面からみて、本案の取消請求による権利救済上、先行行為の違法主張をみとめるのが合理的な場合に、違法性の承継が肯定される。多くは各段階に共通する実体的内容にかかわるものと各段階それぞれの手続の存在理由を無意義とするような重要な手続上の違法がこれにあたるであろう。」

イ　遠藤説の問題点

①　違法性の承継の判断基準の1つとして、実体法的側面からみた先行処分の後続処分に対する先決性を挙げ、その理由として、「複数の行政行為が1つの手続的全体を構成し、これによって1つの法律効果が実現される場合には、先行行為は単に最終的行為をまって完成される法律効果実現のための行政作用の構成部分にすぎないもの」であるからというが（遠藤博也・行政行為の無効と取消348頁〔東京大学出版会、昭和43年〕）、先行行為と後行行為は、それぞれ独立の行政行為として完結的な法律効果を有するものというべきであるから、先行行為が後行処分の単なる構成部分にすぎないとするのは論理的にみて相当とはいえない。

214

7　違法性の承継に関する学説

② 違法性の承継の判断基準の1つとして、手続法的側面からみた最終段階の処分を争うときに前段階の処分の違法を主張させる必要性を挙げ、その理由として、「先行行為に対して争訟手段が認められる意義も、もっぱら国民の利益のために、最終的処分による権利侵害の発生前に出訴を認めようとするものであるから、これの不利用には失権的効果を伴わないと解する余地があり、しかも、最終的処分を争う訴訟ですべての点を争わしめる必要が強い」というが（遠藤博也・行政行為の無効と取消348頁〔東京大学出版会、昭和43年〕）、完結的な先行行為について独立の争訟手段が設けられ、取消訴訟の排他的管轄制度が法定されている場合にも、違法性の承継を認める理論的根拠が必ずしも明確であるとはいえない。

(4) 太田匡彦（行政訴訟実務研究会編・自治体法務サポート行政訴訟の実務（加除式）679頁～684頁〔第一法規、平成16年〕）

ア　この見解は、先行処分と後行処分とが連動する関係にあって、先行処分が後行処分に対して先決性をもつことを前提とした上で、後行処分取消訴訟の原告に、先行処分に対する取消訴訟をあらかじめ提起しておくことを要求するのに相応しい事前手続が備えられている場合には違法性の承継を否定し、これが備えられていない場合には違法性の承継を肯定するというものである。

「(3)　違法性の承継

㋐　違法性の承継という名のもとで論じられてきた問題は、第2次世界大戦後に限れば、伝統的に、行政処分Aに先行する別の行政処分Bに何らかの瑕疵の存在が認められ、行政処分Bが違法と考えられる場合に、そのことが行政処分Aの取消原因となるか、という問題である。これに対して、先行行為が行政処分（行政行為）である場合に限らず、それぞれに一定程度独立の意味ないし効果を持つ2つの行為が連続して行われる場合に、先行行為のもつ瑕疵が後行行為の取消原因となるか否かの問題として定式化する見解も存在する。両者は、後行行為が取消訴訟で争われうる行為である―行政行為を

215

第1編 第10 保険料認定決定処分の取消訴訟と違法性の承継

典型とする処分性のある行為である一点は共通するものの、先行行為を処分性の認められる行為に限定すべきと考えるか否かにおいて異なる。

現在の伝統的用語法に基づけば、この問題は、先行行政処分Ｂについても取消訴訟の排他的管轄・出訴期間制限が認められているために問題として意識される。確かに、ここで問題とされているのは後行行政処分Ａの取消の可否であり、行政処分Ｂにも認められる取消訴訟の排他的管轄・出訴期間制限によって早期の安定が図られているところの行政処分Ｂの効力に直接に関わるわけではない。しかし、Ｂに後行する処分ＡがＢの瑕疵を原因として取り消された場合には、Ｂの効果も事実上その相当部分が失われることになるので、Ｂに認められていた取消訴訟の排他的管轄・出訴期間制限の目的が実質的に潜脱されることにならないか、が問題になる。

すなわち、現在の伝統的用語法による限り、違法性の承継の問題は、先行する行政処分の効力を否定するための手段として出訴期間制限を伴う取消争訟手続の利用が強制されている点にその原因を持っている。したがって、先行する行為が行政処分でない場合、後行する行政処分の取消訴訟において先行する行為の瑕疵を争うことは当然に可能であり（例えば委任命令・行政計画の違法を争う）、先行する行為に違法が存在する場合、その違法は当該先行行為に基づいてなされた行政処分の取消原因を構成する……。

(ウ) 伝統的用語法による違法性の承継を認めるべきか否かの問題は、先行行為に対する法的評価が後行行為に対する法的評価と連動する関係にあることが法によって予定されている―先行行為は後行行為に対して先決性をもつ行為である―ことを前提とした上で、後行行政処分取消訴訟の原告に、先行行政処分に対する取消訴訟を予め提起しておくことをどの程度要求できたか、またそれを要求するに相応しい事前手続を先行行政処分が備えているか、によって決されるべきであろう。……

(オ) ……行政の行う複数の行為が連続する場合に先行行為の瑕疵が後

行行為の取消原因となるかという問題を一般的に視野に収めておく必要はあり、行政行為が連続する場合に視線を集中させすぎるべきではない。……問題が最も先鋭に生じるのは行政行為が連続する場合であるものの（また現在の法状況の下で伝統的用語法を離れる強い必要が生じているとまでは思われない）、違法性の承継の言葉の下でどのような事態を想定するかに関し、伝統的用語法からの離脱も今後は考慮する必要があるかもしれない。」

イ　太田説の問題点

①　違法性の承継の判断基準の１つとして、先行処分と後行処分とが連動する関係にあって、先行処分が後行後行処分に対して先決性をもつことを挙げるが、先決性については、遠藤説の問題点①に記載した問題点がある。

②　違法性の承継の判断基準の１つとして、先行処分に対して取消訴訟を提起する手続的保障が十分に備えられているか否かということを挙げるが、先行処分についての不可争力（行訴法14条１項本文）の例外として違法性の承継を認めるということよりも、先行処分に対して出訴期間内に提起することができなかったことにつき「正当な理由」（同項ただし書）があることを理由として、先行処分に対する取消訴訟の提起を認めることのほうが理論的に問題がなく簡明である。

(5)　山本隆司・判例から探求する行政法（有斐閣、平成24年）

ア　この見解は、違法性の承継は、マクロの行政手続ないし行政過程の分節度と、ミクロの権利保護手続の保障度という観点から判断すべきであり、①　先行行為と後行行為が内容上又は手続上明確に区別され、先行行為の違法を是正する手続を専ら先行行為の段階に組み込むことが強い合理性をもち、逆に、先行行為の違法を後行行為の段階で是正する手続をとることが、行政過程ないし行政手続の全体に著しい混乱をもたらす場合で（マクロの行政手続の分節度の観点）、かつ、②　法律が先行行為の段階で、後行行為により現実化する権利利益侵害の程度に見合うだけの手続保障をしており、先行行為をその段階で

第1編　第10　保険料認定決定処分の取消訴訟と違法性の承継

争うことを強い得るほど十分に実効的な権利保護手続が整備されている場合（ミクロの権利保護手続の保障度の観点）に、違法性の承継が否定され、上記の①②と反対の場合に違法性の承継が肯定されるというものである。

「第1に、違法性の承継は、行政行為の規律する法関係の存否を、当該行政行為ないし法関係を執行ないし実現することを趣旨目的とする後続の行政庁の行為に対する行政訴訟の段階で、争うことが制限されるか否かの問題といえる。これは主として、行政過程において行政行為の不可争力ないし取消訴訟の出訴期間制限をどれだけ強く及ぼすかという問題の一種である（行政行為の無効も同じ問題に属する。）。具体的には前述したように、①マクロの行政手続ないし行政過程の分節度と、②ミクロの権利保護手続の保障度を基準に判断される。……

第2に、公定力ないし排他的管轄については、【9】の事案のように、行政行為の規律する法関係（納税義務）と関係するが、それとは異なる法関係（国家賠償請求権）の存否を、当該行政行為に対する抗告訴訟以外の手続で争うことが制限されるかも問題とされる。一般的には次のように考えられよう。

①行政行為およびそれに関する抗告訴訟の手続aにより規律される法関係Aと関係はするが異なる法関係Bを、民事訴訟、刑事訴訟、行政訴訟など他の手続bにより争い得るとすることが、法関係Aを手続aにより規律する趣旨に反し、逆に、法関係Bを手続bにより争い得なくても、法関係Bおよび手続bの性質に反しない場合で、かつ、②法関係Bを手続bにより争い得ないことにしても、実効的な権利保護手続の保障に欠けるところがない場合に、法関係Bを手続bにより争うことが制限される。いわば、①がマクロの手続ないし法制度間の調節、②がミクロの権利保護手続の観点である。①の観点においては、違法性の承継の場合と異なり、手続aおよびbに関与する機関の権限が考慮される。また、【9】の事案では、行政行為の規律する行政主体の金銭債権と、行政行為の違法による国家賠償請求権とが経済的効果に重なる部分があるものの、法的性質を異にするために、明文の法

律の根拠がない限り、国家賠償請求権は制限されないと判断された（①）。金築補足意見は、固定資産課税台帳の登録価格について所定の期間内に不服申立てを行う手続が必ずしも実効的でないため、国家賠償請求を制限することが納税者にとって酷であることも挙げていた（②）。

　公定力の範囲に関して、現在でも学説の到達点と考えられる見解は、（狭義の）公定力を行政行為の効果の通用力に限定し、行政行為における要件の認定判断に反する主張・判断を制限することを行政行為の『遮断効果』として区別し、『遮断効果』が認められるか否かについては、『行政上の必要と権利救済の要請との機能的な調和の観点から』『それぞれの場合の関係法規の解釈によって』判断する、というものである。もっとも、行政行為の効果と要件の区別を基準にした（狭義の）公定力と遮断効果との区別には、明快でないところがあり、また『行政上の必要』ないし『行政目的の実現』という基準は、未だ茫漠としている。」（186頁～188頁）

「違法性の承継の可否を判断するための重要な基準の1つは、先行行為と後行行為の内容上および手続上の関係に鑑みて、先行行為の違法を是正する手続を専ら先行行為の段階に組み込むことが強い合理性を持ち、先行行為の違法を後行行為の段階で是正する手続をとることが、先行行為・後行行為を通じた行政過程ないし行政手続の全体に著しい混乱をもたらすか否か、という基準である。……ただし、もう1つ考慮すべき基準がある。それは、関係者に対する手続保障の程度、権利保護手続の実効性である。つまり、先行行為の段階で、後の権利利益侵害の程度に見合うだけの手続保障がなされ、先行行為をその段階で争うことを強い得るほど十分に実効的な権利保護手続が整備されているか否か、という基準である。」（407頁）

イ　山本説の問題点

　違法性の承継を否定する要件として、先行行為の違法是正を先行行為の段階で争わせる強い合理性があること、及び、後行行為の段階で先行行為の違法を争わせると行政過程ないし行政手続の全体に著しい混乱が

第1編　第10　保険料認定決定処分の取消訴訟と違法性の承継

生じることを挙げるが、行政行為の不可争力ないし取消訴訟の出訴期間
制限の趣旨が法律関係の早期安定にあることを考慮すれば、違法性の承
継を否定する場合に、先行行為をその段階で争わせる強い合理性の存在
を要件とする必要性はなく、また、後行行為の段階で先行行為の違法を
争わせた場合の行政過程ないし行政手続の全体への著しい混乱の発生を
要件とする必要性もない。

(6)　倉地康弘・最判解説民事篇平成21年度〈下〉40事件960頁

ア　この見解は、「適法な先行処分」の存在が後続処分の要件になってい
る場合には違法性の承継が肯定され、「（その適否を問わず）不可争力が
生じた（有効な）先行処分」の存在が後続処分の要件になっている場合
には違法性の承継が否定されるが、そのいずれの場合に該当するかは関
係規定の解釈によって決すべきであるというものである。
「後続処分の取消訴訟において先行処分が違法であるがゆえに後続処分
も違法であると主張される場合、まず、両者の関係を定めた法令の規定
があればそれに従う。例えば、固定資産課税台帳に登録された価格の決
定が違法であっても、その違法性は固定資産税の賦課決定に承継されな
いから（地方税法432条3項、434条2項）、賦課決定の取消訴訟におい
て価格の決定の違法が主張されてもそれ自体理由がないとして排斥する
ことになる。……
　これに対し、法令の規定がない場合は解釈によって対処するほかな
い。その際、第1に検討すべきは、先行処分の違法が後続処分の違法を
もたらす関係にあるか否かである。この関係が否定されるのであれば、
後続処分の取消訴訟において先行処分の違法性を主張することは無意味
であり、主張自体理由がないことになる。違法性の承継を否定した最三
小判昭39・5・27民集18巻4号711頁（他の吏員の昇任と待命）はこの
類型に当てはまるとみることができる。
　関係規定の解釈により先行処分の違法が後続処分の違法をもたらす関
係にあると判断されると、第2段階の検討に移る。結論からいうと、そ
のような関係がある以上常に違法性の承継を肯定すべきであるとするな

らば行政の手続の安定性が害される事態が生じ得るから、違法性の承継が否定される場合があることを認めざるを得ない。先行処分が違法であり、その違法が後続処分の違法をもたらす関係にあっても、解釈により違法性の承継を否定しなければならない場合があるということである。この結論を導き出すための解釈上の手掛りになるのが行政処分の取消訴訟の出訴期間制限（すなわち不可争力）という制度の存在であり、この制度を踏まえると次のような解釈上の操作が可能となる。まず、先行処分の違法性が後続処分に承継されるという判断をするためには、関係規定の解釈上、『適法な先行処分』の存在が後続処分の要件になっているといえばいい。先行処分が違法であればこの要件を欠くことになるから後続処分は取り消すべきである。逆に、先行処分の違法性が後続処分に承継されないと判断するためには、関係規定の解釈上、『適法な先行処分』の存在ではなく『（その適否を問わず）不可争力が生じた（有効な）先行処分』の存在が後続処分の要件になっているといえばいい。先行処分が仮に違法であったとしても―無効事由に当たるほどの違法でない限り―、出訴期間が経過してしまえばこの要件を欠くことはないから、先行処分の違法が後続処分の取消事由にはならない。先行処分が違法である以上後続処分も違法であるとしてこれを取り消すのが法治主義の見地からは一貫するようにみえるが、取消事由の出訴期間制限という制度の存在により、もう一つ別の回路が開かれているわけである。最近の学説が違法性の承継を否定する根拠として不可争力を挙げるのは以上のことを意味するのではないかと思われる。不可争力という行政処分の効力の存在が違法性の承継を否定する決め手となるのではなく（もし決め手になるのであれば先行処分に不可争力が生じた場合は常に違法性の承継が否定されることになるが、大多数の学説はこの立場は採らない。）、不可争力という制度（この場面では出訴期間制限といったほうが分かりやすい。）の存在が媒介となって解釈により違法性の承継を否定することが可能となるのである。

　『適法な先行処分』の存在が要件になるのか『不可争力が生じた先行処分』の存在が要件になるのかは関係規定の解釈によって決すべきこと

第1編　第10　保険料認定決定処分の取消訴訟と違法性の承継

であるが、ある程度包括的な形で振分けの基準を示すことはできるはず
であり、本文の第3・3(4)で紹介した山本（2009・2011）による区別の
基準はそのようなものとして非常に役に立つように思われる。大きくい
えば、手続の安定の要請と手続保障の要請をどう折り合わせるかの問題
である（櫻井＝橋本）。いずれにしても違法性の承継の有無は関係規定
の検討によって初めて決められることであり、田中基準を表面的になぞ
ることによって、あるいは原則ー例外といった単純な思考によって答え
が出せる問題ではない。」

イ　倉地説の問題点

①　先行処分の違法が後続処分の違法をもたらす関係にあるとしても、
「適法な先行処分」の存在が後続処分の要件になっている場合には違
法性の承継を肯定し、「（その適否を問わず）不可争力が生じた（有効
な）先行処分」の存在が後続処分の要件になっているにすぎない場合
には違法性の承継を否定し、後者の場合には先行処分の出訴期間が経
過すると先行処分の違法は後続処分の取消事由にはならなくなるとい
うが、先行処分の違法が後続処分の違法をもたらす関係にあるのであ
れば、上記のいずれの場合においても、先行処分の出訴期間が経過し
たことにより、先行処分の違法が後続処分の取消事由にはならないと
するのが論理的に一貫するのではないかという問題点がある。

②　先行処分の違法が後続処分の違法をもたらす関係にあるとしても、
上記の後者の場合に限っては、先行処分の出訴期間が経過すると先行
処分の違法は後続処分の取消事由にはならなくなるというが、その理
論的な根拠が必ずしも明確ではない。

③　「適法な先行処分」の存在が要件になるのか「不可争力が生じた先
行処分」の存在が要件になるのかは関係規定の解釈によって決すると
いうが、その振分けの基準が明らかではなく、その解釈には相当な困
難が伴う。

(7) 鵜澤剛「確認的行政行為の性質と違法性の承継」金沢法学62巻 1 号31頁
以下（令和元年）

ア　この見解は、「違法性の承継」と呼ばれている問題は、先行処分の違
法が後行処分の違法事由となることを前提として、先行処分の違法主張
の訴訟上の主張制限の問題であるから、原則は主張可能であり、例外的
に不可とされるものであり、基本的には先行処分の違法主張を制限すべ
き理由はないというものである。

「『違法性の承継』と呼ばれている問題は、先行処分の違法が後行処分の
違法事由となることを前提として、先行処分の違法主張を制限すべき場
合があるという問題であると考えられるが、ここでいう『制限』は訴訟
上のものであり、その意味で、『違法性の承継』は訴訟上の主張制限の
問題である。……先行処分の違法は後行処分の違法事由（取消事由）と
なるものである以上、訴訟物に関係する主張として本来可能なはずであ
り、訴訟上の理由から『制限』されるというのであるから、先行処分の
違法主張は、これを制限すべき理由が肯定されてはじめて制限されるも
のであり、その意味で、原則は主張可能であり、例外的に不可とされ
る。」

イ　鵜澤説の問題点

違法性の承継は、「先行処分が違法であれば後行処分も当然に違法で
あるという関係を前提として」、どのような場合に先行処分の違法主張
を制限すべきかという訴訟上の主張制限の問題であるから、原則は先行
処分の違法を後行処分の違法事由（取消事由）として主張することが可
能であるというが、先行処分と後行処分とが上記のような関係にあるこ
とを前提とするとしても、先行処分の出訴期間が経過した場合において
も、先行処分の違法主張が可能であるのか、また、その根拠は何かとい
う点が必ずしも明らかではないという問題点がある。

8　検　討

(1) 判例の状況

安全認定（先行処分）と建築確認（後行処分）につき、最高裁が正面か

第 1 編　第 10　保険料認定決定処分の取消訴訟と違法性の承継

ら違法性の承継を認めた最初の判例である最一小判平成21・12・17民集63
巻10号2631頁〔28154012〕は、従来の判例においては認識されていなかっ
た手続的保障の重要性を違法性の承継の判断基準として明確に定立した点
で判例的価値を有するものであるが、違法性の承継の有無を判断するため
の一般的な基準を提示したものとまではいえないため、最高裁判例におい
ては、いまだ違法性の承継の判断基準が明確に示されている状況にはな
い。

(2)　学説の状況

学説においても、違法性の承継の判断基準として説くところは多種多様
であり、それぞれの理論的な根拠について問題点があり、いまだ判断基準
につき統一的な見解が確立しているという状況にはない。

(3)　違法性の承継の要件論（私見）

ア　名宛人以外の第三者の先行処分に対する不服申立適格

先行処分の名宛人は、自己にとって不利益な先行処分の取消しを求め
る原告適格を有することはもちろんであるが、先行処分の名宛人以外の
第三者であっても、先行処分につき、行訴法 9 条 1 項所定の「法律上の
利益を有する者」、すなわち、「当該処分により自己の権利又は法律上保
護された利益を侵害され又は必然的に侵害されるおそれのある者」に該
当する場合には、処分の取消しを求める原告適格を有する（最三小判昭
和53・ 3 ・14民集32巻 2 号211頁〔27000252〕〔ジュース事件。審決取消
請求上告事件〕、最三小判平成 4 ・ 9 ・22民集46巻 6 号571頁
〔25000022〕〔原子炉設置許可処分無効確認等請求事件〕等）。

そして、「当該処分を定めた行政法規が、不特定多数者の具体的利益
を専ら一般的公益の中に吸収解消させるにとどめず、それが帰属する
個々人の個別的利益としてもこれを保護すべきものとする趣旨を含むと
解される場合には、このような利益もここにいう法律上保護された利益
に当たり、当該処分によりこれを侵害され又は必然的に侵害されるおそ
れのある者」は、処分の取消しを求める原告適格を有する。なお、当該
行政法規が、個々人の個別的利益としてもこれを保護すべきものとする

趣旨を含むか否かは、当該行政法規の趣旨・目的、当該行政法規が当該処分を通して保護しようとしている利益の内容・性質等を考慮して判断すべきである（最三小判平成13・3・13民集55巻2号283頁〔28060497〕〔林地開発行為許可処分取消請求事件〕、最大判平成17・12・7民集59巻10号2645頁〔28110059〕〔小田急線連続立体交差事業認可処分取消請求事件〕等）。

　以上のような判例の解釈傾向を踏まえて、平成16年の行訴法改正（平成16年法律第84号）により新設された同法9条2項には、「処分又は裁決の相手方以外の者について前項に規定する法律上の利益の有無を判断するに当たっては、当該処分又は裁決の根拠となる法令の規定の文言のみによることなく、当該法令の趣旨及び目的並びに当該処分において考慮されるべき利益の内容及び性質を考慮するものとする。この場合において、当該法令の趣旨及び目的を考慮するに当たっては、当該法令と目的を共通にする関係法令があるときはその趣旨及び目的をも参酌するものとし、当該利益の内容及び性質を考慮するに当たっては、当該処分又は裁決がその根拠となる法令に違反してされた場合に害されることとなる利益の内容及び性質並びにこれが害される態様及び程度をも勘案するものとする。」旨が定められ、処分の名宛人以外の者について、法律上保護された利益の有無を判断するに当たり考慮すべき具体的な考慮要素が示されるに至った。

　なお、名宛人以外の第三者が先行処分の法的効果による権利の制限を受ける場合には、処分の名宛人として権利の制限を受ける者と同様に、当該処分により自己の権利を侵害され又は必然的に侵害されるおそれのある者として、当該処分の取消しを求めるにつき法律上の利益を有する者に当たり、その取消訴訟における原告適格を有するものである（最二小判平成25・7・12判時2203号22頁〔28212267〕〔差押処分取消、国家賠償等請求事件〕）。また、名宛人以外の第三者が先行処分の法的効果により直接具体的な不利益を被るおそれがある場合には、その第三者は、先行処分により「自己の権利又は法律上保護された利益を侵害され又は必然的に侵害されるおそれのある者」に該当し、先行処分の取消しによ

第1編　第10　保険料認定決定処分の取消訴訟と違法性の承継

ってこれを回復すべき法律上の利益を有するので、その取消訴訟における原告適格を有するものである（最一小判平成18・1・19民集60巻1号65頁〔28110295〕〔裁決取消請求事件〕）。

イ　公定力について

　行政処分の公定力（行訴法3条）とは、行政処分の効果の通用力をいうものであり、先行処分の効力を否定し法効果を攻撃しない限り、行政処分の適法・違法が問題とされることになっても、公定力と抵触することにはならない。後行処分の取消訴訟において先行処分の違法性を後行処分の取消事由として主張することは、先行処分の効力を否定してその法効果を攻撃するものではないし、先行処分の取消しを要求するものでもないから、先行処分の公定力に抵触することにはならない。したがって、違法性の承継の問題は、公定力理論から導き出されるものではなく、公定力を根拠として違法性の承継を否定することはできないものである。

ウ　不可争力について

　行政処分は、その早期安定を図る趣旨から、出訴期間が経過したときは、同処分に対する取消訴訟を提起することができなくなり、同処分により形成された法律関係が確定するので、違法性の承継を認めると、その趣旨を没却するおそれがある。

　しかしながら、出訴期間の制限は、行政処分の形式的確定力を有するにすぎず、実体的確定力までも有するものではないから、先行処分につき出訴期間が経過していても、後行処分の取消訴訟において先行処分の違法性の主張が遮断されることにはならない。

　そして、先行処分と後行処分とが緊密に連動しており、適法な先行処分の存在が後行処分の適法要件とされているといえる場合若しくは先行処分と後行処分とが相結合して1つの効果の実現を目指しこれを完成させる一連の行為であるような場合には、後行処分の取消訴訟において先行処分の違法性を取消事由として主張することを認めても、先行処分の出訴期間制限の趣旨を没却することにはならない。

エ　先行処分と密接性・連動性をもって後行処分が行われたこと（要件そ

の1・実体法的観点）

　　先行処分と密接性・連動性をもって後行処分が行われた場合には、先行処分が要件を充足した適法なものであることが、後行処分の適法性の前提となり、後行処分取消訴訟において先行処分の違法性の主張が許され、違法性の承継を肯定することができる。

　　これに対し、先行処分と後行処分とが、それぞれ独立性が高く、密接性・連動性を有しない場合には、後行処分が適法であるために、先行処分が支給要件を充足した適法なものであることは必要がないため、違法性の承継は否定される。

　オ　先行処分を争うための手続的保障の十分性（要件その2・手続法的観点）

　　先行処分がされた段階で、これを早期に確定させるための争訟手段が設けられており、手続的な制度的保障が十分にされている場合には、先行処分の違法性は、先行処分がされた段階で争うべきであるから、後行処分取消訴訟において先行処分の違法性の主張をすることは許されず、違法性の承継は否定される。

　　ただし、先行処分がされた段階で争訟を提起することの期待可能性が乏しいため、手続的保障の実効性が不十分である場合には、例外的に、違法性の承継が肯定される。

9　労災支給処分と保険料認定処分

(1)　特定事業主の労災支給処分に対する不服申立適格（原告適格）

　ア　特定事業主の労災支給処分による不利益の程度

　　特定事業主が労災支給処分がされたことにより、メリット制を介して保険料の納付義務の範囲が増大する不利益を被るおそれは、変動する収支率・増減率・保険率などの様々な考慮要素との関係で不確定な可能性にとどまるものである。したがって、労災支給処分がされた段階で、特定事業主が不利益を被るおそれは、直接具体的な不利益ではなく、間接的かつ抽象的なおそれにすぎないというべきである。

　イ　根拠法令及び関係法令の趣旨・目的等（行訴法9条2項）

第1編　第10　保険料認定決定処分の取消訴訟と違法性の承継

　　　労災支給処分の根拠法令である労災保険法の趣旨・目的（被災労働者
　　の早期救済を目的とし、特定事業主の個別の労災支給処分自体の是正を
　　図る利益は保護の対象としていないこと）、また、労災支給処分の関係
　　法令である労働保険徴収法の趣旨・目的（労働保険事業の効率的運営を
　　目的とし、メリット制を通じて、特定事業主間の保険料負担の公平と災
　　害防止努力の促進を図るもの）、さらに、労災支給処分が法令に違反し
　　てされた場合における特定事業主が害されることとなる利益の内容及び
　　性質（保険料の増額のおそれ）等も総合的に考慮して判断すると、根拠
　　法令及び関係法令は、特定事業主が労災支給処分に対する不服申立てを
　　行うことにより、個別の労災支給処分自体の適正化ないし是正を図ると
　　いう、特定事業主の利益を保護することを目的としてはいないというこ
　　とができる。
　ウ　労災支給処分に対する不服申立適格の否定
　　　以上に検討したところによれば、特定事業主は、労災支給処分がされ
　　た段階では、メリット制を介して保険料の納付義務の範囲が増大する不
　　利益を被るおそれは、いまだ間接的かつ抽象的なものであって、直接具
　　体的な不利益ということはできないから、特定事業主の労災支給処分に
　　対する不服申立適格は否定するのが相当であると考える余地があるとの
　　見解もあり得る。

(2)　保険料認定処分取消訴訟における労災支給処分の違法性の主張
　ア　保険料認定処分による不利益の現実化
　　　特定事業主は、労災支給処分がされた段階では、労働保険料が増大す
　　るという不利益を被るおそれは、いまだ間接的かつ抽象的なおそれにす
　　ぎず、直接具体的な不利益ということはできないので、労災支給処分に
　　対する不服申立ては許されないものと解される。
　　　しかしながら、保険料認定処分が具体的に行われる段階に至ると、労
　　災支給処分があることに基づき労働保険料が増額した場合には、特定事
　　業主には、この時点で、直接具体的な不利益が現実化する。
　イ　取消事由としての労災支給処分の違法性の主張

228

そして、保険料認定処分は、先行処分である労災支給処分と密接性・連動性をもつ後行処分として行われているので、保険料認定処分が適法であるためには、労災支給処分が支給要件を充足した適法なものである必要がある。

したがって、特定事業主は、保険料認定処分に対する取消訴訟を提起することが許されるし、その取消訴訟において、労災支給処分の違法性を取消事由として主張することが許される。

なお、都道府県労働局長が特定事業主に対して行う「労働保険料認定決定」（労働保険徴収法19条4項、同法施行規則1条1項1号）に対しては、厚生労働大臣への審査請求（行政不服審査法18条1項）、裁判所への提訴（行訴法9条1項・2項、14条1項・2項）と、順次不服申立ての段階が進行する。

(3)　保険料認定処分の取消判決の拘束力

　ア　取消判決の拘束力

保険料認定処分の取消訴訟において、労災支給処分の支給要件非該当性を理由として労災支給処分の取消しがされた場合に、取消判決の拘束力（行政不服審査法52条1項、行訴法33条1項）により、原処分庁である労基署長が労災支給処分を取り消さなければならないか否かということが問題となる。

取消判決の拘束力は、理由中の判断のうち、主文を導き出すのに必要な事実認定及び法律判断について生じるものであるところ、理由中で示された違法な労災支給処分を取り消さなければ、主文で示された保険料認定処分を取り消す趣旨が達成されないという関係にあるときには、原処分庁は労災支給処分を取り消すべき義務が生じると解される（最一小決平成11・1・11集民191号1頁〔28040105〕参照。町議会議員に対する除名処分の効力停止決定がされた場合、同人の議員としての地位が回復されることになり、欠員が生じたことに基づいて行われた繰上げ補充による当選人の定めは根拠を失うことになるから、選挙管理委員会は効力停止決定の拘束力に基づきその当選を将来に向かって無効とすべき義

第1編　第10　保険料認定決定処分の取消訴訟と違法性の承継

務を負うとした判例)。

イ　取消判決の拘束力に基づく労災支給処分の取消しの要否

　ところで、特定事業主が保険料認定処分に対して取消訴訟を提起する目的は、専ら、メリット収支率を算出する際の保険給付等の額から対象の労災支給処分による保険給付額を控除して、労働保険料の再計算をした上で、新たな保険料認定処分を求めることにあるところ、原処分庁は、労災支給処分を取り消さなくとも、理由中で示された対象の労災支給処分の保険給付額を控除して新たな保険料認定処分を行うことにより、主文で示された内容を実現することが可能である。

　したがって、保険料認定処分の取消訴訟において、労災支給処分の支給要件非該当性を理由として労災支給処分の取消判決がされたとしても、労災支給処分の違法性は判決理由中の判断として認定されたにすぎないものであって、労災支給処分自体につき実体的な法律上の変動は生じていないのみならず、理由中で示された違法な労災支給処分を取り消さなければ、主文で示された保険料認定処分を取り消す趣旨が達成されないという関係にはないことなどに照らせば、取消判決の拘束力に基づき、原処分庁に労災支給処分を取り消す義務が生じることにはならないと解するのが相当である。

　この点、「取消判決の実効性の確保の見地から行政庁の積極的行為義務という観点からして、後行処分が先行処分の有効性を要件としているような場合（いわゆる違法性の承継が認められる場合を含む）には、先行処分が取り消されると、行政庁としては後行処分を取り消す義務が拘束力により生ずるとされる。……これとは順序を逆にして、後行行為が先行行為の違法を理由に取り消された場合は、事後の行政過程は展開しないので、訴訟の目的は達している。その意味で、拘束力を問題とする余地はない。」とする見解もある（塩野宏・行政法Ⅱ〔第6版〕197頁〔有斐閣、平成31年〕）。

(4)　保険料認定処分の取消判決に基づく労災支給処分の職権取消

ア　行政処分の職権取消の要件

230

保険料認定処分の取消訴訟において、労災支給処分の支給要件非該当性を理由として労災支給処分の取消しがされた場合に、原処分庁である労基署長が職権で労災支給処分を取り消さなければならないか否かということが問題となる。

ところで、行政処分は、それが一定の争訟手続に従い、当事者を手続に関与させて紛争の終局的解決が図られ確定するに至った場合には、当事者がこれを争うことができなくなることはもとより、処分をした行政庁も、特別の規定のない限り、それを取り消し又は変更し得ない拘束を受けるに至るものである（最一小判昭和29・1・21民集8巻1号102頁〔27003228〕、最二小判昭和29・5・14民集8巻5号937頁〔27003171〕、最三小判昭和42・9・26民集21巻7号1887頁〔27001043〕参照）。

しかしながら、行政処分は適法かつ妥当なものでなければならないから、一旦行われた行政処分が、既に法定の不服申立期間の経過により争訟手続により争い得なくなったものであっても、後にそれが違法又は不当なものであることが明らかになった場合には、法律による行政の原理又は法治主義の要請に基づき、行政処分の適法性や合目的性を回復するため、法律上特別の根拠なくして、処分をした行政庁その他正当な権限を有する行政庁においては、自らその違法又は不当を認めて、職権によりこれを取り消すことが許されるものと解される。

イ　行政処分の職権取消の制限

ただし、取り消されるべき行政処分の性質、相手方その他の利害関係人の既得の権利利益の保護、当該行政処分を基礎として形成された新たな法律関係の安定の要請などの見地から、条理上その取消しをすることが許されない、又は、制限される場合がある。特に、授益的な行政処分がされた場合において、後にそれが違法であることが明らかになったときは、行政処分の取消しにより処分の相手方が受ける不利益と処分に基づいて生じた効果を維持することの公益上の不利益とを比較衡量し、当該処分を放置することが公共の福祉の要請に照らし著しく不当であると認められるときには、処分をした行政庁等が自ら職権でこれを取り消し、遡及的に処分が行われなかったのと同一の状態に復せしめることが

第 1 編　第 10　保険料認定決定処分の取消訴訟と違法性の承継

許されるものと解するのが相当である（最二小判昭和28・9・4民集7巻9号868頁〔27003287〕、最二小判昭和31・3・2民集10巻3号147頁〔27002944〕、最一小判昭和43・11・7民集22巻12号2421頁〔27000900〕、最二小判令和3・6・4民集75巻7号2963頁〔28291883〕参照）。

ウ　保険料認定処分の取消判決に基づく労災支給処分の職権取消の可否

労災支給処分は、被災労働者にとって授益的行政処分である。このような授益的行政処分の職権取消については、一旦確定した労災支給処分を事後に取り消すことに伴い被災労働者に生じる不利益は極めて大きい。また、保険料認定処分における労災支給処分の支給要件非該当を取消事由とする判断は、労災支給処分とは当事者や主張及び立証資料が異なる保険料認定処分の取消訴訟の判決理由中における判断にすぎない。

これらの諸点に照らせば、労災支給処分という授益的行政処分については、その取消しにより処分の相手方である被災労働者が受ける不利益と処分に基づいて生じた効果を維持することの公益上の不利益とを比較衡量した場合には、被災労働者の法的安定性の要請により重きを置いた処理を行うのが相当であるし、労災支給処分をそのまま維持することが公共の福祉の要請に照らし著しく不当であるということもできない。

学説においても、「問題の焦点が、法律による行政の原理を否定するに足る相手方並びに利害関係者の保護の必要性が認められるかどうかにあることからすると、利益保護の対象は財産的価値（金銭又は物の給付）に関係するもので（逆にいえば、資格等の地位付与に関する場合は公益上必要な要件が欠けている以上、取消権の制限は及ばない）、取消権の行使の結果蒙る相手方の不利益の具体的状況、当初の行政行為の瑕疵をもたらした原因（相手方の責めに帰すものかどうか）等の利益の比較を当該受益的処分にかかる法律の仕組みに即して判断することになろう。」という見解がある（塩野宏・行政法Ⅰ〔第6版〕190頁〔有斐閣、平成27年〕）。

したがって、保険料認定処分の取消訴訟において、労災支給処分の支給要件非該当性を理由として取消判決がされた場合であっても、そのことに基づいて直ちに労災支給処分の職権取消をすることは行わないとい

　　　　　　　　　　　10　メリット制による労働保険料の具体的な計算の参考例

う対応をとることが適当であり、そのような処理をしても、法律による
行政の原理に反することにはならないと考えられる。

10　メリット制による労働保険料の具体的な計算の参考例

※　条件：「その他の製造業（労災保険率⇒6.5/1000）」で労働者数100名
　　　　　の適用事業場であり、全労働者の平均年収（賃金）は500万円
　　　　　とする。被災労働者の年収は500万円（給与30万円、賞与年額
　　　　　140万円と仮定する。30万円×12月＋140万円＝500万円）

※　労災保険率（6.5/1000　⇒　労働保険徴収法施行規則16条1項・別表
　第1に規定）

※　非業務災害率（一律に0.6/1000　⇒　労働保険徴収法施行規則16条2
　項に規定）

※　第1種調整率（0.67　⇒　労働保険徴収法施行規則19条の2に規定）

※　〔設例〕　　　　　　　事故　　　支給
　1～3年度　　4年度　　5年度　　6年度　　7年度　　8年度
　保険料 α /年　　α /年　　β /年　　β /年　　β /年　　γ /年
　※5年度からメリット適用開始、6年度中に労災保険の支給
　※8年度分（4～6年度支給が対象）から支給額が反映される。

A　標準保険料額
　　平均年収額×全労働者数×基準労災保険率＝
　　500万円×100名×6.5/1000＝325万円
　　うち業務災害分⇒500万円×100名×（6.5－0.6）/1000＝295万円

B　1～3年度に業務災害がない場合の5年度の保険料額 β
　(1)　メリット収支率
　　　　支給額÷（年保険料×3年×第1種調整率）＝
　　　　0円÷（295万円×3年×0.67）＝0％　⇒　増減率は－40％
　(2)　メリット労災保険率（改定労災保険率）
　　　　（基準労災保険率－非業務災害率）×調整増減率＋非業務災害率＝

233

第 1 編　第 10　保険料認定決定処分の取消訴訟と違法性の承継

$(6.5 - 0.6)/1000 \times (100\% - 40\%)/100 + 0.6/1000 = 4.14/1000$

(3)　改定保険料額（メリット制適用後の保険料額）

平均年収額×全労働者数×改定労災保険率＝

500万円×100名×4.14/1000＝207万円

(4)　うち業務災害分（非業務災害率は、通勤災害・二次健康診断等分）

平均年収額×全労働者数×（改定労災保険率－非業務災害率）＝

500万円×100名×(4.14 − 0.6)/1000＝177万円

C　5年度に業務災害が1件発生し、6年度中に以下の労災保険支給がされて、入院加療後に死亡した場合の8年度の保険料額 γ

※　被災労働者の給付基礎日額は、9891円（＝30万円×3月÷91日）

※　遺族補償年金は、9891円（給付基礎日額）×153日＝151万3323円（令和6年度に支給された分。労災保険法16条の3、別表第1）

※　遺族特別支給金は、300万円

※　葬祭料61万1700円（労災保険法施行規則17条）、死亡前の医療費500万円

※　支給総額は、151万3323円＋300万円＋61万1700円＋500万円＝1012万5023円

(1)　メリット収支率

支給額÷（4年度～6年度の3年間の業務災害分の総保険料×第1種調整率）＝

1012万5023円÷（〔4年度・295万円＋5年度・177万円＋6年度・177万円〕×0.67）＝232.9%　∴⇒　増減率は＋40%

(2)　メリット労災保険率（改定労災保険率）

（基準労災保険率－非業務災害率）×調整増減率＋非業務災害率＝

$(6.5 - 0.6)/1000 \times (100\% + 40\%)/100 + 0.6/1000 = 8.86/1000$

(3)　改定保険料額（メリット制適用後の保険料額）

平均年収額×全労働者数×改定労災保険率＝

500万円×100名×8.86/1000＝443万円

(4)　うち業務災害分

平均年収額×全労働者数×（改定労災保険率－非業務災害率）＝

500万円×100名×（8.86－0.6)/1000＝413万円

(5)　無災害時との比較

443万円－207万円＝236万円の増加（改定保険料額分）

413万円－177万円＝236万円の増加（業務災害分）

11　参考文献

①　小早川光郎「先決問題と行政行為－いわゆる公定力の範囲をめぐる一考察」雄川一郎編集代表・田中二郎先生古稀記念　公法の理論（上）371頁〜404頁（有斐閣、昭和51年）

②　倉地康弘・最判解説民事篇平成21年度〈下〉40事件960頁〜987頁

③　遠藤博也・実定行政法114頁〜115頁（有斐閣、平成元年）

④　太田匡彦（行政訴訟実務研究会編・自治体法務サポート行政訴訟の実務（加除式）679頁〜684頁〔第一法規、平成16年〕）

⑤　太田匡彦「労災保険給付支給処分取消訴訟における事業主の原告適格－東京高裁令和４年11月29日判決（令和４年（行コ）第130号）について」ジュリスト1585号90頁（有斐閣、令和５年）

⑥　山本隆司「公定力(2)」法学教室340号73頁（有斐閣、平成20年）、山本隆司「公定力(2)」法学教室365号103頁（有斐閣、平成23年）、山本隆司・判例から探求する行政法179頁〜200頁、388頁〜413頁（有斐閣、平成24年）

⑦　大沼洋一「違法性の承継をめぐる最近の動向と若干の検討」駿河台法学26巻２号155頁〜194頁（平成25年）

⑧　高橋滋ほか編・条解行政事件訴訟法〔第５版〕〔興津征雄執筆〕750頁〜753頁（弘文堂、令和５年）

⑨　興津征雄「違法性の承継に関する一事例分析－労災保険給付支給処分と労働保険料認定決定処分との関係－」滝井繁男先生追悼論集・行政訴訟の活発化と国民の権利重視の行政へ152頁〜174頁（日本評論社、平成29年）

第1編　第10　保険料認定決定処分の取消訴訟と違法性の承継

⑩　鵜澤剛「確認的行政行為の性質と違法性の承継」金沢法学62巻1号1頁〜39頁（令和元年）

⑪　井上繁規「特定事業主の労災支給処分に対する原告適格」会社法務A2Z・36頁〜41頁（第一法規、令和6年3月号）

第11　再審査請求事件の裁決書

1　裁決書の作成

⑴　審査会は、審理を終えたときは、遅滞なく、再審査請求に係る原処分の全部若しくは一部を取り消す裁決又は再審査請求の全部若しくは一部を棄却する裁決をしなければならない（官会法18条）。

⑵　裁決は、政令で定めるところにより、文書をもって行わなければならない（官会法19条1項）。この文書が「裁決書」である（官会法施行令32条）。

⑶　裁決は、再審査請求人に送達された時に、その効力を生ずる（官会法20条1項）。

2　裁決書の構成

⑴　裁決書には、次に掲げる事項（審査官決定を経ない再審査請求に係る裁決書の場合においては、③に掲げる事項を除く。）を記載しなければならない（官会法施行令32条）。

①　当事者の氏名又は名称及び住所又は居所

②　再審査請求人が原処分を受けた者以外の者であるときは、原処分を受けた者の氏名又は名称及び住所又は居所

③　決定をした審査官の氏名

④　官会法40条の規定により通知を受けた利害関係者の氏名又は名称及び住所又は居所

⑤　主　文

⑥　事案の概要

⑦　当事者の主張の要旨

⑧　理　由

⑨　裁決の年月日

237

第 1 編　第 11　再審査請求事件の裁決書

(2)　裁決書には、審査長及び合議に関与した審査員が記名押印しなければならない。審査長又は合議に関与した審査員が記名押印することができないときは、合議に関与した審査員又は審査長が、その理由を付記して記名押印しなければならない（官会法施行令32条）。

3　精神障害の裁決書例

(1)　精神障害や脳・心臓疾患の労災保険請求訴訟においては、被災労働者側は、労災保険請求権の発生原因として、時間外労働・深夜労働・休日労働などを行った時間などを、業務の過重性・業務起因性の存在を基礎付ける事実（業務と疾病や死亡などとの間に相当因果関係があること）として、主張立証する責任がある。

　　労災保険請求の実務においては、精神障害の労災保険請求に関し、「心理的負荷による精神障害の認定基準」（令 2 年 8 月21日基発0821第 4 号：平23・12・26基発1226第 1 号を改正したもの。令和 5 年 9 月 1 日より前の日付の裁決書に適用される。）があり、また、「心理的負荷による精神障害の認定基準」（令 5 年 9 月 1 日基発0901第 2 号：平23・12・26基発1226第 1 号を廃止し新たに制定したもの。令和 5 年 9 月 1 日以後の日付の裁決書に適用される。）がある。

　　そして、これらの認定基準においては、具体的出来事の心理的負荷の強度が労働時間を加味せずに「中」程度と評価される場合であって、出来事の前に恒常的な長時間労働（月100時間程度となる時間外労働）が認められ、出来事後すぐに（出来事後おおむね10日以内に）発病に至っている場合には、心理的負荷の総合評価は「強」と認めるものとして、その事実のみをもって、業務の過重性・業務起因性の存在を認定する取扱いなどとしている。心理的負荷の強度は、基本的に、この認定基準に従って判断されている。

(2)　精神障害の裁決書例

令和 4 年労第○○号　業務上外関係再審査請求事件
裁　　決　　書

3 精神障害の裁決書例

再審査請求人	甲野一郎
再審査請求代理人	乙野二郎
処分をした行政庁	○○労働基準監督署長
決定をした審査官	○○労働者災害補償保険審査官
	丙野三郎

主　文

　　○○労働基準監督署長が令和3年10月31日付けで再審査請求人に対してした労働者災害補償保険法による休業補償給付を支給しない旨の処分を取り消す。

事実及び理由

第1　再審査請求の趣旨

　　主文同旨

第2　事案の概要

1　再審査請求人（昭和50年6月20日生、男。以下「請求人」という。）は、平成30年4月1日、A株式会社（以下「A社」という。）に雇用され、営業業務に従事していた。

2　請求人によると、長時間労働と上司による暴言や暴力などにより、令和2年3月1日頃から不眠の症状が出現し、その後意欲低下や恐怖感などの症状が出現し始めたので、令和2年3月2日、○○病院を受診したところ「適応障害」と診断された。

3　本件は、請求人が、請求人に発病した精神障害は業務上の事由によるものであるとして、令和2年3月31日から令和3年3月31日までの間の休業補償給付の請求をしたところ、○○労働基準監督署長（以下「監督署長」という。）は、令和3年10月31日、これを支給しない旨の処分（以下「本件処分」という。）をしたため、これを不服として本件処分の取消しを求める事案である。

4　請求人は、○○労働者災害補償保険審査官に対し審査請求をしたところ、同審査官が令和4年4月15日付けでこれを棄却する旨の決定をしたため、この決定を不服として本件再審査請求をした。

第3　当事者の主張の要旨

239

第1編　第11　再審査請求事件の裁決書

1　請求人
(1)　請求人は、令和2年1月15日頃以降、上司であるB営業部長から、暴行や暴言などのパワーハラスメント（以下「パワハラ」という。）を受けた。
(2)　請求人は、恒常的な長時間労働に従事していた。
(3)　請求人が、以上のような業務上の出来事により受けた心理的負荷の強度は「強」である。

2　原処分庁
監督署長は、本件再審査請求を棄却することを求める旨の意見書を提出し、その意見の要旨は、決定書（丙5。以下同じ。）の「主張の要旨第2」に記載されたところと同旨であるので、これを引用する。

第4　争　点
請求人の精神障害の発病は業務上の事由によるものであるか。

第5　審査資料
本件の審査資料は、別紙1に記載のとおりである。

第6　理　由
1　前提事実
決定書理由第4の2(1)に記載するところと同旨であるので、これを引用する。この場合において、同第4の2中の文言を別紙2のとおり読み替える。

2　判断の要件
精神障害の業務起因性の判断基準は、「心理的負荷による精神障害の認定基準について」（令和2・8・21基発0821第4号。別紙3参照。以下「認定基準」という。）のとおりである。

3　当審査会の事実認定及び判断
(1)　請求人の精神障害の病名と発病時期
請求人は、令和2年3月上旬に精神障害を発病したと主張しているところ、請求人の症状の経過に照らせば、○○労働局地方労災医員協議会精神障害専門部会の意見（乙15）は妥当であり、請

3　精神障害の裁決書例

求人は、令和 2 年 3 月 2 日頃、ICD−10診断ガイドラインの「F43.2　適応障害」（以下「本件疾病」という。）を発病したと認められる。

(2)　請求人の主張する出来事と本件疾病の業務起因性

　　　請求人は、本件疾病の発病前おおむね 6 か月間（以下「評価期間」という。）の業務による心理的負荷をもたらす出来事として、① 　Ｂからパワハラを受けたこと、② 　恒常的長時間労働に従事したことなどを主張しているので、以下に検討する。

ア　Ｂからのパワハラについて

(ア)　請求人は、令和 2 年 1 月15日頃以降、上司であるＢから、威圧的な暴行や暴言などのパワハラを受けるようになったと述べている（甲 5 ）。

(イ)　しかしながら、Ａ社の従業員であるＣは、Ｂの請求人に対する暴行や暴言の事実を否定し（乙 7 ）、従業員Ｄ及びＥは、いずれも「請求人は営業成績が余り良くなかったので、Ｂが度々叱責し大声で注意をするようなことがあった。」と述べている（乙11、12）。

(ウ)　以上のＡ社関係者の供述などからすると、請求人は、上司であるＢから、暴行や暴言を受けたような事実を認めるに足りる客観的な資料はなく、請求人は、評価期間中に継続して上司であるＢから業務に関してやや強い叱責あるいは業務上の指導を受けていたことが認められる。

(エ)　そうすると、この出来事は、請求人が上司であるＢから業務に関して強い叱責あるいは指導等を受けていたとみるのが妥当であるから、認定基準別表 1 「業務による心理的負荷評価表」の具体的出来事である「上司とのトラブルがあった」（平均的な心理的負荷の強度「Ⅱ」）に当てはめて評価するのが相当であるところ、業務指導の範囲内で強い叱責等を受けたものであることに照らせば、この出来事の心理的負荷の強度は「中」とするのが相当である。

241

イ　恒常的長時間労働への従事について

(ア)　決定書においては、評価期間の請求人の労働時間について、朝礼開始時間である午前8時30分を始業時刻とし、業務日報（乙13）に記載された退社時刻を終業時刻としている（丙3）。

(イ)　請求人の出勤時刻は、業務日報（乙13）によれば、評価期間においては、午前7時頃に出勤している日が多数認められ、請求人は、出勤時刻が午前7時前後の日には、全従業員が出席する朝礼が行われていたと述べている（甲5）。

(ウ)　A社の従業員であるC、D及びEの申述（乙7、11、12）によれば、毎週月曜日に午前7時30分から、従業員が全員参加して、就業規則上の始業時刻である午前8時30分を超過して午前9時頃まで行われていたことが認められることに照らせば、この朝礼は、業務上参加を義務付けられ又はこれを余儀なくされていたものであり、労働時間に該当するということができる。

(エ)　そこで、評価期間における毎週月曜日の請求人の始業時刻を午前7時30分として、上記(ア)の労働時間を基に請求人の発病前6か月間の労働時間を算定すると、別紙4の「労働時間集計表」のとおりであり、評価期間における時間外労働時間数は次のとおりである。

発病前1か月目：99時間20分
発病前2か月目：97時間30分
発病前3か月目：69時間40分
発病前4か月目：73時間20分
発病前5か月目：75時間15分
発病前6か月目：85時間35分

(オ)　したがって、発病前1か月目及び2か月目には、おおむね100時間の時間外労働があり、請求人は、恒常的な長時間労働に従事していたことが認められる。

ウ　本件疾病の業務起因性のまとめ

　以上のとおり、評価期間における心理的負荷をもたらす出来事は、その心理的負荷の強度が「中」である出来事があり、その出来事の前に恒常的な長時間労働が認められ、出来事後すぐに精神障害を発病していることに照らし、全体評価は「強」とみるのが妥当であるから、本件疾病は業務上の事由によるものということができる。

4　結　論

　よって、請求人の本件疾病の発病は、業務上の事由によるものということができるところ、これを否定して、本件休業補償給付の請求に対して不支給とした本件処分は相当ではないから、これを取り消すこととして、主文のとおり裁決する。

　　　令和5年3月31日

　　　　　労　働　保　険　審　査　会

　　　　　審　査　長　　春　山　花　子　　印

　　　　　審　査　員　　夏　川　陽　一　　印

　　　　　審　査　員　　秋　野　月　子　　印

（別紙・略）

1　審査資料

2　読み替え一覧表

3　心理的負荷による精神障害の認定基準について

4　労働時間集計表

第1編　第11　再審査請求事件の裁決書

4　脳・心臓疾患の裁決書例

(1)　脳・心臓疾患の労災保険請求に関しても、「血管病変等を著しく増悪させる業務による脳血管疾患及び虚血性心疾患等の認定基準について」（令和3年9月14日付け基発0914第1号：平13・12・12基発1063号を廃止したもの。以下「認定基準」という。）が、「発症前1か月におおむね100時間又は発症前2か月間ないし6か月間にわたって、1か月当たりおおむね80時間を超える時間外労働が認められる場合は、業務と発症との関連性が強いと評価できること」という基準を設定し、これが認められるときには、その事実のみをもって、著しい疲労の蓄積をもたらす特に過重な業務に就労し、長期間の過重業務が脳・心臓疾患の発症の原因となったものと認めるものとして、業務の過重性・業務起因性の存在を認定する取扱いとしている。業務の過重性の程度は、基本的に、この認定基準に従って判断されている。

(2)　脳・心臓疾患の裁決書例

令和4年労第○○号　　業務上外関係再審査請求事件
裁　　決　　書

再審査請求人　　　　　　甲野一郎
再審査請求代理人　　　　乙野二郎
処分をした行政庁　　　　○○労働基準監督署長
決定をした審査官　　　　○○労働者災害補償保険審査官
　　　　　　　　　　　　丙野三郎
主　文
　本件再審査請求を棄却する。
事実及び理由
第1　再審査請求の趣旨
　　○○労働基準監督署長が令和3年8月20日付けで再審査請求人に対してした労働者災害補償保険法による療養補償給付を支給しない旨の処分を取り消すことを求める。

4 脳・心臓疾患の裁決書例

第2 事案の概要

1 再審査請求人（昭和40年３月10日生、男。以下「請求人」という。）は、昭和62年７月３日、Ａ株式会社（以下「事業場」という。）に雇用され、令和元年６月以降、技術部長として就労していた。

2 請求人は、令和２年７月20日午後８時頃、事業場からの退勤途中に自宅近くの最寄り駅で倒れ、救急搬送された病院で、「急性心筋梗塞」（以下「本件疾病」という。）と診断された。請求人によると、技術部長として、常時システム障害に対処する態勢を維持する緊張や時間外労働の増加が原因となり、本件疾病を発症したという。

3 本件は、請求人が、本件疾病の発症は業務上の事由によるものであるとして、療養補償給付の請求をしたところ、○○労働基準監督署長（以下「監督署長」という。）は、令和３年８月20日、これを支給しない旨の処分（以下「本件処分」という。）をしたため、これを不服として本件処分の取消しを求める事案である。

4 請求人は、○○労働者災害補償保険審査官に対し審査請求をしたところ、同審査官が令和４年５月16日付けでこれを棄却する旨の決定をしたため、この決定を不服として本件再審査請求をした。

第3 当事者の主張の要旨

1 請求人

本件疾病を発症したのは、精神的緊張を伴う部長職の業務による長期間にわたる心理的負荷と自宅への持ち帰り残業などによる発症直近１か月間の長時間労働などが原因となったものであり、原処分庁が不支給とした本件処分は誤りである。

2 原処分庁

監督署長は、主文同旨の裁決を求める旨の意見書を提出し、その意見の要旨は、決定書（丙６。以下同じ。）の「主張の要旨第２」に記載されたところと同旨であるので、これを引用する。

第4 争 点

245

第1編　第11　再審査請求事件の裁決書

　　　請求人の本件疾病の発症が業務上の事由によるものであるか。
第5　審査資料
　　　本件の審査資料は、別紙1に記載のとおりである。
第6　理　由
　1　当審査会の事実認定
　　　当審査会の事実認定は、次の2のとおり付加するほかは、決定書理由第4の2に記載するところと同旨であるので、これを引用する。この場合において、同第4の2中の文言を別紙2のとおり読み替える。
　2　当審査会の付加的判断
　　⑴　請求人の病名及び本件疾病の発症時期
　　　　請求人は、決定書理由第4の2⑵アに説示のとおり、令和2年7月20日に本件疾病を発症したと認められる。
　　⑵　判断基準
　　　　本件疾病を含む虚血性心疾患等の判断基準は、別紙3の認定基準のとおりである。
　　⑶　本件疾病と業務との相当因果関係
　　　　請求人は、長時間にわたる心理的負荷及び持ち帰り残業などによる発症直近1か月間の長時間労働などが本件疾病の発症の原因であると主張しているので（甲2、5、乙1、6）、以下に検討する。
　　　ア　労働時間の算定について
　　　　⑺　請求人は、事業場による出退勤管理を受けていないため、自宅での持ち帰り残業などを含めた労働時間を自ら記録して作成した出勤簿（甲15。以下「出勤簿」という。）を提出し、自宅での残業時間を労働時間として認定すべきであると主張する（丙2）。
　　　　　　しかしながら、出勤簿の記載を裏付ける客観的な資料は請求人から提出されておらず、出勤簿を入退館記録（乙25）やパソコンのログ記録（乙27）等の客観的資料と照らし合わせ

ると、出勤簿に記載された終業時刻は、職場からの退出記録
やパソコンのログアウト時刻と一致しない。

　もっとも、請求人は、出勤簿の退勤時刻は自宅での持ち帰
り残業の時間も含まれると主張するが、請求人が持ち帰り残
業で作成したとする資料（甲21）は、作成日時が不明であっ
て、請求人が自宅での残業において作成したものとは認めら
れないし、出勤簿以外には、自宅での残業時間や作業内容を
示す客観的かつ明確な証拠は見当たらない。

　そうすると、出勤簿を請求人の労働時間の証拠として採用
することはできない。

(イ)　審査官は、監督署長作成の労働時間集計表（乙15）を基礎
として、同表の所定休日や出張日等の労働時間を一部修正し
た上で、労働時間を認定している。審査官の作成した労働時
間集計表（丙5。以下「労働時間集計表」という。）は、入
退館記録（乙25）やパソコンのログ記録（乙27）等の客観的
資料を踏まえたものであり、正確なものと認められる。

イ　長期間の過重業務について

(ア)　労働時間

　労働時間集計表をみると、発症前1か月の時間外労働時間
数は15時間30分、発症前2か月ないし6か月のうち、1か月
当たりの平均時間外労働時間数は、発症前2か月間の20時間
15分が最大であり、休日のない連続勤務は認められない。こ
れらを認定基準によって判断すると、労働時間による過重負
荷を認めることはできない。

(イ)　労働時間以外の負荷要因

　請求人の持ち帰り残業について、B係長は、「持ち帰り残
業はある程度していたのではないかと思いますが、どのよう
な業務を行っていたかは分かりません。」と述べており（乙
8）、請求人は、自宅に事業場のパソコンを持ち帰り、何ら
かの作業を行っていたことは推認できるものの、自宅での作

業時間や作業内容を特定できないし、上記(ア)で認定した平均
時間外労働時間数に照らすと、同作業を負荷要因として考慮
し、特に過重な業務に従事したということはできない。

また、請求人は、精神的緊張を伴う業務を行ったと主張す
るが（甲２、５、乙１、６）、決定書理由第４の２(2)エ(イ)に
説示のとおり、請求人の業務は、技術部の責任者として通常
想定されるものを超えた精神的緊張が特に著しい業務とは認
められない。

(ウ) 小　括

上記の(ア)及び(イ)を総合すると、発症前おおむね６か月間に
おいて、特に過重な業務に従事したとは認められない。

ウ　短期間の過重業務について

(ア) 発症直前から前日までの過重負荷

労働時間集計表をみると、発症日の労働時間は７時間30分
であり、発症前日の労働時間は６時間15分である。

(イ) 発症前おおむね１週間の過重負荷

① 労働時間

発症前１週間の総労働時間数は、43時間30分、時間外労
働時間数は３時間30分であり、休日は１日確保されてい
る。これらを認定基準によって判断すると、発症前おおむ
ね１週間に労働時間による過負荷を認めることはできな
い。

② 労働時間以外の負荷要因

上記イ(イ)と同様に、自宅での持ち帰り残業について、特
に過重な業務として考慮することはできない。

(ウ) 小　括

上記の(ア)及び(イ)を総合すると、発症前おおむね１週間にお
いて、特に過重な業務に従事したとは認められない。

エ　異常な出来事について

決定書理由第４の２(2)イに説示のとおり、本件疾病の発症直

前から前日までの間において、異常な出来事に遭遇した事実は認められない。

　オ　本件疾病の発症原因の小括

　　　以上のとおり、請求人に発症した本件疾病は、「長期間の過重業務」、「短期間の過重業務」及び「異常な出来事への遭遇」のいずれも認められないから、業務上の事由によるものとはいえない。

3　結　論

　　よって、本件処分は妥当であって、これを取り消すべき理由はないから、請求人の本件再審査請求を棄却することとして、主文のとおり裁決する。

　　令和5年3月15日

　　　　　労　働　保　険　審　査　会

　　　　　　審　査　長　　春　山　花　子　　印

　　　　　　審　査　員　　夏　川　陽　一　　印

　　　　　　審　査　員　　秋　野　月　子　　印

（別紙・略）

1　審査資料

2　読み替え一覧表

3　血管病変等を著しく増悪させる業務による脳血管疾患及び虚血性心疾患等の認定基準について

第2編　労災保険請求の実体理論

第1 労災請求と時効

1 民法の損害賠償請求権の時効

(1) 民法の不法行為責任に基づく損害賠償請求権の時効

　民法の一部を改正する法律（平成29年法律第44号、平成29年5月26日成立、平成29年6月2日公布、令和2年4月1日施行）により、民法の不法行為責任に基づく損害賠償請求権の時効は、次のとおり定められている。

　ア　民法724条（不法行為による損害賠償請求権の消滅時効）

　　不法行為による損害賠償の請求権は、次に掲げる場合には、時効によって消滅する。

　　① 被害者又はその法定代理人が損害及び加害者を知った時から3年間行使しないとき

　　② 不法行為の時から20年間行使しないとき

　イ　民法724条の2（人の生命又は身体を害する不法行為による損害賠償請求権の消滅時効）

　　人の生命又は身体を害する不法行為による損害賠償請求権の消滅時効についての民法724条1号の規定の適用については、同号中「3年間」とあるのは、「5年間」とする。

(2) 民法の安全配慮義務違反（債務不履行責任）に基づく損害賠償請求権の時効

　上記の民法の一部を改正する法律により、民法の安全配慮義務違反（債務不履行責任）に基づく損害賠償請求権の時効は、次のとおり定められている。

　ア　民法166条1項（債権等の消滅時効）

　　債権は、次に掲げる場合には、時効によって消滅する。

　　① 債権者が権利を行使することができることを知った時から5年間行使しないとき

1　民法の損害賠償請求権の時効

②　権利を行使することができる時から10年間行使しないとき

イ　民法167条（人の生命又は身体の侵害による損害賠償請求権の消滅時効）

人の生命又は身体の侵害による損害賠償請求権の消滅時効についての前条1項2号の規定の適用については、同号中「10年間」とあるのは、「20年間」とする。

(3)　以上のとおり、原則として、不法行為責任に基づく損害賠償請求権の場合には損害及び加害者を知った時から3年間・不法行為の時から20年間、また、安全配慮義務違反（債務不履行責任）に基づく損害賠償請求権の場合には、権利を行使することができることを知った時から5年間・権利を行使することができる時から10年間権利を行使しないときは、これらの請求権は時効によって消滅することになる。

そして、例外として、人の生命又は身体の侵害による損害賠償請求権については、不法行為の場合、損害及び加害者を知った時から5年間、また、安全配慮義務違反（債務不履行責任）の場合、権利を行使することができる時から20年間に、それぞれ時効期間が延長される。「人の生命又は身体」の侵害による損害賠償請求権は、保護すべき必要性がより高いこと、治療に要する期間が一般に長期化する傾向があり迅速な権利行使が困難であることなどに鑑みて、時効期間が長期に設定されている。

(4)　なお、上記の「人の身体を害する不法行為による損害賠償請求権」・「人の生命又は身体の侵害による損害賠償請求権」に関して「人の身体の侵害」という概念については、①　パワハラやセクハラなどにより精神障害を発病し、かつ、身体に暴行を受けて傷害を被るなど身体に現実的な損害が生じた場合には、「人の身体の侵害」に該当することに問題はない。②　これに対し、単に精神障害を発病したが精神的損害が生じたにすぎない場合には、「人の身体の侵害」に該当しないことに問題はない。③　問題は、精神的な苦痛を受けて精神障害を発病したという状態を超えて、PTSD（心的外傷後ストレス障害）を発症するような精神的機能の障害が生じた場合に、「人の身体の侵害」を受けたということができるかどうか

253

第2編　第1　労災請求と時効

である。この点については、PTSDは、外傷的出来事を経験し、精神的な原因により発症する精神疾患であるところ、その特徴的な症状は、外傷的出来事の再体験症状、外傷に関係する刺激の執拗な回避症状、全般的な反応性の麻痺の執拗な持続症状、高い覚醒状態の執拗な持続症状などの強度の精神的・身体的な苦痛が、1箇月以上も継続し日常生活にも多大の支障が生じるものである。このような精神疾患は、発症原因が精神的なものであるとしても、精神的機能の障害にとどまらず、身体的機能の障害が生じているということができるから、「人の身体の侵害」に該当するものと解するのが相当である。すなわち、パワハラやセクハラなどにより精神障害を発病し、かつ、PTSDのような重大な精神疾患を発症したような場合には、「人の身体の侵害」に該当し、時効期間は、上記のとおり長期に延長されることになる。

2　労災保険給付請求権の時効

(1)　労災保険法上の保険給付請求権のうち、①　療養補償給付、休業補償給付、葬祭料、介護補償給付、複数事業労働者療養給付、複数事業労働者休業給付、複数事業労働者葬祭給付、複数事業労働者介護給付、療養給付、休業給付、葬祭給付、介護給付及び二次健康診断等給付を受ける権利は、これらを行使することができる時から2年を経過したときは、時効によって消滅し、また、②　障害補償給付、遺族補償給付、複数事業労働者障害給付、複数事業労働者遺族給付、障害給付及び遺族給付を受ける権利は、これらを行使することができる時から5年を経過したときは、時効によって消滅する（労災保険法42条1項）。

(2)　労災保険法上の保険給付は、業務上の傷病や死亡等の労災事故が発生した場合に、被災当時の被災労働者の稼働能力の損失又は遺族の被扶養利益の喪失の填補を目的として、早期に労災保険給付を行って被災労働者や遺族の救済を図る必要があり、保険給付の請求や権利関係の確定も早期に行われることが望まれることに照らし、保険給付請求権は、短期給付については2年間、長期給付については5年間の時効期間が定められている。

254

3　給付の種類に応じた時効

(3)　労災保険法上の保険給付請求権の時効の完成猶予及び更新については、民法147条以下の時効に関する規定が準用される（会計法31条2項）。

3　給付の種類に応じた時効

(1)　療養補償給付等の時効（2年）

　　ア　療養補償給付、複数事業労働者療養給付及び療養給付の請求権については、労災指定医療機関で治療等を受けた場合には、「療養の給付の請求（労災保険法施行規則12条1項）」を行うこととなり、同医療機関を経由して労基署長に療養補償給付の請求書を提出すれば、同医療機関が労災保険から直接治療費等の支払を受け取る現物給付となるので、時効の問題が生じることは、ほとんどない。

　　　　なお、労災指定医療機関の政府に対する診療費用請求権は、労災保険法上の保険給付請求権ではなく、一般の民法上の請求権であるから、民法166条、167条所定の時効期間（権利を行使することができることを知った時から5年間、権利を行使することができる時から10年間）の定めに従うことになる。

　　イ　これに対し、労災指定医療機関以外で治療等を受けた場合には、「療養の費用の請求（労災保険法施行規則12条の2第1項）」を行うこととなり、一旦被災労働者が治療費全額を同医療機関に支払い、その領収書などを添付して、労基署長に、療養の費用の請求書を提出すれば、被災労働者の指定する預金口座に治療費等の送金がされることになる。

　　　　したがって、療養の費用請求権は、療養の費用の支払をした都度発生し、その支払日の翌日から当該費用ごとの請求権の時効が進行する。

(2)　休業補償給付等の時効（2年）

　　ア　休業補償給付、複数事業労働者休業給付及び休業給付の請求権は、労働者が業務上の負傷又は疾病による療養のため労働することができないために賃金を受けない日ごとに発生し、その各日ごとに発生する請求権について、それぞれ、その翌日から時効が進行する。

　　イ　後続請求

255

第2編　第1　労災請求と時効

　　休業補償給付等の保険給付請求（先行請求）をしたが、労基署長・審
　査官・審査会での事案の処理が長期間に及んだため、当該請求に対する
　処分が確定した時点では、先行請求に後続する未請求分の休業補償給付
　等の保険給付請求（後続請求）の時効が完成しており、結果的に請求人
　の保険給付講求権が確保できない事態の発生することがある。このよう
　な場合には、後続請求に係る事案については、被災労働者の権利救済を
　図ることが労災保険法の趣旨及び公平・公正の観点から適当であるか
　ら、先行請求の不支給の原処分が不服申立手続により取り消された場合
　には、後続請求について時効消滅を理由とする不支給決定は行わない運
　用がされている（平成8年11月19日付け労働省労働基準局労災管理課
　長・補償課長事務連絡「労災保険給付に係る後続請求の取扱いについ
　て」参照）。

(3)　葬祭料等の時効（2年）

　　葬祭料、複数事業労働者葬祭給付及び葬祭給付は、葬儀を執り行う遺族
　に対し、これに要した実費の補償として給付されるものではなく、通常葬
　祭に要する費用を考慮して厚生労働大臣が定める金額の葬祭料として給付
　されるものである。

　　したがって、葬祭料等の請求権は、被災労働者が死亡した日の翌日が時
　効の起算日となり、同日から時効が進行する。

(4)　介護補償給付等の時効（2年）

　　介護補償給付、複数事業労働者介護給付及び介護給付は、月を単位とし
　て支給するものとし、その月額は、常時又は随時介護を受ける場合に通常
　要する費用を考慮して厚生労働大臣が定める額とされているので、権利を
　行使し得るのは支給事由が生じた月の翌月の1日以降である。

　　したがって、介護補償給付等の請求権は、支給事由が生じた月の翌月の
　1日が時効の起算日となり、同日から時効が進行する。

(5)　二次健康診断等給付の時効（2年）

　　二次健康診断等給付を受ける権利は、労働者が一次健康診断の検査数値

に「異常の所見」が医師によって認められた場合に、二次健康診断及び特定保険指導を無料で受けることができる権利であり、所定の請求用紙に必要事項を記載した請求書を、一次健康診断を受けた日から３箇月以内に、当該二次健康診断等給付を受けようとする病院又は診療所を経由して、所轄都道府県労働局長に提出して請求する（労災保険法26条１項、同法施行規則18条の16第１項、18条の19）。

　したがって、二次健康診断等給付の請求権は、労働者が一次健康診断の検査を了知し得る日の翌日が時効の起算日となり、同日から時効が進行する。

(6)　障害補償給付の時効（５年）

　障害補償給付、複数事業労働者障害給付及び障害給付を受ける権利は、対象の傷病が治癒した日の翌日から、時効が進行する。

(7)　遺族補償給付の時効（５年）

　遺族補償給付、複数事業労働者遺族給付及び遺族給付を受ける権利は、被災労働者が死亡した日の翌日から、時効が進行する。

4　時効による請求権の消滅

(1)　労災保険法上の保険給付請求権は、国に対する権利で、金銭の給付を目的とするものであるから、時効の援用を要せず、また、その利益を放棄することもできないこととされている（会計法31条１項）。

(2)　ところで、労災保険法による保険給付は、同法所定の手続により行政機関が保険給付の決定をすることによって給付の内容が具体的に定まり、受給者は、これによって、初めて政府に対し、その保険給付を請求する具体的権利を取得するのであり、その決定がされる以前においては、具体的な一定の保険金給付請求権を有するものではない（最二小判昭和29・11・26民集８巻11号2075頁〔27003110〕〔労働者災害補償保険金給付請求上告事件〕参照）。

　そうすると、保険給付を請求する前の時点について検討すると、その時点においては、保険給付の支給又は不支給の決定がされておらず、具体的

第2編　第1　労災請求と時効

な一定の保険金給付請求権も発生していないし、保険給付の裁判上の請求（民法147条1項1号）や催告（同法150条）による完成猶予などをすることもできない状態にあることに鑑みれば、労災保険法42条1項の規定により「保険給付を受ける権利が時効によって消滅する」ということの実質的な意味は、保険給付請求のための請求書の提出により保険給付の支給決定を請求する権利（年金たる保険給付については、基本権の確定を受ける権利であり、遺族補償年金の転給については、既に支給決定された遺族補償年金の基本権の承継者であることの確定を受ける権利）が、同法所定の（時効）期間によって制限され消滅するというものであると解される（昭和41年1月31日付け労働省労働基準局長通達「労働者災害補償保険法の一部を改正する法律第3条の規定の施行について」〔基発73号〕参照）。

(3)　これに対し、保険給付の請求に対して支給又は不支給の決定がされた後の時点について検討すると、その時点においては、支給決定により具体的な一定の保険金給付請求権が発生しているので、同請求権は、支給決定の通知を受けた日の翌日を起算日として、公法上の金銭債権の時効を定めた会計法30条後段の定めに基づき、5年の時効により消滅することとなる。また、年金の保険給付については、支払期ごとに発生する支分権である支払請求権は、支払期日の初日を起算日として、5年の時効により消滅することとなる。

(4)　なお、傷病補償年金、複数事業労働者傷病年金及び傷病年金の支給を受ける権利は、被災労働者の請求によることなく、労働基準監督署長が職権で支給決定を行うものであるため、権利の時効に関する定めはない。

　　また、特別支給金については、時効の規定はないが、労働者災害補償保険特別支給金支給規則により、特別支給金の種類ごとに、例えば、休業特別支給金は「支給の対象となる日の翌日から起算して2年以内」（同支給規則3条6項）、障害特別支給金は「障害に係る負傷又は疾病が治つた日の翌日から起算して5年以内」（同支給規則4条8項）、遺族特別支給金は「労働者の死亡の日の翌日から起算して5年以内」（同支給規則5条8項）などと、申請期限が定められている。

258

1 示談・訴訟上の和解の注意点（示談・和解後の労災請求の許否）

第2　示談・訴訟上の和解と労災請求権

1　示談・訴訟上の和解の注意点（示談・和解後の労災請求の許否）

(1) 示談・訴訟上の和解における清算条項

　　第三者行為災害における被害者が、当事者間の示談・訴訟上の和解により、清算条項において、加害者に対する損害賠償請求権を放棄ないし免除したときは、示談金を超える損害賠償請求権は消滅する。

　　ところで、労災保険法12条の4第2項は、被災労働者らが第三者から現実に損害賠償を受けた場合には、その限度において保険給付をする義務を免れる旨を明らかにしているところ、労災保険制度は、被災労働者が被った損害を補償することを目的としているから、被災労働者自らが、第三者の自己に対する損害賠償債務の全部又は一部を放棄ないし免除し、その限度において損害賠償請求権を喪失した場合には、労災保険給付義務が消滅する旨の明確な規定はないものの、当然にその限度において労災保険給付をする義務が消滅すると解される。

　　すなわち、被災労働者が第三者（加害者）に対して放棄ないし免除した範囲については、損害賠償を受けたものとみなされて労災保険法12条の4第2項が適用され、その後の労災保険給付は行われないことになる。

(2) 示談・訴訟上の和解後の労災保険給付請求

　　示談・訴訟上の和解により、労災保険金の受給権者（被害者）が、保険給付と同一の事由に基づく第三者の自己に対する損害賠償債務を放棄ないし免除することによって、示談金・和解金の支払債務以外には第三者の損害賠償債務が存在しない旨の清算条項が定められるなどして、残債務が消滅したような場合には、その限度において損害賠償請求権は消滅するから、政府の保険給付によっては補填されない損害賠償請求権だけを放棄ないし免除する趣旨の明示ないし黙示の約定があったことを認めうるような特段の事情の主張立証がない限り、政府は、その後に保険給付をしても、

259

第2編　第2　示談・訴訟上の和解と労災請求権

その給付額につき労災保険法20条1項（現在の12条の4第1項）により損
害賠償請求権を代位取得しないし、また、被災労働者も、示談・訴訟上の
和解後に、労災保険給付の請求をすることは許されなくなる。

(3)　平30・3・27基発0327第3号

　労災保険の受給権者である被災労働者と第三者との間で損害賠償請求権
の全てについての示談（全部示談）が、真正に（錯誤や脅迫などではなく
両当事者の真意によること）成立し、受給権者が示談金額以外の損害賠償
請求権を放棄ないし免除した場合には、原則として示談成立以後の労災保
険給付が行われないことにつき、平成30年3月27日付け厚生労働省労働基
準局長通達「第三者行為災害事務取扱手引の改正について」（基発0327第
3号）は、以下のとおり説明している。

「6　支給決定前に示談が成立している場合の取扱い

　　本項において、裁判上の和解についても、示談の場合に準じて取り扱
うこと。

(1)　真正な全部示談が成立している場合の取扱い

　　第一当事者等と第二当事者等の間で真正な労災保険給付を含む全損
害の塡補を目的とする示談（以下『全部示談』という。）が行われた
と判断された場合には、当該全損害の塡補日以降を給付の対象期間と
するものについては、労災保険給付を行わないこと。

　　なお、『全損害の塡補日』とは、一般的に、『第二当事者等から最終
的な支払のあった日』である。したがって、『示談締結日』と『全損
害の塡補日』は一致しない場合があることに留意し、正確な支払日が
示談書のみで明らかでない場合は、当事者に確認の上で労災保険の給
付可否を判断すること。

　　また、労災保険給付を行わない場合の要件は、次の2点である。

ア　当該示談が真正に成立していること

　　なお、次のような場合には真正に成立した示談とは認められない
こと。

①　当該示談の成立が錯誤、心裡留保（その真意を知り、又は知り

得べかりし場合に限る。）に基づく場合

②　当該示談の成立が詐欺又は強迫に基づく場合

イ　当該示談の内容が、第一当事者等の第二当事者等に対して有する損害賠償購求権（労災保険給付と同一の事由に基づくものに限る。）の全部の塡補を目的としていること

次のような場合には、損害の全部の塡補を目的としているものとは認められないものとして取り扱うこと。

①　損害の一部について労災保険給付を受けることを前提として示談している場合

②　示談書の文面上、全損害の塡補を目的とすることが明確になっていない場合

③　示談書の文面上、全損害の塡補を目的とする旨の記述がある場合であっても、示談の内容及び当事者の供述等から判断し、全損害の塡補を目的としているとは認められなかった場合

また、示談が真正な全部示談と認められるかどうかの判断を行うに当たっては、示談書の存在及び示談書の記載内容のみにとらわれることなく、当事者の真意の把握に努める必要があること。

例えば、『第一当事者（乙）が第二当事者（甲）・保険会社等（丙）から損害賠償金を受領して以降は、乙と甲・丙相互間には何ら債権債務のないことを確認し、乙は甲・丙に対して、後日裁判上裁判外を問わず一切異議・請求の申立てを行わない』という旨の文言は、示談書における定型文であるが、この文言だけでは、乙が労災保険給付を含む全損害の塡補を受けている（したがって、双方が以後の債権債務がないことと定めた日以降は、再発の場合を除き、乙が労災請求を一切行う予定がない）とは見なせないため、真正な全部示談と扱うためには、第一当事者、第二当事者双方に上記①～③についての真意に食い違いがないことを確認する必要がある。

(2)　真正な全部示談とは認められない場合の取扱い

当該示談が真正な全部示談とは認められない場合には、労災保険給付を行う必要性が認められる限りにおいて労災保険を給付することと

第2編　第2　示談・訴訟上の和解と労災請求権

なるが、示談の成立に伴い、第一当事者等が第二当事者等又は保険会社等より損害賠償又は保険金を受領している場合には、受領済みの金額を控除して労災保険給付を行うこと。

また、示談書は存在するが、調査の結果真正な全部示談とは認められなかったため労災保険給付を行うこととした場合には、示談締結時の状況や真正な全部示談とは認められないと主張する理由を、第一当事者等から書面によりあらかじめ徴しておくこと。

なお、第一当事者等から書面を徴する目的は、真正な全部示談ではないことを第一当事者等が主張したという事実を文書で確認し保管しておくことにあるため、その趣旨が十分に記載されていれば書面は任意の様式で差し支えないこと。」

(4)　放棄ないし免除の対象の民事損害賠償請求権と保険給付との対応関係

第三者行為災害により被災労働者が労働災害を被った場合には、被災労働者は、第三者に対する損害賠償請求権を取得するとともに、労災保険給付請求権も取得する。

被災労働者が、当事者間の示談・訴訟上の和解により、清算条項において、加害者に対する損害賠償請求権を放棄ないし免除したときは、示談金を超える損害賠償請求権は消滅するので、当然にその限度において保険給付をする義務は消滅するのであるが、清算条項において放棄ないし免除の対象となる損害賠償項目が限定された場合には、この項目に対応する労災保険給付のみの支給義務が消滅する。すなわち、放棄ないし免除の対象となる損害賠償項目が限定された場合には、保険給付と「同一の事由」の関係にある民事損害賠償責任のみが放棄ないし免除の対象となる。

そして、労災保険給付のうちの療養補償給付は民事損害賠償項目の治療費（積極損害）と対応し、葬祭料は葬儀費用（積極損害）と対応し、休業（補償）給付、障害（補償）給付・傷病（補償）年金・遺族（補償）給付等は逸失利益（消極損害）と対応するものである。

したがって、民事損害賠償のうちの治療費・葬儀費用・逸失利益などの損害項目を限定した上で、かつ、労災保険給付によっては補填されない損

害賠償の請求権（上積み分）だけを放棄ないし免除する趣旨の清算条項が作成されている「特段の事情」がある場合には、労災保険給付によって補塡され得る部分に相当する損害賠償請求権は消滅しないから、被災労働者は、示談・訴訟上の和解をした後においても、それらの損害項目に対応する労災保険給付の請求をすることができる。

2　示談と労災保険給付をめぐる判例

【1】　最三小判昭和38・6・4民集17巻5号716頁〔27002021〕

　　第三者と被災労働者・遺族との間で裁判外の和解契約としての示談が行われることがある。示談が真正に成立し、かつ、示談の内容が、保険給付と同一の事由に基づく損害賠償請求権の全部の塡補を目的としており、示談金の支払債務以外には第三者の損害賠償債務が存在しない旨の清算条項が定められるなどして、損害賠償債務の全部又は一部を免除ないし放棄し、その限度において損害賠償請求権を喪失した場合には、その限度において損害賠償請求権は消滅するから、その後に労災保険給付の請求をしても、保険給付は行われないことになる。

　　この点につき、最三小判昭和38・6・4民集17巻5号716頁〔27002021〕（小野運送事件）は、示談が労災保険給付に先行する事案につき、次のとおり説示して、被災労働者が示談により第三者に対して有する損害賠償請求権の全部又は一部を放棄した場合、法定代位権は発生しないから、国はその限度で保険給付義務を免れ、国がその後に保険給付をしても第三者に求償できない旨を明らかにしている。

「労働者が第三者の行為により災害をこうむった場合にその第三者に対して取得する損害賠償請求権は、通常の不法行為の債権であり、その災害につき労働者災害補償保険法による保険が付せられているからといって、その性質を異にするものとは解されない。したがって、他に別段の規定がないかぎり、被災労働者らは、私法自治の原則上、第三者が自己に対し負担する損害賠償債務の全部又は一部を免除する自由を有するものといわなければならない。

　　ところで、労働者災害補償保険法20条は、その1項（筆者注：現行法

第2編　第2　示談・訴訟上の和解と労災請求権

の12条の4第1項）において、政府は、補償の原因である事故が、第三者の行為によって生じた場合に保険給付をしたときは、その給付の価額の限度で、補償を受けた者が第三者に対して有する損害賠償請求権を取得する旨を規定するとともに、その2項（筆者注：現行法の12条の4第2項）において、前項の場合において、補償を受けるべきものが、当該第三者より同一の事由につき損害賠償を受けたときは、政府は、その価額の限度で災害補償の義務を免れる旨を規定しており、右2項は、単に、被災労働者らが第三者から現実に損害賠償を受けた場合には、政府もまた、その限度において保険給付をする義務を免れる旨を明らかにしているに止まるが、労災保険制度は、もともと、被災労働者らのこうむった損害を補償することを目的とするものであることにかんがみれば、被災労働者ら自らが、第三者の自己に対する損害賠償債務の全部又は一部を免除し、その限度において損害賠償請求権を喪失した場合においても、政府は、その限度において保険給付をする義務を免れるべきことは、規定をまつまでもない当然のことであって、右2項の規定は、右の場合における政府の免責を否定する趣旨のものとは解されないのである。そして、補償を受けるべき者が、第三者から損害賠償を受け又は第三者の負担する損害賠償債務を免除したときは、その限度において損害賠償請求権は消滅するのであるから、政府がその後保険給付をしても、その請求権がなお存することを前提とする前示法条2項による法定代位権の発生する余地のないことは明らかである。補償を受けるべき者が、現実に損害賠償を受けないかぎり、政府は保険給付をする義務を免れず、したがつて、政府が保険給付をした場合に発生すべき右法定代位権を保全するため、補償を受けるべき者が第三者に対する損害賠償請求権をあらかじめ放棄しても、これをもって政府に対抗しえないと論ずるがごときは、損害賠償請求権ならびに労災保険の性質を誤解したことに基づく本末顛倒の論というほかはない。」

【2】　最三小判昭和41・6・7集民83号711頁〔27421505〕

労災保険金の受給権者（被害者）が第三者の自己に対する損害賠償債務を免除することによって残債務が消滅したような場合には、政府の保

険給付によっては補填されない損害賠償の請求権だけを免除する趣旨の明示ないし黙示の約定があったことを認めうるような特段の事情の主張立証がないときは、政府は、その後保険給付をしても、その給付額につき労災保険法20条1項（現行法の12条の4第1項）により損害賠償請求権を代位取得しない。

　この点につき、最三小判昭和41・6・7集民83号711頁〔27421505〕（多摩中央運送事件）は、示談が労災保険給付に一部先行する事案につき、次のとおり説示して、被災労働者が示談により第三者に対して有する損害賠償請求権を免除した場合、示談金額以上の損害賠償請求権は消滅しており、政府は、示談成立の日より後に給付した分に相当する金額については、第三者に対して損害賠償請求権を代位取得しないので、第三者に対し、同金額につき求償請求することはできない旨を明らかにしている。

「労働者災害補償保険法20条（筆者注：現行法の12条の4）にいう第三者とは、被災労働者との間に労災保険関係のない者で被災労働者に対して不法行為等により損害賠償責任を負うものを指すと解すべきであり、すなわち、被災労働者に対する直接の加害者のみならず、民法715条により右加害者の使用者として損害賠償責任を負う者ないし本件のように自動車損害賠償保障法3条により自己のために自動車を運行の用に供する者として損害賠償責任を負う者を包含するものと解するのが相当である。……

　労災保険金の受給権者が第三者の自己に対する損害賠償債務を免除することによって残債務が消滅したような場合には、政府は、その後保険給付をしても、その給付額につき労働者災害補償保険法20条1項（筆者注：現行法の12条の4第1項）により損害賠償請求権を取得しないことは、当裁判所の判例とするところであり（最高裁昭和37年(オ)第711号、同38年6月4日当小法廷判決、民集17巻5号716頁参照）、いまこれを変更する要は認められない。……

　前記示談において、このように政府の保険給付によっては補填されない損害賠償の請求権だけを免除する趣旨の明示ないし黙示の約定があっ

第2編　第2　示談・訴訟上の和解と労災請求権

たことを認めうるような特段の事情の主張立証のない本件において、単に労災保険給付を受けうることを前提として前記の示談がなされたということだけから、原判示が疑問としつつ提示するような解釈を採ることは到底できないものというべきである。

してみれば、本件において、原判決が確定した被上告人〔国〕の本件労災保険給付額のうち、その支給の時期が本件示談成立の昭和33年3月10日までの分（第1審判決添付別表中療養給付金第一欄14,391円、休業補償費給付金第一欄23,612円、第二欄14,277円、第三欄16,474円、第四欄17,023円、第五欄17,023円、以上合計102,800円）に相当する金額については、被災労働者の上告人〔交通事故の加害者を使用する会社〕に対する損害賠償請求権がすでに被上告人に帰属しているから、被災労働者はこれを放棄できないこと明白で、右金額については上告人の被上告人に対する損害賠償債務の存在すること明らかなので、本件上告中右部分に関するものはこれを棄却すべきであるが、右示談成立の日より後に給付した分（第1審判決添付別表中上記のものを除くその余の合計711,871円）に相当する金額については、被上告人は上告人に対して損害賠償請求権を取得しえないものといわなければならない。」

【3】　最二小判昭和43・3・15民集22巻3号587頁〔27000978〕

労災保険金の受給権者（被害者）が、第三者の不法行為による損害賠償の示談において、一定額の支払を受けることで満足し、その余の賠償請求権を放棄ないし免除したときは、被害者は、示談当時にそれ以上の損害が存在したとしても、あるいは、それ以上の損害が事後に生じたとしても、原則として、示談額を上回る損害については、事後に請求し得ない。しかし、全損害を正確に把握し難い状況のもとにおいて、早急に小額の賠償金をもって満足する旨の示談がされた場合においては、示談によって被害者が放棄した損害賠償請求権は、示談当時予想していた損害についてのもののみと解すべきであって、その当時予想できなかった不測の再手術や後遺症がその後発生した場合その損害についてまで、賠償請求権を放棄した趣旨と解するのは、当事者の合理的意思に合致するものとはいえない。したがって、示談当時には、把握できなかった予想

266

3　労災給付請求権を留保する場合の示談・訴訟上の和解の条項例（除外条項例）

外の損害については、賠償請求権を放棄ないし免除したということはできないから、示談後に、予想できなかった損害賠償請求権を行使することは許されるし、当該損害に相当する労災給付請求権を行使することも許される。

　最二小判昭和43・3・15民集22巻3号587頁〔27000978〕（江洲運輸事件）は、示談が労災保険給付に先行する事案につき、次のとおり説示して、被災労働者が示談により第三者に対して有する損害賠償請求権を放棄したとしても、示談当時には、把握できなかった予想外の損害については、賠償請求権を放棄したということはできないから、示談後に、予想できなかった損害賠償請求権を行使することは許されるし、当該損害に相当する労災給付請求権を行使することも許され、当該損害について、国が、被害者に労災給付をし、その支給した金額につき、加害第三者に対し、求償請求することができる旨を明らかにしている。
「一般に、不法行為による損害賠償の示談において、被害者が一定額の支払をうけることで満足し、その余の賠償請求権を放棄したときは、被害者は、示談当時にそれ以上の損害が存在したとしても、あるいは、それ以上の損害が事後に生じたとしても、示談額を上廻る損害については、事後に請求しえない趣旨と解するのが相当である。

　しかし、……全損害を正確に把握し難い状況のもとにおいて、早急に小額の賠償金をもって満足する旨の示談がされた場合においては、示談によって被害者が放棄した損害賠償請求権は、示談当時予想していた損害についてのもののみと解すべきであって、その当時予想できなかった不測の再手術や後遺症がその後発生した場合その損害についてまで、賠償請求権を放棄した趣旨と解するのは、当事者の合理的意思に合致するものとはいえない。」

3　労災給付請求権を留保する場合の示談・訴訟上の和解の条項例（除外条項例）

　訴訟上の和解・当事者間の示談において、労災保険給付によっては補填されない損害賠償の請求権（上積み分）だけを免除ないし放棄する趣旨の

第2編　第2　示談・訴訟上の和解と労災請求権

　明示ないし黙示の約定があったことを認め得るような「特段の事情」がある場合には、労災保険給付によって補塡され得る部分に相当する損害賠償請求権は消滅することがないから、被害者は、示談・訴訟上の和解をした後においても、労災保険給付の請求をすることができる。

　すなわち、以下のような「除外条項」が定められた場合には、被災者への示談金・和解金の支払がされるとしても、そのことは、被災者の有する労災給付請求権を消滅させるような影響を与える事由とはならない。

〔例1：示談契約書・示談条項例〕

　1　XとY株式会社は、令和○年○月○日にXが被災した労災事故（以下「本件労災事故」という。）につき、以下のとおり合意する。

　2　Y会社は、Xに対し、本件労災事故につき、労働者災害補償保険法・厚生年金保険法・国民年金法に基づく既払の給付金と将来の給付金及びY会社のXに対する既払金によって塡補される損害を除くその余の損害につき、解決金○○万円の支払義務のあることを認め、これを次のとおり支払う。

　　①　令和○年○月○日限り　　○○万円

　　②　令和○年○月○日限り　　○○万円

　　③　令和○年○月○日限り　　残金全額

　3　XとY会社は、本件労災事故につき、この示談契約書に定める事項を除き、互いに何らの債権債務を有しないことを相互に確認する。

〔例2：訴訟上の和解・和解条項例〕

　1　原告Xと被告株式会社Yは、令和○年○月○日にXの長男のAがY会社の業務に従事中に死亡した労災事故（以下「本件労災事故」という。）につき、以下のとおり和解する。

　2　Y会社は、Xに対し、本件労災事故につき、労働者災害補償保険法・厚生年金保険法・国民年金法に基づく既払の給付金と将来の給付金及びY会社のXに対する既払金によって塡補される損害を除くその余の損害（以下「本件損害」という。）につき、和解金○○万円の支

3 　労災給付請求権を留保する場合の示談・訴訟上の和解の条項例（除外条項例）

　払義務のあることを認め、これを次のとおり支払う。

　　①　令和○年○月○日限り　　○○万円

　　②　令和○年○月○日限り　　○○万円

　　③　令和○年○月○日限り　　残金全額

3 　Xは、Y会社に対するその余の請求を放棄する。

4 　XとY会社との間には、本和解条項に定めるほか何らの債権債務の
　ないことを相互に確認する。

第3　取締役の労働者性

1　労働者性

(1)　労災保険法上の労働者の概念

　　労災保険制度の適用により保護を受けるためには、被災者が労働者であ
ることが前提とされている。

　　ところで、労基法には、労働者の定義として、9条に「この法律で『労
働者』とは、職業の種類を問わず、事業又は事務所（以下『事業』とい
う。）に使用される者で、賃金を支払われる者をいう。」と定められている
ところ、被災労働者の迅速かつ公正な保護と福祉の増進を図る目的で制定
されている労災保険法は、労基法の特別法であることに照らし、労災保険
法上の労働者も、労基法上の労働者と同じ概念であると解される。

(2)　労働者性の認定の困難

　　労基法9条の定義によれば、労働者とは、「使用され」「賃金を支払わ
れ」る者とされており、民法623条には、雇用契約につき、「雇用は、当事
者の一方が相手方に対して労働に従事することを約し、相手方がこれに対
してその報酬を与えることを約することによって、その効力を生ずる。」
と定められている。

　　そうすると、「使用され」という観点からは、使用者の指揮監督下に置
かれて労働するという労務提供の形態が重要な労働者性の判断基準となる
ものであるから（指揮監督下の労働）、仕事の完成に対して報酬が支払わ
れる請負契約（民法632条）や仕事内容を独立の裁量により決定できる有
償委任契約（同法643条、648条、648条の2）などとは、大きく異なる性
質がある。

　　また、「賃金を支払われ」という観点からは、労務を行ったことに対す
る報酬が、年・月・日・時間を単位として支払われるという報酬の支払方
法が重要な労働者性の判断基準となるものであるから（報酬の労務対償

性)、報酬の支払が仕事の完成に対して支払われる請負契約や委任事務の履行に対して支払われる有償委任契約などとは、大きく異なる性質がある。

ところが、現実に労働者性を判断する上においては、指揮監督の有無・程度・態様の多様性などのために使用者の指揮命令下に置かれて労働をしたといえるかどうか、また、報酬の名目・性格・支給要件の不明確性などのために、支払われる報酬が労務を提供したことに対する対価としての賃金であるかどうか、これらの認定に困難を伴うことが多く、必ずしも容易ではない。

そこで、労働者性の認定についての具体的な判断基準と判断要素を明確にして、できる限り統一的な運用を図ることが是非とも必要になってくる。

2 判断基準

(1) 労働基準法研究会報告

労働大臣の私的諮問機関である労働基準法研究会第1部会(労働契約関係)の昭和60年12月19日付け「労働基準法研究会報告(労働基準法の『労働者』の判断基準について)」(以下「労基研報告」という。)は、労災保険が適用される労働者に該当するか否かを判断するための判断基準と判断要素を明らかにしている。

労基研報告においては、「指揮監督下の労働」と「報酬の労務対償性」を判断基準の基本に据え、この2つの基準を総称して「使用従属性」と呼び、労働者性の判断に当たっては、雇用契約、請負契約といった形式的な契約形式のいかんにかかわらず、実質的な使用従属性を、労務提供の形態や報酬の労務対償性及びこれらに関連する諸要素をも勘案して総合的に考察する必要があるとしている。これらの諸要素のうち最も重要なものは、業務遂行上の指揮監督の有無及び報酬の労務対償性であり、実務においても、専らこの両要素を中心に労働者性の判断が行われている。労基研報告の具体的な内容は、以下のとおりである。

「1 「使用従属性」に関する判断基準

第2編　第3　取締役の労働者性

(1)　「指揮監督下の労働」に関する判断基準

　イ　仕事の依頼、業務従事の指示等に対する諾否の自由の有無

　　「使用者」の具体的な仕事の依頼、業務従事の指示等に対して諾否の自由を有していれば、他人に従属して労務を提供するとは言えず、対等な当事者間の関係となり、指揮監督関係を否定する重要な要素となる。

　　これに対して、具体的な仕事の依頼、業務従事の指示等に対して拒否する自由を有しない場合は、一応、指揮監督関係を推認させる重要な要素となる。なお、当事者間の契約によっては、一定の包括的な仕事の依頼を受諾した以上、当該包括的な仕事の一部である個々具体的な仕事の依頼については拒否する自由が当然制限される場合があり、また、専属下請のように事実上、仕事の依頼を拒否することができないという場合もあり、このような場合には、直ちに指揮監督関係を肯定することはできず、その事実関係だけでなく、契約内容等も勘案する必要がある。

　ロ　業務遂行上の指揮監督の有無

　　㈦　業務の内容及び遂行方法に対する指揮命令の有無

　　　業務の内容及び遂行方法について「使用者」の具体的な指揮命令を受けていることは、指揮監督関係の基本的かつ重要な要素である。しかしながら、この点も指揮命令の程度が問題であり、通常注文者が行う程度の指示等に止まる場合には、指揮監督を受けているとは言えない。なお、管弦楽団員、バンドマンの場合のように、業務の性質上放送局等「使用者」の具体的な指揮命令になじまない業務については、それらの者が放送事業等当該事業の遂行上不可欠なものとして事業組織に組み入れられている点をもって、「使用者」の一般的な指揮監督を受けていると判断する裁判例があり、参考にすべきであろう。

　　㈡　その他

　　　そのほか、「使用者」の命令、依頼等により通常予定されている業務以外の業務に従事することがある場合には、「使用者」の

272

一般的な指揮監督を受けているとの判断を補強する重要な要素となろう。

ハ　拘束性の有無

勤務場所及び勤務時間が指定され、管理されていることは、一般的には、指揮監督関係の基本的な要素である。しかしながら、業務の性質上（例えば、演奏）、安全を確保する必要上（例えば、建設）等から必然的に勤務場所及び勤務時間が指定される場合があり、当該指定が業務の性質等によるものか、業務の遂行を指揮命令する必要によるものかを見極める必要がある。

ニ　代替性の有無―指揮監督関係の判断を補強する要素―

本人に代わって他の者が労務を提供することが認められているか否か、また、本人が自らの判断によって補助者を使うことが認められているか否か等労務提供に代替性が認められているか否かは、指揮監督関係そのものに関する基本的な判断基準ではないが、労務提供の代替性が認められている場合には、指揮監督関係を否定する要素のひとつとなる。

(2)　報酬の労務対償性に関する判断基準

労働基準法11条は、「賃金とは、賃金、給料、手当、賞与その他名称の如何を問わず、労働の対償として使用者が労働者に支払うすべてのものをいう。」と規定している。すなわち、使用者が労働者に対して支払うものであって、労働の対償であれば、名称の如何を問わず「賃金」である。この場合の「労働の対償」とは、結局において「労働者が使用者の指揮監督の下で行う労働に対して支払うもの」と言うべきものであるから、報酬が「賃金」であるか否かによって逆に「使用従属性」を判断することはできない。

しかしながら、報酬が時間給を基礎として計算される等労働の結果による較差が少ない、欠勤した場合には応分の報酬が控除され、いわゆる残業をした場合には通常の報酬とは別の手当が支給される等報酬の性格が使用者の指揮監督の下に一定時間労務を提供していることに対する対価と判断される場合には、「使用従属性」を補強すること

第2編　第3　取締役の労働者性

なる。

2　「労働者性」の判断を補強する要素

　　前述のとおり、「労働者性」が問題となる限界的事例については、「使用従属性」の判断が困難な場合があり、その場合には、以下の要素をも勘案して、総合判断する必要がある。

(1)　事業者性の有無

　　労働者は、機械、器具、原材料等の生産手段を有しないのが通例であるが、最近におけるいわゆる傭車運転手のように、相当高価なトラック等を所有して労務を提供する例がある。このような事例については、前記1の基準のみをもって「労働者性」を判断することが適当でなく、その者の「事業者性」の有無を併せて、総合判断することが適当な場合もある。

イ　機械、器具の負担関係

　　本人が所有する機械、器具が安価な場合には問題はないが、著しく高価な場合には自らの計算と危険負担に基づいて事業経営を行う「事業者」としての性格が強く、「労働者性」を弱める要素となるものと考えられる。

ロ　報酬の額

　　報酬の額が当該企業において同様の業務に従事している正規従業員に比して著しく高額である場合には、上記イと関連するが、一般的には、当該報酬は、労務提供に対する賃金ではなく、自らの計算と危険負担に基づいて事業経営を行う「事業者」に対する代金の支払と認められ、その結果、「労働者性」を弱める要素となるものと考えられる。

ハ　その他

　　以上のほか、裁判例においては、業務遂行上の損害に対する責任を負う、独自の商号使用が認められている等の点を「事業者」としての性格を補強する要素としているものがある。

(2)　専属性の程度

　　特定の企業に対する専属性の有無は、直接に「使用従属性」の有無

274

を左右するものではなく、特に専属性がないことをもって労働者性を弱めることとはならないが、「労働者性」の有無に関する判断を補強する要素のひとつと考えられる。

イ　他社の業務に従事することが制度上制約され、また、時間的余裕がなく事実上困難である場合には、専属性の程度が高く、いわゆる経済的に当該企業に従属していると考えられ、「労働者性」を補強する要素のひとつと考えて差し支えないであろう。なお、専属下請のような場合については、上記1(1)イと同様留意する必要がある。

ロ　報酬に固定給部分がある、業務の配分等により事実上固定給となっている、その額も生計を維持しうる程度のものである等報酬に生活保障的な要素が強いと認められる場合には、上記イと同様、「労働者性」を補強するものと考えて差し支えないであろう。

(3)　その他

以上のほか、裁判例においては、①採用、委託等の際の選考過程が正規従業員の採用の場合とほとんど同様であること、②報酬について給与所得としての源泉徴収を行っていること、③労働保険の適用対象としていること、④服務規律を適用していること、⑤退職金制度、福利厚生を適用していること等「使用者」がその者を自らの労働者と認識していると推認される点を、「労働者性」を肯定する判断の補強事由とするものがある。」

(2)　労働者性検討専門部会報告

平成8年3月の「労働基準法研究会労働契約等法制部会・労働者性検討専門部会報告」（以下「専門部会報告」という。）は、労働者性の判断基準について問題となることが多い建設業手間請け従事者及び芸能関係者について、労基研報告の判断基準をより具体化した判断基準を明らかにしたものとして、「建設業手間請け従事者及び芸能関係者に関する労働基準法の『労働者』の判断基準について」を公表している。

実務において、建設業手間請け従事者及び芸能関係者の労働者性の判断が問題とされる事案は多くあり、その場合の労働者性の判断は、専ら専門

第2編　第3　取締役の労働者性

部会報告の基準に従って行われている状況にある。なお、「手間請け」とは、工事の種類、坪単価、工事面積等により総労働量及び総報酬の予定額が決められ、労務提供者に対して、労務提供の対価として、労務提供の実績に応じた割合で報酬を支払うという、建設業における労務提供方式を「手間請け」と定義し、また、芸能関係者については、多様な職種、契約形態が存在するが、この判断基準においては、俳優及び技術スタッフ（撮影、照明、録音等）について、映画やテレビ番組の製作会社との関係において労働者に該当するか否かの基準を示したものである。専門部会報告具体的な内容（抜粋）は、以下のとおりである。

「第2　建設業手間請け従事者について

Ⅱ　判断基準

1　使用従属性に関する判断基準

　(1)　指揮監督下の労働

　　イ　仕事の依頼、業務に従事すべき旨の指示等に対する諾否の自由の有無

　　　具体的な仕事の依頼、業務に従事すべき旨の指示等に対して諾否の自由があることは、指揮監督関係の存在を否定する重要な要素となる。

　　　他方、このような諾否の自由がないことは、一応、指揮監督関係を肯定する要素の1つとなる。ただし、断ると次から仕事が来なくなることなどの事情により事実上仕事の依頼に対する諾否の自由がない場合や、例えば電気工事が終わらないと壁の工事ができないなど作業が他の職種との有機的連続性をもって行われるため、業務従事の指示を拒否することが業務の性質上そもそもできない場合には、諾否の自由の制約は直ちに指揮監督関係を肯定する要素とはならず、契約内容や諾否の自由が制限される程度等を勘案する必要がある。

　　ロ　業務遂行上の指揮監督の有無

　　　(イ)　業務の内容及び遂行方法に対する指揮命令の有無

　　　　設計図、仕様書 、指示書等の交付によって作業の指示がなさ

れている場合であっても、当該指示が通常注文者が行う程度の指示等に止まる場合には、指揮監督関係の存在を肯定する要素とはならない。他方、当該指示書等により作業の具体的内容・方法等が指示されており、業務の遂行が「使用者」の具体的な指揮命令を受けて行われていると認められる場合には、指揮監督関係の存在を肯定する重要な要素となる。

　工程についての他の職種との調整を元請け、工務店、専門工事業者、一次業者の責任者等が行っていることは、業務の性格上当然であるので、このことは業務遂行上の指揮監督関係の存否に関係するものではない。

　(ロ)　その他

　「使用者」の命令、依頼等により通常予定されている業務以外の業務に従事することがある場合には、使用者の一般的な指揮監督を受けているとの判断を補強する重要な要素となる。

ハ　拘束性の有無

　勤務場所が建築現場、刻みの作業場等に指定されていることは、業務の性格上当然であるので、このことは直ちに指揮監督関係を肯定する要素とはならない。

　勤務時間が指定され、管理されていることは、一般的には指揮監督関係を肯定する要素となる。ただし、他職種との工程の調整の必要がある場合や、近隣に対する騒音等の配慮の必要がある場合には、勤務時間の指定がなされたというだけでは指揮監督関係を肯定する要素とはならない。

　一方、労務提供の量及び配分を自ら決定でき、契約に定められた量の労務を提供すれば、契約において予定された工期の終了前でも契約が履行されたこととなり、他の仕事に従事できる場合には、指揮監督関係を弱める要素となる。

ニ　代替性の有無

　本人に代わって他の者が労務を提供することが認められている場合や、本人が自らの判断によって補助者を使うことが認められてい

第2編　第3　取締役の労働者性

る場合等労務提供の代替性が認められている場合には、指揮監督関係を否定する要素の1つとなる。他方、代替性が認められていない場合には、指揮監督関係の存在を補強する要素の1つとなる。

ただし、労働契約の内容によっては、本人の判断で必要な数の補助者を使用する権限が与えられている場合もある。このため、単なる補助者の使用の有無という外形的な判断のみではなく、自分の判断で人を採用できるかどうかなど補助者使用に関する本人の権限の程度や、作業の一部を手伝わせるだけかあるいは作業の全部を任せるのかなど本人と補助者との作業の分担状況等を勘案する必要がある。

(2)　報酬の労務対償性に関する判断基準

報酬が、時間給、日給、月給等時間を単位として計算される場合には、使用従属性を補強する重要な要素となる。

報酬が、1m^{2}を単位とするなど出来高で計算する場合や、報酬の支払に当たって手間請け従事者から請求書を提出させる場合であっても、単にこのことのみでは使用従属性を否定する要素とはならない。

2　労働者性の判断を補強する要素

(1)　事業者性の有無

イ　機械、器具等の負担関係

据置式の工具など高価な器具を所有しており、当該手間請け業務にこれを使用している場合には、事業者としての性格が強く、労働者性を弱める要素となる。

他方、高価な器具を所有している場合であっても、手間請け業務にはこれを使用せず、工務底、専門工事業者、一次業者等の器具を使用している場合には、労働者性を弱める要素とはならない。

電動の手持ち工具程度の器具を所有していることや、釘材等の軽微な材料費を負担していることは、労働者性を弱める要素とはならない。

ロ　報酬の額

報酬の額が当該工務居、専門工事業者、一次業者等の同種の業務

278

に従事する正規従業員に比して著しく高額な場合には、労働者性を弱める要素となる。

しかし、月額等でみた報酬の額が高額である場合であっても、それが長時間労働している結果であり、単位時間当たりの報酬の額を見ると同種の業務に従事する正規従業員に比して著しく高額とはいえない場合もあり、この場合には労働者性を弱める要素とはならない。

ハ　その他

当該手間請け従事者が、①材料の刻みミスによる損失、組立時の失敗などによる損害、②建物等目的物の不可抗力による滅失、毀損等に伴う損害、③施工の遅延による損害について責任を負う場合には、事業者性を補強する要素となる。また、手間請け従事者が業務を行うについて第三者に損害を与えた場合に、当該手間請け従事者が専ら責任を負うべきときも、事業者性を補強する要素となる。

さらに、当該手間請け従事者が独自の商号を使用している場合にも、事業者性を補強する要素となる。

(2)　専属性の程度

特定の企業に対する専属性の有無は、直接に使用従属性の有無を左右するものではなく、特に専属性がないことをもって労働者性を弱めることとはならないが、労働者性の有無に関する判断を補強する要素の１つと考えられる。

具体的には、特定の企業の仕事のみを長期にわたって継続して請けている場合には、労働者性を補強する要素の１つとなる。

(3)　その他

イ　報酬について給与所得としての源泉徴収を行っていることは、労働者性を補強する要素の１つとなる。

ロ　発注書、仕様書等の交付により契約を行っていることは、一般的には事業者性を推認する要素となる。ただし、税務上有利であったり、会計上の処理の必要性等からこのような書面の交付を行っている場合もあり、発注書、仕様書等の交付という事実だけから判断

第2編　第3　取締役の労働者性

するのではなく、これらの書面の内容が事業者性を推認するに足りるものであるか否かを検討する必要がある。

ハ　ある者が手間請けの他に事業主としての請負業務を他の日に行っていることは、手間請けを行っている日の労働者性の判断に何ら影響を及ぼすものではないため、手間請けを行っている日の労働者性の判断は、これとは独立に行うべきものである。

ニ　いわゆる「手間貸し」（手間返し）の場合においては、手間の貸し借りを行っている者の間では、労働基準法上の労働者性の問題は生じないものと考えられる。

第3　芸能関係者について

Ⅱ　判断基準

1　使用従属性に関する判断基準

(1)　指揮監督下の労働

イ　仕事の依頼、業務に従事すべき旨の指示等に対する諾否の自由の有無

例えば、特定の日時、場所を指定したロケ撮影参加の依頼のような、「使用者」の具体的な仕事の依頼、業務に従事すべき旨の指示等に対して諾否の自由を有していることは、指揮監督関係の存在を否定する重要な要素となる。

他方、このような諾否の自由がないことは、一応、指揮監督関係を肯定する一要素となる。ただし、当事者間の契約によっては、一定の包括的な仕事の依頼を受諾した以上、当該包括的な仕事の内容をなす個々具体的な仕事の依頼については拒否する自由が当然制限される場合がある。また、専属下請のように事実上、仕事の依頼を拒否することができないという場合もある。このような諾否の自由の制約は直ちに指揮監督関係を肯定する要素とはならず、契約内容や仕事の依頼を拒否する自由が制限される程度等を勘案する必要がある。

ロ　業務遂行上の指揮監督の有無

(イ)　業務の内容及び遂行方法に対する指揮命令の有無

俳優やスタッフが実際に演技・作業を行うに当たり、演技・作業の細部に至るまで指示がある場合には、指揮監督関係の存在を肯定する重要な要素となる。

他方、俳優やスタッフなど、芸術的・創造的な業務に従事する者については、業務の性質上、その遂行方法についてある程度本人の裁量に委ねざるを得ないことから、必ずしも演技・作業の細部に至るまでの指示を行わず、大まかな指示にとどまる場合があるが、このことは直ちに指揮監督関係を否定する要素となるものではない。

(ロ)　その他

「使用者」の命令、依頼等により通常予定されている業務以外の業務に従事することを拒否できない場合には、「使用者」の一般的な指揮監督を受けているとの判断を補強する重要な要素となる。例えば、スタッフが本来自分の担当するパートのほか、監督の命令、依頼等により他のパートの業務に従事することを拒否できない場合には、一般的な指揮監督を受けているとの判断を補強する重要な要素となる。

ハ　拘束性の有無

勤務場所がスタジオ、ロケーション現場に指定されていることは、業務の性格上当然であるので、このことは直ちに指揮監督関係を肯定する要素とはならない。

映画やテレビ番組の撮影に当たっては、勤務時間が指定・管理されていることが通常である。この場合であっても、例えば場面設定との関係上、特定の時間にしか撮影ができないなどの事業の特殊性によるものである場合には、かかる指定は指揮監督関係を肯定する要素とはいえない。他方、「使用者」が業務の遂行を指揮命令する必要によるものであれば、指揮監督関係を肯定する要素と考えられる。例えば、1日の撮影の中で、監督等が行う具体的な撮影時間、休憩、移動時間等の決定や指示に従わなければならないこと、監督の指示によって一旦決まっていた撮影の時間帯が変動した場合に、

第2編　第3　取締役の労働者性

これに応じなければならないことは、指揮監督関係を肯定する要素
の1つとなる。

ニ　代替性の有無

「使用者」の了解を得ずに自らの判断によって他の者に労務を提
供させ、あるいは、補助者を使うことが認められている等労務提供
に代替性が認められている場合には、指揮監督関係を否定する要素
の1つとなる。

(2)　報酬の労務対償性に関する判断基準

映画やテレビ番組の撮影についての労務提供に関する契約において
は、撮影に要する予定日数を考慮に入れながら作品1本あたりいくら
と報酬が決められているのが一般的であるが、拘束時間、日数が当初
の予定よりも延びた場合に、報酬がそれに応じて増える場合には、使
用従属性を補強する要素となる。

2　労働者性の判断を補強する要素

(1)　事業者性の有無

イ　機械、器具、衣裳等の負担関係

例えば、俳優が自ら所有する衣裳を用いて演技を行う場合、それ
が安価な場合には問題とならないが、著しく高価な場合には事業者
としての性格が強く、労働者性を弱める要素となる。

ロ　報酬の額

報酬の額が当該企業において同様の業務に従事している正規従業
員に比して著しく高額である場合には、一般的には、事業者に対す
る代金の支払と認められ、労働者性を弱める要素となるが、俳優や
スタッフの場合には、比較すべき正規従業員がほとんどいないの
で、労働者性の判断の要素とはなりにくい。ただし、同種の業務に
従事する他の者と比べて報酬の額が著しく高額である場合、例え
ば、ノーランクといわれるような著しく報酬の高い俳優の場合に
は、事業者としての性格が強く、労働者性を弱める要素となる。

ハ　その他

俳優やスタッフが業務を行うについて第三者に損害を与えた場合

282

に、当該俳優やスタッフが専ら責任を負うべきときは、事業者性を
補強する要素となる。

(2)　専属性の程度

特定の企業に対する専属性の有無は、直接に使用従属性の有無を左
右するものではなく、特に専属性がないことをもって労働者性を弱め
ることとはならないが、労働者性の有無に関する判断を補強する要素
の1つと考えられる。

具体的には、他社の業務に従事することが契約上制約され、また
は、時間的余裕がない等事実上困難である場合には、専属性の程度が
高く、経済的に当該企業に従属していると考えられ、労働者性を補強
する要素の1つと考えられる。

(3)　その他

報酬について給与所得としての源泉徴収を行っていることは、労働
者性を補強する要素の1つとなる。」

3　労働者性に関する最高裁判例

【1】　最一小判平成8・11・28労働判例714号14頁〔28020411〕(旭紙業・横
浜南労働基準監督署長事件、療養補償給付等不支給処分取消請求事件)、
上告棄却

本件は、トラックの持込み運転手X(上告人)が、業務中に転倒して負
傷したので、療養補償給付及び休業補償給付の請求をしたが、労災保険法
上の労働者には該当しないことを理由として、不支給とされた事例であ
る。

本判決は、①　Xがトラックという事業用の資産を所有し、自己の危険
と計算の下に運送業務に従事していたこと、②　会社の指示は、運送とい
う業務の性質上当然に必要とされる運送物品、運送先及び納入時刻の指示
にとどまり、それ以外には業務の遂行に関し特段の指揮監督を行っていな
かったこと、③　時間的、場所的な拘束の程度も、一般の従業員と比較し
てはるかに緩やかであったこと、④　報酬がトラックの積載可能量と運送
距離によって算出される出来高払いであること、⑤　報酬の支払に当たっ

283

第2編　第3　取締役の労働者性

て所得税の源泉徴収、社会保険及び雇用保険の保険料の控除がされていない公租公課の負担関係などからみても、Xの労働者性を肯定するに足りる事情はないとして、労基研報告の判断基準に従って労働者性の説示をした初めての最高裁判例であり、その後の実務における労働者性の判断において、重要な意義を有するものである。

「上告人は、自己の所有するトラックを旭紙業株式会社の横浜工場に持ち込み、同社の運送係の指示に従い、同社の製品の運送業務に従事していた者であるが、(1)同社の上告人に対する業務の遂行に関する指示は、原則として、運送物品、運送先及び納入時刻に限られ、運転経路、出発時刻、運転方法等には及ばず、また、1回の運送業務を終えて次の運送業務の指示があるまでは、運送以外の別の仕事が指示されるということはなかった、(2)勤務時間については、同社の一般の従業員のように始業時刻及び終業時刻が定められていたわけではなく、当日の運送業務を終えた後は、翌日の最初の運送業務の指示を受け、その荷積みを終えたならば帰宅することができ、翌日は出社することなく、直接最初の運送先に対する運送業務を行うこととされていた、(3)報酬は、トラックの積載可能量と運送距離によって定まる運賃表により出来高が支払われていた、(4)上告人の所有するトラックの購入代金はもとより、ガソリン代、修理費、運送の際の高速道路料金等も、すべて上告人が負担していた、(5)上告人に対する報酬の支払に当たっては、所得税の源泉徴収並びに社会保険及び雇用保険の保険料の控除はされておらず、上告人は、右報酬を事業所得として確定申告をしたというのである。

　右事実関係の下においては、上告人は、業務用機材であるトラックを所有し、自己の危険と計算の下に運送業務に従事していたものである上、旭紙業は、運送という業務の性質上当然に必要とされる運送物品、運送先及び納入時刻の指示をしていた以外には、上告人の業務の遂行に関し、特段の指揮監督を行っていたとはいえず、時間的、場所的な拘束の程度も、一般の従業員と比較してはるかに緩やかであり、上告人が旭紙業の指揮監督の下で労務を提供していたと評価するには足りないものといわざるを得ない。そして、報酬の支払方法、公租公課の負担等についてみても、上告人

が労働基準法上の労働者に該当すると解するのを相当とする事情はない。そうであれば、上告人は、専属的に旭紙業の製品の運送業務に携わっており、同社の運送係の指示を拒否する自由はなかったこと、毎日の始業時刻及び終業時刻は、右運送係の指示内容のいかんによって事実上決定されることになること、右運賃表に定められた運賃は、トラック協会が定める運賃表による運送料よりも1割5分低い額とされていたことなど原審が適法に確定したその余の事実関係を考慮しても、上告人は、労働基準法上の労働者ということはできず、労働者災害補償保険法上の労働者にも該当しないものというべきである。この点に関する原審の判断は、その結論において是認することができる。」

【2】 最二小判平成17・6・3民集59巻5号938頁、労働判例893号14頁〔28101172〕（関西医科大学研修医〔未払賃金請求〕事件）、上告棄却

　本件は、医科大学附属病院（上告人）に勤務する研修医亡Aの両親であるXらが、Aは労基法9条所定の労働者に該当すると主張し、最低賃金額と病院が支払っていた奨学金等との差額に相当する賃金の支払を求めた事案であり、労働者性が認められた上で、請求が一部認容された事例である。

　本判決は、①　Aの医療行為等への従事行為は病院の開設者のための労務の遂行という側面を不可避的に有し、病院の開設者の指揮監督の下にこれを行ったと評価することができること、②　Aは、病院の耳鼻咽喉科における臨床研修のプログラムに従って、休診日等を除き定められた時間及び場所において、指導医の指示に従って、患者の医療行為等に従事していたこと、③　病院は、Aに対し、奨学金等として金員を支払い、これらの金員につき給与等に当たるものとして源泉徴収を行っていたことなどからみると、Aは、「労務の提供をする者」であって労基法9条所定の労働者に当たるとしたものであり、労基研報告の判断基準に沿って労働者性を肯定した最高裁判例である。

「研修医がこのようにして医療行為等に従事する場合には、これらの行為等は病院の開設者のための労務の遂行という側面を不可避的に有すること

第2編　第3　取締役の労働者性

となるのであり、病院の開設者の指揮監督の下にこれを行ったと評価する
ことができる限り、上記研修医は労働基準法9条所定の労働者に当たるも
のというべきである。

　これを本件についてみると、前記事実関係によれば、本件病院の耳鼻咽
喉科における臨床研修のプログラムは、研修医が医療行為等に従事するこ
とを予定しており、Aは、本件病院の休診日等を除き、上告人が定めた時
間及び場所において、指導医の指示に従って、上告人が本件病院の患者に
対して提供する医療行為等に従事していたというのであり、これに加え
て、上告人は、Aに対して奨学金等として金員を支払い、これらの金員に
つき給与等に当たるものとして源泉徴収まで行っていたというのである。

　そうすると、Aは、上告人の指揮監督の下で労務の提供をしたものとし
て労働基準法9条所定の労働者に当たり、最低賃金法2条所定の労働者に
当たるというべきであるから、上告人は、同法5条2項により、Aに対
し、最低賃金と同額の賃金を支払うべき義務を負っていたものというべき
である。」

【3】　最一小判平成19・6・28集民224号701頁、労働判例940号11頁
〔28131552〕（藤沢労働基準監督署長〔大工負傷〕事件）、上告棄却

　本件は、大工X（上告人）が、株式会社Aが受注したマンションの建築
工事のうち、B株式会社が請け負った内装工事に従事していた際に、右手
指を負傷したので、療養補償給付及び休業補償給付の請求をしたが、労災
保険法上の労働者には該当しないことを理由として、不支給とされた事例
である。

　本判決は、①　Xは、寸法や仕様等については、ある程度細かな指示を
受けていたが、具体的な工法や作業手順については、指定を受けず自分の
判断で選択できたこと、②　Xは、所定の作業時間に作業することを求め
られていたが、事前に現場監督に連絡すれば、工期に遅れない限り、仕事
を休んだり、所定の時刻をずらして作業をすることも自由であったこと、
③　Xは、他の工務店等の仕事をすることを禁じられていなかったこと、
④　Xの報酬は、完全な出来高払の方式が中心とされていたこと、⑤　X

286

は、必要な大工道具一式を自ら所有し、これらを現場に持ち込んで使用していたこと、などの事実関係に照らすと、Ｘは労働法及び労災保険法上の労働者に当たらないと判断したものであり、労基研報告や専門部会報告の判断基準に従って労働者性を否定したものということができる。

「上告人は、前記工事に従事するに当たり、Ａはもとより、Ｂの指揮監督の下に労務を提供していたものと評価することはできず、Ｂから上告人に支払われた報酬は、仕事の完成に対して支払われたものであって、労務の提供の対価として支払われたものとみることは困難であり、上告人の自己使用の道具の持込み使用状況、Ｂに対する専属性の程度等に照らしても、上告人は労働基準法上の労働者に該当せず、労働者災害補償保険法上の労働者にも該当しないものというべきである。上告人が職長の業務を行い、職長手当の支払を別途受けることとされていたことその他所論の指摘する事実を考慮しても、上記の判断が左右されるものではない。」

4　取締役の労働者性

(1)　使用人兼務取締役の地位

　株式会社の監査等委員である取締役は、監査等委員会設置会社の使用人を兼務することができないものとされているが（会社法331条3項）、それ以外の場面については、一般的に取締役が使用人を兼務することは許されると解されている。

　そして、会社法330条には、「株式会社と役員及び会計監査人との関係は、委任に関する規定に従う。」と定められているので、株式会社と取締役との関係は、委任契約に基づく法律関係によって規律される。これに対し、株式会社と使用人との関係は、民法623条に「雇用は、当事者の一方が相手方に対して労働に従事することを約し、相手方がこれに対してその報酬を与えることを約することによって、その効力を生ずる。」と定められているので、雇用契約に基づく法律関係によって規律される（同法632条）ことになる。したがって、取締役が使用人を兼務する「使用人兼務取締役」は、委任契約に基づく取締役としての地位と、雇用契約に基づく使用人としての地位が併存している状況となる。

287

第2編　第3　取締役の労働者性

(2)　使用人兼務取締役の権限

　　取締役は、株式会社の業務を執行する権限を有することもあるが（取締役会設置会社を除く株式会社で、定款に別段の定めがある場合を除き業務執行権を有する場合：会社法348条1項、取締役会の決議によって取締役会設置会社の業務を執行する取締役として選定された場合：同法363条1項2号）、基本的には、取締役会が業務執行権限を有する。

　　取締役は、取締役会の組織の1員として、取締役会を通じて、会社の業務執行の決定や取締役の職務の執行の監督などを行う（同法362条2項1号・2号）権限を有するにすぎない。

　　そして、取締役は、当初から取締役に選任される場合もあるが、従業員が取締役に選任された場合には、従前の従業員としての業務も引き続き行いながら取締役としての業務も併行して行っていることもある。この後者の場合が使用人兼務取締役であり、その場合には、取締役としての地位と従業員としての地位が併存している状況にあるので、このような場合の労働者性の判断基準や判断要素の設定が必要になる。

(3)　使用人兼務取締役の労働者性の判断基準

　　使用人兼務取締役の労働者性の判断は、基本的に労基研報告が定める判断基準に従って行われている（東京地判平成10・2・2労働判例735号52頁〔28030891〕〔美浜観光事件〕・労働者性を否定、大阪地決平成10・6・11労働判例751号86頁〔ストーブリ株式会社事件〕・労働者性を否定、東京地判平成11・4・23労働判例770号141頁〔協和機工事件〕・大阪地判平成15・10・29労働判例866号58頁〔28091053〕〔大阪中央労基署長〈おかざき〉事件〕・労働者性を肯定、東京地判平成18・8・30労働判例925号80頁〔28130520〕〔アンダーソンテクノロジー事件〕・労働者性を肯定、京都地判平成27・7・31労働判例1128号52頁〔28241011〕〔類設計室〈取締役塾職員・残業代〉事件〕・労働者性を肯定など）。

　　そのうちでも特に重要な労働者性の判断要素は、業務の遂行状況（代表取締役の指揮命令下で労務を提供しているか、取締役就任前と同様の従業員としての業務を遂行しているか、取締役会に出席して会社の重要な意思

288

決定を行っているか）、報酬の労務対償性（従業員としての賃金の支払を受けているか）などであり、具体的には以下のような諸点が主要な労働者性の判断要素となる。

ア　労働者性を肯定する要素

① 取締役就任時の契約関係

(a) 取締役就任時に、従業員を退職する手続が採られていないため、従業員としての雇用契約は終了せず、従業員としての退職金の支払もされていない（東京地判平成13・7・25労働判例813号15頁〔28062537〕〔黒川建設事件〕、東京地判平成13・11・19労働判例816号83頁〔28070247〕〔オー・エス・ケー事件〕、前掲大阪地判平成15・10・29〔大阪中央労基署長〈おかざき〉事件〕）。

(b) 会社の就業規則に、取締役への就任が従業員の退職事由として挙げられていない。

(c) 取締役就任後も、従業員として、雇用保険への加入手続が採られている。

(d) 取締役就任時に、一旦は従業員を退職する手続が採られたが、その後も従前と同様に代表取締役の指揮命令下に置かれて従業員としての労務を提供していることに照らし、新たな雇用契約が成立していると評価できる（東京地判昭和62・2・25労働判例497号129頁〔27613473〕〔日本ビー・ジー・エム・システム事件〕）。

② 業務の遂行状況

(a) 取締役就任後も、就任前と同様の仕事を担当しており、就任の前後で仕事の内容に変更がない（前掲東京地判平成13・11・19〔オー・エス・ケー事件〕、東京地判平成14・2・12労経速1796号19頁〔28070920〕〔双美交通事件〕、前掲大阪地判平成15・10・29〔大阪中央労基署長〈おかざき〉事件〕、東京地判平成24・5・16労働判例1057号96頁〔28210092〕〔ピュアルネッサンス事件〕）。

(b) 仕事の内容が、基本的に、一般の従業員や管理職などと同様である。

③ 取締役としての地位

第2編　第3　取締役の労働者性

(a)　会社では取締役会が開催されたことはなく、単なる名目的取締役にすぎない（大阪高判平成19・1・18判時1980号74頁〔28131146〕〔おかざき事件〕）。

(b)　会社は、代表取締役のワンマン経営であり、会社の意思決定に参加する機会がなく、重要な事項の決定に関与していない（前掲東京地判平成13・11・19〔オー・エス・ケー事件〕）。

(c)　会社の株式を保有しない平取締役である。

④　指揮監督・権限

(a)　代表取締役の指揮監督を受けて労務の提供を行っている（東京地判平成24・12・14労働判例1067号5頁〔28211775〕〔ミレジム事件〕）。

(b)　法令・定款によって業務執行権限が与えられていない（前掲京都地判平成27・7・31〔類設計室〈取締役塾職員・残業代〉事件〕、東京地判平成11・11・30労働判例789号54頁〔28052373〕〔バベル事件〕）。

⑤　出退勤管理

(a)　出退勤の自由がない。

(b)　タイムカードを打刻することを義務付けられ、労働時間管理をされている（前掲東京地判平成13・11・19〔オー・エス・ケー事件〕）。

⑥　報酬の労務対償性

(a)　報酬は、賃金又は給与の名目で支払われており、報酬の体系が従業員と同様で取締役とは異なる報酬体系となっており、決算処理や税務処理も賃金として処理されている。

(b)　報酬は、代表取締役や他の取締役と比べて低額である。

(c)　取締役就任時に報酬が増額されていない。

(d)　報酬から、従業員を雇い入れた場合に必要とされる雇用保険料その他の社会保険料の控除がされている（前掲東京地判平成11・11・30〔バベル事件〕、前掲東京地判平成13・11・19〔オー・エス・ケー事件〕、前掲東京地判平成14・2・12〔双美交通事件〕、前掲東京

地判平成18・8・30〔アンダーソンテクノロジー事件〕、前掲東京地判平成24・12・14〔ミレジム事件〕)。

 (e) 取締役就任後も、源泉徴収票に、給料や賞与の支給がされている旨の記載がある。

 (f) 報酬として、役員報酬に加えて、他の従業員が受け取っている手当や賞与の支給を受けている。

イ 労働者性を否定する要素

 ① 取締役就任時の契約関係

 (a) 取締役就任時に、従業員を退職する手続が採られて従業員としての雇用契約が終了し、従業員としての退職金の支払もされている（大阪地判平成9・3・28労働判例717号37頁〔28021275〕〔佐川ワールドエクスプレス事件〕)。

 (b) 取締役就任時に、退職手続の一環として、雇用保険の被保険者資格の喪失手続が採られている。

 (c) 会社の就業規則に、取締役への就任が従業員の退職事由として挙げられている。

 ② 業務の遂行状況

 (a) 規模の小さい会社であるため、代表取締役のみならず、他の取締役も、一般の従業員と同様の労務に従事している。

 ③ 取締役としての地位

 (a) 登記簿上、会社の取締役として登記されている（東京地判平成23・3・3労経速2105号24頁〔28173141〕〔三菱スペース・ソフトウェア事件〕)。

 (b) 取締役会に出席して、会社の業務執行に関する意思決定に直接関与し、議事録にも署名押印している。

 (c) 取締役に就任した時点で、「委任契約」など雇用契約とは異なる契約を締結している。

 (d) 取締役に就任したことを契機として、従業員持ち株制度とは異なる形態で、会社の株式を保有するに至った。

 (e) 従業員としての経歴のない当初からの取締役であって、会社設立

第2編　第3　取締役の労働者性

時に中心的な役割を果たしている。

④　指揮監督・権限

(a)　法令・定款によって業務執行権を有する取締役とされている。

(b)　会社の業務執行に関する重要意思決定や具体的な業務執行を行っている（前掲東京地判平成10・2・2〔美浜観光事件〕、東京地判平成11・5・27労経速1707号24頁〔28042244〕〔信榮産業事件〕、東京地判平成11・11・15労働判例786号86頁〔ザ・クロックハウス事件〕、大阪地判平成17・7・21労経速1915号27頁〔28102110〕〔ケービーアール事件〕）。

(c)　会社の重要な事項について最終決裁ができる権限がある（大阪地判平成10・10・23労働判例758号90頁〔遠山商事事件〕）。

(d)　業務執行につき、代表取締役から雇用契約関係に存するような指揮監督を受けていない（前掲東京地判平成10・2・2〔美浜観光事件〕）。

⑤　出退勤管理

(a)　出退勤の自由があり、タイムカードなどによる出退勤管理を受けていない（前掲東京地判平成11・11・15〔ザ・クロックハウス事件〕、前掲大阪地判平成17・7・21〔ケービーアール事件〕）。

⑥　報酬の労務対償性

(a)　報酬は、役員報酬の名目で支払われており、決算処理や税務処理も役員報酬として処理されている。

(b)　報酬は、代表取締役や他の取締役に準じた金額であり、一般の従業員と比べて高額である。

(c)　取締役就任後に報酬が大幅に増額されている（前掲大阪地決平成10・6・11〔ストーブリ株式会社事件〕、前掲東京地判平成11・4・23〔協和機工事件〕、前掲東京地判平成11・5・27〔信榮産業事件〕、東京地判平成23・3・14労経速2108号25頁〔28173720〕〔エスエー、SPARKS事件〕）。

(d)　報酬は、役員報酬のみであり、他の従業員が受け取っている手当や賞与の支給を受けていない。

5　代表取締役の労働者性

　(e)　報酬や給与から雇用保険料が差し引かれていない。
　(f)　報酬は、遅刻や欠勤により減額されることはなく、勤務時間と関
　　　係なく一定額の支給がされている。

5　代表取締役の労働者性

(1)　代表取締役の労働者性の判断基準
　　代表取締役は、法令上業務執行権限を有し（会社法363条1項1号）、使
　用者の指揮命令下に置かれて業務に従事するものではなく、従業員の地位
　とは両立しない関係にあるから、代表取締役としての地位と従業員として
　の地位が両立するような特段の事情のない限り、原則として、従業員とし
　ての地位を兼務するものということはできない。
　　代表取締役の労働者性の有無については、使用者による具体的な指揮命
　令関係のないこと、及び、報酬が、時間を単位として計算されておらず定
　額であり労務対償性がないこと、などが重要な判断要素となる。

(2)　裁判例
　ア　労働者性の否定裁判例
　　【1】　東京地判平成8・3・25労経速1618号12頁〔28020368〕（スポル
　　　ディング・ジャパン事件）
　　　　代表取締役としての業務遂行を行っていること、高額な報酬を得て
　　　いること、他の従業員とは異なる特別の待遇を受けていることなどの
　　　要素を重視する。
　　【2】　東京地判平成11・12・24労働判例777号20頁〔28051033〕（ポップ
　　　マート事件）
　　　　経営に関する広範な権限を有すること、代表取締役として対外的に
　　　行動していることなどの要素を重視する。
　　【3】　東京地判平成23・11・7労経速2134号24頁〔28180852〕（横浜南
　　　労働基準監督署長事件）
　　　　使用者からの指揮命令の欠如、報酬の労務対償性の欠如などを重視
　　　する。

第2編　第3　取締役の労働者性

【4】　東京地判平成24・12・14労経速2168号20頁〔28211374〕（サンランドリー事件）

　　勤務時間管理を受けていなかったこと、代表取締役就任後の大幅な役員報酬の増額、代表取締役就任時に雇用保険の被保険者資格喪失手続を採っていること、経営に関する広範な権限を保有していたことなどの要素を重視する。

イ　労働者性の肯定裁判例

【1】　東京地判平成11・2・10労働判例768号86頁（シンセイベアリング事件）

　　株式会社設立から約10年間は取締役、その後の約9年間は代表取締役の地位にあり、取締役及び代表取締役としての権限を有する実態にあったが、これと併せて、設立当初から、実質的な経営者である者の指揮命令下に置かれ、一貫して営業責任者としての業務活動にも従事してきたから、営業責任者としての業務活動に従事する限りにおいては、従業員としての地位を兼ねていたことなどの要素を重視する。

【2】　名古屋高判平成20・10・23判時2036号33頁〔28151342〕（損害賠償請求控訴事件）

　　就業場所や就業時間の拘束があること、仕事の諾否の自由が欠如していること、稼働の実態が水商売の雇われママであるホステスに当たることなどの要素を重視する。

第4　労働時間該当性

1　最高裁判例による労基法上の労働時間の定義

(1)　労基法上の労働時間

　　労基法32条1項は、「使用者は、労働者に、休憩時間を除き1週間について40時間を超えて、労働させてはならない。」と定め、法定労働時間に違反した場合の処罰規定（同法119条1項）や法定外労働時間についての割増賃金規定（同法37条）による規制を行っている。しかしながら、このような規制の対象となる「労基法上の労働時間」についての定義規定は存在しない。

　　そのため、「労基法上の労働時間」についての解釈を明らかにすることが肝要な問題であったところ、最高裁は、まず、①　最一小判平成12・3・9民集54巻3号801頁〔28050535〕（三菱重工業長崎造船所〔一次訴訟・会社側上告〕事件）、②　最一小判平成12・3・9労働判例778号8頁、集民197号75頁〔28050536〕（三菱重工業長崎造船所〔一次訴訟・組合側上告〕事件）を嚆矢として、次いで、③　最一小判平成14・2・28民集56巻2号361頁〔28070468〕（大星ビル管理事件）において、さらに、④　最二小判平成19・10・19民集61巻7号2555頁〔28132281〕（大林ファシリティーズ〔オークビルサービス〕事件）において、「労基法上の労働時間」とは、「使用者の指揮命令下に置かれている時間」であることを説示し、労基法32条1項の労働時間につき、純粋指揮命令下説・客観説に立脚することを明示した。その後の下級審裁判例も、おおむねこの見解に従って処理されている。

(2)　4つの最高裁判例

　A　最一小判平成12・3・9民集54巻3号801頁〔28050535〕（平成7年㈠第2029号・三菱重工業長崎造船所〔一次訴訟・会社側上告〕事件）・始終業前後の周辺的労働時間（井上・時間外労働時間8頁参照）

第 2 編　第 4　労働時間該当性

始終業時の前後の作業服の着脱等の準備行為を使用者から義務付けられ
又はこれを余儀なくされた場合における当該行為に要した時間は労基法
上の労働時間に該当する〔労働基準法上の労働時間の意義〕（上告棄
却）。

≪判決要旨≫

①　労働基準法（昭和62年法律第99号による改正前のもの）32条の労働時
　間とは、労働者が使用者の指揮命令下に置かれている時間をいい、右の
　労働時間に該当するか否かは、労働者の行為が使用者の指揮命令下に置
　かれたものと評価することができるか否かにより客観的に定まるのであ
　って、労働契約、就業規則、労働協約等の定めのいかんにより決定され
　るものではない。

②　労働者が、就業を命じられた業務の準備行為を事業所内において行う
　ことを使用者から義務付けられ、又はこれを余儀なくされたときは、当
　該行為は、特段の事情のない限り、使用者の指揮命令下に置かれたもの
　と評価することができ、当該行為に要した時間は、それが社会通念上必
　要と認められるものである限り、労働基準法（昭和62年法律第99号によ
　る改正前のもの）32条の労働時間に該当する。

③　就業規則により、始業に間に合うよう更衣等を完了して作業場に到着
　し、所定の始業時刻に作業場において実作業を開始し、所定の終業時刻
　に実作業を終了し、終業後に更衣等を行うものと定め、また、始終業の
　勤怠は更衣を済ませ始業時に準備体操場にいるか否か、終業時に作業場
　にいるか否かを基準として判断する旨定めていた造船所において、労働
　者が、始業時刻前に更衣所等において作業服及び保護具等を装着して準
　備体操場まで移動し、副資材等の受出しをし、散水を行い、終業時刻後
　に作業場等から更衣所等まで移動して作業服及び保護具等の脱離等を行
　った場合、右労働者が、使用者から、実作業に当たり、作業服及び保護
　具等の装着を義務付けられ、右装着を事業所内の所定の更衣所等におい
　て行うものとされ、副資材等の受出し及び散水を始業時刻前に行うこと
　を義務付けられていたなど判示の事実関係の下においては、右装着及び
　準備体操場までの移動、右副資材等の受出し及び散水並びに右更衣所等

1　最高裁判例による労基法上の労働時間の定義

までの移動及び脱離等は、使用者の指揮命令下に置かれたものと評価することができ、労働者が右各行為に要した社会通念上必要と認められる時間は、労働基準法（昭和62年法律第99号による改正前のもの）32条の労働時間に該当する。

B　最一小判平成12・3・9労働判例778号8頁、集民197号75頁〔28050536〕（平成7年(オ)第2030号・三菱重工業長崎造船所〔一次訴訟・組合側上告〕事件）・始終業前後の周辺的労働時間（井上・時間外労働時間23頁参照）

始終業時の前後の事業場の入退場門と更衣所等との間の移動に要した時間及び終業時刻後の洗身等に要した時間は、使用者の指揮命令下に置かれたものと評価することができず、また、休憩時間中の作業服及び保護具等の一部の着脱等に要した時間は、休憩時間中労働者を業務から解放して休憩時間を自由に利用できる状態に置けば足りるから、いずれの時間も労働基準法上の労働時間に当たらない〔労働基準法上の労働時間の意義〕（上告棄却）。

≪判決要旨≫

①　労働基準法（昭和62年法律第99号による改正前のもの）32条の労働時間（以下「労働基準法上の労働時間」という。）とは、労働者が使用者の指揮命令下に置かれている時間をいい、労働時間に該当するか否かは、労働者の行為が使用者の指揮命令下に置かれたものと評価することができるか否かにより客観的に定まるものであって、労働契約、就業規則、労働協約等の定めのいかんにより決定されるべきものではない。

②　労働者が、就業規則によって、始業に間に合うよう更衣等を完了して作業場に到着し、終業後に更衣等を行うものとされ、また、実作業に当たり、作業服及び保護具等の装着を義務付けられ、その装着を所定の更衣所等において行うものとされていたときに、午前の始業時刻前に入退場門から事業所内に入って更衣所等まで移動し、午後の終業時刻後に更衣所等から入退場門まで移動して事業所外に退出した場合、その各移動

297

第 2 編　第 4　労働時間該当性

は、使用者の指揮命令下に置かれたものと評価することができず、労働
者がその各移動に要した時間は、労働基準法32条の労働時間に該当しな
い。

③　労働者が、就業規則によって、始業に間に合うよう更衣等を完了して
作業場に到着し、終業後に更衣等を行うものとされ、また、実作業に当
たり、作業服及び保護具等の装着を義務付けられ、その装着を所定の更
衣所等において行うものとされていたときに、午後の終業時刻後に、手
洗い、洗面、洗身、入浴を行い、また、洗身、入浴後に通勤服を着用し
た場合、労働者は、使用者から、実作業の終了後に事業所内の施設にお
いて洗身等を行うことを義務付けられてはおらず、特に洗身等をしなけ
れば通勤が著しく困難であるとまではいえないから、洗身等は、これに
引き続いてされた通勤服の着用を含めて、使用者の指揮命令下に置かれ
たものと評価することができず、洗身等に要した時間は、労働基準法32
条の労働時間に該当しない。

④　労働者が、就業規則によって、始業に間に合うよう更衣等を完了して
作業場に到着し、所定の始業時刻に作業場において実作業を開始し、午
前の終業については所定の終業時刻に実作業を中止し、午後の始業に間
に合うよう作業場に到着し、所定の終業時刻に実作業を終了し、終業後
に更衣等を行うものとされ、また、実作業に当たり、作業服及び保護具
等の装着を義務付けられ、その装着を所定の更衣所等において行うもの
とされていたときに、午前の終業時刻後に作業場等から食堂等まで移動
し、現場控所等において作業服及び保護具等の一部を脱離するなどし、
午後の始業時刻前に食堂等から作業場等まで移動し、脱離した作業服及
び保護具等を再び装着した場合、休憩時間中の上記の各行為に要した時
間は、労働基準法32条の労働時間に該当しない。

C　最一小判平成14・2・28民集56巻2号361頁〔28070468〕（平成9年㈠
第609号・大星ビル管理事件）・ビル管理会社の従業員の仮眠時間（井
上・時間外労働時間36頁参照）

1　最高裁判例による労基法上の労働時間の定義

実作業に従事していない仮眠時間であっても、労働契約上の役務の提供が義務付けられていると評価される場合には、労働からの解放が保障されているとはいえず、労働者は使用者の指揮命令下に置かれており、労働基準法32条の労働時間に当たる〔労働からの解放の保障と不活動仮眠時間の労働時間該当性〕（破棄差戻）。

≪判決要旨≫

①　労働者が実作業に従事していない仮眠時間であっても、労働契約上の役務の提供が義務付けられていると評価される場合には、労働からの解放が保障されているとはいえず、労働者は使用者の指揮命令下に置かれているものであって、労働基準法32条の労働時間に当たる。

②　ビル管理会社の従業員が従事する泊り勤務の間に設定されている連続7時間ないし9時間の仮眠時間は、従業員が労働契約に基づき仮眠室における待機と警報や電話等に対して直ちに相当の対応をすることを義務付けられており、そのような対応をすることが皆無に等しいなど実質的に上記義務付けがされていないと認めることができるような事情も存しないなど判示の事実関係の下においては、実作業に従事していない時間も含め全体として従業員が使用者の指揮命令下に置かれているものであり、労働基準法32条の労働時間に当たる。

D　最二小判平成19・10・19民集61巻7号2555頁〔28132281〕（平成17年（受）第384号・大林ファシリティーズ〔オークビルサービス〕事件）・マンション住み込み管理員の所定外業務従事時間（井上・時間外労働時間49頁参照）

実作業に従事していない不活動時間であっても、労働契約上の役務の提供が義務付けられているため、労働からの解放が保障されていない場合には、使用者の指揮命令下に置かれているというべきであるから、労働基準法上の労働時間に当たる〔明示又は黙示の業務指示と所定外業務従事時間の労働時間該当性〕（破棄差戻）。

≪判決要旨≫

299

第2編　第4　労働時間該当性

① マンションの住み込み管理員が所定労働時間の開始前及び終了後の一定の時間に断続的な業務に従事していた場合において、㋐使用者は、上記一定の時間内の各所定の時刻に管理員室の照明の点消灯、ごみ置場の扉の開閉、冷暖房装置の運転の開始及び停止等の業務を行うよう指示していたこと、㋑使用者が作成したマニュアルには、管理員は所定労働時間外においても、住民等から宅配物の受渡し等の要望が出される都度、これに随時対応すべき旨が記載されていたこと、㋒使用者は、管理員から定期的に業務の報告を受け、管理員が所定労働時間外においても上記要望に対応していた事実を認識していたことなど判示の事実関係の下では、上記一定の時間は、管理員室の隣の居室に居て実作業に従事していない時間を含めて、その間、管理員が使用者の指揮命令下に置かれていたものであり、労働基準法32条の労働時間に当たる。

② マンションの住み込み管理員である夫婦が雇用契約上の休日である土曜日も使用者の指示により平日と同様の業務に従事していた場合において、使用者は、土曜日は1人体制で執務するよう明確に指示し、同人らもこれを承認していたこと、土曜日の業務量が1人では処理できないようなものであったともいえないことなど判示の事情の下では、土曜日については、同人らのうち1人のみが業務に従事したものとして労働時間を算定するのが相当である。

③ マンションの住み込み管理員が土曜日を除く雇用契約上の休日に断続的な業務に従事していた場合において、使用者が、管理員に対して、管理員室の照明の点消灯及びごみ置場の扉の開閉以外には上記休日に業務を行うべきことを明示に指示していなかったなど判示の事実関係の下では、使用者が上記休日に行うことを明示又は黙示に指示したと認められる業務に現実に従事した時間のみが労働基準法32条の労働時間に当たる。

2　最高裁判例のまとめ

(1)　労基法上の労働時間の定義

最高裁は、前記の累次にわたる4判例で、労基法上に定義がなく、見解

が分かれていた労基法32条の労働時間につき、「労働者が使用者の指揮命令下に置かれている時間をいい、労働時間に該当するか否かは、労働者の行為が使用者の指揮命令下に置かれたものと評価することができるか否かにより客観的に定まるのであって、労働契約、就業規則、労働協定等の定めのいかんにより決定されるものではない。」旨を説示し、純粋指揮命令下説・客観説に立脚することを明示し、裁判実務上の問題に決着を付けた。

(2)　業務の準備行為等の労働時間該当性の判断要素

　　最高裁（最一小判平成12・3・9民集54巻3号801頁〔28050535〕〔三菱重工業長崎造船所〈一次訴訟・会社側上告〉事件〕、最一小判平成12・3・9労働判例778号8頁、集民197号75頁〔28050536〕〔三菱重工業長崎造船所〈一次訴訟・組合側上告〉事件〕）は、純粋指揮命令下説・客観説の具体的適用として、「労働者が、就業を命じられた業務の準備行為等を事業所内において行うことを使用者から義務付けられ、又はこれを余儀なくされたときは、当該行為は、特段の事情のない限り、使用者の指揮命令下に置かれたものと評価することができ、当該行為に要した時間は、それが社会通念上必要と認められる限り、労基法32条の労働時間に該当する。」旨の一般論を展開して、就業を命じられた業務の準備行為等が、使用者の指揮命令下において行われたと評価することができるか否かの労働時間該当性の具体的な判断要素を明確にした。

　　この一般論の説示中には、「事業所内において」という場所的拘束性による限定、「義務付けられ、又はこれを余儀なくされたとき」という業務遂行に関する使用者の義務付けによる限定、「特段の事情のない限り」という使用者の指揮命令下からの離脱がないことの限定、「社会通念上必要と認められる限り」という当該行為に社会通念上必要と認められる範囲内の時間による限定など、労基法上の労働時間の中心的な判断要素を具体的に明確にしている。

(3)　不活動仮眠時間の労働時間該当性の判断要素

　　最高裁（最一小判平成14・2・28民集56巻2号361頁〔28070468〕〔大星

第2編　第4　労働時間該当性

ビル管理事件〕）は、労基法32条の労働時間とは、労働者が使用者の指揮命令下に置かれている時間をいい、「労働者が実作業に従事していない仮眠時間が労働時間に当たらないというためには、労働からの解放が保障されていることを要するところ、労働者が仮眠時間において労働契約上の役務の提供を義務付けられていると評価される場合には、労働からの解放が保障されているとはいえず、使用者の指揮命令下に置かれている時間として労働時間に当たる。」旨を説示して、純粋指揮命令下説・客観説を不活動仮眠時間の労働時間該当性の判断に具体的に適用した。

　すなわち、実作業に従事していない不活動仮眠時間であっても、労働契約上の義務として直ちに緊急事態等への業務対応が義務付けられている場合には、権利として労働からの解放が保障されておらず、労働時間性が肯定されることを明らかにしている。

(4)　所定外業務従事時間の労働時間該当性の判断要素

　最高裁（最二小判平成19・10・19民集61巻7号2555頁〔28132281〕〔大林ファシリティーズ〈オークビルサービス〉事件〕）は、純粋指揮命令下説・客観説の具体的な適用として、所定労働時間外又は休日に断続的な業務に従事していた場合における労基法上の労働時間該当性につき、使用者が明示又は黙示に指示したと認められる業務に現実に従事した時間については、その業務が所定労働時間外又は休日に行われたものであっても、使用者の指揮命令下における労働であり、労基法上の労働時間に該当する旨を説示して、所定外業務従事時間の労働時間該当性の判断要素を明らかにしている。

(5)　純粋指揮命令下説の根拠

　労働契約は、労働者が労務に従事し、使用者がこれに対して報酬を与えることを本質的な要素としており（民法623条）、労基法は、労働契約上の義務の履行としての「労務に服する時間」を規律の対象としている。

　すなわち、労基法が規律し保護を与える対象は、労働者が労働契約によって労働することを義務付けられている範囲内での「労務に服する時間」である。したがって、「労務に服する時間」を規律する概念としての労働

2　最高裁判例のまとめ

時間を判断する基準は、使用者の指揮命令又は指揮監督下で労務を提供する時間であると解するのが合理的であると考えられる。

第5 労災認定基準における時間外労働時間数の意義と重要性

1 労災認定基準

(1) 労災保険給付は、傷病等の結果に対して行われるが、現在の医学的知見を集約した行政通達によって、労災補償の対象となる傷病等につき、労災認定基準が定められ、これによって業務上外の判断が行われている。

(2) 労災認定基準が定められている対象傷病の主要なものとしては、次のようなものがある。

① 精神障害：「心理的負荷による精神障害の認定基準」（令5・9・1基発0901第2号）

② 脳・心臓疾患：「血管病変等を著しく増悪させる業務による脳血管疾患及び虚血性心疾患等の認定基準」（令3・9・14基発0914第1号：令5・10・18基発1018第1号改正）」

③ 腰痛：「業務上腰痛の認定基準等」（昭51・10・16基発750号）

④ 上肢障害：「上肢作業に基づく疾病の業務上外の認定基準」（平9・2・3基発65号）

⑤ 石綿障害：「石綿による疾病の認定基準」（平24・3・29基発0329第2号：令5・3・1基発0301第1号改正）

(3) 労災認定基準の対象となる傷病等が発生した場合には、当該認定基準に該当する事実が存在するか否かを調査し、業務起因性を判断することとなるが、労災保険給付請求が最も多い事件類型は、精神障害事件と脳・心臓疾患事件であるから、以下においては、これらの各事件につき、業務起因性の争点が著明となる時間外労働時間数の問題を取り上げて説明をする。

2　労災認定基準における時間外労働時間数の意義

(1)　精神障害の認定基準における時間外労働時間の取扱い

　ア　精神障害の認定基準（令5・9・1基発0901第2号）

　　　「心理的負荷による精神障害の認定基準」（令5・9・1基発0901第2号：平23・12・26基発1226第1号を廃止し新たに制定したもの）がある。

　イ　認定基準における時間外労働時間数の取扱い（心理的負荷が「強」となる場合）

　　①　認定基準の別表1「業務による心理的負荷評価表」の「極度の長時間労働」

　　　　発病直前の1か月におおむね160時間を超えるような、又は、これに満たない期間にこれと同程度の（例えば3週間におおむね120時間以上の）時間外労働を行った場合には、その事実のみをもって、業務の過重性・業務起因性の存在を認定する取扱いとしている。

　　②　長時間労働

　　　㋐　認定基準の別表1「業務による心理的負荷評価表」の項目12

　　　　　長時間労働以外に特段の出来事が存在しない場合には、長時間労働それ自体を「出来事」とし、「1か月に80時間以上の時間外労働を行った（項目12）」という「具体的出来事」に当てはめて心理的負荷を評価する。

　　　　　項目12の平均的な心理的負荷の強度は「Ⅱ」であるが、発病日から起算した直前の連続した2か月間に、1月当たりおおむね120時間以上の時間外労働を行った場合や、発病直前の連続した3か月間に、1月当たりおおむね100時間以上の時間外労働を行った場合等には、その事実のみをもって、業務の過重性・業務起因性の存在を認定し、心理的負荷の総合評価を「強」とする。

　　　　　項目12では、「仕事内容・仕事量の大きな変化を生じさせる出来事があった（項目11）」と異なり、労働時間数がそれ以前と比べて増加していることは必要な条件ではない。

第2編　第5　労災認定基準における時間外労働時間数の意義と重要性

　　　なお、発病前おおむね6か月において、1か月におおむね80時間
　　以上の時間外労働がみられる場合には、他の項目（項目11の仕事量
　　の変化を除く）で評価される場合でも、この項目でも評価すること
　　とし、そのような場合に、他の項目で「弱」があることを理由に、
　　全体としても「弱」と評価されることを避けるものとする。例え
　　ば、転勤後月80時間の時間外労働を行ったという場合には、出来事
　　が2つになることになる。

(イ)　認定基準の別表1「業務による心理的負荷評価表」の項目11

　　　「仕事内容・仕事量の大きな変化を生じさせる出来事があった」
　　場合には、発病前おおむね6か月において、時間外労働時間数に大
　　きな変化がみられる場合には、他の項目で評価される場合でも、こ
　　の項目11に当てはめて心理的負荷を評価する。

　　　項目11の平均的な心理的負荷の強度は「Ⅱ」であるが、過去に経
　　験したことがない仕事内容、能力・経験に比して質的に高度かつ困
　　難な仕事内容等に変更となり、常時緊張を強いられる状態となった
　　又はその後の業務に多大な労力を費やした場合や、仕事量が著しく
　　増加して時間外労働も大幅に増える（おおむね倍以上に増加し1月
　　当たりおおむね100時間以上となる）などの状況になり、業務に多
　　大な労力を費やした場合（休憩・休日を確保するのが困難なほどの
　　状態となった等を含む）や、会社の経営に影響するなどの特に多額
　　の損失（倒産を招きかねない損失、大幅な業績悪化に繋がる損失
　　等）が生じ、その原因に本人は関与していないが、倒産を回避する
　　ための金融機関や取引先への対応等の事後対応に多大な労力を費や
　　した場合などの状況になったときにも、心理的負荷の総合評価を
　　「強」と認めることとしている。

③　恒常的長時間労働（おおむね月100時間の時間外労働）があり「強」
　　となる場合

　　　出来事に対処するために生じた長時間労働は、心身の疲労を増加さ
　　せ、ストレス対応能力を低下させる要因となることや、長時間労働が
　　続く中で発生した出来事の心理的負荷はより強くなることから、出来

2 労災認定基準における時間外労働時間数の意義

事自体の心理的負荷と恒常的な長時間労働（月100時間程度となる時間外労働）を関連させて総合評価を行う。具体的には、

(ア) 具体的出来事の心理的負荷の強度が労働時間を加味せずに「中」程度と評価される場合であって、出来事の後に恒常的な長時間労働（月100時間程度となる時間外労働）が認められる場合には、総合評価は「強」とする。

(イ) 具体的出来事の心理的負荷の強度が労働時間を加味せずに「中」程度と評価される場合であって、出来事の前に恒常的な長時間労働（月100時間程度となる時間外労働）が認められ、出来事後すぐに（出来事後おおむね10日以内に）発病に至っている場合、又は、出来事後すぐに発病には至っていないが事後対応に多大な労力を費しその後発病した場合、総合評価は「強」とする。

(ウ) 具体的出来事の心理的負荷の強度が、労働時間を加味せずに「弱」程度と評価される場合であって、出来事の前及び後にそれぞれ恒常的な長時間労働（月100時間程度となる時間外労働）が認められる場合には、総合評価は「強」とする。

　なお、出来事の前の恒常的な長時間労働の評価期間は、発病前おおむね6か月の間とする。

(2) 脳血管疾患及び虚血性心疾患等の認定基準における時間外労働時間の取扱い

ア　脳・心臓疾患の認定基準（令3・9・14基発0914第1号）

「脳血管疾患及び虚血性心疾患等（負傷に起因するものを除く。）の認定基準」（令2・8・21基発0821第3号：平13・12・12基発1063号を改正したもの）では、「発症前1か月間におおむね100時間又は発症前2か月間ないし6か月間にわたって、1か月当たりおおむね80時間を超える時間外労働が認められる場合は、業務と発症との関連性が強いと評価できること」として、この時間外労働時間の要件が満たされれば、それだけで、著しい疲労の蓄積をもたらす特に過重な業務に就労したものとして、業務上の疾病と認定するものとされている。

307

第2編　第5　労災認定基準における時間外労働時間数の意義と重要性

　　　上記の基発1063号の認定基準は、「血管病変等を著しく増悪させる業
　　務による脳血管疾患及び虚血性心疾患等の認定基準について」（令3・
　　9・14基発0914第1号）の認定基準が新たに定められたことにより廃止
　　されたが、この新認定基準においても、負荷要因が長時間労働だけであ
　　る場合には、従前と同じ判断基準が採られている。
　　　ただし、労働時間以外の一定の負荷要因も認められるときには、時間
　　外労働時間が上記の100時間や80時間に至らなかった場合でも、これに
　　近い時間外労働を行った場合には（少なくとも月約65時間以上）、労働
　　時間以外の負荷要因（不規則勤務・事業場外移動・心理的負荷・身体的
　　負荷・作業環境）の状況も十分に考慮し、業務と発症との関連性が強い
　　と評価できる場合があることを踏まえて総合的に判断する旨の弾力的な
　　具体的判断指針が示されるに至った。
　イ　認定基準における時間外労働時間数の取扱い
　　①　短期間の過重業務
　　　　発症直前から前日までの間の特に過重な業務、又は、発症前おおむ
　　ね1週間以内に過重な業務が継続した場合
　　②　長期間の過重業務
　　　　長期間の過重業務の基準の時間外労働は、発症前1か月間におおむ
　　ね100時間又は発症前2か月間ないし6か月間にわたって、1か月当
　　たりおおむね80時間を超える時間外労働が認められる場合であればよ
　　い。
　　　　すなわち、発症前2か月間平均、3か月間平均、4か月間平均、5
　　か月間平均、6か月間平均のいずれか1つでも、平均80時間を越えれ
　　ばよい。全部の期間で平均80時間を超える必要はない。
　ウ　労働時間以外の一定の負荷要因も認められるとき
　　　　時間外労働時間が100時間や80時間に至らない場合でも、これに近い
　　時間外労働を行った場合には（少なくとも月約65時間以上）、他の負荷
　　要因（不規則勤務・事業場外移動・心理的負荷・身体的負荷・作業環
　　境）を併せて総合的に判断する旨の弾力的な運用を行う。

308

3　労災認定基準上の労働時間（業務起因性の判断基準）

⑴　労災認定基準上の労働時間とは、労災保険法に基づく業務上疾病の認定基準としての労働時間である。疾病が業務に起因するものであるか否か、すなわち業務起因性の判断の基準となり、業務の過重性の要件となる労働時間であって、労災保険の支給を求める労働者側に、業務起因性の立証責任がある。

⑵　精神障害は、外部からのストレスとそのストレスへの個人の対応力の強さとの関係で発病に至ると考えられ、発病した精神障害が労災と認定されるのは、その発病が業務による強いストレスに起因すると判断できることが要件となる。

⑶　そのため、労災認定のための要件の１つとして、認定基準の対象となる精神障害の発病前おおむね６か月の間に、業務による強い心理的負荷が認められる必要のあることが定められている（「心理的負荷による精神障害の認定基準」令５・９・１基発0901第２号：平23・12・26基発1226第１号を廃止し新たに制定したもの）。

⑷　労災認定における業務の過重性・業務起因性の判断の基準となる労働時間である労災認定基準上の労働時間は、精神障害の原因となった心理的負荷の強度や疾病の原因となった業務の過重性の要件となる労働時間であるため、その趣旨や目的に照らし、時間外割増賃金の対象となる労基法上の労働時間とは異なり、それよりも緩やかに広い範囲で労働時間が認定される傾向にある。

　　多くの裁判例においては、厳密に判断すれば労基法上の労働時間とはいえない労働をした場合や明確には計算できない時間外労働をした場合であっても、労働実態等に鑑みて、そのような労働が労災認定基準上の労働時間に該当すると判断して、業務起因性が肯定されていることも多い。

第2編　第5　労災認定基準における時間外労働時間数の意義と重要性

4　労災保険請求における時間外労働時間数の立証

労災保険法に基づいて、労災保険給付の請求がされる場合においても、労災保険給付の請求をする労働者側に、疾病が業務に起因するものであるか否かという業務起因性の判断の基準となり、業務の過重性の要件となる、時間外労働時間数についての主張立証の責任がある。

5　時間外労働時間数の立証資料

(1)　精神障害の労災認定実務要領

厚生労働省労働基準局補償課職業病認定対策室が平成27年10月に策定した「精神障害の労災認定実務要領」には、心理的負荷の強度の評価に当たって最も重要な要因となる労働時間の調査について、以下のように、記載されている。

「具体的には、タイムカード、出勤簿、業務日報、賃金台帳等の労働時間が記録される資料を収集し、集計表による分析を行う。

……労働時間の記録が存在しないが請求人が長時間労働の事実を主張する場合や、労働時間の記録とは異なる長時間労働の事実を請求人が主張する場合には、次のような調査により、労働時間数を推計すること。

①　請求人及び同一職場の上司・同僚・部下等からの聴取

②　事業場からの、警備記録による就業者名簿や施錠者名簿、夜間金庫の利用時間、当該労働者の使用していたパソコンのログイン、ログオフ履歴（ログ）、ファイルの更新日時、家族などとの携帯電話の通話・メールの送受信記録等の資料の収集

③　同一職場の上司、同僚部下等の労働時間数から当該労働者の労働時間数を推定し得る場合には、それらに関する調査

④　請求人からの、手帳、家計簿、カレンダーその他の労働時間や出勤時刻・退勤時刻のメモ等の資料の収集

なお、関係者の申述が食い違うなどした場合には、例えば出勤時刻、退勤時刻、休憩時間、休日など、着眼項目ごとに聴取対象者の申述を一覧表などに整理して、それぞれの申述内容を十分検討した上で事実認定する。

310

5　時間外労働時間数の立証資料

また、当該労働者が日々記載した資料と、家族が記載したメモ等では、信頼度に差がある場合が多いことにも留意する必要がある。」

(2)　実労働時間の立証方法

実務において時間外労働時間数の立証に用いられる資料としては、次のようなものがあるが、そのうちでも、客観性があり証拠価値が高いと考えられて多く使用されるものは、以下の①、③、④、⑤、⑩などである

①　タイムカード

②　業務日報・作業日報等

③　パソコンのログ記録（ログイン・ログアウト時間）

④　電子メールの送信時刻

⑤　事業場の錠の開閉記録（入退館記録）

⑥　ICカード・IDカード

⑦　IC乗車券

⑧　店舗のレジスター

⑨　自主申告記録

⑩　タコグラフ（運行記録用計器）

⑪　GPS記録

⑫　労働者作成の手帳・メモ等

第6　固定残業代の有効性と公序良俗違反性

1　固定残業代の意義と問題点

(1)　固定残業代とは、時間外労働・深夜労働・休日労働が行われた場合に、その割増賃金として支払われる、あらかじめ定められた一定の金額であり、このような固定残業代の支払を定めた制度を固定残業代制という。一般的には、労働契約・就業規則・給与規程などにおいて定められる。

(2)　固定残業代の種類としては、(ア)基本給のほかに、業務手当、職務手当などの名目で、定額の時間外労働・深夜労働・休日労働に対する割増賃金を定めるもの（定額手当制、定額手当支給型）、(イ)基本給の中に、定額の時間外労働・深夜労働・休日労働に対する割増賃金を含めるとするもの（定額給制、基本給組込型）などがある。

(3)　固定残業代の定めがされた場合に、支払われた定額の割増賃金の額と労基法37条によって計算した割増賃金の額とを比較して、前者が多額の場合には、同条違反の問題は生ぜず有効な割増賃金の全部弁済の効力があり、また、前者が少額の場合には、労基法違反とはなるが、支給額の限度で一部弁済としての効力をもつところ、割増賃金として支払われた金額が、通常の労働時間の賃金に相当する部分の金額を基礎として、同条等に定められた方法により算定した割増賃金の額を下回るときは、その差額を法律上当然に支払う義務を負う。

(4)　ところで、固定残業代については、最近の最高裁判例では、その有効要件（明確区分性の要件。通常の労働時間の賃金に当たる部分と割増賃金である固定残業手当の部分とが明確に区分されていれば〔明確区分性〕、定額給の固定残業代の合意は有効である。）については、多数の判例が出されて、ほぼ判断要素なども、定着しつつある。

　　しかしながら、固定残業代の公序良俗違反性（時間外労働の上限規制。

36協定で定めることのできる時間外労働時間の上限である45時間〔平成10年12月28日労働省告示第154号「労働基準法第36条第1項の協定で定める労働時間の延長の限度等に関する基準」〕を相当に超過する時間外労働数の定額手当を定める固定残業代は公序良俗に違反して無効であるか。その判断要素は何か。）については、最高裁判例はなく、下級審裁判例が散見されるものの、いまだ、問題点や判断要素などは、混迷の状況にある。

(5)　以下においては、固定残業代の有効要件（明確区分性の要件）と公序良俗違反性（時間外労働の上限規制）の問題を中心に、判例及び裁判例の分析と検討を行い、執務の参考となり、解決の指針となる材料を提供しようとするものである。

2　固定残業代の定めの可否

　以下の各判例は、基本給組込みの固定残業代又は定額手当の固定残業代によって割増賃金を支払う旨を就業規則や賃金規程において定めることは、労基法37条に違反しないので、使用者は、そのような固定残業代により割増賃金を支払うことができるものとしている。

　すなわち、同条が時間外労働等について割増賃金を支払うべきことを使用者に義務付けているのは、使用者に割増賃金を支払わせることによって、時間外労働等を抑制し、もって労働時間に関する同法の規定を遵守させようとする趣旨によるものであり、また、割増賃金の算定方法は、同条並びに政令及び厚生労働省令の関係規定に具体的に定められていることに鑑みれば、同条等に定められた方法により算定された額を下回らない額の割増賃金を支払うことを義務付けるにとどまるものと解されるから、労働者に支払われる基本給や諸手当にあらかじめ含めることにより割増賃金を支払うという方法自体が、直ちに同条に違反するものとなることはない。

【1】　最二小判平成29・7・7労働判例1168号49頁〔28252090〕（医療法人社団康心会事件。地位確認及び割増賃金等請求事件）

　本件は、医療法人と医師との間の雇用契約において、年俸を1700万円とし、時間外労働等に対する割増賃金を年俸に含める旨の合意（年俸組

313

第2編　第6　固定残業代の有効性と公序良俗違反性

込みの固定残業代の合意〔時間外規程〕）がされていたが、年俸のうち
時間外労働及び深夜労働等に対する割増賃金に当たる部分は明らかにさ
れていなかった事案（明確区分性の要件欠如）において、時間外労働及
び深夜労働に対する割増賃金が支払われたということはできないとし
て、原判決のうち当該医師の割増賃金及び付加金の請求をいずれも棄却
すべきとした部分が破棄され、労基法37条等に定められた方法により算
定した割増賃金を全て支払ったか否か、付加金の支払を命ずることの適
否及びその額等について審理を尽くさせるため原審に差し戻された事例
である。

　そして、同判決中には、基本給や諸手当に含めて割増賃金を支払うこ
とができる旨が明らかにされている。

「労働基準法37条が時間外労働等について割増賃金を支払うべきことを
使用者に義務付けているのは、使用者に割増賃金を支払わせることによ
って、時間外労働等を抑制し、もって労働時間に関する同法の規定を遵
守させるとともに、労働者への補償を行おうとする趣旨によるものであ
ると解される（最高裁昭和44年（行ツ）第26号同47年4月6日第一小法
廷判決・民集26巻3号397頁参照）。また、割増賃金の算定方法は、同条
並びに政令及び厚生労働省令の関係規定（以下、これらの規定を『労働
基準法37条等』という。）に具体的に定められているところ、同条は、
労働基準法37条等に定められた方法により算定された額を下回らない額
の割増賃金を支払うことを義務付けるにとどまるものと解され、労働者
に支払われる基本給や諸手当（以下『基本給等』という。）にあらかじ
め含めることにより割増賃金を支払うという方法自体が直ちに同条に反
するものではない。」

【2】　最一小判平成30・7・19労働判例1186号5頁〔28263272〕（日本ケ
ミカル事件。未払賃金請求事件）

　本件は、会社と薬剤師との間の雇用契約において、基本給（46万1500
円）とは別に業務手当（10万1000円。約28時間分の時間外労働に対する
割増賃金に相当する業務手当）を支給することとされ、賃金規程には
「業務手当は、1賃金支払い期において時間外労働があったものとみな

して、時間手当の代わりとして支給する。」とされていた事案において、会社の賃金体系においては、業務手当が時間外労働等に対する対価として支払われるものと位置付けられていたこと、薬剤師に支払われた業務手当は実際の時間外労働等の状況と大きく乖離するものではないこと等に照らし、業務手当は、時間外労働等に対する賃金の支払とみることができるとして、業務手当の支払を法定の時間外手当の全部又は一部の支払とみなすことができないとした原判決が破棄され、未払賃金額と付加金支払の当否及び額について審理を尽くさせるため原審に差し戻された事例である。

　そして、同判決中には、定額の手当の支払により労基法37条の割増賃金の全部又は一部を支払うことができる旨が明らかにされている。
「労働基準法37条が時間外労働等について割増賃金を支払うべきことを使用者に義務付けているのは、使用者に割増賃金を支払わせることによって、時間外労働等を抑制し、もって労働時間に関する同法の規定を遵守させるとともに、労働者への補償を行おうとする趣旨によるものであると解される（最高裁昭和44年（行ツ）第26号同47年4月6日第一小法廷判決・民集26巻3号397頁、最高裁平成28年（受）第222号同29年7月7日第二小法廷判決・裁判集民事256号31頁参照）。また、割増賃金の算定方法は、同条並びに政令及び厚生労働省令の関係規定（以下、これらの規定を『労働基準法37条等』という。）に具体的に定められているところ、同条は、労働基準法37条等に定められた方法により算定された額を下回らない額の割増賃金を支払うことを義務付けるにとどまるものと解され、労働者に支払われる基本給や諸手当にあらかじめ含めることにより割増賃金を支払うという方法自体が直ちに同条に反するものではなく（前掲最高裁第二小法廷判決参照）、使用者は、労働者に対し、雇用契約に基づき、時間外労働等に対する対価として定額の手当を支払うことにより、同条の割増賃金の全部又は一部を支払うことができる。」

第2編　第6　固定残業代の有効性と公序良俗違反性

3　固定残業代の有効性（明確区分性の要件）

(1)　基本給等組込みの固定残業代

　　労基法37条は、同条等（同条並びに政令及び厚生労働省令の関係規定）に定められた方法により算定された額を下回らない額の割増賃金を支払うことを義務付けるにとどまり、労働者に支払われる基本給や諸手当（以下「基本給等」という。）にあらかじめ組み込んで割増賃金を支払うという方法自体は直ちに同条に反するものではない。

(2)　基本給等組込みの固定残業代の有効要件

　　基本給・歩合給・年俸等に定額の固定残業代をあらかじめ組み込んで割増賃金を支払う旨を就業規則や賃金規程において定めることは許されるが、それらの定めの有効要件は、通常の労働時間の賃金に当たる部分と割増賃金である固定残業手当の部分とが明確に区分されていることである（明確区分性の要件）。

(3)　固定残業代と割増賃金規定

　ア　労基法37条の割増賃金規定は、時間外・休日・深夜の労働に対し、労基法の基準を満たす一定額以上の割増賃金を支払わせるものである。したがって、そのような割増賃金が支払われる限りは、割増賃金不払の労基法違反はない。

　イ　通常の労働時間の賃金（以下「通常賃金」という。）と割増賃金とを明確に区別して支払う場合には、当該支給額が労基法所定の計算額以上であるか否かを判定することが可能である。

　ウ　支払われた定額の割増賃金の額と労基法37条によって計算した割増賃金の額とを比較して、前者が多額の場合には、同条違反の問題は生ぜず有効な割増賃金の全部弁済の効力があり、また、前者が少額の場合には、労基法違反とはなるが、支給額の限度で一部弁済としての効力をもつ。

　　したがって、固定残業代制度においては、実際の残業時間（割増賃金額）が固定残業代分の残業時間（固定残業代額）より少ない場合でも、

316

3 固定残業代の有効性（明確区分性の要件）

定の固定残業代の全額を支払う義務があることになる。

エ　なお、固定残業代の有効性が否定され、又は、公序良俗違反性が肯定
されたりして、無効と判断されるときには、業務手当や職務手当の名目
で支払われた固定残業代は、割増賃金の支払として取り扱うことはでき
ず、割増賃金算定の基礎賃金に含まれることになり、基本給にこれを合
算して基礎賃金とした上で、割増賃金の額を計算することとなる。

オ　割増率は、所定時間外労働（１日８時間以上又は週40時間以上）の場
合は0.25（労基法37条１項本文・２項、割増賃金率令）、深夜労働（午
後10時〜午前５時の間の労働）の場合は0.25（同条４項）、休日労働の
場合は0.35（同条１項本文・２項、割増賃金率令）である。

なお、「労働基準法第37条第１項の時間外及び休日の割増賃金に係る
率の最低限度を定める政令」（割増賃金率令。平成６年１月４日政令第
５号、平成６年４月１日施行、改正平成11年１月29日政令第16号）に
は、「労働基準法第37条第１項の政令で定める率は、同法第33条又は第
36条第１項の規定により延長した労働時間の労働については２割５分と
し、これらの規定により労働させた休日の労働については３割５分とす
る。」と定められている。

(4)　労基法37条所定の最低額の支払の計算可能性

定額給の固定残業代の定めは、残業時間の有無にかかわらず、一定の金
額を給与に含めて支払うという制度である。

定められた固定残業代が実際の残業代を上回る場合には、固定残業代に
より支払うべき割増賃金の全部が支払われたこととなるが、定められた固
定残業代が実際の残業代を下回る場合には、固定残業代による支給額の限
度で支払うべき割増賃金の一部が弁済されたことになり、使用者はその差
額の割増賃金を労基法上当然に労働者に別途支払う義務を負うこととな
る。

定額給の固定残業代の定めは、通常の労働時間の賃金に当たる部分と割
増賃金である固定残業手当の部分とを明確に区分することができ、かつ、

317

第2編　第6　固定残業代の有効性と公序良俗違反性

両者を比較対照することができるような定め方がされており、労基法37条の要求する最低額が支払われているかどうかを検証することが可能となっている場合には、有効なものであるということができる（計算可能性）。

明確区分性の要件が充足された固定残業代の定めであるか否か、すなわち計算可能性があるか否かの具体例は、以下のようになる（なお、これらの具体例については、専ら、白石編・訴訟の実務132頁を参照させていただいた。）。

ア　「基本給50万円のうち10万円は、1箇月20時間の所定時間外労働に対する割増賃金分とする」との定め

　⇒　この場合は、残業手当の額と支給対象の所定時間外労働時間数とが明示されており、1箇月の実際の所定時間外労働の割増賃金額を計算して、労基法37条の要求する最低額が支払われているかどうかを検証することが可能であるから、明確区分性の要件を充足する有効な固定残業代の定めであるということができる。

　(ア)　1箇月に30時間の所定時間外労働をした場合

　　　　以下の計算式のとおり、10万円の固定残業代が、1箇月の実際の所定時間外労働の割増賃金額を上回っているから、10万円の固定残業代の支払により支払うべき割増賃金の全部が支払われたこととなり、差額の割増賃金の支払義務は発生しない。

　　　（50万円－10万円）÷171時間（月所定労働時間数）＝2339円/時間（基準単価）

　　　2339円/時間×1.25＝2923円/時間（所定時間外労働単価）

　　　30時間×2923円/時間＝8万7690円（実際の所定時間外労働の割増賃金）

　　　8万7690円＜10万円

　(イ)　1箇月に50時間の所定時間外労働をした場合

　　　　以下の計算式のとおり、10万円の固定残業代が、1箇月の実際の所定時間外労働の割増賃金額を下回っているから、10万円の固定残業代の支払により支払うべき割増賃金の一部が弁済されたことになり、使用者はその差額の4万6150円の割増賃金を労基法上当然に労働者に別

途支払う義務を負うこととなる。

（50万円－10万円）÷171時間（月所定労働時間数）＝2339円/時間（基
準単価）

2339円/時間×1.25＝2923円/時間（所定時間外労働単価）

50時間×2923円/時間＝14万6150円（実際の所定時間外労働の割増賃
金）

14万61500円＞10万円

イ 「基本給50万円のうち10万円は、1箇月20時間の時間外労働に対する
割増賃金分とする」との定め

　⇒ 割増賃金部分が、残業手当の額と支給対象の時間外労働時間数とに
より特定されているが、固定残業代10万円の支給対象となる残業の種
類が明示されていないこと、割増率は、所定時間外労働（基準単価の
0.25倍）・深夜労働（基準単価の0.25倍）・休日労働（基準単価の0.35
倍）などの残業の種類により異なること、いずれの種類の残業の20時
間の時間外労働に対する10万円の固定残業代の定めであるかの特定が
できないことなどに照らし、労基法37条の要求する最低額が支払われ
ているかどうかを検証することが可能ではないから、明確区分性の要
件を充足しない無効な固定残業代の定めであるということができる。

ウ 「基本給50万円のうち10万円は、時間外労働に対する割増賃金分とす
る」との定め

　⇒ この場合は、残業手当の額とそれが時間外労働に対する割増賃金で
ある旨が明示されているので、以下の計算式のとおり、1箇月の実際
の所定時間外労働の割増賃金額の総額を計算して、労基法37条の要求
する最低額が支払われているかどうかを検証することが可能であるか
ら、明確区分性の要件を充足する有効な固定残業代の定めであるとい
うことができる。

　　すなわち、この場合には、基準単価の42.75時間分相当の固定残業
代として10万円が定められているので、実際に計算して算出された1
箇月の時間外労働の割増賃金額が10万円を上回っているときには、10
万円の固定残業代の支払により支払うべき割増賃金の一部が弁済され

第2編　第6　固定残業代の有効性と公序良俗違反性

たにすぎないので、使用者はその差額の割増賃金を労基法上当然に労働者に別途支払う義務を負うこととなり、また、実際に計算して算出された1箇月の時間外労働の割増賃金額が10万円を下回っているときには、10万円の固定残業代の支払により支払うべき割増賃金の全部が支払われたこととなり、差額の割増賃金の支払義務は発生しないことになる。

（50万円－10万円）÷171時間（月所定労働時間数）＝2339円/時間（基準単価）

10万円÷2339円/時間＝42.75時間（基準単価の42.75時間分相当の固定残業代）

エ　「基本給50万円には、1箇月20時間分の時間外労働に対する固定残業代が含まれる」との定め

⇒　この場合は、次の計算式のとおり、1箇月の固定残業代部分（X＝6万3775円）を導き出すことが可能であり、1箇月の実際の所定時間外労働の割増賃金額の総額を算出して、労基法37条の要求する最低額が支払われているかどうかを検証することが可能となるから、明確区分性の要件を充足する有効な固定残業代の定めであるということができる。

（50万円－X）÷171時間＝1時間当たりの基準単価（Y円）

Y円×20時間×1.25＝Y円×25時間＝X（固定残業代）

Y円＝X÷25時間

（50万円－X）÷171時間＝X÷25時間

50万円/171時間－X×1/171時間＝X÷25時間

50万円/171時間＝X×（1/25時間＋1/171時間）

2923万9766.08円/時間＝X×（1/25時間＋1/171時間）

2923万9766.08円/時間＝X×（〔171＋25〕÷4275/時間）＝X×0.045847953/時間

X＝2923万9766.08円/時間÷0.045847953/時間＝6万3775.5105円

Y＝（50万円－6万3775円）÷171時間＝2551.02339円≒2551円

320

3 固定残業代の有効性（明確区分性の要件）

(5) 清算合意について

　　労基法37条の定める割増賃金を支払ったというためには、割増賃金とし
て支払われた固定残業代の額が、通常の労働時間の賃金に相当する部分の
金額を基礎として、同条等に定められた方法により算定した割増賃金の額
を下回らないか否かを検討することが必要であり、上記固定残業代の額が
同条等に定められた方法により算定した割増賃金の額を下回るときは、使
用者はその差額の割増賃金を労働者に別途支払う義務を負うことは労基法
上当然であるから、差額を支払う旨の清算合意の存在は、独立した固定残
業代の合意の有効要件となるものでははない。

(6) 支給対象の時間外労働時間数の明示について

　　労基法37条の割増賃金が支払われているか否かの検証ができる程度に労
働条件が明示されていれば固定残業代の合意の有効要件は充足されるの
で、支給対象の時間外労働時間数と残業手当の額の明示については、固定
残業代の合意の有効要件とはならない。

　　明確区分性の要件は、支払われるべき割増賃金額と固定残業代による支
払われた割増賃金相当額とを比較対照することができるような定め方がさ
れ、同条の要求する割増賃金額が支払われているかどうかを検証すること
を可能とするものである。

　　ところが、定額給の固定残業代についても、当該手当が、時間外労働・
深夜労働・休日労働のいずれの手当であって、どれだけの労働時間数に対
応するかが明示されている必要があると主張されることがある。

　　この点につき、最一小判平成24・3・8集民240号121頁〔28180502〕
（テックジャパン事件）の裁判官櫻井龍子の補足意見は、「毎月の給与の中
にあらかじめ一定時間（例えば10時間分）の残業手当が算入されているも
のとして給与が支払われている事例もみられるが、その場合は、その旨が
雇用契約上も明確にされていなければならないと同時に支給時に支給対象
の時間外労働の時間数と残業手当の額が労働者に明示されていなければな
らないであろう。さらには10時間を超えて残業が行われた場合には当然そ
の所定の支給日に別途上乗せして残業手当を支給する旨もあらかじめ明ら

第2編　第6　固定残業代の有効性と公序良俗違反性

かにされていなければならないと解すべきと思われる。本件の場合、その
ようなあらかじめの合意も支給実態も認められない。」と説示する。

　しかしながら、時間外労働・深夜労働・休日労働が単一項目の手当で支
払われるとしても、法に定める割増率を基に労基法所定の割増賃金が支払
われているかの検証は可能であるから、支給対象の時間外労働時間数の明
示は、定額給の固定残業代の有効要件とはならないと解するのが相当であ
る。

4　固定残業代の有効性に関する最高裁判例

【1】　最一小判昭和63・7・14労働判例523号6頁〔27807371〕（小里機材
事件。割増賃金等請求事件。上告棄却）

　本件は、基本給組込みの固定残業代は、基本給のうち割増賃金に当た
る部分が明確に区分され、かつ、労基法所定の計算方法による額がその
額を上回るときはその差額を当該賃金の支払期に支払うことが合意され
ている場合にのみ有効であるところ、被告会社は、原告との間で、雇用
に際し、被告との間で、月15時間の時間外労働に対する割増賃金を本来
の基本給に加算して原告の基本給とする旨を合意したと主張するが、基
本給中の通常賃金部分と割増賃金部分が明確に区分された合意がなく、
差額支払の合意もないとして、基本給に15時間分の割増賃金を含む旨の
合意は無効であるとして、割増賃金支払請求が一部認容された事例であ
る。

　最高裁は、「所論の点に関する原審の認定判断は、原判決挙示の証拠
関係に照らし、正当として是認することができ、その課程に所論の違法
はない。」として、第1審判決の認定判断を全面的に引用して被告会社
の控訴を棄却した原審判決を是認しているところ、第1審判決は、基本
給組込みの固定残業代の有効性の要件につき、「基本給のうち時間外手
当に当たる部分が明確に区分されて合意がされ、かつ、労基法所定の計
算方法による額がその額を上回るときはその差額を当該賃金の支払期に
支払うことが合意された場合にのみ、その予定割増金分を当該月の割
増賃金の一部又は全部とすることができる」と、以下のとおり説示し、

322

本件においては、それらの合意の主張立証がないので、固定残業代の合意は無効であるとしている。

「仮に、月15時間の時間外労働に対する割増賃金を基本給に含める旨の合意がされたとしても、その基本給のうち割増賃金に当たる部分が明確に区分されて合意がされ、かつ労基法所定の計算方法による額がその額を上回るときはその差額を当該賃金の支払期に支払うことが合意されている場合にのみ、その予定割増賃金分を当該月の割増賃金の一部又は全部とすることができるものと解すべきところ、原告Xの基本給が上昇する都度（昭和58年その時から昭和60年３月までの間に３回にわたって基本給が上昇したことは当事者間に争いがない。）予定割増賃金分が明確に区分されて合意がされた旨の主張立証も、労基法所定の計算方法による額がその額を上回るときはその差額を当該賃金の支払期に支払うことが合意されていた旨の主張立証もない本件においては、被告の主張はいずれにしても採用の限りではない。

　よって、原告Xの時間外労働に対する割増賃金は、同原告の基本給の全額及び住宅、皆勤及び乗車の各手当の額を計算の基礎として時間外労働の全時間数に対して支払わなければならない。」

【2】　最二小判平成６・６・13労働判例653号12頁〔27825623〕（高知県観光事件。割増賃金等請求事件。破棄自判）

　本件は、タクシー運転手の賃金制度としての歩合給組込みの固定残業代につき、以下のとおり説示し、通常の労働時間の賃金に当たる部分と割増賃金に当たる部分とを判別することのできる明確区分性の要件が充足されておらず、無効であり、歩合給の支給によって割増賃金が支払われたとはいえないとして、法令の規定に従って計算した額の割増賃金支払請求が認容された事例である。

「本件請求期間に上告人らに支給された前記の歩合給の額が、上告人らが時間外及び深夜の労働を行った場合においても増額されるものではなく、通常の労働時間の賃金に当たる部分と時間外及び深夜の割増賃金に当たる部分とを判別することもできないものであったことからして、この歩合給の支給によって、上告人らに対して法37条の規定する時間外及

第 2 編　第 6　固定残業代の有効性と公序良俗違反性

び深夜の割増賃金が支払われたとすることは困難なものというべきであり、被上告人は、上告人らに対し、本件請求期間における上告人らの時間外及び深夜の労働について、法37条及び労働基準法施行規則19条１項６号の規定に従って計算した額の割増賃金を支払う義務があることになる。」

【３】　最一小判平成24・3・8集民240号121頁、判タ1378号80頁〔28180502〕（テックジャパン事件。時間外手当等請求事件。一部破棄差戻し・一部上告棄却。裁判官櫻井龍子の補足意見がある。）

　本件は、月額41万円の基本給の一部が時間外労働に対する賃金であるとする基本給組込みの固定残業代の合意につき、以下のとおり説示し、通常の労働時間の賃金に当たる部分と時間外の割増賃金に当たる部分とを判別することができず、無効であるとして、割増賃金支払請求が一部認容された事例である。

　なお、裁判官櫻井龍子の補足意見においては、基本給組込みの固定残業代の定めが有効であるためには、支給対象の時間外労働の時間数と残業手当の額が労働者に明示されていることに加え、差額清算の合意がされていなければならない旨が述べられていることが参考となる（ただし、支給対象時間数の明示と差額精算の合意が固定残業代の有効要件となるものとは解されない。）。

「本件雇用契約は、前記２(1)のとおり、基本給を月額41万円とした上で、月間総労働時間が180時間を超えた場合にはその超えた時間につき１時間当たり一定額を別途支払い、月間総労働時間が140時間に満たない場合にはその満たない時間につき１時間当たり一定額を減額する旨の約定を内容とするものであるところ、この約定によれば、月間180時間以内の労働時間中の時間外労働がされても、基本給自体の金額が増額されることはない。

　また、上記約定においては、月額41万円の全体が基本給とされており、その一部が他の部分と区別されて労働基準法（平成20年法律第89号による改正前のもの。以下同じ。）37条１項の規定する時間外の割増賃金とされていたなどの事情はうかがわれない上、上記の割増賃金の対象

324

となる1か月の時間外労働の時間は、1週間に40時間を超え又は1日に8時間を超えて労働した時間の合計であり、月間総労働時間が180時間以下となる場合を含め、月によって勤務すべき日数が異なること等により相当大きく変動し得るものである。そうすると、月額41万円の基本給について、通常の労働時間の賃金に当たる部分と同項の規定する時間外の割増賃金に当たる部分とを判別することはできないものというべきである。

　これらによれば、上告人が時間外労働をした場合に、月額41万円の基本給の支払を受けたとしても、その支払によって、月間180時間以内の労働時間中の時間外労働について労働基準法37条1項の規定する割増賃金が支払われたとすることはできないというべきであり、被上告人は、上告人に対し、月間180時間を超える労働時間中の時間外労働のみならず、月間180時間以内の労働時間中の時間外労働についても、月額41万円の基本給とは別に、同項の規定する割増賃金を支払う義務を負うものと解するのが相当である（最高裁平成3年(オ)第63号同6年6月13日第二小法廷判決・裁判集民事172号673頁参照）。」

（裁判官櫻井龍子の補足意見）

「労働基準法37条は、同法が定める原則1日につき8時間、1週につき40時間の労働時間の最長限度を超えて労働者に労働をさせた場合に割増賃金を支払わなければならない使用者の義務を定めたものであり、使用者がこれに違反して割増賃金を支払わなかった場合には、6か月以下の懲役又は30万円以下の罰金に処せられるものである（同法119条1号）。

　このように、使用者が割増の残業手当を支払ったか否かは、罰則が適用されるか否かを判断する根拠となるものであるため、時間外労働の時間数及びそれに対して支払われた残業手当の額が明確に示されていることを法は要請しているといわなければならない。そのような法の規定を踏まえ、法廷意見が引用する最高裁平成6年6月13日判決は、通常の労働時間の賃金に当たる部分と時間外及び深夜の割増賃金に当たる部分とを判別し得ることが必要である旨を判示したものである。本件の場合、その判別ができないことは法廷意見で述べるとおりであり、月額41万円

の基本給が支払われることにより時間外手当の額が支払われているとはいえないといわざるを得ない。

　便宜的に毎月の給与の中にあらかじめ一定時間（例えば10時間分）の残業手当が算入されているものとして給与が支払われている事例もみられるが、その場合は、その旨が雇用契約上も明確にされていなければならないと同時に支給時に支給対象の時間外労働の時間数と残業手当の額が労働者に明示されていなければならないであろう。さらには10時間を超えて残業が行われた場合には当然その所定の支給日に別途上乗せして残業手当を支給する旨もあらかじめ明らかにされていなければならないと解すべきと思われる。本件の場合、そのようなあらかじめの合意も支給実態も認められない。」

【4】　最三小判平成29・2・28労働判例1152号5頁〔28250738〕（国際自動車事件。未払賃金請求事件。破棄差戻し）

　本件は、タクシー乗務員の歩合給につき、売上高等の一定割合に相当する金額から労基法37条に定める割増賃金に相当する額を控除したものを通常の労働時間の賃金とする旨の賃金規定が定められていた事案につき、以下のとおり説示し、その賃金規定の有効要件は、通常の労働時間の賃金に当たる部分と割増賃金の部分とが判別できるか否かであって（明確区分性の要件）、その賃金規定の定めが当然に公序良俗に違反して無効であるとは解されないから、その賃金規定の定めを公序良俗に違反する無効なものであるとして、請求の一部を認容した原判決中の原告敗訴部分を破棄し、明確区分性の要件その他について更に審理を尽くさせるため、事件を原審に差し戻した事例である。

「ア　労働基準法37条は、時間外、休日及び深夜の割増賃金の支払義務を定めているところ、割増賃金の算定方法は、同条並びに政令及び厚生労働省令（以下、これらの規定を「労働基準法37条等」という。）に具体的に定められている。もっとも、同条は、労働基準法37条等に定められた方法により算定された額を下回らない額の割増賃金を支払うことを義務付けるにとどまり、使用者に対し、労働契約における割増賃金の定めを労働基準法37条等に定められた算定方法と同一のものとし、これに

基づいて割増賃金を支払うことを義務付けるものとは解されない。

　そして、使用者が、労働者に対し、時間外労働等の対価として労働基準法37条の定める割増賃金を支払ったとすることができるか否かを判断するには、労働契約における賃金の定めにつき、それが通常の労働時間の賃金に当たる部分と同条の定める割増賃金に当たる部分とに判別することができるか否かを検討した上で、そのような判別をすることができる場合に、割増賃金として支払われた金額が、通常の労働時間の賃金に相当する部分の金額を基礎として、労働基準法37条等に定められた方法により算定した割増賃金の額を下回らないか否かを検討すべきであり（最高裁平成3年(オ)第63号同6年6月13日第二小法廷判決・裁判集民事172号673頁、最高裁平成21年（受）第1186号同24年3月8日第一小法廷判決・裁判集民事240号121頁参照）、上記割増賃金として支払われた金額が労働基準法37条等に定められた方法により算定した割増賃金の額を下回るときは、使用者がその差額を労働者に支払う義務を負うというべきである。

　他方において、労働基準法37条は、労働契約における通常の労働時間の賃金をどのように定めるかについて特に規定をしていないことに鑑みると、労働契約において売上高等の一定割合に相当する金額から同条に定める割増賃金に相当する額を控除したものを通常の労働時間の賃金とする旨が定められていた場合に、当該定めに基づく割増賃金の支払が同条の定める割増賃金の支払といえるか否かは問題となり得るものの、当該定めが当然に同条の趣旨に反するものとして公序良俗に反し、無効であると解することはできないというべきである。

　イ　しかるところ、原審は、本件規定のうち歩合給の計算に当たり対象額Ａから割増金に相当する額を控除している部分が労働基準法37条の趣旨に反し、公序良俗に反し無効であると判断するのみで、本件賃金規則における賃金の定めにつき、通常の労働時間の賃金に当たる部分と同条の定める割増賃金に当たる部分とを判別することができるか否か、また、そのような判別をすることができる場合に、本件賃金規則に基づいて割増賃金として支払われた金額が労働基準法37条等に定められた方法

第2編　第6　固定残業代の有効性と公序良俗違反性

により算定した割増賃金の額を下回らないか否かについて審理判断することなく、被上告人らの未払賃金の請求を一部認容すべきとしたものである。そうすると、原審の判断には、割増賃金に関する法令の解釈適用を誤った結果、上記の点について審理を尽くさなかった違法があるといわざるを得ない。

ウ　以上によれば、原審の前記判断には、判決に影響を及ぼすことが明らかな法令の違反がある。論旨は理由があり、原判決中上告人敗訴部分は破棄を免れない。そして、被上告人らに支払われるべき未払賃金の有無及び額等について更に審理を尽くさせるため、上記部分につき本件を原審に差し戻すこととする。」

【5】　最二小判平成29・7・7労働判例1168号49頁〔28252090〕（医療法人社団康心会事件。地位確認及び割増賃金等請求事件。一部破棄差戻し・一部上告棄却）

　本件は、年俸組込みの固定残業代（時間外規程）につき、明確区分性がなく割増賃金が支払われたとはいえないとされた事例である。

　本判決は、医療法人で働いていた医師が、医療法人に対し、時間外労働及び深夜労働に対する割増賃金並びにこれに係る付加金の支払を請求した事案について、以下のとおり説示し、時間外労働等に対する割増賃金を年俸1700万円に含める旨の合意がされていたものの、このうちどの部分が時間外労働等に対する割増賃金に当たるのかが明らかにされていなかったため、年俸組込みの固定残業代（時間外規程）につき明確区分性がなく割増賃金が支払われたとはいえないとして、時間外規程の有効性を肯定して請求を棄却した原判決を破棄し、割増賃金支払の有無等について更に審理を尽くさせるため、事件を原審に差し戻した事例である。

「4(1)　労働基準法37条が時間外労働等について割増賃金を支払うべきことを使用者に義務付けているのは、使用者に割増賃金を支払わせることによって、時間外労働等を抑制し、もって労働時間に関する同法の規定を遵守させるとともに、労働者への補償を行おうとする趣旨によるものであると解される（最高裁昭和44年（行ツ）第26号同47年4

328

月6日第一小法廷判決・民集26巻3号397頁参照）。また、割増賃金の算定方法は、同条並びに政令及び厚生労働省令の関係規定（以下、これらの規定を「労働基準法37条等」という。）に具体的に定められているところ、同条は、労働基準法37条等に定められた方法により算定された額を下回らない額の割増賃金を支払うことを義務付けるにとどまるものと解され、労働者に支払われる基本給や諸手当（以下「基本給等」という。）にあらかじめ含めることにより割増賃金を支払うという方法自体が直ちに同条に反するものではない。

　他方において、使用者が労働者に対して労働基準法37条の定める割増賃金を支払ったとすることができるか否かを判断するためには、割増賃金として支払われた金額が、通常の労働時間の賃金に相当する部分の金額を基礎として、労働基準法37条等に定められた方法により算定した割増賃金の額を下回らないか否かを検討することになるところ、同条の上記趣旨によれば、割増賃金をあらかじめ基本給等に含める方法で支払う場合においては、上記の検討の前提として、労働契約における基本給等の定めにつき、通常の労働時間の賃金に当たる部分と割増賃金に当たる部分とを判別することができることが必要であり（最高裁平成3年(オ)第63号同6年6月13日第二小法廷判決・裁判集民事172号673頁、最高裁平成21年（受）第1186号同24年3月8日第一小法廷判決・裁判集民事240号121頁、最高裁平成27年（受）第1998号同29年2月28日第三小法廷判決・裁判所時報1671号5頁参照）、上記割増賃金に当たる部分の金額が労働基準法37条等に定められた方法により算定した割増賃金の額を下回るときは、使用者がその差額を労働者に支払う義務を負うというべきである。

(2)　前記事実関係等によれば、上告人と被上告人との間においては、本件時間外規程に基づき支払われるもの以外の時間外労働等に対する割増賃金を年俸1700万円に含める旨の本件合意がされていたものの、このうち時間外労働等に対する割増賃金に当たる部分は明らかにされていなかったというのである。そうすると、本件合意によっては、上告人に支払われた賃金のうち時間外労働等に対する割増賃金として支払

第 2 編　第 6　固定残業代の有効性と公序良俗違反性

われた金額を確定することすらできないのであり、上告人に支払われた年俸について、通常の労働時間の賃金に当たる部分と割増賃金に当たる部分とを判別することはできない。

したがって、被上告人の上告人に対する年俸の支払により、上告人の時間外労働及び深夜労働に対する割増賃金が支払われたということはできない。

5　これと異なる原審の判断には、判決に影響を及ぼすことが明らかな法令の違反がある。論旨はこの趣旨をいうものとして理由があり、原判決中、割増賃金及び付加金の請求に関する部分は、破棄を免れない。そして、被上告人が、上告人に対し、通常の労働時間の賃金に相当する部分の金額を基礎として労働基準法37条等に定められた方法により算定した割増賃金を全て支払ったか否か、付加金の支払を命ずることの適否及びその額等について更に審理を尽くさせるため、上記部分につき本件を原審に差し戻す……。」

5　固定残業代の公序良俗違反性（時間外労働の上限規制）

(1)　時間外労働の上限規制に関する告示

平成10年12月28日労働省告示第154号「労働基準法第36条第 1 項の協定で定める労働時間の延長の限度等に関する基準」（平成13年 1 月 6 日から適用）には、以下の旨が定められた。

しかし、この時間外限度基準は、労使の協定当事者に対し、必要な助言・指導を行うことができるものとされていたにすぎず（旧労基法36条 4 項）、特別条項を設けることにより上限なく時間外労働をさせることが可能であり、法律上は残業時間の上限に関する定めはなく、告示に違反しても、罰則の定めはなく、行政指導が行われるだけであり、法的な強制力を有するものではなかった。

ア　時間外労働の上限規制につき、36協定で定める延長時間は、一般の労働者の場合、原則として、 1 週間15時間、 2 週間27時間、 4 週間43時間、 1 箇月45時間、 2 箇月81時間、 3 箇月120時間、 1 年間360時間の各上限時間を超えないものとしなければならない。

330

5 固定残業代の公序良俗違反性（時間外労働の上限規制）

イ　ただし、限度時間を超えて労働時間を延長しなければならない特別の
事情（臨時的なものに限る。）が生じたときに限り、労使当事者間にお
いて定める手続を経て、限度時間を超える一定の時間まで労働時間を延
長することができる。

(2)　時間外労働の上限規制に関する労基法改正（働き方改革関連法）

ア　「働き方改革を推進するための関係法律の整備に関する法律」（働き方
改革関連法：平成30年7月6日法律第71号。平成30年7月6日公布。平
成31年4月1日施行。中小企業については令和2年4月1日施行）によ
り、労基法36条の2項～6項が新設され、従来は告示にとどまっていた
時間外労働の上限が、罰則（労基法119条1号：6箇月以下の懲役又は
30万円以下の罰金）付きで法律に規定されることとなった。なお、令和
4年6月の刑法改正〔令和4年6月13日法律第67号。令和4年6月17日
公布。令和7年6月1日施行〕によって、懲役刑と禁錮刑は廃止されて
拘禁刑に一本化されたことに伴い、上記の懲役刑は拘禁刑と改正され
て、令和7年から施行されることとなる。

イ　労基法36条の2項～6項が新設されたことにより、

(ア)　通常の36協定により延長できる労働時間の上限規制は、①　月45時
間以内かつ年360時間以内に収めることのほか（労基法36条4項）、
②　時間外・休日労働の合計時間が月100時間未満かつ直近の連続す
る2箇月～6箇月における合計時間の平均が80時間以内（同条6項）
と定められた。

(イ)　また、当該事業場における通常予見することのできない業務量の大
幅な増加等に伴い臨時的に労基法36条3項の限度時間を超えて労働さ
せる必要がある特別の事情があって労使が合意する場合（特別条項付
き協定）でも、①　時間外労働と休日労働の合計時間が月100時間未
満、②　時間外労働時間が年720時間を超えないこと、③　1箇月45
時間を超えて労働させることができるのは年6箇月以内、④　直近の
連続する2箇月～6箇月における時間外・休日労働の合計時間の平均
が全て月当たり80時間以内と定められた（同条5項・6項）。

第2編　第6　固定残業代の有効性と公序良俗違反性

　ウ　以上のように平成31年以降は、36協定における時間外労働の上限規制
　　は、法律上の上限規制として厳格に定められ、罰則（労基法119条。6
　　箇月以下の懲役又は30万円以下の罰金）の適用もあることとなった。

　エ　労基法36条5項所定の臨時的な特別の事情があり、限度時間（月45時
　　間・年360時間）を超える時間外労働を行われせることができるのは、
　　通常予見することのできない業務量の大幅な増加など臨時的な特別の事
　　情がある場合に限られ（例えば、予算・決算業務、ボーナス商戦などの
　　想定される業務繁忙期への対応、予期しない納期変更などによる納期の
　　ひっ迫への対応、製品トラブルへの対応、予期しない大規模なクレーム
　　への対応、予期しない重大な機械トラブルへの対応など）、「業務の都合
　　上必要な場合」、「業務上やむを得ない場合」、「単なる業務が繁忙な場
　　合」、「使用者が必要と認める場合」など、恒常的な長時間労働を招くお
　　それがあるものについては認められない（平成30年9月7日厚生労働省
　　告示第323号「労働基準法第36条第1項の協定で定める労働時間の延長
　　及び休日の労働について留意すべき事項等に関する指針」の5条参照）。

(3)　支給対象時間外労働時間数と公序良俗違反性

　ア　問題点

　　　固定残業代の合意が成立し、明確区分性の要件を充足しても、固定残
　　業代に組み込む支給対象時間外労働時間数の多寡によっては、公序良俗
　　違反（民法90条）として、合意が無効と判断されることがある。

　　　固定残業代制における支給対象時間外労働時間数の上限に関する解釈
　　の方向としては、具体的な残業時間数の限度基準（例えば、月45時間、
　　月60時間、月80時間など）を参考として判断するというものと（後記、
　　ザ・ウィンザー・ホテルズインターナショナル事件、マーケティングイ
　　ンフォメーションコミュニティ事件、ビーエムホールディングスほか1
　　社事件）、公序良俗違反等の論理を用いて個別事案ごとに総合的に検討
　　して判断するものとがあり（後記、穂波事件、イクヌーザ事件、サン・
　　サービス事件、木の花ホームほか1社事件）、また、一定の支給対象時
　　間外労働時間数以上の部分を無効と解するか（一部無効。ザ・ウインザ

332

ー・ホテルズインターナショナル事件）、支給対象時間外労働時間数の合意全体を無効と解するか（全部無効。マーケティングインフォメーションコミュニティ事件、穂波事件、イクヌーザ事件、サン・サービス事件、木の花ホームほか１社事件）という効果面での問題とも絡んで、今後の論点となるが、いまだこれらの問題点については十分に議論がされていない状況にある。

　最高裁判例で、この問題点につき明確に判断したものはないが、下級審裁判例を総合的に考察すれば、主に時間外労働の上限規制との関連で、支給対象時間外労働時間数と公序良俗違反性とをめぐる判断要素は、以下のようなところに集約され、これらを総合的に検討して判断されるものと考えられる。

①　雇用契約書や賃金規程等において、固定残業代の合意と説明が行われ、その内容が明示されているか。

②　実際の時間外労働時間数が固定残業代における支給対象時間外労働時間数を超過している場合には、労基37条及び労基法施行規則19条１項６号の規定に従って計算した額の割増賃金額と固定残業代額との差額を支払うことが実行されているか。

③　固定残業代の割増賃金単価が、労基法所定の計算方法による割増賃金単価と比較して、著しく低額となっていないか。

④　固定残業代における支給対象時間外労働時間数が、実際の時間外労働時間数（時間外労働等の状況）と比較して、大きくかい離していないか。

⑤　固定残業代の定めにおける支給対象時間外労働時間数が、36協定における労働時間の上限を定める平成10年12月28日労働省告示第154号「労働基準法第36条第１項の協定で定める労働時間の延長の限度等に関する基準」（時間外労働の限度に関する基準）の月45時間を超過し、会社が１箇月当たり80時間を超える長時間の時間外労働を法令の趣旨に反して恒常的に行わせることを予定して固定残業代の定めを設けているものではないか。

イ　判断の方向性

第 2 編　第 6　固定残業代の有効性と公序良俗違反性

　固定残業代の定めにおける支給対象時間外労働時間数の公序良俗違反性は、36協定により延長できる労働時間の上限が月45時間以内とされていること（労基法36条 4 項）や、（「血管病変等を著しく増悪させる業務による脳血管疾患及び虚血性心疾患等の認定基準について」〔令 3 ・ 9 ・14基発0914第 1 号〕）において月80時間以上の時間外労働時間数が労災認定の判断基準とされていることなどに鑑みれば、月45時間ないし月80時間の支給対象時間外労働時間数が公序良俗違反性を判断する一応の目安として考えられるところである。

　また、裁判例において、公序良俗違反で無効とされた支給対象時間外労働時間数は、おおむね月80時間以上となっている。

　さらに、労基法37条 1 項は、月60時間を超える時間外労働に対しては通常の労働時間の賃金の計算額の 5 割以上の率で計算した割増賃金を支払わなければならない旨を定めていることに照らせば、労基法上は月60時間程度までの時間外労働は許容しているようにも考えられる。

　以上の諸点に照らせば、固定残業代の定めにおける支給対象時間外労働時間数は、月45時間以内であれば基本的に問題はなく、月60時間以内でも許容される余地があるが、月80時間以上になると公序良俗違反で無効とされる可能性が高くなる傾向が読み取れる。

　したがって、固定残業代の定めにおける支給対象時間外労働時間数は、上記アの判断要素の総合的な検討により公序良俗違反性が判断されるとしても、多くとも月80時間以内に定めることが求められるということができる。

　なお、特別条項付き協定においては、時間外労働と休日労働の合計時間を月100時間未満とすべき旨が定められているが（労基法36条 5 項）、臨時的な特別の事情がある場合に限られ、恒常的な長時間労働を招くおそれがあるものについては認められないものであるところ、固定残業代は、恒常的な長時間労働の合意をするものであるから、特別条項付き協定の定めは、判断基準としては参考にできないものと考えられる。

334

6 固定残業代の公序良俗違反性に関する裁判例

(1) 有効とした裁判例

【1】 札幌高判平成24・10・19労働判例1064号37頁〔28211394〕（ザ・ウインザー・ホテルズインターナショナル事件。未払賃金等請求事件。控訴棄却〔一部認容・一部棄却〕）

　本判決は、月95時間分の割増賃金に相当する固定残業代（職務手当15万4400円）につき45時間分の通常残業の対価として有効である旨を判示したものである。

　すなわち、ホテルで料理人又はパティシエとして就労していた元従業員がホテル運営会社に対し、未払賃金等を請求した事案において、月95時間分の定額払の時間外賃金としての月額15万4400円の職務手当の合意は、時間外労働が何時間発生しても定額時間外賃金以外には時間外賃金を支払わないという趣旨で定額時間外賃金を支給する旨の合意と解されるので、強行法規である労基法37条以下の規定を潜脱する違法なものというべきであるが、同合意を直ちに全面的に無効なものと解することなく、限度基準によって同法36条の上限として周知されている月45時間分の時間外労働の対価として合意されたものと認めるのが相当であり、月45時間を超える時間外労働等に対しては別途割増賃金の支払が必要であるとして、時間外割増賃金等の支払請求を一部認容した原判決を維持した事例である。

「(3)　……本件職務手当が95時間分の時間外賃金として合意され、あるいはその旨の就業規則の定めがされたとは認め難く、むしろ、被控訴人と控訴人との間の定額時間外賃金に関する合意（本件職務手当の受給に関する合意）は、時間外労働が何時間発生したとしても定額時間外賃金以外には時間外賃金を支払わないという趣旨で定額時間外賃金を受給する旨の合意（以下、この合意を『無制限な定額時間外賃金に関する合意』という。）であったものと解される。……

(4)　このような無制限な定額時間外賃金に関する合意は、強行法規たる労基法37条以下の規定の適用を潜脱する違法なものであるから、これ

第2編　第6　固定残業代の有効性と公序良俗違反性

を全部無効であるとした上で、定額時間外賃金（本件職務手当）の全額を基礎賃金に算入して時間外賃金を計算することも考えられる。

　しかしながら、ある合意が強行法規に反しているとしても、当該合意を強行法規に抵触しない意味内容に解することが可能であり、かつ、そのように解することが当事者の合理的意思に合致する場合には、そのように限定解釈するのが相当であって、強行法規に反する合意を直ちに全面的に無効なものと解するのは相当でない。

　したがって、本件職務手当の受給に関する合意は、一定時間の残業に対する時間外賃金を定額時間外賃金の形で支払う旨の合意であると解釈するのが相当である。……

(5)　……本件職務手当が95時間分の時間外賃金であると解釈すると、本件職務手当の受給を合意した被控訴人は95時間の時間外労働義務を負うことになるものと解されるが、このような長時間の時間外労働を義務付けることは、使用者の業務運営に配慮しながらも労働者の生活と仕事を調和させようとする労基法36条の規定を無意味なものとするばかりでなく、安全配慮義務に違反し、公序良俗に反するおそれさえあるというべきである（月45時間以上の時間外労働の長期継続が健康を害するおそれがあることを指摘する厚生労働省労働基準局長の都道府県労働局長宛の平成13年12月12日付け通達－基発第1063号参照）。

　したがって、本件職務手当が95時間分の時間外賃金として合意されていると解釈することはできない。

(6)　以上のとおりであるから、本件職務手当は、45時間分の通常残業の対価として合意され、そのようなものとして支払われたものと認めるのが相当であり、月45時間を超えてされた通常残業及び深夜残業に対しては、別途、就業規則や法令の定めに従って計算した時間外賃金が支払われなければならない。」

【2】　東京高判平成28・1・27労働判例1171号76頁〔28250253〕（コロワイドMD〔旧コロワイド東日本〕事件。割増賃金等請求事件。控訴棄却・追加請求棄却・附帯控訴一部認容・一部棄却。最三小決平成28・7・12労経速2296号9頁〔28250263〕：上告棄却・上告不受理決定で確定）

6 固定残業代の公序良俗違反性に関する裁判例

本判決は、月70時間分の割増賃金に相当する固定残業代（業務手当13万3330円～13万5330円）は有効である旨を判示したものである。

すなわち、元従業員が会社に対し、時間外、休日及び深夜労働についての割増賃金等を請求した事案において、平成10年12月28日労働省告示第154号の時間外労働の限度基準は時間外労働の絶対的上限とは解されず、労使協定に対して強行的な基準を設定する趣旨とは解されないし、会社は、36協定において、月45時間を超える特別条項を定めており、その特別条項を無効とすべき事情も認められないから、業務手当が月45時間を超える70時間の時間外労働を目安としていたとしても、それによって業務手当が違法になるとは認められない上、会社は第1審判決後に未払割増賃金を支払済みであるなどとして、割増賃金等請求を棄却した事例である。

「(1) 控訴人は、被控訴人が業務手当は月当たり時間外労働70時間、深夜労働100時間の対価として支給されているとすることに関して、平成10年12月28日労働省告示第154号所定の月45時間を超える時間外労働をさせることは法令の趣旨に反するし、36協定にも反するから、そのような時間外労働を予定した定額の割増賃金の定めは全部又は一部が無効であると主張する。

しかし、上記労働省告示第154号の基準は時間外労働の絶対的上限とは解されず、労使協定に対して強行的な基準を設定する趣旨とは解されないし、被控訴人は、36協定において、月45時間を超える特別条項を定めており、その特別条項を無効とすべき事情は認められないから、業務手当が月45時間を超える70時間の時間外労働を目安としていたとしても、それによって業務手当が違法になるとは認められない。

(2) また、控訴人は、36協定で特別条項が設けられていたとしても、臨時的な特別な事情が存在し、被控訴人が組合に特別条項に基づき時間外労働を行わせることを通知し、特別条項により定められた制限の範囲内でなければ特別条項に基づく時間外労働として適法とは認められないから、特別条項の要件を充足しない時間外労働を予定した業務手当の定めは無効であると主張する。しかし、業務手当が常に36協定の特別条項の

337

第2編　第6　固定残業代の有効性と公序良俗違反性

要件を充足しない時間外労働を予定するものであるということはできないし、また、仮に36協定の特別条項の要件を充足しない時間外労働が行われたとしても、割増賃金支払業務は当然に発生するから、そのような場合の割増賃金の支払も含めて業務手当として給与規程において定めたとしても、それが当然に無効になると解することはできない。したがって、控訴人の上記主張は、採用することができない。」

【3】　最一小判平成30・7・19労働判例1186号5頁〔28263272〕（日本ケミカル事件。割増賃金等請求事件。一部破棄・差戻し）

　　本判決は、約28時間分の割増賃金に相当する固定残業代（業務手当10万1000円）は有効である旨を判示したものである。

　　すなわち、元従業員の薬剤師が薬局を運営する会社に対し、未払割増賃金等を請求した事案において、業務手当を時間外労働の対価として支払ったことにつき、会社の賃金体系においては、業務手当が時間外労働等に対する対価として支払われるものと位置付けられていたこと、薬剤師に支払われた業務手当は同人の実際の時間外労働等の状況と大きくかい離するものではないこと等に鑑みれば、会社が薬剤師に支払った業務手当は、時間外労働等に対する対価である賃金として支払われたとみることができるとして、業務手当の支払を法定の時間外手当の全部又は一部の支払とみなすことができないことを理由に未払割増賃金等請求の一部を認容した原判決を破棄し、未払賃金額等について更に審理を尽くさせるため、事件を原審に差し戻した事例である。

　　なお、本判決は、公序良俗違反性について、直接的に判断したものではないが、固定残業代としての支払がされたか否かの判断要素として、㈦雇用契約書等の記載内容、㈡使用者の労働者に対する当該手当や割増賃金に関する説明の内容、㈢労働者の実際の労働時間等の勤務状況、㈣固定残業代が定める支給対象時間外労働時間数の長短、㈥支給対象時間外労働時間数と実際の時間外労働時間数とのかい離の程度などを掲げており、これらは、公序良俗違反性の判断要素としても機能するものと考えられる。

「(1)……雇用契約においてある手当が時間外労働等に対する対価として

支払われるものとされているか否かは、雇用契約に係る契約書等の記載
内容のほか、具体的事案に応じ、使用者の労働者に対する当該手当や割
増賃金に関する説明の内容、労働者の実際の労働時間等の勤務状況など
の事情を考慮して判断すべきである。しかし、労働基準法37条や他の労
働関係法令が、当該手当の支払によって割増賃金の全部又は一部を支払
ったものといえるために、前記3(1)のとおり原審が判示するような事情
が認められることを必須のものとしているとは解されない。

(2) 前記事実関係等によれば、本件雇用契約に係る契約書及び採用条件
確認書並びに上告人の賃金規程において、月々支払われる所定賃金のう
ち業務手当が時間外労働に対する対価として支払われる旨が記載されて
いたというのである。また、上告人と被上告人以外の各従業員との間で
作成された確認書にも、業務手当が時間外労働に対する対価として支払
われる旨が記載されていたというのであるから、上告人の賃金体系にお
いては、業務手当が時間外労働等に対する対価として支払われるものと
位置付けられていたということができる。さらに、被上告人に支払われ
た業務手当は、1か月当たりの平均所定労働時間（157.3時間）を基に
算定すると、約28時間分の時間外労働に対する割増賃金に相当するもの
であり、被上告人の実際の時間外労働等の状況（前記2(2)）と大きくか
い離するものではない。これらによれば、被上告人に支払われた業務手
当は、本件雇用契約において、時間外労働等に対する対価として支払わ
れるものとされていたと認められるから、上記業務手当の支払をもっ
て、被上告人の時間外労働等に対する賃金の支払とみることができる。」

【4】 東京高判平成31・3・28労働判例1204号31頁〔28273597〕、判時
2434号77頁（結婚式場運営会社A事件。割増賃金等請求事件。原判決変
更・控訴棄却）

本判決は、月約87時間分の割増賃金に相当する固定残業代（職務手当
9万4000円）は有効である旨を判示したものである。

すなわち、ウェディングプランナーであった元従業員が結婚式場の運
営会社に対し、未払割増賃金等を請求した事案において、基礎賃金の残
業単価は863円、職能手当は9万4000円であるから、本件職能手当は、

第2編　第6　固定残業代の有効性と公序良俗違反性

約87時間分の時間外労働等の対価相当額となるが、863円は、平成25年
から平成27年の茨城県の最低賃金額である713円から747円を2割近く上
回っており不当に廉価とはいえないし、月約87時間は、平成10年12月28
日労働省告示第154号所定の月45時間を超えるが、約87時間分の法定時
間外労働を義務付けるものではなく、現に法定時間外労働時間は21時間
30分から108時間22分まで幅があるから、本件職能手当は、労基法32条、
36条に違反しないとして、従業員の控訴を棄却し、会社の控訴に基づき
原判決で認められた賃金額が一部減額された事例である。

「1審原告は、本件特約は36協定の上限額である45時間を大きく超える
もので、労働基準法32条、36条に違反すると主張する。

　1審被告の主張によると、基礎賃金の1時間当たりの金額（残業単
価）は863円、職能手当は9万4000円であるから、職能手当は、約87時
間分（9万4000円／863円×1.25）の時間外労働等の対価相当額となる。
863円は、平成25年から平成27年の茨城県の最低賃金額である713円から
747円を2割近く上回っているから、不当に廉価とはいえない。確かに、
月約87時間は、平成10年12月28日労働省告示第154号所定の月45時間を
超えるものであるが、雇用契約に対して強行的補充的効力を有するもの
ではない上、本件特約は、時間外労働等があった場合に発生する時間外
割増賃金等として支払う額を合意したものであって、約87時間分の法定
時間外労働を義務づけるものではない。現に、別紙4割増賃金計算書に
よれば、1審原告の法定時間外労働時間は21時間30分から108時間22分
まで幅がある。確かに、前記前提事実のとおり、1審原告の給与は、当
初基本給15万円、職能手当7万円、非課税交通費が1万円であったの
が、6か月後の本件雇用契約書においては、基本給15万円、職能手当9
万4000円、通勤手当6000円になっており、経験を積むに従い、基本給を
据え置いたまま、残業時間が増えることを見込んで職能手当を増額する
ことに十分な合理性があるとはいい難い。しかし、職能手当が約87時間
分の時間外労働等に相当することをもって、前記のとおり給与規程及び
本件雇用契約書において明確に定額残業代と定められた職能手当につ
き、時間外労働等の対価ではなく、あるいはそれに加えて、通常の労働

340

6 固定残業代の公序良俗違反性に関する裁判例

時間内の労務に対する対価の性質を有すると解釈する余地があるというには足りない。」

【5】 大阪地判令和2・7・16（公刊物未登載、平成30年㈦第6754号、賃金等請求事件。一部認容・一部棄却）

　本判決は、月約97時間分の割増賃金に相当する固定残業代（早朝手当及び時間外手当計10万5000円）は無効とはいえない旨を判示したものである。

　すなわち、野菜や果物等の食料品の製造販売等を営む会社の元従業員が会社に対し、未払割増賃金等を請求した事案において、時間外割増賃金に相当する早朝手当及び時間外手当計10万5000円は約97時間の時間外労働に相当し時間外労働の上限規制の80時間を約17時間超えるにすぎないこと、上限規制基準は時間外労働の絶対的上限とは解されないこと、割増賃金支払義務は当然に発生することに照らし、公序良俗に違反し当然に無効とはいえないとして、請求の一部を認容し、一部を棄却した事例である。

「4　争点4（固定残業代の合意が公序良俗違反か否か）について

(1)　原告は、被告が主張する固定残業代（計13万円）の合意は、約120時間分の時間外労働に対する割増賃金の額に相当するところ、労働省の労働時間の制限を定める労基法32条、36条及び平成10年12月28日労働省告示第154号（時間外労働の限度に関する基準。36協定において定める労働時間の延長の限度等に関する基準。時間外労働の上限規制。36協定で定める延長時間は、一般の労働者の場合、原則として、1週間15時間、2週間27時間、4週間43時間、1か月45時間、2か月81時間、3か月120時間、1年間360時間。臨時的な特別の事情があって労使が合意する場合（特別条項）でも、時間外労働と休日労働の合計が月100時間未満、2か月〜6か月平均が全て月当たり80時間以内）といった法令の趣旨に反し、恒常的な長時間労働を是認する趣旨で合意されたものと考えざるを得ず、公序良俗に反し、無効である旨主張する。

(2)　この点、本件労働契約の固定残業代のうち、時間外割増賃金に相当

341

第2編　第6　固定残業代の有効性と公序良俗違反性

する早朝手当及び時間外手当計10万5000円を863円（基本給15万円を被告における1か月の所定労働時間数173.8時間で除したもの）に時間外割増賃金率1.25を乗じた1079円で除すると、約97時間分の時間外労働に相当することとなる。

　　しかしながら、上記労働省告示154号の基準は時間外労働の絶対的上限とは解されず、また、これらの法令に反する時間外労働が行われたとしても、割増賃金支払義務は当然に発生するから、そのような場合の割増賃金の支払を含めて早期手当及び時間外手当を本件労働契約において定めたとしても、それが当然に無効になると解することはできない。確かに、労基法36条6項3号（平成30年7月6日法律第71号により改正〔平成31年4月1日施行〕された。なお、本件割増賃金請求権は、同改正前のものである。）で定められた労働時間（1か月あたり平均80時間）等も超える点で、相当長時間の時間外労働を予定するものであるけれども、上記労働時間を約17時間超えるにとどまること、被告の事業が小規模な八百屋であること等も考慮すると、公序良俗違反として約97時間分の固定残業代全部を無効とするまでの不当性は認められない。なお、労基法36条6項2号及び同項3号の労働時間は休日労働も含むものではあるが、原告が法定休日労働を行っていない月も相当数見られる（休日出勤手当に相当する法定休日労働を行っていない）本件において、休日出勤手当の分も含めて何時間分の労働時間に相当するのか算定し、公序良俗違反の有無を検討することは相当でない。

⑶　そうすると、本件労働契約の固定残業代の合意が公序良俗に反し、無効であるとまでは認められない。」

【6】　名古屋地判令和5・2・10（公刊物未登載、令和3年㈡第217号〔28310740〕未払残業代等請求事件。一部認容、一部棄却）

　　本判決は、月60時間分の割増賃金に相当する固定残業代（基本給月額のうち2万9400円と営業手当月額5万円の合計7万9400円）は有効である旨を判示したものである。

　　すなわち、元従業員が会社に対し、未払割増賃金等を請求した事案に

おいて、月60時間の時間外勤務は36協定の上限を超えるものではあるが、固定残業代の定めは月60時間の残業を義務付けるものではなく、公序良俗に反して無効とまではいえないとして、請求の一部を認容し、一部を棄却した事例である。

「(4) 固定残業代の有効性について（争点(3)）

ア 被告の給与規程においては、一定額を固定残業代として支給すること及びその計算式を定め、労働契約書（甲1）においても、基本給月額のうち2万9400円と営業手当月額5万円の合計7万9400円を固定残業代として支払うことを明記し、令和2年4月1日以降については、覚書（甲3）により基本給月額4万7800円と営業手当月額5万8300円の合計10万6100円を固定残業代として支払うことを明記している。

したがって、前記各金額の基本給及び営業手当については、本件雇用契約上、固定残業代と合意され、固定残業代の趣旨で支払うことが明らかであり、通常の労働時間の賃金に当たる部分と固定残業代に当たる部分とが明確に区分されていることから、固定残業代の合意は有効であり、割増賃金算定の基礎となる賃金から除外される。

イ これに対して、原告は、月約60時間の時間外勤務について固定残業代を定めていることが異常な長時間であり、無効であると主張する。

しかし、月60時間の時間外勤務は36協定の上限を超えるものではあるが、固定残業代の定めは月60時間の残業を義務付けるものではなく、公序良俗に反して無効とまではいえない。」

(2) 無効とした裁判例

【1】 東京高判平成26・11・26労働判例1110号46頁〔28231871〕（マーケティングインフォメーションコミュニティ事件。未払残業代請求事件。原判決一部変更）

本判決は、月100時間分の割増賃金に相当する固定残業代（営業手当17万5000円～18万5000円）は無効である旨を判示したものである。

すなわち、元従業員が会社に対し、未払残業代等を請求した事案において、営業手当17万5000円～18万5000円は月100時間の時間外労働に対

第2編　第6　固定残業代の有効性と公序良俗違反性

する割増賃金額となるが、36協定における労働時間の上限は、平成10年
12月28日労働省告示第154号（時間外労働の限度に関する基準）におい
て、月45時間と定められているから、法令の趣旨に反する恒常的な長時
間労働を是認する趣旨で本件営業手当の支払が合意されたとの事実を認
めることは困難であり、割増賃金の支払合意とは認められないし、ま
た、明確区分性もないので割増賃金の支払とは認められないので、本件
営業手当は基本給とともに割増賃金算定の基礎賃金となるとして、請求
をほとんど棄却した第1審判決を変更して、割増賃金の請求の大部分を
認容した事例である。

「控訴人の1月の平均所定労働時間が173時間前後で、これに対する基本
給が月額24〜25万円である……ところ、これを前提に、月17万5000円〜
18万5000円の営業手当全額が時間外勤務との対価関係にあるものと仮定
して、月当たりの時間外労働時間を算出（基本給24万5000円、営業手当
18万円、所定労働時間173時間として算出）すると、下記計算式のとお
りとなり、この計算結果に照らすと、上記営業手当はおおむね100時間
の時間外労働に対する割増賃金の額に相当することとなる。

（計算式）

　　（18万円÷1.25)÷(24万5000円÷173時間)≒101時間

　労基法32条は、労働者の労働時間の制限を定め、同法36条は、36協定
が締結されている場合に例外的にその協定に従って労働時間の延長等を
することができることを定め、36協定における労働時間の上限は、平成
10年12月28日労働省告示第154号（36協定の延長限度時間に関する基準）
において、月45時間と定められている。100時間という長時間の時間外
労働を恒常的に行わせることが上記法令の趣旨に反するものであること
は明らかであるから、法令の趣旨に反する恒常的な長時間労働を是認す
る趣旨で、控訴人・被控訴人間の労働契約において本件営業手当の支払
が合意されたとの事実を認めることは困難である。したがって、本件営
業手当の全額が割増賃金の対価としての性格を有するという解釈は、こ
の点において既に採用し難い。……

　そして、本件営業手当は、割増賃金に相当する部分とそれ以外の部分

344

についての区別が明確となっていないから、これを割増賃金の支払と認めることはできず、本件営業手当の支払により割増賃金の支払義務が消滅したとの被控訴人の主張は採用することができない。……

　……、本件営業手当の支払は割増賃金に対する支払とは認められず、また、本件営業手当は、労基法施行規則21条に列挙されている割増賃金算定の基礎賃金から除外される手当等のいずれにも該当しないことは明らかである。したがって、本件営業手当は、基本給とともに、割増賃金算定の基礎賃金となる。」

【２】　岐阜地判平成27・10・22労働判例1127号29頁〔28240919〕（穂波事件。未払割増賃金等請求事件。一部認容・一部棄却）。

　本判決は、月83時間相当の固定残業代（管理職手当〔管理固定残業〕10万円）は公序良俗に違反し無効である旨を判示したものである。

　すなわち、ショッピングセンターのフードコート内の飲食店の店長が、店舗経営会社に対し、未払割増賃金等を請求した事案において、月10万円の管理者手当（管理固定残業）が同人と会社との間の労働契約で合意されたということはできないし、公序良俗にも違反するものであるから、同手当は時間外労働に対する手当として扱うべきではなく、時間外労働等の割増賃金の基礎とすべきであるとして、未払割増賃金請求を認容した事例である。

「83時間の残業は、36協定で定めることのできる労働時間の上限の月45時間の２倍に近い長時間であり、しかも、「朝９時半以前及び、各店舗の閉店時刻以後に発生するかもしれない時間外労働に対しての残業手当」とされていることを勘案すると、相当な長時間労働を強いる根拠となるものであって、公序良俗に違反するといわざるを得ず、これが原告と被告との間で合意されたということはできない。また、他方、被告が本件において、店舗開店前や、閉店時刻以降の残業はあまり考えられないと主張していることなどに照らすと、「朝９時半以前及び、各店舗の閉店時刻以後に発生するかもしれない時間外労働」が、月83時間も発生することはそもそも想定しがたいものであったと言わざるを得ず、その意味でも、これを原告と被告との間の労働契約において合意がなされた

第2編　第6　固定残業代の有効性と公序良俗違反性

ということはできない。

　よって、管理者手当（管理固定残業）は時間外労働に対する手当として扱うべきではなく、月によって定められた賃金として、時間外労働等の割増賃金の基礎とすべきである。」

【3】　東京地判平成29・5・31労働判例1167号64頁〔28260178〕（ビーエムホールディングスほか1社事件。未払割増賃金等請求事件。一部認容・一部棄却）。

　本判決は、月82～86時間分の割増賃金に相当する固定残業代（サービス手当及びLD手当9万8000円～10万0200円）は公序良俗に違反し無効である旨を判示したものである。

　すなわち、鈑金塗装業務を行う会社（被告1）の元従業員が会社に対し、時間外労働等に対する未払割増賃金等を請求した事案において、サービス手当及びLD手当9万8000円～10万0200円は、月80時間を超える恒常的な長時間労働を是認するような趣旨で合意されたということはできないし、公序良俗にも違反する無効なものであるから、基本給に組み入れて計算すべきであるとして、未払割増賃金等請求の一部を認容した事例である。

　「本件契約に関する『採用条件通知書』には、『サービス手当（7万8000円）、ライフデザイン（LD）手当（2万円）』は、『時間外労働82時間相当分として支給』すると記載されており、旧賃金規定18条2項にも、『営業手当、サービス手当、業務手当、マージン手当、LD手当については全額業務遂行上、通常発生する時間外、休日及び深夜手当相当額として支給するものとする。』と規定されていることからすれば、本件各手当が、時間外、休日、深夜の各勤務手当、すなわち割増賃金の対価としての性格を有すると評価する余地もないではない。

　しかしながら、平成26年8月から平成27年10月までについて、原告の1月の平均所定労働時間が173.33時間で、これに対する基本給が月額15万6600円～16万8700円で……あるところ、これを前提に、月9万8000円～10万0200円のサービス手当及びLD手当の全額が時間外勤務との対価関係にあるものと仮定して、月当たりの時間外労働時間を算出すると、

346

下記計算式のとおりとなり、この計算結果に照らすと、上記サービス手当及びLD手当はおおむね82.36時間から86.77時間の時間外労働に対する割増賃金の額に相当することとなる。

（計算式）

（9万8000円÷1.25）÷（15万6600円÷173.33時間）≒86.77時間

（10万0200円÷1.25）÷（16万8700円÷173.33時間）≒82.36時間

　ところで、労基法32条は、労働者の労働時間の制限を定め、同法36条は、36協定が締結されている場合に例外的にその協定に従って労働時間の延長等をすることができることを定め、36協定における労働時間の上限は、平成10年12月28日労働省告示第154号（36協定の延長限度時間に関する基準）において、月45時間と定められている（公知の事実）。また、厚生労働省労働基準局長は、各都道府県労働局長に対し、平成13年12月12日付け基発1063号『脳血管疾患及び虚血性心疾患等（負傷に起因するものを除く。）の認定基準について』を発出しており、同認定基準は、脳・心臓疾患の発症が業務上と認定されるための具体的要件を定めたものであるところ、発症前1か月間におおむね100時間又は発症前2か月間ないし6か月間にわたって1か月当たりおおむね80時間を超える時間外労働が認められる場合は、業務と発症との関連性が強いと評価できることを踏まえて判断すると定められている（公知の事実）。加えて、被告1が提出する平成27年3月25日付け『時間外労働・休日労働に関する協定届』によっても、特別条項については、『納期の切迫・突発的なクレーム・機械トラブル対応及び予算・決算事務が必要な場合は、従業員の過半数代表者に通知して1ヶ月70時間まで、1年について580時間まで延長する。（1ヶ月についての延長時間が42時間を超える回数は1年のうち半年以内）』と定められており、月80時間を超える時間外労働は予定されていない。そうすると、月80時間を超える長時間の時間外労働を恒常的に行わせることが上記法令の趣旨及び上記36協定に反するものであることは明らかであるから、法令の趣旨及び36協定に反する恒常的な長時間労働を是認する趣旨で、原告・被告1間の労働契約においてサービス手当及びLD手当の支払が合意されたとの事実を認めることは

第2編　第6　固定残業代の有効性と公序良俗違反性

困難である。仮に、事実としてかかる合意をしたとしても、上記法令の趣旨に反する合意は、公序良俗に反するものであり、無効と解するのが相当である（民法90条）。したがって、サービス手当及びLD手当の全額が割増賃金の対価としての性格を有するという被告1の主張は採用できない。」

【4】　東京高判平成30・10・4労働判例1190号5頁〔28264642〕（イクヌーザ事件。割増賃金等請求事件。原判決変更・附帯控訴棄却。最二小決令元・6・21労働判例1202号192頁〔28292222〕：上告棄却・不受理決定で確定）

　本判決は、月80時間分の割増賃金に相当する固定残業代（基本給月額23万円のうちの8万8000円〜基本給月額26万円のうちの9万9400円）は公序良俗に違反し無効である旨を判示したものである。

　すなわち、貴金属製品等の企画、製造、販売等を営む会社の元従業員が会社に対し、未払割増賃金等を請求した事案において、基本給のうちの8万8000円〜9万9400円を固定残業代とする旨の定めは、月間80時間に近い時間外勤務を恒常的に行わせることを予定したものであり、現実の勤務状況もそのような状況であったから、本件固定残業代の定めは、労働者の健康を損なう危険があり、公序良俗に違反し、全体として無効であるとして、本件固定残業代の定めを有効とした第1審判決を変更し、基本給の全部を割増賃金算定の基礎となる賃金額として算定し、未払割増賃請求を認容した事案である。

「イ　固定残業代の定めの効力について

㋐　本件固定残業代の定めは、基本給のうちの一定額を月間80時間分相当の時間外労働に対する割増賃金とすることを内容とするものである。

　　ところで、……、厚生労働省は、業務上の疾病として取り扱う脳血管疾患及び虚血性心疾患等の認定基準（平成22年5月7日付け基発0507第3号による改正後の厚生労働省平成13年12月12日付け基発第1063号）として、発症前1か月間ないし6か月間にわたって、1か月当たりおおむね45時間を超えて時間外労働が長くなるほど、業務と発

症との関連性が徐々に強まると評価できること、発症前１か月におおむね100時間又は発症前２か月間ないし６か月間にわたって、１か月当たりおおむね80時間を超える時間外労働が認められる場合は、業務と発症との関連性が強いと評価できることを示しているところである。このことに鑑みれば、１か月当たり80時間程度の時間外労働が継続することは、脳血管疾患及び虚血性心疾患等の疾病を労働者に発症させる恐れがあるものというべきであり、このような長時間の時間外労働を恒常的に労働者に行わせることを予定して、基本給のうちの一定額をその対価として定めることは、労働者の健康を損なう危険のあるものであって、大きな問題があるといわざるを得ない。そうすると、実際には、長時間の時間外労働を恒常的に労働者に行わせることを予定していたわけではないことを示す特段の事情が認められる場合はさておき、通常は、基本給のうちの一定額を月間80時間分相当の時間外労働に対する割増賃金とすることは、公序良俗に違反するものとして無効とすることが相当である。

　これを本件について見るに、……本件賃金規程は、基本給のうちの一定額（時間外月額）につき、これが所定労働時間を超えて勤務する見込時間に対する賃金である旨を定めているのであり、この規定ぶりからして、本件固定残業代の定めは、控訴人につき少なくとも月間80時間に近い時間外勤務を恒常的に行わせることを予定したものということができる。そればかりでなく、実際にも、前記(1)カにおいて認定したとおり、本件雇用契約に係る14か月半の期間中に、控訴人の時間外労働時間数が80時間を超えた月は５か月、うち100時間を超える月が２か月あり、また、時間外労働時間数が１か月に100時間を超えるか、２か月間ないし６か月間のいずれかの期間にわたって、１か月当たり80時間を超える状況も少なからず生じていたことが認められるのであって、このような現実の勤務状況は、控訴人につき上記のとおり月間80時間に近い長時間労働を恒常的に行わせることが予定されていたことを裏付けるものである。

　以上によれば、本件固定残業代の定めは、労働者の健康を損なう危

第2編　第6　固定残業代の有効性と公序良俗違反性

険のあるものであり、公序良俗に違反するものとして無効とすること
が相当であり、この結論を左右するに足りる特段の事情は見当たらな
い。

㈰　これに対し、被控訴人は、控訴人がその主張するような時間数の時
間外労働を行っていた事実や、被控訴人が控訴人に恒常的に月間80時
間前後の残業をさせようとしていた事実はない旨主張するが、これら
の主張を採用し得ないことは前記1及び2⑵イ㈰に述べたとおりであ
る。また、被控訴人は、控訴人が本件雇用契約締結に当たり本件固定
残業代の定めにつき同意していたことや、控訴人の採用の経緯、勤務
中の控訴人の行為、訴訟態度等を挙げて縷々主張するが、これらの諸
点はいずれも本件固定残業代の定めが公序良俗に違反するものである
ことを否定する理由になるものではない。

㈱　さらに、被控訴人は、本件固定残業代の定めが公序良俗に反すると
判断される場合であっても、月45時間の残業に対する時間外賃金を定
額により支払う旨の合意があったと解することが控訴人及び被控訴人
の合理的意思に合致する旨主張する。

　しかしながら、実際に、本件雇用契約の締結から控訴人の退職に至
るまでの間に、控訴人と被控訴人との間で、月45時間の残業に対する
時間外賃金を定額により支払う旨の合意がされたことを基礎付けるよ
うな事情は何ら認められないのであって、本件告示において、労働基
準法36条1項の協定で定める労働時間の延長につき、1か月につき45
時間の限度時間を超えないものとしなければならないこととされてい
ることを踏まえても、被控訴人主張のような合意についてはこれを認
定する根拠に欠けるというほかなく、同主張を採用することはできな
い。

　また、本件のような事案で部分的無効を認めると、前記第2の3⑴
ウにおいて控訴人が主張するとおり、とりあえずは過大な時間数の固
定残業代の定めをした上でそれを上回る場合にのみ残業手当を支払っ
ておくとの取扱いを助長するおそれがあるから、いずれにしても本件
固定残業代の定め全体を無効とすることが相当である。」

350

6 固定残業代の公序良俗違反性に関する裁判例

【5】 名古屋高判令和2・2・27労働判例1224号42頁〔28282932〕（サン・
サービス事件。未払賃金等請求事件。原判決一部変更・控訴一部棄却）

本判決は、月約80時間分の割増賃金に相当する固定残業代（職務手当
13万円）は無効である旨を判示したものである。

すなわち、会社が経営するホテルの飲食店で調理師として勤務してい
た元従業員が会社に対し、未払賃金等を請求した事案において、月80時
間分の割増賃金に相当する固定残業代（職務手当13万円）は無効とはい
えないとした第1審判決の判断を改め、本件職務手当13万円は約80時間
分の割増賃金に相当する金額である一方で、勤務時間は6時30分～22時
00分とされ毎月120時間を超える時間外労働等をしていたことからする
と、実際の時間外労働等と大きくかい離しており時間外労働等に対する
対価と認めることができず、固定残業代としては無効であるため、職務
手当は割増賃金の基礎となる賃金に含まれるなどとして、第1審判決の
判断を改め、未払賃金等請求の全部と付加金請求の一部を認容した事例
である。

「5 争点(4)（固定残業代の合意の有無、有効性）について

(1) 本件提案書には、『職務手当130,000円（残業・深夜手当とみなしま
す）』と明記されている。……1審原告の月所定労働時間は、平成27
年は174時間、平成28年は173.33時間となるところ、本件職務手当を
割増賃金（固定残業代）とすると、1審原告の1時間当たりの賃金
は、月所定労働時間を174時間とした場合、1293円であり（計算式：
22万5000円÷174≒1293.10円）、本件職務手当13万円は、約80時間分
の割増賃金（残業代）に相当する金額である（計算式：13万円÷
（1293円×1.25)≒80.43）。

そうすると、本件提案書の上記記載は、約80時間分の割増賃金（固
定残業代）の定めを記載したものとなる。

(2) 使用者は、労働者に対し、雇用契約に基づき、時間外労働等に対す
る対価として定額の手当を支払うことにより労基法37条の割増賃金の
全部又は一部を支払うことができるところ、雇用契約においてある手
当が時間外労働等に対する対価として支払われるものとされているか

第2編　第6　固定残業代の有効性と公序良俗違反性

否かは、雇用契約に係る契約書等の記載内容のほか、具体的事案に応じ、使用者の労働者に対する当該手当や割増賃金に関する説明の内容、労働者の実際の労働時間等の勤務状況などの事情を考慮して判断すべきである（最高裁平成30年判決）。

(3)　本件においては、1審被告は、1審原告と1審被告間の雇用契約書である本件提案書に、『勤務時間』として『6時30分～22時00分』と記載し、『休憩時間は現場内にて調整してください。』としていた上、前記のとおり、勤務時間管理を適切に行っていたとは認められず、……1審原告は、平成27年6月から平成28年1月まで、毎月120時間を超える時間外労働等をしており、同年2月も85時間の時間外労働等をしていたことが認められる。その上、1審被告は、担当の従業員が毎月1審原告のタイムカードをチェックしていたが、1審原告に対し、実際の時間外労働等に見合った割増賃金（残業代）を支払っていない。

そうすると、本件職務手当は、これを割増賃金（固定残業代）とみると、約80時間分の割増賃金（残業代）に相当するにすぎず、実際の時間外労働等と大きくかい離しているものと認められるのであって、到底、時間外労働等に対する対価とは認めることができず、また、本件店舗を含む事業場で36協定が締結されておらず、時間外労働等を命ずる根拠を欠いていることなどにも鑑み、本件職務手当は、割増賃金の基礎となる賃金から除外されないというべきである。

なお、1審被告は、割増賃金（固定残業代）の合意が無効となるとしてもその範囲は45時間を超える部分に限るべきである旨主張するが、割増賃金の基礎となる賃金から除外される賃金の範囲を限定する根拠はなく、採用できない。」

【6】　宇都宮地判令和2・2・19労働判例1225号57頁〔28282939〕（木の花ホームほか1社事件。未払割増賃金等請求事件。一部認容・一部棄却）

本判決は、月約131時間分の割増賃金に相当する固定残業代（職務手当28万3333円）は公序良俗に違反し無効である旨を判示したものである。

352

　　　　　　　　　　　6　固定残業代の公序良俗違反性に関する裁判例

　すなわち、住宅の建築請負・販売等を営む会社の元従業員が会社に対
し、未払割増賃金等を請求した事案において、時間外労働時間約131時
間に相当する定額残業代として支給されていた職務手当28万3333円は、
常軌を逸した長時間労働が恒常的に行われるおそれがあり、実際の時間
外労働時間数は１か月平均80時間を優に超えており、公序良俗に違反し
無効であるから、職務手当は割増賃金の基礎となる賃金に含まれるなど
として、未払割増賃金等請求の大部分を認容した事例である。
「ウ　本件固定残業代の定めの効力
㈦　上記のとおり、本件固定残業代の定めと原告の実際の時間外労働時
　間数は固定残業代としての性質に疑義を生じさせるほど大きくかい離
　するものではないが、ただ、そのかい離の幅は決して小さいものでは
　なく、平均すると約50時間のかい離が生じている。その結果、かかる
　本件固定残業代の定めの下では、労働者（原告）は、１か月当たり平
　均80時間を超える時間外労働等を行ったとしても、清算なしに約131
　時間分の割増賃金（28万3333円）を取得することが可能となるため、
　常軌を逸した長時間労働が恒常的に行われるおそれがあり、実際、
　……原告の時間外労働時間数は１か月平均80時間を優に超えているだ
　けでなく、全26か月中、時間外労働等が１か月100時間を超える月は
　６か月、90時間を超えている月になると17か月にも上っていることな
　どに照らすと、……本件各雇用契約の内容として本件固定残業代の定
　めがあることは事実としても、その運用次第では、脳血管疾患及び虚
　血性心疾患等の疾病を労働者に発症させる危険性の高い１か月当たり
　80時間程度（平成22年５月７日付け基発0507第３号による改正後の厚
　生労働省平成13年12月12日付け基発第1063号参照）を大幅に超過する
　長時間労働の温床ともなり得る危険性を有しているものというべきで
　あるから、『実際には、長時間の時間外労働を恒常的に行わせること
　を予定していたわけではないことを示す特段の事情』が認められない
　限り、当該職務手当を１か月131時間14分相当の時間外労働等に対す
　る賃金とする本件固定残業代の定めは、公序良俗に違反するものとし
　て無効と解するのが相当である。

第2編 第6 固定残業代の有効性と公序良俗違反性

(イ) そこで最後に、上記特段の事情の有無を検討すると、本件全証拠によっても、上記特段の事情を基礎付けるに足りる事実は認められず、むしろ、……原告の実際の時間外労働時間が優に1か月80時間を超え、減少する兆しなど全く認められない期間が長期に渡って続いていたことや、原告が本件雇用契約の締結後間もなく心臓疾患（虚血性心疾患）を発症し、C大学病院で冠動脈バイパス手術を受けたことがあるにもかかわらず、被告らは、自らのリスク回避のため原告から誓約書を取り付けただけで、その健康維持と心疾患の再発防止に向けた具体的な措置を講じようとした形跡が認められないことなどからみて、上記特段の事情は存在しないことがうかがわれる。

(ウ) 以上によれば、本件固定残業代の定めは公序良俗に違反し無効であると解される。

エ 結論

　　以上によれば、これまで原告に支払われた職務手当は、労基法37条1項所定の『通常の労働時間又は労働日の賃金』（基礎賃金）に含まれ、原告の時間外労働等に対する賃金の支払とみることはできないものというべきである。」

2 判断基準

第7 業務終了後の懇親会での飲酒後の死亡と労災保険給付請求権

1 問題の所在

(1) 飲酒後の死亡事故

　労働者が、就業先の会社の所定労働時間の業務終了後における会合や懇親会で、飲酒した後に死亡する事故が発生した場合に、遺族が労災保険法に基づく遺族補償給付（同法12条の8第1項4号）及び葬祭料（同項5号）などの保険給付を請求する事案が見受けられる。

(2) 労災保険給付請求の争点

　飲酒後の死亡事故をめぐる労災保険給付請求事件においては、会合や懇親への参加については、使用者の支配下で会社における業務としての参加と認められるか否かという「業務遂行性」の問題、及び、死亡が参加していた業務としての性質を有する会合や懇親に内在する危険性が発現したものと認められるか否かという「業務起因性」の問題が、重要な争点となる。

2 判断基準

(1) 法的判断の枠組み

　労災保険法に基づく遺族補償給付（同法12条の8第1項4号）及び葬祭料（同項5号）は、「労働者が業務上死亡した場合」に、被災労働者の遺族又は葬祭を行う者に対して支給される（同法7条1項1号、12条の8第2項、労基法79条、80条）。

　そして、「労働者が業務上死亡した場合」とは、被災労働者が業務上の負傷又は疾病に起因して死亡した場合を含むが、被災労働者の負傷又は疾病が業務上の事由によるものであるというためには、業務と負傷又は疾病との間に条件関係のみならず、相当因果関係のあることが必要であり、そ

355

第2編　第7　業務終了後の懇親会での飲酒後の死亡と労災保険給付請求権

の傷病が原因となって死亡事故が発生した場合でなければならない（最二小判昭和51・11・12集民119号189頁〔27670825〕）。

　さらに、労災保険制度が、労基法上の災害補償責任を担保する制度であり、災害補償責任が使用者の過失の有無を問わずに被災労働者の損失を填補する制度であって、危険責任の法理に由来するものであることに鑑みれば、上記の業務と当該負傷又は疾病との間に相当因果関係を認めるためには、被災労働者が労働契約に基づき事業主の支配下で業務を遂行していたという「業務遂行性」を前提として、当該負傷又は疾病が被災労働者の従事していた業務に内在する又は通常随伴する危険性が現実化したことによるものと評価されるという「業務起因性」の存在することが必要となる（最三小判平成 8 ・ 1 ・23集民178号83頁〔27828912〕、最三小判平成 8 ・ 3 ・ 5 集民178号621頁〔28010252〕）。

(2)　業務遂行性の判断基準

　業務遂行性とは、労働者が労働契約に基づき事業主の支配下で業務を遂行していたことをいうところ、労災保険制度が依拠する前述の危険責任の法理に照らせば、労働者が現に業務ないしはこれに付随する一定の行為に従事している場合のみならず、現にこれらに従事していなくとも、労働関係上、事業主の支配下にあると認められる場合を含むものということができる。

　したがって、所定労働時間の業務終了後における会合や懇親会に参加して飲酒した後に死亡する事故が発生したときに、その参加を事業主により、義務付けられ又はこれを余儀なくされている場合には、事業主の指揮命令下に置かれている労働であり、所定外の業務従事時間の労働時間性が肯定されるものということができる。

(3)　業務起因性の判断基準

　業務起因性とは、労働者の死亡が従事していた業務に内在する又は通常随伴する危険が現実化したことによるものと評価されることをいう。

　そして、事業主の支配下において業務に従事している際に発生した災害は、業務に起因するものと認められやすいが、当該災害が労働者の業務逸

脱行為、積極的な私的行為や恣意的行為によって発生した場合には、労働者が労働契約に基づき事業主の支配下にあることに伴う危険が現実化したとはいえないから、業務起因性が否定されることになる。

したがって、被災労働者の死亡が参加していた業務としての性質を有する会合や懇親会に内在する危険性が発現したものと認められるか否かは、死亡事故が被災労働者の会合や懇親会における飲酒による強度酩酊状態などの原因に基づいて発生したことを前提として、被災労働者の飲酒行為が会合や懇親会の目的を逸脱した過度の態様による業務逸脱行為又は積極的な私的行為や恣意的行為に基づくものと認められるか否かによって判断し、これが肯定される場合には、死亡について、業務に内在する危険性が現実化したものとはいえず、業務起因性が認められないものということができる。

(4) 主張立証責任

労災保険給付請求をする被災労働者側には、飲酒による死亡が、業務遂行中に発生したのかという業務遂行性と、その死亡が業務としての会合や懇親会における飲酒によって発生したのかという業務起因性の、双方についての主張立証の責任がある。

3　具体的判断要素

(1) 業務遂行性の判断要素

業務終了後の会合や懇親会への参加や飲酒につき業務と認められるか、すなわち認定要件である業務遂行性が肯定されるための判断要素としては、次のようなものが重要である。

そして、会合や懇親会への参加が、主催者・目的・事業主の指示や命令の存在・事業主の費用負担・取引先関係者の同席などの諸点を総合的に検討し、業務と認められる場合には、業務遂行性を肯定することができる。

① 時間的近接性

所定労働時間に近接した時間内に生じた災害であるか。

② 場所的近接性

第２編　第７　業務終了後の懇親会での飲酒後の死亡と労災保険給付請求権

事業場内・就業場所に近接した場所で発生した災害であるか。

③　場所的近接性

事業主の支配下にある場所で発生した災害であるか。

④　懇親会の開催者

懇親会は会社の主催又は事業主の指示や命令によるものか。

業務とは関連なく開催された同僚との私的な飲食会にすぎないか。

⑤　懇親会の目的

懇親会の目的は取引先との業務を円滑に遂行するためか。

⑥　懇親会への参加の義務付け

懇親会への参加が、事業主から、義務付けられ、又は、これを余儀な
くされているか。

⑦　懇親会の費用負担

会社が懇親会の費用負担を行ったか。

⑧　懇親会の参加者

会社の社長、専務取締役、その他の全従業員が参加しているか。

⑨　取引先関係者の参加

懇親会には取引先関係者も参加しているか。

(2)　業務起因性の判断要素

被災労働者の死亡が、業務としての性質を有する会合や懇親会に内在す
る危険性が発現したものと認められるか、すなわち認定要件である業務起
因性（業務と災害との間の相当因果関係＝災害は業務に内在する危険が現
実化したもの）が肯定されるための判断要素としては、次のようなものが
重要である。

そして、会合や懇親会における飲酒と死亡が、飲酒量や飲酒の態様など
の諸点を総合的に検討し、常識的かつ経験的に考えられる業務に内在する
危険の現実化と認められる場合には、業務起因性を肯定することができ
る。

①　業務に内在する危険の現実化

発生した死亡は、会合や懇親会の目的や開催の趣旨などから、常識的

358

かつ経験的に考えられる業務に内在する危険の現実化といえるか否か。

② 飲酒量

過度の飲酒が原因となった死亡であるか否か。

相当量の飲酒であり、会合や懇親会の目的や開催の趣旨などから明らかに逸脱し、仕事上の交際に必要な域を逸脱した過度の態様によるものと評価されるものではないか。

自らの選択と嗜好により過大な飲酒をしたものであるか。

取引先の気分を害し、懇親会の目的を達成できなくなるため、飲酒を断ることを、事実上避けられない理由があったか否か。

③ 出張中の会合や懇親会後の死亡

出張中は、移動のための交通機関やホテルでの滞在を含む全過程について事業主の包括的な支配を受けており、その間に発生した死亡については、業務起因性が認められる（出張中の宿泊施設内での夕食時における出張者相互の慰労と懇親の趣旨でなされた飲酒後に、階段で転倒して頭部打撲で死亡した事案につき、労働者は出張の全過程において事業主の支配下にあり、宿泊所内での慰労と懇親のための飲酒は宿泊に通常随伴する行為であるとして、業務起因性を認めたものとして、福岡高判平成5・4・28労働判例648号82頁〔27817075〕がある。）。

4 肯定裁判例等

【1】 東京地判平成26・3・19労働判例1107号86頁〔28222981〕（遺族補償一時金等請求事件）

テレビ番組のための映像を制作する会社から、映像取材関連の照明・音声業務を請け負う会社で照明・音声等の担当者として業務に従事していた労働者Aが、中国でのロケ中、日本人スタッフが開催するロケ中締めの会（第1会合。午後7時前頃から1時間ないし1時間半程度、レストランにおいてビールの飲酒を伴う食事をした）に参加後、同日午後8時30分頃から、別の飯食店で、中国ロケに同行していた中国共産党宣伝委員による返礼の宴会（第2会合）にスタッフ全員と共に参加し、アルコール度数の高い白酒を数杯飲んだ後、午後10時頃に宿泊先のホテルに

第２編　第７　業務終了後の懇親会での飲酒後の死亡と労災保険給付請求権

戻ったが、翌日午前２時頃、自室において吐しゃ物を気管に逆流させて窒息死した。そこで、Ａの父母Ｘが、業務上の死亡に当たると主張して、遺族補償一時金等を請求したが、労働基準監督署長は不支給の原処分をしたため、原処分の取消しを求めた。

　本件の争点は、Ａの第２会合への参加につき業務遂行性が認められるか否かである。Ｘは、Ａの死亡は、出張中に生じた事故であり、第２会合においてした相当量の飲酒は、本件中国ロケの目的であった本件飛行場の撮影許可を得て本件中国ロケを成功させるために必要な行為であったから、第２会合への参加については業務遂行性及び業務起因性が認められると主張した。

　裁判所は、Ａらの日本人スタッフは、第２会合を、撮影許可を得る重要な窓口である人物との親睦を深める絶好の機会と認識し、勧められるままに乾杯に応じざるを得なかったものであり、積極的に私的な遊興行為として飲酒していたと評価することはできず、Ａは本件中国ロケにおける業務の遂行のためにやむを得ず自らの限界を超える量のアルコールを摂取したと認められるとして、業務遂行性及び業務起因性を肯定して、請求認容の判決をした。

「本件第２会合で飲まれた白酒が、アルコール度数が約56度と非常に高く、その味や臭いは日本人にとっては馴染みがなく、飲みにくい酒であったこと、Ａは北京語又は広東語いずれにもほとんど通じていないにもかかわらず、片言の北京語や英語のほか、肩を抱く、握手をする等の簡単な動作で中国人参加者とやりとりをしていたことを踏まえると、Ａを含む日本人スタッフは、本件第２会合を、本件中国ロケの重要な目的である本件飛行場の撮影許可を得る窓口であるＩほか鎮委員会の要人との親睦を深めることのできるいわば絶好の機会であると認識し、中国人参加者の気分を害さず、また好印象を持ってもらうため、勧められるまま、『乾杯』に応じざるを得なかったものということができる。

　これらの事情からすると、Ａにおいて、本件第２会合において、積極的に私的な遊興行為として飲酒をしていたと評価すべき事実を見いだすことはできず、むしろ、本件第２会合における『乾杯』に伴う飲酒は、

360

本件中国ロケにおける業務の遂行に必要不可欠なものであり、Ａも、日本人スタッフの一員として、身体機能に支障が生じるおそれがあったにもかかわらず、本件中国ロケにおける業務の遂行のために、やむを得ず自らの限界を超える量のアルコールを摂取したと認めるのが相当である。……

そして、Ａは、この目的を達成するために、中国人参加者に勧められた酒を飲むことで親睦を深めることができるとの認識（Ａが中国における宴会の進め方について知識を有していたことに照らすと、勧められた酒を飲むことが必要であり、これにより好印象を与えられると認識していたと認められる。）の下、『乾杯』を繰り返したのであるから、その結果、相当量の飲酒に至ったとしても、そのことで直ちに、当該飲酒行為が、本件第２会合の目的を見失い、仕事上の交際に必要な域を逸脱したものであると評価されるものではないというべきである。……

以上の検討によれば、本件第２会合における飲酒行為により、Ａが咽頭反射の反応がない状態で嘔吐したことは、同人の従事していた業務である本件中国ロケに内在する危険性が発現したものとして、業務との間の相当因果関係が認められ、これによって本件事故が発生したものであるから、本件事故は、労災保険法12条の８第２項、労基法79条、80条にいう『労働者が業務上死亡した場合』に該当するものというべきである。」

【２】 労働保険審査会平成29・7・31裁決（平成28年労第483号、遺族補償給付等消請求事件）

会社の営業課長Ａは、事業場の取引先の会社が主催した新年会に出席し、短時間に酒を飲み過ぎ、酩酊状態となったため、上司等がＡの自宅マンションまで車で送り届けたものの、既に息をしておらず、救急車で病院に搬送されたが、搬送先の病院において死亡が確認された。そこで、Ａの妻のＸが、業務上の死亡に当たると主張して、遺族補償給付等を請求したが、労働基準監督署長は不支給の原処分をしたため、原処分の取消しを求めた。

本件の争点は、Ａの新年会への参加につき業務遂行性が認められるか

第2編　第7　業務終了後の懇親会での飲酒後の死亡と労災保険給付請求権

否かである。Xは、Aは、重要な取引先の会社の新年会に参加し、その立場上必要な行為として飲酒をしたことにより、急性アルコール中毒を発症し、その結果、死亡するに至ったものであり、同行為には業務遂行性及び業務起因性がある旨を主張した。

労働保険審査会は、新年会への出席は、会社の業務である恒例の新年の挨拶周りの一環であること、賃金も支払われていること、将来の業務を円滑に行うことを目的として行程表により指示されたものであることなどの事情からみて、業務遂行性が認められるとし、Aの置かれた事情を勘案すると、過飲による急性アルコール中毒の発症について、業務起因性を否定することもできないとして、請求認容の裁決をした。

「(2)　まず、取引先会社の新年会への出席については、会社の業務である恒例の新年の挨拶周りの一環であり、賃金も支払われており、また、将来の業務を円滑に行うことを目的として行程表により指示されたものであることなどの事情からみて、業務遂行性が認められることに異論の余地はないものと判断する。……Aが、酩酊に至るまで飲酒した状況について検討すると、Aは、新任の課長として気合を入れなければならないという責任を感じ、重要な取引き先であるE会社の関係者に対して存在感を示し、良いところを見せたいと感じていた可能性が高く、そのため、勧められるままに飲酒に応じていたものと推認される。……

(3)　……Aが、飲酒を断ることは相当程度に困難であったと判断できるものであり、一定の警鐘が行なわれていたにもかかわらず、自重することなく過飲に至ったことについては、Aに全く非がなかったとは言えないものの、上記Aが置かれた事情を勘案すると、過飲による急性アルコール中毒の発症について、業務に起因するものであることを否定することはできないものであると判断する。

(4)　したがって、過飲による急性アルコール中毒を原因とするAの死亡は、業務上の事由によるものと認めることが相当である。」

【3】　大阪地判令和元・5・29労働判例1220号102頁〔28273048〕（遺族補償給付等請求事件）

ホストクラブでホストとして勤務していたＡは、平成24年8月1日早朝より本件クラブにおいて接客して飲酒した後、体調に異変を生じ、同日午前8時34分、病院に救急搬送されたが、同日午前9時11分、急性アルコール中毒により死亡した。そこで、Ａの両親Ｘが、遺族補償給付等の請求をしたが、労働基準監督署長が不支給の原処分をしたので、原処分の取消しを求めた。

本件の争点は、Ａの死亡の原因となった急性アルコール中毒の発症について、業務起因性が認められるか否かである。Ｘは、Ａは、先輩ホストＦ及びＨによる暴力を伴う飲酒の強要により、大量の飲酒を余儀なくされたものであり、飲酒を伴うホスト業務において、飲酒の強要は時々起こる事象であることからすると、飲酒によるＡの死亡は、業務に内在する危険が現実化したものであり、業務起因性がある旨を主張した。

裁判所は、先輩ホストらにより本件クラブにおけるホストの接客業務に関連ないし付随してなされた飲酒の強要に対して、飲酒を拒否できない立場に事実上あったＡが多量の飲酒に及び、急性アルコール中毒を発症して死亡するに至ったと認められ、ホストとしての業務に内在又は通常随伴する危険が現実化したとして、業務起因性を肯定し、請求を認容する判決をした。

「Ａは、本件クラブにおいて、入社後約4か月のいわゆるお笑い系ホストであったこと、他方、Ｆは、本件クラブにおいて他のホストを指導する主任の立場にあり、かつＨとともにＡとの関係では、先輩ホストに当たる地位にあったこと、以上の点が認められ、これらの点から認められるＡとＦ及びＨの経歴、立場及び役割の格差や優劣、更には、ＡがＦに対して送信したメールの内容……をも併せ鑑みれば、Ａが、本件事故当日のＦ及びＨによる飲酒の強要に対して、これを拒絶することは極めて困難な状況にあったと認められる。……

本件事故当日のＡの飲酒のうち、焼酎の飲酒については、本件クラブないし本件クラブのホスト側からみれば、もともとＩがキープしていたボトルの焼酎を消費するとともに、新たなボトル等の注文に繋げ、売上げを伸ばすことができるという意味を有する行為であると解されるとこ

第2編　第7　業務終了後の懇親会での飲酒後の死亡と労災保険給付請求権

ろ、F及びHが、この焼酎を早期に消費させるべく、ヘルプホストであり、後輩の立場にあったAに対し、濃い酒（焼酎）を作って飲むように強要することは、かかる行為の道義上の当否はともかく、本件クラブの売上げ増加につながるという意味で、本件クラブにおけるホストの業務の一環ないし同業務に直接関連する行為であったと認めるのが相当である。……

　　以上認定説示した点を総合的に勘案すると、本件事故当日、本件クラブにおけるホストの接客業務に関連ないし付随してなされた先輩ホストによる飲酒の強要に対して、事実上飲酒を拒否できない立場にあったAが、多量の飲酒に及び、急性アルコール中毒を発症し、死亡するに至ったと認められ、Aの死亡の原因となった急性アルコール中毒は、客観的にみて、本件クラブにおけるホストとしての業務に内在又は通常随伴する危険が現実化したことによるものと評価することができる。したがって、Aの業務と急性アルコール中毒発症との間には相当因果関係（業務起因性）があると認めるのが相当である。」

5　否定裁判例等

【1】　東京地判平成26・3・24労経速2209号9頁〔28222856〕（遺族給付等請求事件）

　　病院の院長Aは、平成22年11月29日午後6時45分頃から午後10時頃まで、研修を終えた研修医の送別会に参加した後、午後10時25分頃、スナックで行われた二次会に参加し、同月30日午前零時頃、途中で退出してタクシーで病院に戻り、その後の午前1時27分頃、病院から自転車で帰宅する途中に転倒し、側溝のグレーチングに頭部・顔面を殴打している状態で発見され、病院に心肺停止の状態で搬送されたが、蘇生することなく死亡した。そこで、Aの妻Xが、Aの死亡は通勤災害に該当すると主張して、遺族給付等を請求したが、労働基準監督署長は不支給の原処分をしたため、原処分の取消しを求めた。

　　本件の争点は、Aの二次会への参加につき通勤遂行性が認められるか否かである。Xは、Aは、業務命令に基づき院長の業務として送別会及

び二次会に参加したのであるし、二次会終了後には本件病院に戻って業務に従事したのであるから、送別会及び二次会への参加によって生じたＡの死亡につき、通勤遂行性が認められると主張した。

　裁判所は、研修医送別会後の二次会は必ず行われるものではなく、二次会も送別会後にその場の雰囲気で開催が決まったものであり、希望者のみが参加したものであることなどから、医師招へい業務の一環として開催が予定されていたようなものではなく、かつ、被災した院長Ａは、送別会と併せて相当程度飲酒しており、二次会は私的な懇親会としての性質を有するものといわざるを得ないとして、二次会が業務であったということはできず、Ａの業務は遅くとも送別会終了時に終了したものであるとして、Ａの死亡につき通勤遂行性を認めず、請求棄却の判決をした。

「本件送別会は約３時間行われたこと、研修医の送別会において、二次会は必ず行われるものではなく、３回に１回程度の頻度で行われてきたものであるところ、本件二次会も、あらかじめ設定されていたものではなく、本件送別会終了後に、研修医３名がもう一軒行こうかというような話をしていたのに対し、Ａがそれならば自分の知っている店があるからそこに行こうと提案したことにより開催されることになったこと、本件二次会には希望者のみ７ないし８名が参加したこと、本件二次会で、Ａは研修医に対し研修の総括的な話や石垣島にまた来て欲しい旨を述べたりもしたが、参加者は、カラオケを歌ったり、飲酒しながら談笑しており、Ａ及びＩ技師は中途で退出したこと、本件事故後の被災者の血中エタノール濃度は、酩酊期（狭義）を超える130mg／dlであったこと、本件二次会の参加者に時間外手当、深夜手当の支払はなされていないこと、Ａ及び研修医には、定額的に支給する時間外手当とみなされる診療手当が支給されていたが、本件病院が本件二次会を上記時間外手当の対象となる労働時間に含めていたことを示す的確な証拠はないことが認められる。

　そうすると、本件二次会は、医師招へい業務の一環として開催が予定されていたというようなものではなく、約３時間にわたる本件送別会終

365

了後にその場の雰囲気で急遽開かれることが決まったものであって、希望者のみが参加し、その人数は本件病院の職員の1割程度に止まっており、その場では、研修に関する話も出たものの、カラオケや飲酒を伴う談笑が中心であったものということができるし、Aは、本件送別会と合わせて相当程度飲酒しており、本件二次会途中で退出しているのであるし、その時間は時間外手当や深夜手当の支給対象として扱われていなかったのであるから、少なくとも本件二次会は、私的な懇親会としての性質を有するものといわざるを得ない。その費用が院長交際費から支出されたことや、本件病院が研修医を加えなければ法定の常勤医師数の確保ができない状況にあり、そのような本件病院の院長であった被災者が常に常勤医師の確保に意を用いていたであろうことは想像に難くないことを考慮しても、上記判断を左右するに足りず、本件二次会が使用者の指揮命令下に置かれていた業務であったと認めることはできないものといわざるを得ない。……

　　以上によれば、Aの業務は、遅くとも本件送別会が終了した平成22年11月29日午後10時頃には終了していたというべきであり、本件二次会は、『合理的な経路の逸脱又は往復行為の中断』に当たり、『日常生活上必要な行為であって厚生労働省令で定めるもの』にも当たらないから、本件事故は、通勤遂行性を欠き、これを前提とする通勤起因性を認めることはできない。」

【2】　東京地判平成26・6・23労経速2218号17頁〔28223890〕（遺族給付等請求事件）

　　医療機器の資材販売等を目的とする会社の営業課長代理Aが、平成21年12月4日午後5時30分頃から開催された会社の忘年会に参加し、忘年会が午後10時30分頃に終了した後、午後10時45分頃に同僚とラーメン店に赴いて、20分程度打合せや雑談的話合いをした後、同月5日午前零時32分頃、自宅に帰る途中で駅のプラットホームから転落し、午前2時9分頃死亡した。そこで、Aの妻Xが、Aの死亡については業務遂行性及び通勤遂行性が認められると主張して、遺族給付等の請求をしたが、労働基準監督署長は不支給の原処分をしたため、原処分の取消しを求め

た。

　本件の争点は、ラーメン店での飲食等について、業務遂行性又は通勤遂行性が認められるか否かである。

　裁判所は、ラーメン店での飲食等については、会社の指揮監督下におけるものと評価することはできないから業務遂行性は認められないし、通勤途中の短時間で食事を摂るための行為とはいえず、労災保険法７条３項ただし書の「日常生活上必要な行為であって厚生労働省令で定めるものをやむを得ない事由により行うための最小限度のもの」にも当たらないから通勤遂行性も認められないとして、請求棄却の判決をした。

「２　争点(2)（本件ラーメン店での飲食等が、Ａの業務であったかどうか。）について

　(1)　……本件忘年会終了後、本件会社の同僚であるＡとＮが本件ラーメン店に赴くこととなったのは、事前に予定していたことではなく、本件蕎麦店における飲食等が終了した後、ＡがＮとともに本郷三丁目駅に赴く途上、Ｎに対して『お腹大丈夫ですか。』と声をかけたことがきっかけであるというのである。この事実によれば、本件会社は、ＡがＮとともに、本件忘年会の終了後、ラーメン店等に赴いて飲食等することを全く認識していなかったものであるし、本件忘年会終了後に本件会社の同僚であるＡとＮが飲食を伴う打合せを行うことが予定されていたこともうかがわれないのである。そうすると、Ａの本件ラーメン店での飲食等は、本件会社の指揮監督下におけるものと評価することはできないのであり、ＡとＮの私的な飲食であったといわざるを得ない。……

３　争点(3)（本件ラーメン店での飲食等がＡの業務でなかったとしても、これが労災保険法７条３項ただし書の『日常生活上必要な行為であって厚生労働省令で定めるものをやむを得ない事由により行うための最小限度のもの』に当たるかどうか。）について……

　(3)　労災保険法７条３項ただし書の日常生活上必要な行為を定める厚生労働省令として、労災保険法施行規則８条が定められているところ、同条が定める行為のうち、本件と関係し得る行為は、同条１号

第2編　第7　業務終了後の懇親会での飲酒後の死亡と労災保険給付請求権

　　の『日用品の購入その他これに準ずる行為』である。しかしながら、上記説示したところによれば、本件ラーメン店での飲食等は、通勤途中に短時間で食事を摂るための行為とはいい難く、これが、日用品の購入その他これに準ずる日常生活上必要な行為をやむを得ない事由により行うための最小限度のものに当たるとはいえない。」

【3】　東京地判平成27・1・21労経速2241号3頁〔28232104〕（遺族補償給付等請求事件）

　　変圧器製造等の業務に従事していたAは、仕事納めの日であった平成23年12月28日、午前中に社内清掃を行い、清掃終了後の午後零時45分頃から、本件会社内で開催された納会に参加して飲食を行い、午後3時頃に本件納会は終了したが、その後Aが会社内のエレベーター付近で体を横たえ、若干嘔吐した状態でいびきをかくなどしているのに気付いた同僚従業員の通報により、病院に救急搬送されたが、翌日の同月29日午前6時37分、急性アルコール中毒を原因とする蘇生後脳症により死亡した。そこで、Aの妻Xが、Aの納会への参加と死亡については業務遂行性及び業務起因性が認められると主張して、遺族補償給付等の請求をしたが、労働基準監督署長は不支給の原処分をしたため、原処分の取消しを求めた。なお、本件納会では、本件会社が費用全額を負担し、会社の代表者やAを含む従業員全員等の合計7名が参加して飲食を行い、納会への参加については、会社により強制されたものではなく、従業員の任意とされていたところ、会社は、Aを含む従業員全員に対し、納会の開催時間及び終了後の時間を含め、所定終業時刻である午後5時までの所定労働時間における勤務を前提とした賃金支払を行っている。

　　本件の争点は、納会への参加について業務遂行性が認められるか否か、また、Aの死亡について業務起因性が認められるか否かである。

　　裁判所は、納会への参加は、勤務扱いを受けることを前提とする会社の主催行事であり、会社の支配下にあったものとして、業務遂行性が認められるものの、納会におけるAの飲酒行為は、納会の目的から明らかに逸脱した過度の態様によるものであるから、これによる急性アルコール中毒の発症については業務起因性を認めることはできないとして、請

368

求棄却の判決をした。

「2　業務遂行性について

(2)　……本件納会は、本件会社内において本件会社が主催し、本件会社の費用全額負担の下、提供される飲食物を用意した上で、所定労働日における所定労働時間を含む時間帯に開催されたものであって、代表者を始め従業員全員が参加し、当日は、所定終業時刻である午後5時までの所定労働時間における勤務を前提とした賃金支払が行われている事実が認められる。

(3)　……本件納会をもって本件会社の本来の業務やこれに付随する一定の行為に属するとはいいがたいが、他方で、参加者については勤務扱いを受けることを前提とする本件会社の主催行事であるというべきであるから、これを純然たる任意的な従業員の親睦活動とみることはできない。そうすると、本件納会に参加したAは、本件会社の本来の業務やこれに付随する一定の行為に従事したものとはいえないが、なお、その延長線上において、労働関係上、本件会社の支配下にあったものと認めるのが相当であり、これを別異に解すべき事情は見当たらず、これに反する被告の主張は採用できない。したがって、Aの本件納会への参加については、業務遂行性が認められる。

3　業務起因性について

(2)　……Aは、飲酒強要等によることなく、自らの意思で缶ビール（350 ml）2、3本を飲んだ後、日本酒（1.8ℓ）1本につき、上司とDにそれぞれ若干量を分け与えたほかは、ほぼ一人で独占的に飲み切った……

　　上記の短時間における多量の飲酒行為については、仕事納めの日の社内清掃後における1時間ないし2時間程度の懇親、慰労の趣旨で行われた本件納会の目的から明らかに逸脱した過度の飲酒行為であると認めるのが相当であり、これを別異に解すべき事情は見当たらない。……

(4)　以上によれば、本件納会におけるAの飲酒行為は、本件納会の目

第２編　第７　業務終了後の懇親会での飲酒後の死亡と労災保険給付請求権

的から明らかに逸脱した過度の態様によるものというべきであるから、これによるＡの急性アルコール中毒の発症については、業務に内在する危険性が現実化したものとはいえず、業務起因性を認めることはできない。」

【４】　労働保険審査会平成27・３・13裁決（平成26年労第228号、遺族補償給付等請求事件）

　　　会社の電機製造の生産管理業務に従事していたＡは、３日間の予定で同僚２名と海外に出張し、打ち合わせ終了後に取引先との懇親会に出席し、宿泊先のホテルに帰着した後の翌日午前中に、同僚によりホテルの部屋のベッドの上で嘔吐しているのを発見されたが、救急隊により死亡が確認された。そこで、Ａの妻Ｘが、Ａの死亡は業務上の事由によるものであると主張して、遺族補償給付等を請求したが、労働基準監督署長は不支給の原処分をしたため、原処分の取消しを求めた。なお、医師作成の死体検案書によれば、直接死因は「不詳」であった。

　　　本件の争点は、Ａの死亡について、業務起因性が認められるか否かである。

　　　労働保険審査会は、懇親会の席におけるアルコールの多量摂取が認められるが、医証等からも死亡原因は不詳であるから、業務起因性は認められないとして、請求を棄却する裁決をした。

「ア　当審査会は、医証等から、Ａの死亡には事件性がなく、解剖結果からも死亡原因が明らかになっておらず、また、出張先の取引先との懇親会の席において、アルコールの多量摂取が認められるものの、医学的に本件死亡の直接原因とまでは認めることができないことから、Ａの死亡原因は不詳といわざるを得ず、Ａの死亡と業務との間に相当因果関係は認められないと判断する。

　イ　また、請求人は、本件出張がＡには相当なストレスがあったと主張するが、Ａの出張中、帰国予定日に発見されるまでの期間において、商談はトラブルもなくスムースに終了し、懇親会でも終始楽しそうに飲んでおり具合が悪そうな様子は認められず、更にＡは取引先相手と面識があることや本件商談のメイン担当ではないことから、出張自体

370

に過剰な精神的負荷があったとは認められず、請求人の主張は採用することはできない。」

【5】　労働保険審査会平成27・8・7裁決（平成26年労第393号、遺族補償給付等請求事件）

　　Aは、テレビ局の番組制作業務に従事し、再雇用期間満了後の某日午後6時50分頃、再雇用期間中に制作を担当していた特別番組の関係者と食事中、呼吸不全となり、病院に救急搬送されたが、その後死亡した。そこで、Aの妻であるXが、特別番組の関係者との夕食会は業務であるから、Aの死亡は業務上の事由によるものであると主張して、遺族補償給付等を請求したが、労働基準監督署長は不支給の原処分をしたため、原処分の取消しを求めた。死体検案書には、直接死因として「低酸素脳症」、その原因として「窒息の疑い」と記載されている。

　　本件の争点は、Aが労災保険法上の労働者であるか否か、また、労働者であると認められる場合、Aの死亡が業務上の事由によるものであるか否かである。

　　労働保険審査会は、Aは労働者であるとは認められないし、夕食会は飲酒を伴うものであって業務遂行性はなく、偶発的に肉片を喉に詰まらせて死亡したものであって業務起因性も認められないとして、請求を棄却する裁決をした。

「(2)　Aの労働者性について

　　……Aとテレビ局との再雇用契約は既に終了しており、テレビ局からの具体的な指示に基づき業務に従事していたとは認めることもできないことから、Aは形式的にも実態としてもテレビ局に雇用されていたものとは言えず、Aをテレビ局の労働者と認めることはできない。……

(3)　Aの業務遂行性及びその死亡の業務起因性について

　　……

ウ　……Aが参加した夕食会は飲酒を伴うものであって、A自身も飲酒をしており、食事は各自の好みによって注文していたことが認められる。また、特別番組の制作上の理由から飲酒をしなければなら

第2編　第7　業務終了後の懇親会での飲酒後の死亡と労災保険給付請求権

ない必要性があったことを認めるに足りる証拠もない。したがっ
て、当該夕食会が翌日の番組収録に関する打合せを兼ねていたとし
ても、そのことにおいて業務遂行性があるとは判断することができ
ない。

エ　……①Aは平成○年○月○日の夕食会で飲酒していたが、酩酊し
た状態ではなかったことからアルコールが影響した可能性は少ない
こと、②Aが著しい疲労の蓄積をもたらすような特に過重な業務に
従事していたものとは認められないこと、③業務に支障を及ぼすよ
うな身体的変調を来していた状況はみられないことなども明らかで
ある。

そうすると、Aは番組収録の打合せを兼ねた飲酒を伴う夕食会に
おいて、偶発的に肉片を喉に詰まらせたものと判断するのが妥当で
あり、肉片を喉に詰まらせたことと業務との相当因果関係を認める
ことはできない。」

【6】　労働保険審査会平成30・5・16裁決（平成29年労第329号、遺族補
償給付等請求事件）

会社の次長Aは、外国に出張し、夜に慰労のための食事会が設けら
れ、酔ったAは食事会の後に宿泊先のホテルの部屋に戻ったものの、翌
朝、同部屋で、吐しゃ物を気管に詰まらせて窒息死した。そこで、Aの
兄Xが、Aの死亡は業務上の事由によるものであると主張して、遺族補
償給付等を請求したが、労働基準監督署長は不支給の原処分をしたた
め、原処分の取消しを求めた。

本件の争点は、Aの死亡について、業務遂行性及び業務起因性が認め
られるか否かである。

労働保険審査会は、食事会は仕事の一環であったから食事会への出席
には業務遂行性があるとしたが、飲酒を強要されることなく自らの選択
と嗜好により過大な飲酒をしたものであるから業務起因性は認められな
いとして、請求を棄却する裁決をした。

「(1)　……食事会は、事業場の関係企業の職員らとの親睦及び情報交換
を目的とされ、午後○時過ぎから始まり、○時間後の午後○時過ぎに

372

はＡが退席し、その○時間後に終了して、２次会はなかったといった事情からみると、同食事会は出張中における仕事の一環であったと考えられる。Ｅ国における、仕事上の酒席が多い事情を踏まえ、当審査会は、飲酒を伴う同食事会への出席には業務遂行性があるものと判断する。……

(2)　……食事会の参加者によると、Ａは当初よりテンションが高く、かなり速いペースで飲酒していたことから、同食事会の主催者であるＦ部長から○度も注意を受けたとされており、他の参加者もＡの飲酒のペースが速かったことについては気付いていたものと判断し得る。一定の仕事が終了し、翌日帰国するという状況の下、Ａが解放された気持ちになり、自己の限界以上に飲酒が進んだという可能性は否定できない。……事業場のＤ室次長の地位にあるＡは、同食事会の中では『先生』と位置付けられる上位の立場にあり、飲酒を強要されるがごとき環境になかったことは明らかである。

(3)　請求人は、Ａについて、酒好きで一晩に相当量を飲んでいたと述べ、事業場関係者らも、Ａは酒好きであったとの点について一致した申述をしており、これらを踏まえると、上記のような状況の下、Ａは、自らの選択と嗜好により過大な飲酒をしたものと判断せざるを得ない。

　　Ａは、Ｅ国への出張を少なくとも○回程は経験しており、特に緊張するような事情もなかったものと推認されることも併せ考慮すると、同食事会において、アルコールを過剰に摂取した後に、吐しゃ物を気管に詰まらせるという事態を招いたことについて、業務に起因しているとは判断できないものである。」

【7】　東京地判令和４・５・26（公刊物未登載、令和２年（行ウ）第94号〔29071118〕遺族補償給付等請求事件）

　　会社の調理師として勤務していたＡは、平成29年７月22日午後８時少し前から、披露宴のための調理業務に従事し、午後９時45分頃に披露宴の終了後、店舗３階の厨房において、賄い料理が用意され、調理師の飲酒を伴う会食が開始され、専務らと共にこれに参加したが、午後11時27

第2編　第7　業務終了後の懇親会での飲酒後の死亡と労災保険給付請求権

分頃、店舗3階の宴会場にある非常用進入口から路上に転落し死亡した。そこで、Aの父Xが、Aの死亡は業務災害に該当すると主張して、遺族補償給付等を請求したが、労働基準監督署長は不支給の原処分をしたため、原処分の取消しを求めた。

　本件の争点は、Aの会食への参加につき業務遂行性が認められるか否か、また、Aの死亡につき業務起因性が認められるか否かである。Xは、(ア)本件事故は、事業場内で、しかも、Aの本来の業務である披露宴の後片付け業務の一環として行われた賄いの食事の際に、監督者である専務が開始した飲酒行為の直後に発生した事故であるから、事業主の支配下で発生した事故であり、会食への参加については、業務遂行性が認められる、(イ)本件事故は、上記のとおりの賄いの食事の流れにおける飲酒行為及び専務によるAに対する暴行に起因して発生した事故であり、暴行と転落とは時間的にも場所的にも極めて近接しているから、Aの具体的業務に付随する行為に関連して発生したものであり、本件事故と業務との関連性が強いから、業務起因性も認められると主張した。

　裁判所は、会食への参加は、事業主の施設管理下で行われ、Aは参加を余儀なくされていたから、業務遂行性は認められるものの、Aの会食における飲酒は、会食の趣旨・目的から明らかに逸脱した過度の飲酒行為であり、これが原因となって発生した本件事故は、業務に内在する又は通常随伴する危険性が現実化したものとはいえず、業務起因性を認めることはできないとして、請求棄却の判決をした。

「(2)　業務遂行性について

　　……本件会食が始まった後、業務上の指示・伝達・打ち合わせ等が行われたことを認めるに足りる証拠はないから、本件会食における飲食は、Aら従業員の本来の業務（宴会開催及びその後片付け）又はこれに付随する行為とはいい難い。しかしながら、本件会食が、事業場である本件店舗の3階厨房において、E専務の声掛けで始まったものであり、提供される食事や酒の費用は本件会社が負担していたものと推認されることを考慮すると、本件会食は、事業主の施設管理下で行われたものであるということができ、また、E専務は、本件会食に参

374

加する従業員に対して指揮監督をなし得る余地があったというべきである。本件会食は従業員の任意参加により行われたものであり、後片付け業務が終わっていない従業員は参加していなかったことが認められるものの、本件会食では、通常の賄いの食事の際には行われない乾杯が行われていることから、本件会食には姉が結婚したＡを祝う趣旨が含まれているものと認められ、Ａとしては、立場上、参加しないわけにはいかなかったものというべきである。

　以上を総合考慮すると、Ａが本件会食に参加し、飲食をすることについて、事業主の支配下にあったものということができ、業務遂行性を肯定することができる。

(3)　業務起因性について

　……Ａは、Ｅ専務に振る舞われた酒とは別に、自らＥ専務から酒瓶を取り上げてラッパ飲みをし、Ｅ専務と二人そろって酒瓶のラッパ飲みを始めるなどしているのであって、Ａは、自発的に短時間に多量の飲酒をしたことが認められる。その結果、Ａは、酔っ払って同僚に暴力をふるうなどしたものであり、また、運動麻痺ないし自発運動困難が生じる強度酩酊状態となり、業務遂行が困難になったことを考慮すると、Ａの本件会食における飲酒は、本件会食の趣旨・目的から明らかに逸脱した過度の飲酒行為（業務逸脱行為）であるというべきである。そうすると、本件会食における飲酒行為を原因とする酩酊状態が原因となって発生した本件事故は、業務に内在する又は通常随伴する危険性が現実化したものとはいえず、業務起因性を認めることはできない。」

【8】　東京地判令和４・12・１（公刊物未登載、令和３年（行ウ）第121号〔29073680〕遺族補償年金給付請求事件）

　Ａは、共同住宅等のリフォーム工事業を営む株式会社（以下「本件会社」という。）の工事部に所属してシーリング工事等を担当していたところ、平成30年５月19日、現場での作業終了後、会社の事業場において開催された事故再発防止会議（以下「本件会議」という。）に出席し、同日午後９時頃に会議が終了した後、同会議に参加していた下請業者の

第2編　第7　業務終了後の懇親会での飲酒後の死亡と労災保険給付請求権

関係者のほか、本件会社の代表取締役社長や専務取締役らと伴うに焼肉店で飲食し（以下「本件飲食会」という。）、その後同月20日午前零時20分頃、焼肉店付近の路上で倒れているところを迎えに来たＡの内縁の妻Ｘに発見され、大学病院に搬送されたが、同日午前2時10分、同病院において急性心筋梗塞（以下「本件疾病」という。）により死亡した。そこで、Ｘが、Ａの死亡原因である急性心筋梗塞が業務に起因するものであると主張して、遺族補償年金給付を請求したが、労働基準監督署長は不支給の原処分をしたため、原処分の取消しを求めた。

本件の争点は、Ａの本件飲食会への参加につき業務遂行性が認められるか否かである。Ｘは、㈠本件飲食会は、本件事業場で行われた本件会議に続いて時間的に密接して行われた飲食会であること、㈡参加していた6人全員が本件会社・その取引先関係者であったこと、㈢費用は本件会社負担であったこと、㈣Ａが本件飲食会に参加したのは、社長や取引先関係者らが本件飲食会に参加する以上、参加を断ることができなかったからであること等からすれば、㈤本件飲食会は事業主の支配下にある業務と密接した懇親会であったから、業務遂行性が認められると主張した。

裁判所は、本件飲食会は、業務とは関連なく開催された私的な会食であったから業務遂行性は認められないし、業務起因性を肯定できるような本件疾病発症前の業務状況でもなかったとして、請求棄却の判決をした。

「(4)　本件飲食会に関する原告の主張について

ア　原告は、Ａが、本件会議後に社長らと共に本件飲食会に参加し、その際の飲酒を原因として本件疾病を発症したから、業務起因性が認められると主張する。

しかし、本件飲食会は、Ａは、本件会議で、以前の部下2名と久しぶりに再会したため、会議終了後に3人で飲食することとし、これに社長、専務も参加することとなり、さらに当日社長と外食する予定であったその妻も合流したという経緯で開催されたものであり、久闊を叙することを目的とする会食であったと認められること、他の本件会

議の参加者十数名には誘いの声かけはされておらず、本件会議との連続性がないことからすれば、本件飲食会は、本件会議を契機としているが、業務とは関連なく開催された私的な会食であったと認められる。そうすると、本件飲食会は、本件事業場の事業活動ではなく、また事業活動と密接に関連した活動でもないと認められるから、仮に、本件疾病の発症が本件飲食会の飲酒によるものであったとしても、本件疾病は業務上の疾病であるとはいえない。

本件飲食会の費用を本件会社が負担したという事実はあるが、本件会社が費用を負担することは、当初から計画されたものではなく、支払の際に社長が以前の部下らと話し合って決めたものであること、会食の費用を本件会社が負担したからといって、直ちに本件会社の事業活動と認めるべきものとはいえないことからすれば、本件飲食会が私的会食であるとの上記認定を否定する事情とはいえない。

イ　原告は、Aが本件飲食会の場でのアルコール摂取を原因として脱水症状となり心筋梗塞を発症したから業務起因性がある旨主張するが、本件疾病が本件飲食会における飲酒による脱水症状を原因として発症したことを認めるに足りる証拠はなく、この点でも原告の主張は採用できない。

(5)　小　括

Aの本件疾病発症前の業務は、脳・心臓疾患の発症の基礎となる血管病変等をその自然的経過を超えて著しく増悪させるような過重なものであったとは認められず、業務により本件疾病が発症した事実は認められない。」

第8　管理監督者

1　定義と判断要素

(1)　管理監督者、すなわち、労基法41条2号に所定の「事業の種類にかかわらず監督若しくは管理の地位にある者」とは、事業主に代わって、労働者の労働の内容や労働時間等の労働条件を決定する労務指揮権及び業務遂行につき労働者に指示をする業務命令権などを有する地位にある者（「監督の地位にある」）、また、事業主に代わって、労働者の地位や処遇に影響を及ぼすような、採用・配置・異動・転勤・昇進・昇格・昇級・解雇その他の人事管理上の決定権を有する地位にある者（「管理の地位にある」）をいう。

(2)　管理監督者については、「労働基準法第4章、第6章及び第6章の2で定める労働時間、休憩及び休日に関する規定は適用しない。」旨が定められている（労基法41条柱書）。

　　このように、管理監督者については、労基法第4章、第6章及び第6章の2で定める労働時間、休憩及び休日に関する規定は適用されないが、労基法41条にいう「労働時間、休憩及び休日に関する規定」には、同法37条4項の深夜業の規制に関する規定は含まれないものと解され、同法41条2号の規定によって同法37条4項（午後10時から翌日午前5時の深夜労働に対する割増賃金の規定）の適用が除外されることはないので、管理監督者に該当する労働者であっても、同項に基づく深夜割増賃金は請求することが許される（最二小判平成21・12・18労働判例1000号5頁〔28154007〕〔ことぶき事件〕）。

(3)　管理監督者に該当するか否かは、①　職務内容や権限と責任（労働時間規制を超えて活動することが要請される重要な職務権限と責任を有し、経営上の重要事項に関する決定に参画し、経営者と一体的な立場にあること）、②　勤務態様（始業時刻や終業時刻などの出社・退社時間に関する

出退勤管理の拘束を受けず、自己の出退勤を自ら決定し得る裁量権を有するので、遅刻や早退につき賃金減額や人事考課における負の評価などの不利益取扱いを受けないこと)、及び、③　賃金等の待遇（時間外割増賃金等が支給されないことを十分に補うに足りる管理職手当等の特別手当の支給を受けていること)、などの3つの判断要素を総合的に検討して判断すべきであると解するのが相当である。

(4)　なお、職務内容や権限と責任の程度を判断する基準となる「経営者と一体的な立場にあること」の意義については、近年の裁判例では、これを企業全体の運営への関与を要すると誤解しているきらいがあったと指摘した上で、「企業の経営者は管理職者に企業組織の部分ごとの管理を分担させつつ、それらを連携統合しているのであって、担当する組織部分について経営者の分身として経営者に代わって管理を行う立場にあることが『経営者と一体の立場』であると考えるべきである。そして、当該組織部分が企業にとって重要な組織単位であれば、その管理を通して経営に参画することが『経営に関する決定に参画し』にあたるとみるべきである。」として、必ずしも企業全体の運営への関与を必要とするものではないとの見解があり（菅野＝山川・労働法417頁)、東京地判平成20・9・30労働判例977号74頁〔28142280〕（ゲートウェイ21事件）や東京高判平成21・12・25労働判例998号5頁〔28161000〕（東和システム事件）などにおいては、「経営者と一体的な立場にある」とは、「職務内容が、少なくともある部門全体の統括的な立場にあること」である旨が判示されている。

2　行政解釈の定義

(1)　行政解釈においては、労基法41条2号所定の管理監督者の定義として、昭和22年に、「監督又は管理の地位に存る者とは、一般的には局長、部長、工場長等労働条件の決定、その他労務管理について経営者と一体的な立場に在る者の意であるが、名称にとらはれず出社退社等について厳格な制限を受けない者について実体的に判別すべきものであること。」（昭和22年9月13日付け労働次官通達「労働基準法の施行に関する件」〔基発17号〕）と

第2編　第8　管理監督者

して、職制上相当に高い地位にあって経営者と一体的な立場にあり、自らの勤務時間の管理につき厳格な制限を受けず相当に幅広い裁量権を有する者と定義していた。

(2)　ところが、その後、昭和63年に至り、労基法の労働条件規制の枠を超えて労働させる場合には、法所定の割増賃金を支払うべきことは、全ての労働者に共通する基本原則であり、企業が人事管理上あるいは営業政策上の必要等から任命する職制上の役付者であれば全てが管理監督者として例外的取扱いが認められるものではないとして、職制上相当に高い地位にある者の範囲につき、限定を加える必要があることを明らかにした。

(3)　すなわち、昭和63年の行政通達（昭63・3・14基発150号）は、「職制上の役付者のうち、労働時間、休憩、休日等に関する規制の枠を超えて活動することが要請されざるを得ない、重要な職務と責任を有し、現実の勤務態様も、労働時間等の規制になじまないような立場にある者に限って管理監督者として法第41条による適用の除外が認められる趣旨であること。従って、その範囲はその限りに、限定しなければならないものであること。」として、管理監督者の範囲を限定的に解釈する必要のあることを指摘した。

(4)　その上で、同通達は、管理監督者該当性の具体的な判断基準として、職務内容や権限、勤務態様及び待遇の3つの要素があることを明らかにした。まず、職務内容や権限、勤務態様については、「一般に、企業においては、職務の内容と権限等に応じた地位（以下「職位」という。）と、経験、能力等に基づく格付（以下「資格」という。）とによって人事管理が行われている場合があるが、管理監督者の範囲を決めるに当たっては、かかる資格及び職位の名称にとらわれることなく、職務内容、責任と権限、勤務態様に着目する必要があること。」とし、また、待遇については、「定期給与である基本給、役付手当等において、その地位にふさわしい待遇がなされているか否か、ボーナス等の一時金の支給率、その算定基礎賃金等についても役付者以外の一般労働者に比し優遇措置が講じられているか否

380

3 裁判例による定義

か等について留意する必要があること。なお、一般労働者に比べ優遇措置が講じられているからといって、実態のない役付者が管理監督者に含まれるものではないこと。」として、管理監督者の範囲を、実態に即して判断する上での具体的な判断基準を明確にした。

3 裁判例による定義

(1) 最高裁判例においては、管理監督者の定義や判断基準を示したものはないが、比較的最近の下級審の裁判例においては、労基法41条2号所定の管理監督者の定義として、東京地判平成20・9・30労働判例977号74頁〔28142280〕（ゲートウェイ21事件）、及び、東京高判平成21・12・25労働判例998号5頁〔28161000〕（東和システム事件。第1審・東京地判平成21・3・9労働判例981号21頁〔28151334〕）などにおいて、「管理監督者とは、労働条件の決定その他労務管理につき、経営者と一体的な立場にあるものをいい、名称にとらわれず、実態に即して判断すべきであると解される（昭和22年9月13日発基第17号等）。具体的には、①　職務内容が、少なくともある部門全体の統括的な立場にあること、②　部下に対する労務管理上の決定権等につき、一定の裁量権を有しており、部下に対する人事考課、機密事項に接していること、③　管理職手当等の特別手当が支給され、待遇において、時間外手当が支給されないことを十分に補っていること、④　自己の出退勤について、自ら決定し得る権限があること、以上の要件を満たすことを要すると解すべきである。」と説示するものがあり、この見解を採用するものが多数であるようである。

(2) すなわち、下級審の近年の裁判例においては、管理監督者とは、労務管理上経営者と一体的な立場にあるものであると定義した上で、その具体的な判断要素としては、①　少なくともある部門全体の統括的な立場にあること（職務内容）、②　労務管理上の決定権等につき一定の裁量権を有し、人事考課や機密事項に接していること（権限）、③　管理職手当等の支給により、時間外手当が支給されないことを十分に補っていること（待遇）、④　自己の出退勤を自ら決定し得る権限があること（時間管理）などを重

381

第2編　第8　管理監督者

視し、これらの諸要素を総合的に検討して、管理監督者に該当するか否か
を判断しているということができる。

(3)　管理監督者に該当するか否かについて判断した下級審の裁判例は、多数
のものがあるが、これらについては、井上・時間外労働時間150頁以下を
参照されたい。

4　適用除外の趣旨

(1)　管理監督者は、労働条件の決定、その他労務管理について経営者と一体
的な立場にあり、重要な職務と責任を有するため、労働時間や休日、休職
について労基法が定める労働条件の最低基準である規制の枠を超えて活動
することが要請されざるを得ず、このような規制になじまないという「経
営上の必要性」に加え、現実の勤務態様も、出退勤等の自己の勤務時間に
つき、裁量権を有しているために、厳格な労働時間等の規制をしなくとも
「労働者の保護」に欠けることはないと考えられる。

(2)　このような趣旨から、管理監督者については、労基法の労働時間、休憩
及び休日に関する規定は適用されないものとされている。したがって、管
理監督者に該当するか否かの判断は、資格及び職位の名称にとらわれるこ
となく、職務内容、責任と権限、勤務態様に着目する必要があり、賃金等
の待遇面についても留意しつつ、そのような条件を満たしているかどうか
を総合的に判断する必要がある。

382

第9　割増賃金（割増率、賃金単価）

1　割増賃金の意義

(1)　法定労働時間

　　労基法32条1項は「使用者は、労働者に、休憩時間を除き1週間について40時間を超えて、労働させてはならない。」と、同条2項は「使用者は、1週間の各日については、労働者に、休憩時間を除き1日について8時間を超えて、労働させてはならない。」と定める。

　　この労働時間の法規制は、1週間に40時間及び1日に8時間という、最長労働時間を設定したものである。

(2)　所定労働時間

　　所定労働時間とは、労働契約上の労働義務のある時間であり、所定始業時刻から所定終業時刻までの所定就業時間から休憩時間を差し引いた時間のことである。

　　例えば、所定始業時刻が午前9時で、所定終業時刻が午後6時で、休憩時間が正午から午後1時までであれば、所定就業時間の9時間から休憩時間の1時間を差し引いた8時間が所定労働時間ということになる。

(3)　時間外労働

　　時間外労働とは、所定労働時間を超えて労働させることであり、法定時間外労働と法内時間外労働とがある。法定時間外労働とは、労基法上の法定労働時間である1日に8時間、1週間に40時間を超えて行う労働のことであり、また、法内時間外労働とは、労働契約において所定労働時間が法定労働時間よりも短く設定されている場合に、所定労働時間を超えて法定労働時間の範囲内で行う労働のことである（例えば、1日の所定労働時間が7時間である場合に、これを超えて1時間多く労働させる場合）。

第2編　第9　割増賃金（割増率、賃金単価）

(4)　割増賃金の支払義務

　　労基法37条1項には、「使用者が、第33条又は前条第1項の規定により労働時間を延長し、又は休日に労働させた場合においては、その時間又はその日の労働については、通常の労働時間又は労働日の賃金の計算額の2割5分以上5割以下の範囲内でそれぞれ政令で定める率以上の率で計算した割増賃金を支払わなければならない。ただし、当該延長して労働させた時間が1箇月について60時間を超えた場合においては、その超えた時間の労働については、通常の労働時間の賃金の計算額の5割以上の率で計算した割増賃金を支払わなければならない。」と定められており、法定労働時間を超える労働時間については、割増賃金を支払う義務が生じる。

2　割増賃金率

(1)　法定時間外労働・法定休日労働・深夜労働の割増賃金

　　使用者が、労基法36条の規定により、法定時間外労働・法定休日労働・深夜労働（午後10時から午前5時までの労働。労基法37条4項）をさせた場合には、通常の労働時間又は労働日の賃金の計算額に一定の割合の割増率を乗じた割増賃金を支払わなければならない（同条）。

(2)　割増賃金率

　　法定労働時間を超える労働時間についての割増賃金率は、労基法上は、具体的には、法定時間外労働については、1箇月の労働時間が60時間以内の場合には、通常の労働時間又は労働日の賃金の計算額の2割5分以上5割以下の範囲内で政令で定める率以上の率であり、1箇月の労働時間が60時間を超える場合には、その超えた時間の労働については、通常の労働時間の賃金の計算額の5割以上の率とされている（労基法37条1項）。なお、この5割以上の割増率の部分（同項ただし書）は、当分の間は、資本金の額又は出資の総額が3億円以下である事業主又はその常時使用する労働者の数が300人以下の事業主については適用が猶予されていたところ（同法138条。平成20年法律第89号）、この適用猶予規定を削除する旨の改正がされ（平成30年法律第71号）、令和5年4月1日以降は、全ての事業場にお

いて適用されることとなった（平成30年法律第71号の附則１条３号）。

　また、法定休日労働については、通常の労働時間又は労働日の賃金の計算額の２割５分以上５割以下の範囲内で政令で定める率であり（労基法37条１項）、さらに、深夜労働（午後10時から午前５時までの労働）については、通常の労働時間の賃金の計算額の２割５分以上の率と定められている（同条４項）。

　ただし、実際の運用においては、法定時間外労働及び法定休日労働について、「労基法37条１項の政令で定める率は、労基法33条又は36条１項の規定により延長した労働時間の労働については２割５分とし、これらの規定により労働させた休日の労働については３割５分とする。」旨が、「労働基準法第37条第１項の時間外及び休日の割増賃金に係る率の最低限度を定める政令」（平成６年１月４日政令第５号。改正平成11年１月29日政令第16号）に定められたため、法定時間外労働の割増率は２割５分、法定休日労働の割増率は３割５分とする取扱いとなっている。

　以上を要約すると、法定時間外労働及び法定休日労働については、労働者が労働義務を負わない時間における労働であって、その賃金は所定賃金に含まれてはいないため、通常の時間賃金に加えて、２割５分又は３割５分の割増賃金を請求することができ、深夜労働については、それが所定労働時間内で行われた場合には、通常の時間賃金は所定賃金として支払われているため、割増率に相当する部分の２割５分以上の割増率の割増賃金を請求することができることとなる。ただし、労働協約、就業規則その他により、深夜の割増賃金を含めて所定賃金が定められていることが明らかな場合には、別に深夜業の割増賃金を支払う必要はない（昭23・10・14基発1506号）。

　なお、労基法36条１項の規定によって延長した労働時間が、午後10時から午前５時までの間の深夜労働に及び、重複することとなった場合においては、割増率は合算されて５割以上となり、休日労働と深夜労働が重複することとなった場合においては、割増率は合算されて６割以上となる（労基法施行規則20条１項・２項）。

　また、36協定によって休日の労働時間を８時間と定めた場合において、

385

第2編　第9　割増賃金（割増率、賃金単価）

休日労働中に8時間を超えて労働することとなったときの割増率は、深夜業に該当しない限り、6割以上ではなく、3割5分以上として計算されることになる（昭22・11・21基発366号、昭33・2・13基発90号、平6・3・31基発181号、平11・3・31基発168号）。

　そして、ここでいう「通常の労働時間又は労働日の賃金」とは、深夜ではない所定労働時間中に、割増賃金を支払うべき労働が行われた場合に支払われる賃金をいうものであり、具体的には、①　時間によって定められた賃金については、その金額、②　日によって定められた賃金については、その金額を1日の所定労働時間数（日によって所定労働時間数が異なる場合には、1週間における1日平均所定労働時間数）で除した金額、③　週によって定められた賃金については、その金額を週における所定労働時間数（週によって所定労働時間数が異なる場合には、4週間における1週平均所定労働時間数）で除した金額、④　月によって定められた賃金については、その金額を月における所定労働時間数（月によって所定労働時間数が異なる場合には、1年間における1月平均所定労働時間数）で除した金額、⑤　月、週以外の一定の期間によって定められた賃金については、前各号に準じて算定した金額、⑥　出来高払制その他の請負制によって定められた賃金については、その賃金算定期間（賃金締切日がある場合には、賃金締切期間）において出来高払制その他の請負制によって計算された賃金の総額を当該賃金算定期間における、総労働時間数で除した金額、⑦　労働者の受ける賃金が前各号の2以上の賃金よりなる場合には、その部分について各号によってそれぞれ算定した金額の合計額となる（労基法施行規則19条1項）。

　したがって、労働者がその日の特殊事情によって通常従事している職務を離れ、たまたま別の特殊作業に従事し、その特殊作業の勤務が労基法32条及び40条の労働時間外に及ぶときは、その超過労働時間に対しては、特殊作業手当を同法37条の割増賃金の基礎となる賃金に算入して計算した割増賃金を支払わなければならないし、危険作業が同法32条及び40条の労働時間外に及ぶときは、危険作業手当を同法37条の割増賃金の基礎となる賃金に算入して計算した割増賃金を支払わなければならないこととなる（昭

23・11・22基発1681号)。

なお、労基法35条に規定する週1回又は4週間4日を超える日数の休日を設定している事業場において、休日のうち、週1回又は4週間4日の休日に労働をしたときには、3割5分以上の率で計算した割増賃金を支払い、その他の休日は3割5分未満の率で計算した割増賃金を支払う定めをした場合には、休日のうち、最後の1回又は4日について3割5分以上の率で計算した割増賃金を支払うことを就業規則その他これに準ずるもので定めることは、3割5分以上の割増賃金率の対象となる休日を明確にするものであり、このように3割5分以上の割増賃金率の対象となる休日を定めた事業場において、週1回又は4週間4日の休日が確保されないこととなった場合に、3割5分以上の率で計算した割増賃金を支払うと定めた休日に当該割増賃金が支払われており、これが支払われた日数と確保された休日の合計日数が週1回又は4週間4日以上である場合には、労基法37条違反とはならないものと考えられる(平6・1・4基発1号、平11・3・31基発168号)。

3　割増賃金の算定基礎

割増賃金の計算の基礎となる賃金は、「通常の労働時間又は労働日の賃金」であるところ、この算定の基礎から除外される賃金としては、①　家族手当、②　通勤手当(労基法37条5項)のほか、厚生労働省令で定める、③　別居手当、④　子女教育手当、⑤　住宅手当、⑥　臨時に支払われた賃金、⑦　1箇月を超える期間ごとに支払われる賃金などがある(労基法施行規則21条)。

①〜⑤は、個人的な事情に基づいて支払われている賃金であり労働と直接的な関係が薄いことが除外の理由であり、⑥は、支給事由の発生が不確実であり、かつ、非常に稀に発生することが除外の理由であり、⑦は、計算技術上の困難さがあることが除外の理由と考えられる。

これらは制限的列挙であり、名称のいかんを問わず、実質的に判断しなければならない(昭22・9・13基発17号)。

事項索引

あ行

遺族補償給付 …………………………… 15
逸脱又は中断 ………………… 50, 71
一般人基準説 …………………… 86
移動行為 ………………………… 45
違法性の承継 ………………… 180, 188
飲酒後の死亡事故 ………………… 355
飲酒量 …………………………… 359

か行

介護補償給付 …………………… 18
間接 ……………………………… 228
間接的かつ抽象的なおそれ …… 165, 181
管理監督者 ……………………… 378
帰省先住居 ……………………… 43
基本給組込型 …………………… 312
休業補償給付 …………………… 14
休業補償給付等の時効 ………… 255
給付基礎日額 …………………… 23
　——の最低保障 ……………… 27
行政処分
　——の形式的確定力 ………… 191
　——の効果の通用力 ……… 190, 198
　——の公定力 ………………… 189
　——の実体的確定力 ………… 191
　——の不可争力 ……………… 189
　後行の—— …………………… 188
　先行の—— …………………… 188
行訴法 9 条 2 項 …………… 171, 179
業務起因性 ……………………… 356
　——の判断要素 ……………… 358
業務災害 ………………… 10, 36

業務災害か通勤災害か …………… 60
業務遂行上の指揮監督 ………… 272
業務遂行性 ……………………… 356
　——の判断要素 ……………… 357
業務の準備行為等の労働時間該当性
　……………………………… 301
経営者と一体的な立場 ………… 378
原処分の取消訴訟 ……………… 146
故意又は重大な過失 …………… 57
恒常的長時間労働 …………… 242, 306
拘束性 …………………………… 273
公定力 ………………… 188, 226
合理的な経路 …………………… 68
合理的な経路及び方法 ………… 48
合理的な方法 …………………… 70
合理的配慮指針 ………………… 86
固定残業代 ……………………… 312
　——と割増賃金規定 ………… 316
　——の公序良俗違反性 ……… 330
　——の定め …………………… 313
　——の有効性（明確区分性の要件）
　……………………………… 316

さ行

裁決書の構成 …………………… 237
再審査請求事件の裁決書 ……… 237
再審査請求に対する取消率 …… 150
作業服の着脱等の準備行為 …… 296
ささいな行為 …………………… 72
算定事由発生日 ………………… 23
時間外労働 ……………………… 383
時間外労働時間数
　——の立証 …………………… 310

389

事項索引

――の立証資料 …………………… 310
時間外労働の上限規制に関する告示
　………………………………………… 330
指揮監督下の労働 ………………… 271
支給調整
　事業主側の―― ………………… 132
　政府側の―― …………………… 127
　第三者行為災害と―― ………… 114
支給処分 …………………………… 138
支給対象の時間外労働時間数と公序
　良俗違反性 ……………………… 332
支給対象の時間外労働時間数の明示
　………………………………………… 321
事業計画決定と換地処分 ………… 203
事業場の入退場門と更衣所等との間
　の移動に要した時間 …………… 297
事業主側の支給調整 ……………… 132
事業主側の支給調整（免責）……… 134
事業主責任災害 …………………… 125
　――と事業主側の支給調整 ……… 129
　――と政府側の支給調整 ………… 125
時効
　――による請求権の消滅 ………… 257
　休業補償給付等の―― ………… 255
　葬祭料等の―― ………………… 256
　損害賠償請求権の―― ………… 252
　療養補償給付等の―― ………… 255
　労災保険給付請求権の―― …… 254
示談・訴訟上の和解 ……………… 259
示談・訴訟上の和解後の労災保険給
　付請求 …………………………… 259
実作業に従事していない仮眠時間 … 299
実作業に従事していない不活動時間
　………………………………………… 299
質問権の行使 ……………… 141, 145
社会復帰促進等事業 ……………… 21
住居・就業の場所 ………………… 66
就業に関して ……………………… 63

就業に関して行われる移動 ……… 44
就業の場所
　――と通勤経路との境界 ………… 48
　――の意義 ……………………… 48
住居
　――と通勤経路の境界 ………… 47
　――の定義 ……………………… 46
出訴期間制限 ……………………… 188
純粋指揮命令下説・客観説 …… 295, 301
障害者雇用促進法 ………………… 85
障害対応特別配慮基準説 ……… 109, 111
障害補償給付 ……………………… 14
使用従属性 ………………………… 271
使用人兼務取締役 ………………… 287
傷病補償給付 ……………………… 17
除外条項 …………………………… 268
所定外業務従事時間の労働時間該当
　性 ………………………………… 302
所定労働時間 ……………………… 383
処分の相手方以外の者 …………… 156
審査官の決定 ……………………… 142
審査官への審査請求 ……………… 139
審査請求に対する取消率 ………… 150
心理的負荷の評価の基準となる労働
　者 ………………………………… 79
ストレス―脆弱性理論 …………… 83
清算合意 …………………………… 321
清算条項 …………………………… 259
精神障害の裁決書例 ……………… 238
精神障害の労災認定基準 … 79, 81, 83, 87
　――における時間外労働時間の取
　扱い ……………………………… 305
政府側の支給調整 ………………… 127
善意行為 …………………………… 40
先行・後続する移動 ……………… 43
先行処分と後行処分とが相結合した
　効果の実現 ……………………… 192
先行の行政処分 …………………… 188

事項索引

洗身等に要した時間 …………………… 297
専門検討会報告書 …………………… 81
専門部会報告 …………………… 275
葬祭料 …………………… 16
葬祭料等の時効 …………………… 256
損害賠償請求権の時効 …………… 252
損害賠償請求権の全部又は一部の放
棄 …………………… 263
損害賠償の履行猶予 ………………… 132

た 行

第三者行為災害 …………………… 114
　　——と支給調整 …………………… 114
第三者行為災害事務取扱手引 ……… 260
代替性 …………………… 273
代表取締役の労働者性 …………… 293
長時間労働 …………………… 305
直接具体的な不利益 ……………… 176
　　——を被るおそれ
　　……………… 166, 167, 168, 168, 169
賃金締切日 …………………… 25
通勤起因性 …………………… 56, 75
通勤災害 …………………… 10, 31, 36
通勤遂行性 …………………… 37
通勤に通常随伴するささいな行為 …… 54
通勤の種類 …………………… 38
通勤の定義 …………………… 37
通常範疇性格考慮説 ………………… 100
定額給制 …………………… 312
定額手当支給型 …………………… 312
定額手当制 …………………… 312
適法性の推定 ………… 190, 192, 196
手続的保障の十分性 ……………… 227
手間請け …………………… 276
同種平均的の労働者基準説 ……… 91
同種労働者基準説 ………………… 86
特定事業主 …………………… 153
　　——が不利益を被るおそれ ……… 228

——の労災支給処分に対する不服
申立適格 …………………… 228
特別加入者の給付基礎日額 ………… 12
特別加入制度 …………………… 11
特別加入の対象者 …………………… 11
特別加入の手続 …………………… 12
取消事由としての労災支給処分の違
法性の主張 …………………… 229
取消訴訟全体における取消率 ……… 151
取消訴訟における主張立証責任 …… 148
取消訴訟の提起 …………………… 146
取消判決の拘束力 ………………… 229
取締役の労働者性 ………… 270, 287

な 行

二次健康診断等給付 ………………… 20
日常生活上必要な行為 …………… 51, 72
年齢階層別限度額 …………………… 29
脳血管疾患及び虚血性心疾患等の認
定基準 …………………… 304
　　——における時間外労働時間の取
扱い …………………… 307
脳・心臓疾患の裁決書例 …………… 244

は 行

判断指針 …………………… 87
不可争力 ………………… 188, 226
不活動仮眠時間の労働時間該当性
…………………… 299, 301
不支給処分 …………………… 138
赴任先住居 …………………… 43
不服申立制度 …………………… 137
不利益変更禁止の原則 …………… 143
分離分断判定方式 …………………… 92
平均賃金に相当する額 …………… 23
平均的労働者基準説 ……………… 86
併立結合判定方式 ………… 100, 103
報酬の労務対償性 ………… 271, 273

391

事項索引

法定休日労働 …………………………… 385
法定時間外労働 ………………………… 384
法定労働時間 …………………………… 383
法律上の利益を有する者 ……… 156, 224
保険料が増額となるか否かが不明で
　ある要素 ……………………………… 176
保険料の増額の程度が不明である要
　素 ……………………………………… 177
本人基準説 ……………………………… 103

ま行

密接性・連動性 ………………………… 227
明確区分性の要件 ……………………… 312
メリット収支率 ………………………… 153
メリット制 ……………………………… 153
　——の意義 …………………………… 173
　——の目的・構造 …………………… 162
メリット増減率 ………………………… 153

や行・ら行

予想外の損害 …………………………… 267
療養補償給付 …………………………… 13
療養補償給付等の時効 ………………… 255
労基法上の労働時間 …………………… 295
労災支給処分の職権取消 ……………… 231

労災認定基準 …………………………… 304
労災認定基準上の労働時間 ………… 309
労災保険給付請求権の時効 ………… 254
労災保険給付請求に対する認容率 … 149
労災保険制度 …………………………… 8
労災保険法の趣旨・目的 ……… 162, 178
労災保険率 ……………………………… 153
労働からの解放の保障 ………………… 299
労働基準法研究会報告（労基研報告）
　………………………………………… 271
労働者性 ………………………………… 270
　代表取締役の—— …………………… 293
　取締役の—— ………………… 270, 287
労働保険審査会への再審査請求 …… 143
労働保険徴収法 ………………………… 153
　——の趣旨・目的 …………………… 178
労働保険料額 …………………………… 153
労働保険料の具体的な計算 ………… 233

わ行

割増賃金 ………………………………… 383
　——の算定基礎 ……………………… 387
　——の支払義務 ……………………… 384
割増賃金率 ……………………………… 384

判例索引

（審級別）

※判例情報データベース「D1-Law.com 判例体系」の判例IDを〔　〕で記載

最高裁判所——————————————————————————————

昭和21年〜30年

最二小判昭和25・9・15民集 4 巻 9 号404頁〔27003517〕……………………… 201
最二小判昭和27・4・25民集 6 巻 4 号462頁〔27003410〕……………………… 140
最一小判昭和27・11・20民集 6 巻10号1038頁〔27003374〕……………………… 140
最二小判昭和28・9・4 民集 7 巻 9 号868頁〔27003287〕……………………… 232
最一小判昭和29・1・21民集 8 巻 1 号102頁〔27003228〕……………………… 231
最二小判昭和29・5・14民集 8 巻 5 号937頁〔27003171〕……………………… 231
最二小判昭和29・11・26民集 8 巻11号2075頁〔27003110〕（労働者災害補償保険金給
付請求上告事件）……………………………………………………………… 257
最三小判昭和30・12・26民集 9 巻14号2070頁〔27002958〕（耕作権確認並びに耕地引
渡請求上告事件）………………………………………………………… 189, 197

昭和31年〜40年

最二小判昭和31・3・2 民集10巻 3 号147頁〔27002944〕……………………… 232
最三小判昭和38・6・4 民集17巻 5 号716頁〔27002021〕（小野運送事件）………… 263
最三小判昭和39・5・27民集18巻 4 号711頁〔27001912〕……………………… 207
最一小判昭和39・10・29民集18巻 8 号1809頁〔27001355〕（東京都ごみ焼却場事件・
ごみ焼場設置条例無効確認等請求上告事件）……………………………… 197

昭和41年〜50年

最三小判昭和41・6・7 集民83号711頁〔27421505〕（多摩中央運送事件）……… 264, 265
最三小判昭和42・9・26民集21巻 7 号1887頁〔27001043〕……………………… 231
最二小判昭和43・3・15民集22巻 3 号587頁〔27000978〕（江洲運輸事件）……… 266, 267
最一小判昭和43・11・7 民集22巻12号2421頁〔27000900〕……………………… 232
最二小判昭和50・8・27民集29巻 7 号1226頁〔21051421〕……………………… 208

昭和51年〜60年

最二小判昭和51・11・12集民119号189頁〔27670825〕……………………… 84, 356

393

判例索引

最二小判昭和52・4・8集民120号433頁〔27422935〕（安間建設事件）·················· 121
最三小判昭和52・5・27民集31巻3号427頁〔27000281〕（仁田原事件）··········· 120, 121
最三小判昭和52・10・25民集31巻6号836頁〔27000271〕（三共自動車事件）
··· 119, 121, 126, 130
最三小判昭和53・3・14民集32巻2号211頁〔27000252〕（ジュース事件）········ 161, 224
最一小判昭和57・9・9民集36巻9号1679頁〔27000070〕（長沼ナイキ基地訴訟上告
審判決）·· 160

昭和61年～63年

最二小判昭和62・7・10民集41巻5号1202頁〔27801270〕（青木鉛鉄事件）······ 120, 121
最一小判昭和63・7・14労働判例523号6頁〔27807371〕（小里機材事件）············· 322

平成元年～10年

最二小判平成元・2・17民集43巻2号56頁〔27803223〕（新潟―小松―ソウル間の定
期航空運送事業免許処分取消請求事件）·· 159
最一小判平成元・4・27民集43巻4号278頁〔27804306〕（三共自動車事件）········· 131
最三小判平成4・9・22民集46巻6号571頁〔25000022〕（原子炉設置許可処分無効
確認等請求事件）·· 224
最三小判平成4・9・22民集46巻6号1090頁〔25000023〕（原子炉設置許可処分無効
確認等請求上告事件）··· 158
最大判平成5・3・24民集47巻4号3039頁〔25000036〕（損害賠償請求上告事件）··· 123
最二小判平成6・6・13労働判例653号12頁〔27825623〕（高知県観光事件）········· 323
最三小判平成8・1・23集民178号83頁〔27828912〕······························· 84, 356
最三小判平成8・3・5集民178号621頁〔28010252〕······························· 84, 356
最一小判平成8・11・28集民180号857頁〔28020411〕（旭紙業・横浜南労働基準監督
署長事件）·· 283
最三小判平成9・4・25集民183号293頁〔28020907〕································· 84

平成11年～20年

最一小決平成11・1・11集民191号1頁〔28040105〕····································· 230
最一小判平成12・3・9民集54巻3号801頁〔28050535〕（三菱重工業長崎造船所
〔一次訴訟・会社側上告〕事件）·· 295, 301
最一小判平成12・3・9労働判例778号8頁〔28050536〕（三菱重工業長崎造船所
〔一次訴訟・組合側上告〕事件）··································· 295, 297, 301
最一小判平成12・7・17集民198号461頁〔28051614〕································· 84
最三小判平成13・3・13民集55巻2号283頁〔28060497〕（林地開発行為許可処分取
消請求事件）·· 225

判例索引

最一小判平成14・2・28民集56巻2号361頁〔28070468〕（大星ビル管理事件）
……………………………………………………………………………… 295, 298, 301
最二小判平成17・6・3民集59巻5号938頁〔28101172〕（関西医科大学研修医〔未
払賃金請求〕事件）………………………………………………………………… 285
最大判平成17・12・7民集59巻10号2645頁〔28110059〕（小田急線連続立体交差事業
認可処分取消請求事件）…………………………………………………………… 225
最一小判平成18・1・19民集60巻1号65頁〔28110295〕（裁決取消請求事件）
………………………………………………………………………………… 169, 170, 226
最二小判平成18・3・3集民219号657頁〔28110704〕………………………………… 84
最一小判平成19・6・28集民224号701頁〔28131552〕（藤沢労働基準監督署長〔大工
負傷〕事件）………………………………………………………………………… 286
最二小判平成19・10・19民集61巻7号2555頁〔28132281〕（大林ファシリティーズ
〔オークビルサービス〕事件）………………………………………………… 295, 299, 302
最大判平成20・9・10民集62巻8号2029頁〔28141939〕……………………………… 203

平成21年～31年

最一小判平成21・12・17民集63巻10号2631頁〔28154012〕…………………… 204, 224
最二小判平成21・12・18労働判例1000号5頁〔28154007〕（ことぶき事件）………… 378
最一小判平成24・3・8集民240号121頁〔28180502〕（テックジャパン事件）… 321, 324
最二小判平成25・7・12判時2203号22頁〔28212267〕（差押処分取消、国家賠償等請
求事件）…………………………………………………………… 157, 169, 170, 226
最三小判平成26・1・28民集68巻1号49頁〔28220381〕（一般廃棄物処理業許可取消
等、損害賠償請求事件）…………………………………………………………… 156
最三小決平成28・7・12労経速2296号9頁〔28250263〕……………………………… 336
最三小判平成29・2・28労働判例1152号5頁〔28250738〕（国際自動車事件）……… 326
最二小判平成29・7・7労働判例1168号49頁〔28252090〕（医療法人社団康心会事
件）………………………………………………………………………………… 313, 328
最一小判平成30・7・19労働判例1186号5頁〔28263272〕（日本ケミカル事件）・314,
338

令和元年～6年

最二小決令和元・6・21労働判例1202号192頁〔28292222〕…………………………… 348
最二小判令和3・6・4民集75巻7号2963頁〔28291883〕…………………………… 232
最一小判令和6・7・4労働判例1315号5頁〔28322117〕………………………… 183, 184

395

判例索引

高等裁判所─────────────────────────────

平成元年～10年

札幌高判平成元・5・8労働判例541号27頁〔27809842〕（札幌市農業センター事件）
 ··· 54
福岡高判平成5・4・28労働判例648号82頁〔27817075〕································· 359

平成11年～20年

名古屋高判平成15・7・8労働判例856号14頁〔28082676〕（豊田労基署長〔トヨタ
 自動車〕事件）··· 101
東京高判平成18・4・26（公刊物未登載、平成18年（行コ）第285号）··············· 41, 72
大阪高判平成19・1・18判時1980号74頁〔28131146〕（おかざき事件）················· 290
大阪高判平成19・4・18労働判例937号14頁〔28131764〕（羽曳野労基署長事件）
 ·· 53, 75
東京高判平成20・6・25訟務月報55巻5号2091頁〔28141782〕（中央労働基準監督署
 長事件）··· 66
名古屋高判平成20・10・23判時2036号33頁〔28151342〕（損害賠償請求控訴事件）··· 294

平成21年～31年

福岡高判平成21・5・19労働判例993号76頁〔28160304〕（国・福岡東労働基準監督
 署長〔粕屋農協〕事件）·· 102
東京高判平成21・12・25労働判例998号5頁〔28161000〕（東和システム事件）
 ·· 379, 381
名古屋高判平成22・4・16労働判例1006号5頁〔28161839〕（国・豊橋労働基準監督
 署長〔マツヤデンキ〕事件）··· 107
札幌高判平成24・10・19労働判例1064号37頁〔28211394〕（ザ・ウインザー・ホテル
 ズインターナショナル事件）··· 332, 335
東京高判平成26・11・26労働判例1110号46頁〔28231871〕（マーケティングインフォ
 メーションコミュニティ事件）·· 332, 333, 343
東京高判平成28・1・27労働判例1171号76頁〔28250253〕（コロワイドMD〔旧コロ
 ワイド東日本〕事件）·· 336
名古屋高判平成29・3・16労働判例1162号28頁〔28251204〕（国・半田労働基準監督
 署長〔医療法人B会D病院〕事件）··· 97
東京高判平成29・9・21労働判例1203号76頁〔28254106〕（総生会高裁判決）
 ··· 166, 167, 168, 169
東京高判平成30・10・4労働判例1190号5頁〔28264642〕（イクヌーザ事件）
 ··· 332, 333, 348

判例索引

東京高判平成31・3・28労働判例1204号31頁〔28273597〕（結婚式場運営会社Ａ事件）‥‥‥‥‥‥‥‥‥‥‥‥‥‥‥‥‥‥‥‥‥‥‥‥‥‥‥‥‥‥‥‥‥‥‥‥‥ 339

令和元年〜6年

名古屋高判令和2・2・27労働判例1224号42頁〔28282932〕（サン・サービス事件）‥‥‥‥‥‥‥‥‥‥‥‥‥‥‥‥‥‥‥‥‥‥‥‥‥‥‥‥‥‥ 332, 333, 351
東京高判令和4・11・29労働判例1285号30頁〔28310673〕（あんしん財団高裁判決）‥‥‥‥‥‥‥‥‥‥‥‥‥‥‥‥‥‥‥‥‥‥‥‥‥‥‥‥ 166, 168, 169, 183, 185
札幌高判令和6・3・12（公刊物未登載、令和5年（行コ）第9号）‥‥‥‥‥ 162, 180

地方裁判所

昭和21年〜30年

鳥取地判昭和26・2・28行裁例集2巻2号216頁〔21002992〕‥‥‥‥‥‥‥‥‥‥ 207

昭和61年〜63年

東京地判昭和62・2・25労働判例497号129頁〔27613473〕（日本ビー・ジー・エム・システム事件）‥‥‥‥‥‥‥‥‥‥‥‥‥‥‥‥‥‥‥‥‥‥‥‥‥‥‥‥‥‥ 289

平成元年〜10年

名古屋地判平成2・10・31判時1381号37頁〔27808702〕‥‥‥‥‥‥‥‥‥‥‥‥‥ 202
名古屋地判平成6・8・26労働民例集45巻3＝4号247頁〔27826117〕（名古屋南労基署長〔矢作電設〕事件）‥‥‥‥‥‥‥‥‥‥‥‥‥‥‥‥‥‥‥‥‥‥‥ 104
仙台地判平成6・10・24労働判例662号55頁〔27827734〕（仙台労基署長〔松下電工〕事件）‥‥‥‥‥‥‥‥‥‥‥‥‥‥‥‥‥‥‥‥‥‥‥‥‥‥‥‥‥‥‥‥‥ 106
東京地判平成8・3・25労経速1618号12頁〔28020368〕（スポルディング・ジャパン事件）‥‥‥‥‥‥‥‥‥‥‥‥‥‥‥‥‥‥‥‥‥‥‥‥‥‥‥‥‥‥‥‥‥ 293
大阪地判平成9・3・28労働判例717号37頁〔28021275〕（佐川ワールドエクスプレス事件）‥‥‥‥‥‥‥‥‥‥‥‥‥‥‥‥‥‥‥‥‥‥‥‥‥‥‥‥‥‥‥‥‥ 291
東京地判平成10・2・2労働判例735号52頁〔28030891〕（美浜観光事件）‥‥‥ 288, 292
大阪地決平成10・6・11労働判例751号86頁（ストーブリ株式会社事件）‥‥‥ 288, 292
大阪地判平成10・10・23労働判例758号90頁（遠山商事事件）‥‥‥‥‥‥‥‥‥‥ 292

平成11年〜20年

東京地判平成11・2・10労働判例768号86頁（シンセイベアリング事件）‥‥‥‥‥ 294
東京地判平成11・4・23労働判例770号141頁（協和機工事件）‥‥‥‥‥‥‥ 288, 292

397

判例索引

東京地判平成11・5・27労経速1707号24頁〔28042244〕（信榮産業事件）…………… 292

東京地判平成11・11・15労働判例786号86頁（ザ・クロックハウス事件）………… 292

東京地判平成11・11・30労働判例789号54頁〔28052373〕（バベル事件）………… 290

東京地判平成11・12・24労働判例777号20頁〔28051033〕（ポップマート事件）……… 293

東京地判平成13・7・25労働判例813号15頁〔28062537〕（黒川建設事件）………… 289

東京地判平成13・11・19労働判例816号83頁〔28070247〕（オー・エス・ケー事件）
………………………………………………………………………………… 289, 290

東京地判平成14・2・12労経速1796号19頁〔28070920〕（双美交通事件）……… 289, 290

東京地判平成15・2・12労働判例848号27頁〔28081565〕（三田労働基準監督署長
〔ローレルバンクマシン〕事件）………………………………………………… 92

大阪地判平成15・10・29労働判例866号58頁〔28091053〕（大阪中央労基署長〔おか
ざき〕事件）……………………………………………………………… 288, 289

岡山地判平成17・7・12労働判例901号31頁〔28102394〕（玉野労基署長〔三井造船
玉野事業所〕事件）…………………………………………………………… 101

大阪地判平成17・7・21労経速1915号27頁〔28102110〕（ケービーアール事件）…… 292

東京地判平成18・8・30労働判例925号80頁〔28130520〕（アンダーソンテクノロジ
ー事件）…………………………………………………………………… 288, 290

大阪地判平成19・5・23労働判例950号44頁〔28132019〕（国・大阪西労基署長
〔NTT西日本大阪支店〕事件）………………………………………………… 88

東京地判平成19・5・24労働判例945号5頁〔28132095〕（国・八王子労基署長〔パ
シフィックコンサルタンツ〕事件）……………………………………………… 88

東京地判平成20・9・30労働判例977号74頁〔28142280〕（ゲートウェイ21事件）
………………………………………………………………………………… 379, 381

平成21年〜31年

高松地判平成21・2・9労働判例990号174頁〔28153937〕（国・江戸川労基署長〔四
国化工機工業〕事件）…………………………………………………………… 93

東京地判平成21・3・9労働判例981号21頁〔28151334〕…………………………… 381

東京地判平成21・5・20労働判例990号119頁〔28152509〕（渋谷労働基準監督署長
〔小田急レストランシステム〕事件）…………………………………………… 94

東京地判平成23・3・3労経速2105号24頁〔28173141〕（三菱スペース・ソフトウェ
ア事件）…………………………………………………………………………… 291

東京地判平成23・3・14労経速2108号25頁〔28173720〕（エスエー、SPARKS事件）
………………………………………………………………………………… 292

東京地判平成23・11・7労経速2134号24頁〔28180852〕（横浜南労働基準監督署長事
件）………………………………………………………………………………… 293

東京地判平成24・5・16労働判例1057号96頁〔28210092〕（ピュアルネッサンス事
件）………………………………………………………………………………… 289

判例索引

東京地判平成24・12・14労働判例1067号 5 頁〔28211775〕（ミレジム事件）…… 290, 291
東京地判平成24・12・14労経速2168号20頁〔28211374〕（サンランドリー事件）…… 294
東京地判平成26・ 3 ・19労働判例1107号86頁〔28222981〕（遺族補償一時金等請求事
　件）………………………………………………………………………………………… 359
東京地判平成26・ 3 ・24労経速2209号 9 頁〔28222856〕（遺族給付等請求事件）…… 364
東京地判平成26・ 6 ・23労経速2218号17頁〔28223890〕（遺族給付等請求事件）…… 366
東京地判平成26・ 9 ・17労働判例1105号21頁〔28223925〕（八王子労働基準監督署長
　事件）……………………………………………………………………………………… 95
東京地判平成27・ 1 ・21労経速2241号 3 頁〔28232104〕（遺族補償給付等請求事件）
　……………………………………………………………………………………………… 368
京都地判平成27・ 7 ・31労働判例1128号52頁〔28241011〕（類設計室〔取締役塾職
　員・残業代〕事件）………………………………………………………………… 288, 290
岐阜地判平成27・10・22労働判例1127号29頁〔28240919〕（穂波事件）…… 332, 333, 345
東京地判平成28・12・21労働判例1158号91頁〔28250480〕（国・厚木労働基準監督署
　長〔ソニー〕事件）……………………………………………………………………… 96
東京地判平成29・ 1 ・31労働判例1176号65頁〔28251662〕（総生会地裁判決）
　…………………………………………………………………………………… 166, 169, 171
東京地判平成29・ 5 ・31労働判例1167号64頁〔28260178〕（ビーエムホールディング
　スほか 1 社事件）…………………………………………………………………… 332, 346
東京地判平成30・ 5 ・25労働判例1190号23頁〔28270311〕（国・さいたま労働基準監
　督署長〔ビジュアルビジョン〕事件）………………………………………………… 98
東京地判平成31・ 4 ・15労経速2411号16頁〔29055454〕（中央労働基準監督署長事
　件）………………………………………………………………………………………… 89

令和元年〜 6 年

大阪地判令和元・ 5 ・29労働判例1220号102頁〔28273048〕（遺族補償給付等請求事
　件）………………………………………………………………………………………… 362
東京地判令和元・ 8 ・19労経速2404号 3 頁〔28281049〕（品川労働基準監督署長事
　件）………………………………………………………………………………………… 99
東京地判令和元・ 8 ・26労経速2404号15頁〔28281051〕（三田労働基準監督署長事
　件）………………………………………………………………………………………… 99
福井地判令和 2 ・ 2 ・12労働判例1224号57頁〔28280827〕（国・敦賀労働基準監督署
　長〔三和不動産〕事件）………………………………………………………………… 90
宇都宮地判令和 2 ・ 2 ・19労働判例1225号57頁〔28282939〕（木の花ホームほか 1 社
　事件）…………………………………………………………………………… 332, 333, 352
大阪地判令和 2 ・ 7 ・16（公刊物未登載、平成30年㈻第6754号）（賃金等請求事件）
　……………………………………………………………………………………………… 341
札幌地判令和 3 ・ 5 ・20（公刊物未登載、令和元年（行ウ）第29号）………………… 163

399

判例索引

東京地判令和 4 ・ 4 ・15労働判例1285号39頁〔28302031〕（あんしん財団地裁判決）
　………………………………………………………………………… 163, 166, 168,
　　　　　　　　　　　　　　　　　　　　　　　　　　　　　　　 180, 183, 185
東京地判令和 4 ・ 5 ・26（公刊物未登載、令和 2 年（行ウ）第94号）〔29071118〕
　（遺族補償給付等請求事件）………………………………………………………… 373
山口地判令和 4 ・ 9 ・21（公刊物未登載、令和 2 年（行ウ）第 7 号）……………… 164
東京地判令和 4 ・12・ 1 （公刊物未登載、令和 3 年（行ウ）第121号）〔29073680〕
　（遺族補償年金給付請求事件）……………………………………………………… 375
名古屋地判令和 5 ・ 2 ・10（公刊物未登載、令和 3 年(ワ)第217号）〔28310740〕（未払
　残業代等請求事件）…………………………………………………………………… 342
札幌地判令和 5 ・ 3 ・29（公刊物未登載、令和 3 年（行ウ）第24号）………… 161, 180
東京地判令和 5 ・ 3 ・30労経速2535号22頁〔28320348〕（療養給付不支給処分取消請
　求事件）…………………………………………………………………………………… 41
京都地判令和 5 ・10・31（公刊物未登載、令和 4 年（行ウ）第30号）………… 161, 180
広島地判令和 6 ・ 2 ・ 7 （公刊物未登載、令和 5 年（行ウ）第20号）………… 162, 180

行政通達索引

昭和21年〜30年

昭22・9・13基発17号 ……………………………………………………… 27, 379, 387
昭22・11・5基発231号 …………………………………………………………… 26
昭22・11・5基発233号 …………………………………………………………… 26
昭22・11・21基発366号 ………………………………………………………… 386
昭22・12・26基発573号 …………………………………………………………… 26
昭23・7・3基収2176号 …………………………………………………………… 28
昭23・8・11基収2934号 …………………………………………………………… 26
昭23・10・14基発1506号 ……………………………………………………… 385
昭23・11・22基発1681号 ……………………………………………………… 386
昭24・5・6基発513号 ……………………………………………………………… 26
昭24・7・13基収2044号 …………………………………………………………… 26
昭25・1・18基収130号 …………………………………………………………… 26
昭25・7・24基収563号 …………………………………………………………… 25
昭25・12・28基収3802号 ………………………………………………………… 25
昭26・12・27基発841号 …………………………………………………………… 27
昭26・12・27基収3857号 ………………………………………………………… 27
昭26・12・27基収5926号 ………………………………………………………… 25
昭26・12・27基収6126号 ………………………………………………………… 26
昭27・5・10基収6054号 …………………………………………………………… 27, 28

昭和31年〜40年

昭33・2・13基発90号 …………………………………………………………… 386
昭40・7・31基発901号 …………………………………………………………… 57, 58
昭40・7・31基発906号 …………………………………………………………… 58, 59

昭和41年〜50年

昭41・1・31基発73号（「労働者災害補償保険法の一部を改正する法律第3条の規定
の施行について」）…………………………………………………………… 258
昭45・5・14基発374号 …………………………………………………………… 28
昭48・11・22基発644号 ………………………… 38, 44, 46, 48, 49, 52, 60, 61, 63, 71
昭49・3・1基収260号 …………………………………………………………… 69

401

行政通達索引

昭49・3・4基収69号 ……………………………………… 75
昭49・3・4基収289号 ……………………………… 50, 69
昭49・3・4基収317号 ……………………………………… 65
昭49・4・9基収314号 ……………………… 47, 66, 67
昭49・4・23基収489号 …………………………………… 76
昭49・4・28基収2105号 ………………………………… 53
昭49・5・27基収1371号 ………………………………… 64
昭49・6・19基収1276号 …………………………… 38, 76
昭49・6・19基収1739号 ………………………………… 39
昭49・7・15基収2110号 ………………………………… 48
昭49・8・28基収2169号 …………………………… 50, 69
昭49・8・28基収2533号 …………………………… 45, 64
昭49・9・26基収2023号 …………………………… 45, 64
昭49・9・26基収2881号 …………………………… 43, 76
昭49・10・25基収2950号 ………………………………… 39
昭49・11・15基収1867号 ………………………… 54, 74
昭49・11・15基収1881号 ………………………… 45, 65
昭49・11・27基収2316号 ………………………………… 65
昭49・11・27基収3051号 ………………………………… 54
昭50・1・17基収3680号 ………………………………… 77
昭50・4・7基収3086号 ………………………………… 39
昭50・6・9基収4039号 ………………………………… 77
昭50・9・23基発556号 ………………………………… 25
昭50・11・4基収2042号 ………………………………… 70

昭和51年～63年

昭51・2・14基発193号 ………………………………… 25
昭51・2・17基収252号の2 ………………………… 48
昭51・3・30基発2606号 ………………………………… 45
昭51・3・30基発2606号 ………………………………… 65
昭51・10・16基発750号 ……………………………… 304
昭52・2・17基収2152号 ………………………………… 60
昭52・3・30基発192号 …………………………… 58, 59
昭52・7・20基収538号 ………………………………… 77
昭52・9・1基収793号 …………………………… 45, 65
昭52・12・23基収981号 ………………………………… 46
昭52・12・23基収1027号 ………………………………… 47
昭52・12・23基収1032号 ………………………………… 77

402

行政通達索引

昭53・2・2基発57号 ……………………………………………………………… 25
昭53・5・30基収1172号 ……………………………………………………………… 78
昭53・6・21基収272号 ……………………………………………………………… 68
昭56・3・31基発191号 ………………………………………………………… 12, 29
昭56・6・12発基60号（「民事損害賠償が行われた際の労災保険給付の支給調整に関
　する基準（労働者災害補償保険法第67条〔現行法の64条〕第２項関係）につい
　て」）………………………………………………………………………………… 129
昭56・10・30基発696号 ……………………………………………………………… 125
昭58・8・2基発420号 ……………………………………………………………… 72
昭63・3・14基発150号 ……………………………………………………………… 380

平成元年～10年

平3・2・1基発75号（「赴任途上における業務災害等の取扱いについて」）… 38, 46, 48
平6・1・4基発1号 ………………………………………………………………… 387
平6・3・31基発181号 ……………………………………………………………… 386
平7・2・1基発39号 ……………………………………………………………… 43
平9・2・3基発65号 ……………………………………………………………… 304

平成11年～20年

平11・3・31基発168号 ……………………………………………………… 386, 387
平11・9・14基発544号（「心理的負荷による精神障害等に係る業務上外の判断指針
　について」）…………………………………………………………………… 79, 80, 87
平11・9・14基発545号（「精神障害による自殺の取扱いについて」）……………… 57
平17・2・1基発0201009号（「第三者行為災害事務取扱手引の改正について」）…… 118
平18・3・31基発0331042号 ………………………………… 38, 40, 43, 49, 60, 63, 73

平成21年～30年

平21・7・23基発0723第12号（「他人の故意に基づく暴行による負傷の取扱いについ
　て」）………………………………………………………………… 39, 42, 62, 116
平22・4・12基監発0412第1号 ……………………………………………………… 25
平23・3・24基労管発0324第1号 …………………………………………………… 39
平23・3・24基労補発0324第2号 …………………………………………………… 39
平23・3・25基労発0325第2号（「今後における労災保険の窓口業務等の改善の取組
　について」）………………………………………………………………………… 139
平23・12・26基発1226第1号（「心理的負荷による精神障害の認定基準について」）
　………………………………………………………………………… 79, 81, 83, 87
平24・3・29基発0329第2号（「石綿による疾病の認定基準」）…………………… 304

403

行政通達索引

平25・2・26基労発0226第1号（「労災補償業務の運営に当たって留意すべき事項について」）‥‥‥‥‥‥‥‥‥‥‥‥‥‥‥‥‥‥‥‥‥‥‥‥‥‥‥‥‥‥ 138

平25・3・29基発0329第11号（「第三者行為災害における控除期間の見直しについて」）‥‥‥‥‥‥‥‥‥‥‥‥‥‥‥‥‥‥‥‥‥‥‥‥‥‥‥‥‥‥‥‥‥‥‥ 119

平30・3・27基発0327第3号（「第三者行為災害事務取扱手引の改正について」）‥‥‥ 260

令和元年〜5年

令2・8・21基発0821第3号 ‥‥‥‥‥‥‥‥‥‥‥‥‥‥‥‥‥‥‥‥‥‥‥‥‥ 307

令2・8・21基発0821第4号（「心理的負荷による精神障害の認定基準」）‥‥‥‥‥‥ 238

令3・9・14基発0914第1号（「血管病変等を著しく増悪させる業務による脳血管疾患及び虚血性心疾患等の認定基準について」）‥‥‥‥‥‥‥‥‥‥ 244, 304, 307, 308, 334

令5・1・31基発0131第2号（「メリット制の対象となる特定事業主の労働保険料に関する訴訟における今後の対応について」）‥‥‥‥‥‥‥‥‥‥‥‥‥‥‥ 180

令5・3・1基発0301第1号 ‥‥‥‥‥‥‥‥‥‥‥‥‥‥‥‥‥‥‥‥‥‥‥‥‥ 304

令5・9・1基発0901第2号（「心理的負荷による精神障害の認定基準」）
‥‥‥‥‥‥‥‥‥‥‥‥‥‥‥‥‥‥‥‥ 79, 84, 138, 238, 304, 305, 309

令5・10・18基発1018第1号 ‥‥‥‥‥‥‥‥‥‥‥‥‥‥‥‥‥‥‥‥‥‥‥‥ 304

【筆者紹介】

井上　繁規（いのうえ　しげき）

〔略歴〕

昭和50年　　　　裁判官任官

昭和55年　　　　ワシントン大学留学

平成 3 年　　　　最高裁判所調査官

平成 8 年　　　　東京地方裁判所判事・部総括

平成12年　　　　東京高等裁判所判事

平成15年　　　　ドイツの民事控訴審の実情調査

平成18年 7 月　　鹿児島地方裁判所・家庭裁判所所長

平成19年11月　　前橋家庭裁判所所長

平成22年 3 月　　東京高等裁判所判事・部総括

平成27年 1 月　　定年により裁判官を退職

平成27年 3 月　　厚生労働省・労働保険審査会常勤委員（～令和 3 年 3 月）

令和元年 8 月　　厚生労働省・労働保険審査会会長（～令和 3 年 3 月）

令和 3 年 4 月　　厚生労働省・労働保険審査会・法務相談役（労働基準局長委嘱。～令和
　　　　　　　　 4 年 3 月）

令和 3 年 4 月　　厚生労働省・労働基準局・労災法務専門員（厚生労働大臣委嘱）

令和 3 年11月　　瑞宝重光章受章

令和 4 年 4 月　　厚生労働省・東京労働局・労災法務専門員（東京労働局長委嘱）

〔主要な著書・論文〕

(1)『不動産の所有権移転経過の認定と弁論主義』民事判例実務研究 3 （判例タイムズ、
　　昭和58年）

(2)『日米両国におけるビデオテープの裁判への導入（上）・（下）』（判例タイムズ628
　　号・643号、昭和62年）

(3)『離婚訴訟における訴訟の集中』民事判例実務研究 6 （判例タイムズ、平成元年）

(4)『ゴルフ会員権の預託金返還請求訴訟の潮流』（判例タイムズ1000号、平成11年）

(5)『交通事故による逸失利益の算定方式についての共同提言』（判例タイムズ1014号、
　　平成12年）

(6)『名誉毀損による慰謝料算定の定型化及び定額化の試論』（判例タイムズ1070号、平
　　成13年）

(7) 保証の無効・取消・制限〔編著〕（新日本法規出版、平成13年）

⑻ 受忍限度の理論と実務〔編著〕（新日本法規出版、平成16年）

⑼ 民事控訴審における審理の充実に関する研究〔共著〕（法曹会、平成16年）

⑽ 『民事控訴審のプラクティス――日本の問題状況とドイツの実情（上）・（下）』（判例時報1856号・1857号、平成16年）

⑾ 『民事控訴審の審理の実情と改善点』伊藤眞ほか編・民事司法の法理と政策・小島武司先生古稀祝賀上巻（商事法務、平成20年）

⑿ 『相当な損害の認定』実務民事訴訟講座〔第３期〕第３巻－民事訴訟の審理・裁判（日本評論社、平成25年）

⒀ 必要的共同訴訟の理論と判例（第一法規、平成28年）

⒁ 民事控訴審の判決と審理〔第３版〕（第一法規、平成29年）

⒂ 『主張・立証責任』専門訴訟講座①交通事故訴訟〔第２版〕（民事法研究会、令和２年）

⒃ 遺産分割の理論と審理〔三訂版〕（新日本法規出版、令和３年）

⒄ 『特定事業主の労災支給処分に対する原告適格』会社法務Ａ２Ｚ2024年３月号36頁（第一法規、令和６年）

⒅ 時間外労働時間の理論と訴訟実務〔第２版〕（第一法規、令和６年）

サービス・インフォメーション
――――通話無料――――
① 商品に関するご照会・お申込みのご依頼
TEL 0120 (203) 694／FAX 0120 (302) 640
② ご住所・ご名義等各種変更のご連絡
TEL 0120 (203) 696／FAX 0120 (202) 974
③ 請求・お支払いに関するご照会・ご要望
TEL 0120 (203) 695／FAX 0120 (202) 973

●フリーダイヤル（TEL）の受付時間は、土・日・祝日を除く
9：00〜17：30です。
●FAXは24時間受け付けておりますので、あわせてご利用ください。

労災保険請求の手続と理論
―その審理の基本構造と実務上の重要論点―

2025年1月5日　初版発行

著　者　　井　上　繁　規

発行者　　田　中　英　弥

発行所　　第一法規株式会社
〒107-8560　東京都港区南青山2-11-17
ホームページ　https://www.daiichihoki.co.jp/

労災保険請求　ISBN 978-4-474-02201-0　C2032 (2)